놀라운 현공풍수

자명(慈明) 편저
낭월(朗月) 정리

삼 명

놀라운 현공풍수

활용편 차례

책 머리에
책이 나오게 된 인연 -자명스님 인사말씀 /7

일러두기

[제1장] 고인(古人)의 가르침 /11
들어가기 전에 /11
1. 삼원지리변혹 서문(序文) /12
2. 삼원지리변혹 상권(上卷) /14
3. 양택삼십칙(陽宅三十則) /43

[제2장] 형기법(形氣法)의 기본 /49
1. 형기법과 현공의 관계 /49
2. 형기법의 요지(要旨) /50
  1) 용(龍): 용맥(龍脈) /51
  2) 혈(穴): 혈장(穴場) /53
  3) 사(砂): 호사(護砂) /56
  4) 水: 득수(得水) /59
  5) 向: 좌향(坐向) /61
  6) 陽宅의 용혈사수(龍穴砂水) /61
  7) 혈(穴)이 사용될 시기/ 62

[제3장] 애성법(挨星法)의 기본 /63
1. 애성법의 이해 /63
2. 八卦의 이해 /64
  1) 문헌의 자료 /64
  2) 선천팔괘(先天八卦) /66
  3) 후천팔괘(後天八卦) /67
  4) 낙서(洛書)의 이해 /68
  5) 구궁팔괘도의 이해 /69

[제4장] 현공 애성의 유상(類象) /71

1. 1白 水星 [坎宮] /71
2. 2黑 土星 [坤宮] /74
3. 3碧 木星 [震宮] /77
4. 4綠 木星 [巽宮] /80
5. 5黃 土星 [中宮] /83
6. 6白 金星 [乾宮] /86
7. 7赤 金星 [兌宮] /88
8. 8白 土星 [艮宮] /90
9. 9紫 火星 [離宮] /93

[제5장] 현공 81조 성요(星耀) 해석법 /97

1. 자료의 출처(出處) /97
2. 성요(星耀)를 보는 방법 /98
   1) 向星 /98
   2) 山星 /99
   3) 애성을 대입하는 요령 /99
   4) 좋은 작용과 나쁜 작용 /99
   5) 서적의 내용에 대한 참고 /99
   6) 이해가 부족한 부분 /100
   7) 고서(古書) 내용의 정리법 /100
   8) 九星의 紫白과 八卦의 구성 /101
   9) 현공사국의 비중 /101
   10) 성요(星耀)의 위치와 비중 /103
   ●向星①과 山星의 조합 /108
   ●向星②와 山星의 조합 /126
   ●向星③과 山星의 조합 /144
   ●向星④와 山星의 조합 /162
   ●向星⑤와 山星의 조합 /180
   ●向星⑥과 山星의 조합 /198
   ●向星⑦과 山星의 조합 /216
   ●向星⑧과 山星의 조합 /234
   ●向星⑨와 山星의 조합 /252

[제6장] 임상(臨床)의 준비사항 /271

1. 중요한 용어의 이해 /273
   1) 복음(伏吟) /273
   2) 반음(反吟) /274
   3) 합십국 /274
   4) 연주삼반괘(聯珠三盤卦) /275
   5) 부모삼반괘(父母三盤卦) /276
   6) 부모삼반괘의 응용 /277
   7) 지운(地運-땅의 운) /278
   8) 空亡의 비성반 /280
   9) 陽宅의 중심점 찾기 /282
   10) 坐向 측정법 /284
   11) 운(運)의 적용법 /285
   12) 환천심(換天心) /286

2. 지맥(地脈)과 수맥(水脈) /287
   1) 논리성의 한계 /288
   2) 내 지맥은 남 수맥? /288
   3) 수맥을 증명할 근거 /289
   4) 기감(氣感)은 있다. /290
   5) 지맥을 반대로 측정 /292
   6) 그것도 인연 /293
   7) 풍수가의 책임? /293
3. 영신법(零神法) /294
4. 방분법(房分法) /295
   1) 형기풍수의 방분법 /295
   2) 현공풍수의 방분법 /296
5. 발응시기(發應時期) /297
6. 성문결(城門訣) /298
   1) 성문의 형태 /298
   2) 성문의 방위 /298
7. 임상(臨床)의 순서 /302
   1) 陽宅의 임상순서 /302
   2) 陰宅의 임상순서 /302

[제7장] 임상사례(臨床事例) /303

1. 사찰(寺刹)과 玄空 /304
   1) 대웅전(大雄殿) /305
   2) 요사채(寮舍寨) /307
   3) 유일한 해결책 /308
   4) 새롭게 마련된 인연 /310
2. 명상(瞑想)의 공간 /315
   1) 子癸小空亡의 건물 /316
   2) 현재의 상황 /318
   3) 해결의 방안(方案) /318
3. 전원주택(田園住宅) /321
   1) 사감반(四感盤)이란 /322
   2) 지기(地氣)의 폭 15m /326
4. 강변의 식당 /328
   1) 특이한 조건 /328
   2) 남겨진 숙제 /330
5. 섬진강가의 펜션 /333
   1) 운영이 어려워 의뢰 /333
   2) 새로 추가된 건물 /334
   3) 착각(錯覺)의 결과 /335
   4) 아차차! 그게 아닌데… /336
6. 임대문의가 붙은 모텔 /337
   1) 유원지 주변의 모텔 /337
   2) 주변의 풍경 /338
   3) 坐向은 乙辰大空亡 /338

7. 독자(讀者)의 전화 /341
   1) 현장 방문 /342
   2) 주변의 형세(形勢) /342
   3) 현공으로 분석 /342
   4) 이장을 할 장소 /343
   5) 다시 亥坐巳向으로 이장 /344
   6) 이장의 후기(後記) /345
8. 산소의 석물(石物) /346
   1) 여하튼 석물피해 /347
   2) 경과된 피해사례 /348
   3) 현공의 자료 분석 /348
   4) 문제의 석물 분석 /349
   5) 석물피해가 맞을까? /349
9. 석물 후 급성백혈병 /351
   1) 자료 제공자 /351
   2) 발생한 흉작용 /352
   3) 산소의 坐向과 구성 /353
   4) 현공으로 분석 /353
   5) 석물의 위치 /354
   6) 조언(助言) 불가(不可) /355
   7) 그래서 석물(石物)은? /356
10. 고뇌하는 노인장 /357
    1) 마음의 짐 /357
    2) 상황의 판단 /358
    3) 해결책은 환천심(換天心) /359
11. 陰陽宅이 모두 空亡 /361
    1) 답산의 연기(緣起) /362
    2) 부군수로 발복한 명당? /362
    3) 성요의 대입 /364
    4) 해결의 방법 /365
    5) 주거지의 풍경 /365
    6) 空亡이 많은 이유 /366
12. 답사 후 한 말씀 /368

[제8장] 현공택일법(玄空擇日法) /371

1. 택일(擇日)이란 /371
2. 陽宅의 택일법 /372
   1) 참고자료-陽宅 /372
3. 陰宅의 택일법 /372
   1) 산소를 이장할 경우 /372
   2) 새로 산소를 쓸 경우 /380
4. 택일법의 다른 경우 /381

[제9장] 대문(大門) 내는 법 /383

1. 대문이 갖는 의미 /383
2. 현공풍수와 대문 /383
3. 대문을 내는 방법 /384
   1) 陽宅을 신축하는 경우 /384
2) 전운(前運)의 건물 /384
3) 대문의 크기와 높이 /385
4) 대문의 강약작용 /385
5) 길흉작용의 기준 /386

아는 만큼 보이는 세계 -낭월의 마무리 말씀 /387

[부록] 찾아보기(가나다순) /391

나경도판과 각도 찾아보기 /401   도서 안내

책이 나오게 된 인연

자명스님 인사말씀

자연의 이치를 궁구하기에 여념이 없을 독자님들을 뵙습니다. 자명입니다.

이미 여러해 전에 출간된《신나는 현공풍수 입문편》으로 인연이 되어 많은 성원을 해 주신 독자님들께 먼저 고맙고도 죄송하다는 말씀을 드립니다.

고마운 것은 나름대로 정성을 들인 책을 알아주신 것이고, 죄송한 것은 바로 후속편을 준비하지 못하여 기다리게 한 것이지요. 이제 그 약속을 지킬 수가 있어서 한 짐을 덜어 놓습니다.

주경야독으로 낮에는 도량을 관리하고 저녁 시간에는 틈틈이 고서(古書)들을 연구하고 실제의 임상 자료들을 정리하다가 보니 많은 시간이 흘러가게 되었습니다.

원래 소승이 관심을 두었던 것은 구성학분야였습니다. 그런데 현공에 인연이 되면서 서로 불가분(不可分)의 관계가 있음을 알고는 빠져들어서 여기까지 오게 되었군요. 물론 이것도 모두 전세(前世)의 인연이 아닐까 합니다.

현공풍수에 대해서 거의 불모지(不毛地)나 다름이 없는 한국에서 먼저 출간된 「입문편」은 현공풍수에 관심이 있었던 많은 사람들에게 좋은 안내서가 되었다는 말들을 전해들을 때에 적지 않은 보람이 있었습니다.

물론 그 공덕(功德)은 내용의 의미를 잘 헤아려 주시고 애독(愛讀)하여 주신 독자님들의 몫이라고 여기고 있습니다.

이번에 소개하는 「활용편(活用篇)」은 입문편에서 설명한 기초이론을 바탕으로 현장에서 응용을 하는데 필요한 여러 가지 이론들과 실제로 陰宅과 陽宅을 조성하고 분석 감정하는데 도움이 될 만한 임상사례들을 중점적으로 다루고 있습니다.

다만 염려가 되는 것은 하도(河圖), 낙서(洛書), 선천팔괘(先天八卦), 후천팔괘(後天八卦), 구궁팔괘도(九宮八卦圖), 구성(九星)등 생소하고 난해한 내용들이 많아서 자신이 만족할 만큼 이해를 하기까지는 약간의 인내와 노력이 필요하다는 점입니다.

그래서 본 활용편을 보면서 연구하는 과정에서 어려운 부분에 대해서는 입문편을 참고하여 궁리하게 되면 훨씬 이해를 하기 쉬울 것으로 봅니다.

이렇게 노력을 하여 공부를 한다면

그 공은 적지 않을 것임을 보증해 드립니다. 그러므로 이 책에 소개된 내용을 이해하시게 되면 삶이 풍요로워질 뿐만 아니라 인연이 있는 사람들에게 지혜를 나눠 줄 수 있을 것이라고 생각을 합니다.

속설에 '모르고 지은 죄는 죄가 아니다' 라는 말도 있습니다만, 그것은 어리석은 사람들이 자신의 허물을 합리화 시키느라고 만들어 낸 궤변(詭辯)일 뿐, 아무런 이치도 근거도 없습니다.

모르고 지은 죄도 알고 지은 죄와 다름이 없이 업과(業果)의 법칙에서 벗어날 수 없고, 무지(無知)의 소치(所致)로 자신도 모르게 악업(惡業)을 짓게 되는 불행한 풍수사(風水師)가 되지 않기 위해서는 이 책을 보시는 독자님들께서 약간의 노력은 감수를 해야 할 것으로 봅니다. 그렇게 노력하여 얻는 결실은 충분한 보상이 되고도 남을 것은 당연하겠습니다.

이러한 인연으로 마련된 현공풍수의 활용서입니다. 혹시라도 소승의 짧은 학문과 이해부족으로 인하여 제대로 설명이 되지 않은 부분에 대해서는 넓은 이해와 질타를 바라면서 모쪼록 독자님의 삶에 소중하고 귀한 지침이 되시기를 앙망(仰望)합니다.

원고를 정리하는 과정에서 휴대용의 책자가 필요하겠다는 판단을 하게 되어 별도의 소책자를 제작하여 이름을 《현공수책(玄空手冊)》라고 하였으니 이 책의 내용이 이해가 된 다음에는 휴대용 책자를 들고 다니면서 많은 임상을 쌓으시라는 말씀도 드립니다.

그리고 소승의 거칠고 투박한 원고들을 일일이 대조하면서 매끄럽고 맵시 있게 정리해 주시고 번득이는 기지로 재미있고 세련된 문장으로 변환해 주신 낭월스님의 노고에 독자들과 함께 깊은 감사를 드려야 할 일인 것 같습니다.

아울러 실제 임상자료를 수집하는데 도움을 주신 분들과 제법 많은 도표를 만드느라 컴퓨터와 씨름을 하신 화인선생께도 감사의 마음을 전합니다.

己丑年의 풍요로운 가을에
계룡산 향적사 樂樂堂에서
자명(慈明) 합장

일러두기

공부에 들어가기 전에 알아 둡시다.

이 책은 《신나는 현공풍수 입문편》에 이은 《놀라운 현공풍수 활용편》이다.

앞에 출판된 책과 마찬가지로 내용은 자명스님의 연구 자료를 바탕으로 낭월이 정리한 것이다. 그러므로 모든 내용은 자명스님의 임상과 노력으로 이뤄진 결과물이라는 점을 말씀드린다.

1. 삼원지리변혹(三元地理辨惑)과 陽宅30칙

입문편에서 약속을 해 드린대로 마태청(馬泰靑) 선생의 삼원지리변혹(三元地理辨惑)의 상권(上卷)을 싣는다.

다만 미리 주의말씀을 드린다면 본 내용의 수준은 전문가를 향한 상당히 깊이 있는 내용이다. 그로 인해서 혹 이해가 되지 않을 수도 있다. 이런 경우에는 천천히 음미하는 마음으로 읽어주기 바란다.

겸해서 陽宅에 대해서 참고로 삼을 만한 자료라고 판단이 되어서 陽宅30칙을 간략하게 정리하였다. 현공과 陽宅의 관계는 잘 어울리기 때문인지 상당히 많은 연구 자료가 나와 있으므로 공부를 하는 것은 자신의 몫이지만 그러한 안내를 하고자 하여 담았다.

2. 형기법(形氣法)의 기본

현공은 이기법(理氣法)이다. 고로 형기법(形氣法)에 대해서는 일반적인 상식에 준하게 된다. 기본적인 형세에 대해서 당연히 알고 있어야 한다는 것을 참고하는 의미에서 기본적인 내용만 언급을 한다. 현공을 더욱 깊게 활용하기 위하여 형기법에 대해서도 깊이 있는 공부를 권한다.

3. 현공애성법(玄空挨星法)의 기본

본격적으로 애성의 풀이로 들어가기 위해서 미리 갖춰야 할 사전의 참고사항들을 정리하였다.

4. 현공애성법(玄空挨星法)의 응용

현공풍수가 다른 풍수법과 확연히 구분이 되는 대목이기도 하며, 놀라운 풀이를 할 수 있는 부분이기도 하다. 이 81가지의 해석 방법을 통해서 보다 구체적으로 그 길흉의 작용을 풀이하게 되는데, 아홉 칸의 숫자가 서로 만나는 과정에서 발생하게 되는 일들을 자세하게 정리하였다.

여기에 다시 필자의 의견을 더하여 길작용(吉作用)과 흉작용(凶作用)으로 나누어서 정리를 하였으므로 일목요연하게 길흉의 작용을 판단할 수 있을 것이다.

5. 현장(現場)의 임상자료

풍수공부를 하는 과정에서는 항상 주의해야 할 것이 있다면 책과 현장경험이 함께 어우러져야 한다는 것이다. 그렇게 되지 않으면 '책따로 산따로'라는 말을 하게 될 가능성이 높기 때문이다.

여기에서는 자명스님께서 임상한 자료와 참고가 될 수 있는 현장에 대해서 사진과 함께 설명을 붙여서 독자의 이해를 돕도록 한다.

6. 택일법(擇日法)

택일을 하는 것은 시간(時間)과 공간(空間)의 교차점(交叉點)을 찾아내는 방법을 말한다. 여기에는 현공풍수 중에서도 각기 문파마다 약간 다른 사용법을 주장하게 되는데, 여기에서는 비성파(飛星派)에서 사용하는 방법을 소개한다.

7. 대문 내는 법

대문은 생기를 받아들이고 외부와 소통하는 통로이다. 현공에서는 이러한 것에 대해서 어떻게 사용해야 하는지에 대한 답안이 마련되어 있다.

8. 한자(漢字)의 혼용(混用)

전문적으로 알아둬야 할 한자의 경우에는 음을 붙이지 않고 정리하였다. 예를 들면, 宮, 星, 向星, 山星, 上山下水, 旺山旺向, 雙星會坐, 雙星會向, 一白, 二黑, 三碧, 四綠, 五黃, 六白, 七赤, 八白, 九紫, 三元, 三合, 八卦, 木, 火, 土, 金, 水, 陰陽, 五行, 九宮, 坎宮, 艮宮, 震宮, 巽宮, 離宮, 坤宮, 兌宮, 乾宮, 中宮, 陰宅, 陽宅, 陰陽宅, 合局, 不合局, 年月日時, 天干과 地支의 22자 등 주로 많이 사용되는 글자들이다. 필수 한자이니 익혀두기 바란다.

9. '토막상식'의 사진과 설명

책을 보기 좋게 정리하는 과정에서 비어있는 공간을 활용하기 위해서 수집한 사진자료 중에서 풍수를 이해하면서 참고해야 할 것으로 판단이 되는 내용들을 삽입했다. 본문의 흐름과는 무관하게 잠시 생각해 보는 시간으로 활용하면 좋다.

제1장 고인(古人)의 가르침

삼원지리변혹(三元地理辨惑)과 양택삼십칙(陽宅三十則)

들어가기 전에

입문편에서 약속한대로 마태청(馬泰靑) 선생의 삼원지리변혹(三元地理辨惑)을 번역하여 싣도록 한다.

마태청 선생은 청대(淸代)에 생존했던 풍수가인데, 저서로 전하는 삼원지리변혹의 내용을 보면 풍수가들의 혹세무민이나, 현공풍수의 내용에 대한 이해가 부족한 점들을 밝히고자 스스로 60개의 문항을 만들어서 자상하게 설명하는 형태로 이뤄져있는 것이 상권(上卷)이다.

그리고 하권(下卷)은 다시 시간이 좀 흐른 다음에, 어떤 방문자가 찾아와서 삼원지리변혹으로 인해서 오해가 많이 발생했음을 이야기 해줘서 비로소 알게 된 다음에 추가로 40개의 문항을 저술하게 되었다.

그러므로 핵심적인 내용은 이미 상권에서 스스로 하고자 하는 말을 다 기록한 것이기도 하며, 지면관계도 고려하여 상권만 싣게 되었으니 혹 내용에 대해서 더욱 관심이 많은 벗님은 하권의 내용이 담겨있는《현공지묘(玄空指妙)》를 살펴보시면서 이해를 하기 바란다.

그리고 陽宅을 위주로 살펴보게 될 현공풍수의 특성을 고려하여《심씨현공학(沈氏玄空學)》의 5권에 있는 현공집요(玄空輯要) 중의 양택삼십칙(陽宅三十則)을 간략하게 요약하여 풀이하도록 한다. 이러한 것을 바탕으로 하여 고전의 가르침으로 연결하는 디딤돌이 되기를 바라는 마음이다.

혹, 이해가 난해하다면 대충 훑어본 다음에 책을 다 보고 나서 다시 읽어보면 이해가 많이 될 것이므로 서둘지 말고 어려운 부분은 넘어가도 된다.

1. 삼원지리변혹 서문(序文)

 풍수의 술법은 옛날부터 지금에 이르도록 많은 유명한 스승들이 나와서 연구하고 추리하며 헤아렸으니 이미 정밀하고 또 상세하여 가히 극에 달했다고 해도 되겠다. 뛰어난 스승이 세간에 나타나는 것을 만나기도 어렵지만, 깊은 뜻을 입으로 전하고 마음으로 받으니 세상에서 많이 얻어 듣기도 또한 어려운 것이 현실이다. 그러다보니 이름난 선생의 명성을 거짓으로 빙자하여 망령되이 비결이라고 칭하는 것은 덩굴이 복잡하게 엉키는 것과 같다.

 그래서 감히 거짓된 술법으로 세상을 속이는 자의 속셈은 '마른 뼈는 말이 없고, 관은 땅에 들어갔으니 사례비를 받아서 가버리는 것'에 불과한데, 재앙은 신속하게 일어나니 빠른 경우에는 당년이나 반년에 일어나고, 늦은 경우에는 십여 년이 되어야 비로소 나타나기도 한다.

 산소를 쓸 적에는 땅이 명당이라고 과장하여 이야기 하고는, 시기에 대해서는 30년 후나 50년, 혹은 100여 년 이후에 반드시 발복(發福)한다고 한다. 하지만 비교해 보면 맞지 않는 술법으로, 아침에는 약을 주는 사람이었다가 저녁에는 환자로 변하는 것과 같다.

 그 응험이 이미 서서히 나타나고 있는 상황에서 속임수를 쓰게 되니, 효성스러운 아들과, 자애로운 손자들이 장사를 지내고는 패망을 하여 그 폐해(弊害)의 잔인함을 글로 책을 다 쓸 수가 없을 정도이다.

 때로는 그 중에 우연히 맞는 것도 있는데 이러한 경우에는 스스로 그것이 진짜로 불을 보듯이 분명하다고 자랑하니, 마치 신령과 통했다고 하지만 사실 확실하게 근거를 대는 사람은 백사람 중에 하나도 없었다.

 나도 20대 전후에 일찍이 풍수가라는 말을 듣거나, 또 땅을 보면서 용의 뿔이라느니, 소가 잠을 자는 것이라는 말을 듣고는 내심 사모하는 마음도 생겼었는데, 널리 지리서(地理書)를 수집하고 각종 산세도(山勢圖-鈐記)를 구해서 보고, 마음에 새기면서 사색을 하며 춥고 더움을 가리지 않았다.

 대저 이름에 집착하여 빛내고자 하는 계통의 사람들은 정성을 다해서 올바르게 나아간다고 하지만, 형세(形勢)에 대해서 말을 해보면, 정밀하게 아는 경우도 때로는 있지만, 그렇지 못한 경우도 있어 만나본 풍수가들이 대동소이(大同小異)함을 알게 되었다.

 이기(理氣)를 말할 적에는 五行과 三合과 발사(撥砂)와 보성(輔星)을 말하는데, 순전히 바람을 사로잡고 그림자를 움켜쥐는 말로 이것을 두고 속칭 '철취행(鐵嘴行)'이라고 하여 쇠로 만든 입을 가지고 다닌다고 말한다.

 청(淸)의 도광(道光) 정미(丁未-1847)년 초여름에 비로소 낙정진우(樂亭振宇)의 이 선생을 경사(京師-북경)에서 만났는데, 그 다음에 관중(管仲), 곽박

(郭璞), 양균송(楊筠松), 증문천(曾文辿)의 방술을 알게 되면서, 스스로 진실한 법은 있다는 것을 알고, 제자의 예를 갖추고는 함께 모시고 오래 돌아다녔다.

그 과정에서 전해 주시는 것을 모두 얻고 이후로의 종적은 오늘에 이르게 되었거니와, 다시 옛날의 무덤을 살펴보았는데, 비록 수백 년의 세월이 흘러갔지만 배운 대로 판단하여 부합(附合)되지 않는 경우가 없었으나 감히 경솔하게 사람들에게 말을 할 수도 없었던 것은 조물주가 꺼리는 것을 범할까 두려워하는 마음이 있어서였다.

청(淸), 동치(同治) 甲子年에 오랜 친구인 용계(蓉溪)의 장선생이 고향에 돌아가서 부친의 장례를 치르게 되어 세심하게 형세를 살펴봤다. 낮에는 나와 더불어 산세를 둘러보고, 밤에는 같은 평상에 앉아서 이야기를 할 적에, 내가 들은 대로 말을 해주면 날이 밝으면 가서 살펴보고 오곤 했다. 이런 일로 인해서 나에게 말하기를 '그대가 책으로 지어서 후인에게 보여주지 않겠는가?' 했다.

나는 예전에 이선생과 약속하기를 세상에 퍼트려 전하지 않기로 하고서야 그 신비로운 공부를 쫓아서 다 얻게 되었는데, 지금에 와서 내 스승을 배반하는 것은 불가하다고 했다. 그러자 또 말하기를 잠시 진실한 뜻을 보여 준다면 일반적인 사람들은 대체로 뿌리로 삼을 수가 있을 것이 아니겠느냐는 말을 하는데, 차마 물리치지를 못했다.

항상 방문하는 사람들과 문답을 나눈 이야기들을 기록 한 것을 '지리변혹(地理辨惑)'이라고 하였는데, 비록 여기에 비결은 없지만 또한 완전히 없다고도 못 할 것이니 마음이 지혜로운 사람은 한번 보면 스스로 알게 될 것이다.

서문(序文) 끝

2. 삼원지리변혹 상권(上卷)

▶【질문1】요즘 보게 되면 풍수지리에서도 여러 문파가 있는데, 마땅히 어떤 자를 전문적인 주체로 삼고 배워야 하겠습니까?

【답변】용이 흘러온 곳을 보면 반드시 높았다가 낮아지고, 또 꺾였다가 휘어지는 과정이 있고, 가지와 줄기를 만들다가는 혈처(穴處)를 만든다. 그러면 반드시 주변에는 물에 둘러 쌓이게 되고, 그 안에는 와혈(窩穴)이든 돌혈(突穴)이든 형성이 된다고 한다.

이러한 말들은 사람마다 모두 하는 말이다. 말들은 그렇게 하는데 막상 산에 가서 찾을 적에는 착오를 일으키게 되니, 땅을 보는 법은 우선 형세(形勢)로 그 몸[體]을 삼고, 이기(理氣)로 쓰임[用]을 삼게 되는 것인데 체를 잘못 잡게 되면 모두가 다 틀려버리게 되는 것이니 깊고도 밝게 알아야 할 것은 '용혈사수(龍穴砂水)'인데 이것만 알게 된다면 절반은 건진 것이라고 해야 하겠다.

▶【제2문】보통 형세를 말하는 사람은 혈자리를 보고서는 즐겨 말하는 것이 사자, 코끼리, 호랑이, 봉황, 돼지, 개, 거북이, 물고기, 장군, 미녀 등을 말하고, 주변의 지형을 논할 적에는 옥병풍, 문필, 귀인, 천마 등등으로 말하는데 이게 옳은 겁니까?

【답변】그것이야, 용이 올바르게 혈자리를 잡았다면 형상은 대동소이한 것이고, 자칭 고수들이 말하는 것을 배우고 전해서 유행이 되었는데, 땅을 한번 볼 때마다 또 하나의 이름을 만들어서 사람을 현혹하게 한다. 용이 있는지 없는지, 혈인지 아닌지도 묻지 않고 강제로 끌어다 붙여서 장사를 지내고, 또 세상에서는 그것을 그대로 받아들이니 그 재앙이 어찌 적다고 하겠는가?

▶【제3문】땅을 볼 적에 형세를 중히 보는데 근래의 속인들이 볼 적에는 억지로 모르는 것을 아는 체하니 결국 무엇이 보는 힘이라고 하겠습니까?

【답변】풍수를 업으로 삼고 있는 사람 중에는 배우지도 못한 사람이 적지 않아서 밥을 빌어먹는 것이 목적이 되니 본래 진실하게 공부를 할 마음이 없다. 효자나 선한 사람, 혹은 친척을 장사 지내거나 혹은 덕을 쌓고자 하는 사람은 모름지기 문을 닫아걸고 책을 읽으면서 궁리를 하고 산에 올라가서는 이름난 명당을 보면서 징험을 확인하고, 많이 다니면서 경험을 쌓아서 실력이 쌓인 다음에서야 가슴 속 한 가운데에서 깨달음이 열리는 것이니 비로소 누가 유능한 스승인지 누가 속된 선생인지를 알게 되는 것이다.

이치가 이렇게 반듯하여 정확하게 응험(應驗)이 나타난다면 유능한 선생이고, 이치가 일그러져 길흉이 맞지도 않는다면 속된 선생이니 밝은 선생은 이와 같은 안목이 있는 것이다.

▶ 【제4문】 무슨 책을 보는 것이 가장 합당하겠습니까?

【답변】 책에는 형세(形勢)를 보는 책도 있고, 이기(理氣)를 보는 책도 있다. 양균송(楊筠松) 선생의 《감룡경(撼龍經), 의룡경(疑龍經)》, 오경란(吳景鸞) 선생의 《망룡경(望龍經)》, 료금정(廖金精) 선생의 《발사경(撥砂經)》, 심육포(沈六圃) 선생의 《지학(地學)》이다. 이 책들은 형세에 대해서 가장 모범적인 자료들이다. 이 외의 형세에 대한 책들은 위의 내용에 속하는 책들이 많으므로 별도로 보지 않아도 되겠다. 그리고 이기법(理氣法)에 대해서는 대부분 엉터리이지만, 《삼원지리변정(三元地理辨正)》과 《천원오가(天元五歌)》만은 참으로 이기법(理氣法)에 대해서 잘 말한 책이다.

▶ 【제5문】 일반적으로 용(龍)이 향하는 방향에 있는 물의 三合이 이기법이라고 하는데 그 법은 어떤 것입니까?

【답변】 이기(理氣)라는 것은 천심(天心)의 운행인데, 그 기운은 순환하여 왕래한다. 이것은 三元의 시작과 끝이 되는 것이다. 三合이라는 것은 필히 가치가 없는 죽은 격국이다. 예를 들어 어느 방향에서 용이 왔다면 그 물이 가는 곳이 어느 방향인지를 보고, 용이 타고 있는 것이 생왕묘(生旺墓)가 되면 부귀를 얻게 된다고 한다.

비록 앞의 수천 년을 이와 같은 땅에서 이와 같은 용법을 봤고, 앞으로도 수천 년을 이와 같은 땅에 이와 같은 법을 쓰게 될 것인데, 그 사이의 길흉은 대체로 현격하게 달라질 것이니, 혹 같은 땅이라도 앞에 쓴 사람이 발하기도 하고 뒤에 쓴 사람은 망하게 될 것이다.

그리고 같은 산이라도 앞의 사람은 길했는데, 뒤의 사람은 흉한 경우도 있으니, 이러한 예들은 일일이 들 수도 없을 정도로 많은데, 내가 죽은 격국이라고 말하는 것은 三元의 이기법(理氣法)이 모든 것을 해결하기 때문이다.

▶ 【제6문】 그 말을 믿겠습니다. 그렇다면 형세(形勢)라는 것은 마침내 권위가 없겠네요?

【답변】 권위가 있다. 형세를 주관하는 것은 사람을 낳아주는 것이고, 이기가 주관하는 것은 발전하고 흥왕한 것이다. 마치 산천의 모습이 평판하다면 그곳에 태어난 사람도 온후(溫厚)하고 화평(和平)할 것인데, 운을 얻는다면 위엄과 공평함을 갖춘 귀인(貴人)이 될 것이고, 운을 잃는다면 별 볼일이 없는 비천한 사람이 된다.

만약 산천이 험하게 생겼다면 태어난 사람은 반드시 사납고 난폭할 것인데, 운을 얻는다면 용맹하고 강직한 위인(偉人)이 될 것이고, 운을 잃는다면 흉악하고 난폭한 천민(賤民)이 될 뿐이다. 지리의 이치는 이와 같거니와 또한 그 집안의 풍속과 가풍이 어떤지도 봐야 하는 것이다.

▶ 【제7문】 일평생 부귀(富貴)를 누리

는 사람도 있는가 하면, 평생을 살아도 빈천(貧賤)을 면하지 못하기도 하며, 천(賤)하지만 부자인 경우도 있고, 귀(貴)하지만 가난하기도 하며, 부귀(富貴)는 얻었으나 요절(夭折)을 하기도 하고, 빈천(貧賤)하기는 하지만 장수(長壽)를 하기도 하는데, 이것은 형세(形勢)로 인해서입니까? 아니면 이기(理氣)로 인해서입니까?

【답변】 형세나 이기가 다 연관이 있다. 산수가 운을 얻으면 부귀가 따르고, 산수가 운을 잃으면 빈천하게 되는 것이 틀림이 없다. 천하지만 재물이 많은 경우는 반드시 오래된 묘의 영향이 아니고 새로된 묘의 영향이 틀림없다. 그리고 귀하지만 가난한 것은 산의 용은 운을 얻었는데 향의 물이 운을 잃게 된 까닭이다.

또 부귀하지만 명이 짧은 것은 분명 왕성한 운이 끝나고 흉살(凶殺)의 운이기 때문이고, 빈천하지만 사람들은 오히려 장수하는 것은 땅은 명당이 아니로되 向의 물이 잘 된 것이라서 길함은 있어도 흉함은 없는 것이다.

▶【제8문】 속된 풍수사가 땅을 하나 얻어서는 반드시 부귀하는 사람이 나온다고 하는데 실은 부귀하는 것을 보지 못했으니 왜 그렇습니까?

【답변】 좋은 땅이 주관하는 것은 네 가지가 있으니 인물(人物), 수명(壽命), 부(富), 귀(貴)이다. 인물은 수명의 근본이 되고, 수명은 부귀의 근본이 된다. 인물이 없을 것 같으면 어찌 수명이 있을 것이며, 수명이 없다면 부귀는 또한 누구에게 속할 것인가. 세속에서는 부귀만을 중시하게 되어서 모두 부귀를 말하는 것이지만 실은 사람과 목숨이 있고 나서이다. 혹 부귀가 몸에 이르지는 않더라도 인의(仁義)로 살아가면서 탐관오리의 부귀를 보면 누가 부러워하겠는가.

▶【제9문】 일찍이 세상의 부호(富豪)를 보니 사람이 오래살고 벼슬을 하는데에는 네 가지가 있다고 하던데, 어떻게 둘을 다 겸할 수가 있으며, 겸하지 못하는 경우도 있고, 오래도록 유지하는 경우와 오래 가지 못하는 경우를 어떻게 분별하겠습니까?

【답변】 부귀와 장수를 누리는 사람은 다만 좌산의 주봉이 웅장하고 물은 잘 모여 있으며 왕성한 운까지 함께 하니 벼슬도 하게 되며, 시험을 볼 때에는 문창(文昌)과 괴강(魁罡)이 산에 앉아 있거나, 혹은 수구(水口)에 모여 있거나, 혹은 문필봉이거나, 혹 向에 삼당(三堂)의 물이 모여 있으면 모두 벼슬을 하게 된다. 만약 용혈사수(龍穴砂水)가 십분(十分) 아름답게 되어있다면 부자가 되고 장수도 하게 되는데, 문창과 괴강이 모이지 않았다고 하면 벼슬은 하지 못한다.

그래서 가끔은 명당이 이뤄지지 않았는데도 벼슬을 하는 것은 반드시 혈(穴)의 전후의 모양이 문창과 괴강을 이루었기 때문이다. 다만 과거에 급제는 했으나 크게 귀하지 못한다던지, 잘 풀리지 않고 재난으로 잃게 되거나 오래도록 유지 하지 못한 경우는 운이 살(煞)과 만나는지를 살피면 된다.

▶ 【제10문】 조상이 한 대(代)만 있는 것이 아니니, 조상의 무덤이라고 해도 하나만 있는 것이 아닐진대, 발복(發福)하는 이유는 오래된 조상으로 인해서입니까? 혹은 새로 이뤄진 명당으로 인해서입니까? 이 문제에 대해서는 어떻게 해결을 합니까?

【답변】 오래된 묘가 주관하는 것은 귀(貴)를 만드는 것이고 새로 쓴 묘가 주관하는 것은 귀(貴)를 재촉하는 것이니, 사람을 봐서 용모가 빼어나고 학문은 깊은데 일생 출세를 하지 못한다면 이것은 오래된 조상의 묘는 좋아서 이러한 사람을 낳았으나, 새로 쓴 조상의 묘가 좋은 땅이 아니어서 귀(貴)를 불러오지 못한 것이다.

만약 생긴 모양은 볼품이 없고 지식도 별 수가 없는데 의외의 인연을 만나서 출세를 한다면 오래된 조상의 묘는 좋은 것이 없어 그렇게 태어났지만, 새로 쓴 묘가 좋아서 적극적으로 귀(貴)를 불러온 것이다. 혹시 그 사람의 인품이나 학문은 조금 딸리지만 기연(奇緣)을 만나 출세를 한다면 그 사람은 반드시 여러 대(代)의 좋은 묘였지만 공부를 하지 않았음을 후에 알게 된다.

▶ 【제11문】 형세(形勢)는 잘 알겠는데 이기(理氣)가 위주가 된다면서 三合은 참된 이기(理氣)가 아니라면 어떤 것이 진정한 이기란 말입니까?

【답변】 사람과 천지간에는 원래 일기(一氣)로 이뤄졌으니, 비록 죽어서 땅으로 돌아간다고 해도 또 어떻게 천지(天地)와 한 기운이 되었다고 하지 않겠는가.

그래서 장경(葬經)에 말하기를 '기를 타고 바람이 흩어지니, 흩어지는 것은 무엇인가, 그것은 천지의 기운이 흩어지는 것이다. 물의 경계를 만나면 멈추니 멈추는 것은 무엇인가, 그것은 천지의 기운이 멈추는 것이다.' 라고 했는데 기운이 다시 돌아서 왕래를 하는 것이다. 또 上中下元의 소식이 있으니 九宮을 유행(流行)하여 八方으로 펴지고, 24산(二十四山)으로 분석하며, 六十甲子와 360도로 얽혀지게 된다.

一元에는 一元의 기운이 있고, 일운(一運)에는 또 일운을 쓰는 방법이 있는 것이라서 그 방법을 잘 알고 쓰는 것이 참된 이기법(理氣法)인 것이다.

▶ 【제12문】 참된 이기법(理氣法)은 어느 책에 있고 어떻게 얻을 수가 있습니까?

【답변】 장대홍선생이 주(註)한 《지리변정(地理辨正)》과 《천원오가(天元五歌)》이 두 권은 오랜 세월동안 전해지지 않은 절학(絶學)을 담고 있다. 청나라 도광(道光)년간에 무석(無錫)의 장중산(章仲山) 선생이 《지리변정직해(地理

辨正直解)》를 증주(增註)하고, 《천원오가(天元五歌)》를 풀이하여 더욱 명석하게 되었다.

➡ **【제13문】** 섭구승(葉九升)선생의 《지리대성(地理大成)》과 윤일작(尹一勺)선생의 《지리십이종(地理十二種)》은 어떻습니까?

【답변】 이 책들도 또한 들은 말을 보태기도 하고, 줄이기도 하였으나, 믿고 전해 줄 수가 없구나. 작자의 견해에 핵심이 없어 잡다한 것을 거둬들여 거짓된 책이 되었으니, 어(魚)와 노(魯)를 가리지 못한 채 잘못된 것을 세인(世人)에게 줬는데 이것뿐만이 아니다. 《건곤법규(乾坤法規)》라는 책과, 《지리변정소(地理辨正疏)》라고 증주한 것이 있는데 모두 참된 전함을 얻지 못하여, 자기 편한 대로 토를 달고 애성(挨星)을 그림으로 설명하니 바른 길에서 더욱 멀어질 뿐이다.

현공법이 이러한 것을 좇아서 또 무수한 헛된 말들이 첨가되니 청나라 함풍(咸豊) 원년에 경사(京師)에 어떤 망령된 남자는 《지리정종(地理正宗)》이라는 책을 조각해서 만들었는데 경전도 아닌 것을 잘못 파고들어 말을 하기도 어려운지경이니 이와 같은 거짓으로 지어진 책들이 오히려 많아서 더욱 기기묘묘한 괴설(怪說)들이 난무하는지라 이러한 무리를 바로 잡기 위해서 지리변혹(地理辨惑)을 쓰게 된 것이다.

➡ **【제14문】** 선생님께서는 어떻게 삼원현공(三元玄空)의 올바른 법을 알게 되셨는지요? 참된 스승을 만나서 따라다니면서 배움을 얻게 되셨습니까?

【답변】 그대는 내가 홀로 참된 현공법을 얻었다는 것만 알고 얼마나 많은 거짓된 풍수법을 만났는지는 모른다. 내가 도광(道光) 壬辰年에 진(秦)의 제(齊)를 시작으로 경사에 이르기까지 16여 년간 五行과 三合의 선생들을 만났으니, 五行과 三合의 법으로 배움을 구하게 된 것은 당연하다. 또 발사보성(撥砂輔星)의 선생을 만나서는 그에 대한 법으로 배움을 구했다.

《지리원진(地理原眞)》, 《천기회원(天機會元)》, 금(金)·옥(玉)·철(鐵)·연(鉛)의 《사탄자(四彈子)》, 《지리대성(地理大成)》, 《지리대전(地理大全)》, 《지리강목(地理綱目)》, 《인자수지(人者須知)》, 《산양지미(山洋指迷)》, 《나경해(羅經解)》 등의 각종 지리서를 밤낮으로 게으름을 부리지 않고 고생하면서 공부하였고, 산에 올라가서는 산을 살피면서 연구하였다. 다만 어떤 땅의 주인은 부귀를 누렸고, 어떤 땅의 주인은 폐망을 했는데 그러한 것을 책으로 통해서 대입을 해봐도 상세하고 완벽한 답을 얻을 수 없었으며, 그 사람의 집안 내력을 살펴보면서 찾아봐도 책의 내용과 맞지 않아 고민하고 있을 때에 이사(李師)를 만난 것이다.

장재훈(張載勳)이라는 친구가 먼저 듣고서는 '자네가 지리학을 좋아하니까 말해주겠는데, 어제 저녁에 이씨(李氏) 성을 쓰는 나그네가 마을에 왔었는데, 그 사람이 묘지의 그림을 보고서는 곧바로 누구는 발하고 누구는 망한다는 것을 알더구만, 또 어느 방향은 발하고 어느 방향은 망한다고 하면서, 무슨 일을 하는지도 알고 어느 해에 이루어졌는지도 알아 냈다네.

또 어떤 이와는 이야기를 나누면서 그 사람이 자신 집안의 길흉성패를 이야기 해주니 곧바로 이씨가 듣고는 그 사람 조상의 묘가 무슨 坐向이며 어느 시기에 모신 것을 귀신같이 맞추고는 그는 돌아갔네.'라고 해주었다.

그 이야기를 듣고 내가 곧바로 초청을 하고 싶다고 친구에게 말했더니 어렵다는 것이다. 말을 전해주는 사람이 요(姚)씨였는데, 그는 말을 함부로 하면서 어렵다는 것이다. 그리고 멀리 가버렸다. 그 후 15년 후에 그가 다시 소식을 갖고 와서 하는 말이 이 선생이 또 서울[京]에 왔다기에, 내가 사례비로 천금을 준비해서 서울[京]로 찾아갔지만 거절당했다.

거절당한 이유는 요씨의 소개를 받고 왔기 때문이었는데, 그 후 서너 번 더 거절을 당하고 나서야 비로소 제자가 되는 것을 허락 받았다. 그리고 몇 년을 모시고 다니면서 그 바탕을 다질 수가 있었고, 돌아와서도 몇 년이 지나고 나서야 비로소 의심스러운 부분이 풀리었으니 참된 이치를 얻기가 이렇게도 어려운 것이다.

➡ 【제15문】선생님의 말씀을 들어봐서는 삼원현공법이 이미 진짜이고 또 잘 맞는다면 왜 세상의 학자들 중 백 명에 하나도 현공을 아는 사람이 없고, 모두 三合으로만 대입을 하는 겁니까?

【답변】三合과 연관된 책은 당, 송, 원대는 거론도 하지 않았는데, 명대(明代)의 중엽 이후부터 비로소 성행하기 시작했다. 일행화상에게서 전해지기 시작한 것인데, 또 해각(海角), 청조(靑鳥), 동함(銅函), 옥수(玉髓), 적정(赤霆), 흑낭(黑囊) 등의 글이 있는데 그 내용을 보아도 깊은 의미는 전혀 없어서 아침에 완성하고 저녁에 실행할 정도이니 사람들이 쉽게 배울 수가 있었다.

장대홍선생의 주해를 보면 경전을 인용하여 말은 심오하고 뜻은 깊으니 이것은 천년을 전해 온 심법(心法)이 분명한데, 안타깝게도 《천옥경(天玉經)》과 《도천보조경(都天寶照經)》에는 깊은 뜻을 속에 숨긴 채 인연이 있는 사람에게만 비로소 참된 이치를 전해 주었고, 그렇지 않으면 입을 닫고 말이 없었으니 이에 세상의 학자들은 만나서 배울 기회조차 없어서 배울 생각을 하기 보다는 오히려 그것을 비방하게 된 것이다.

➡ 【제16문】이사(李師)와 같은 사람이 근래에 몇이나 될까요?

【답변】내가 戊申年[선생을 만난 후 1년이 지나서]에 앞의 선생님과 광릉(廣陵)부터 시작하여 소주와 하북 일대를 돌면서 고대의 유적지부터 요즘의 흔

적들을 살펴본 것이 금년까지 18년인데, 그 과정에서 만난 것 중에는 대체적으로 알고 작용에 대해서도 대략적으로 이해를 하였지만, 모두를 다 이해하기는 어려웠다. 무석(無錫)에 사는 주욱륜(朱旭輪)이 판각한 《택법거우(宅法擧隅)》는 자못 정밀하게 애성법(挨星法)을 설명하였으나, 陽宅에 대해서만 말을 할뿐, 陰宅의 형세는 어떠했는지 알 수가 없고, 아는 사람이 있다는 말을 듣지도 못하였으며, 있다고 한들 몇이나 되겠는가 싶다.

➡ 【제17문】 나의 선생님 하시는 말로는 형세(形勢)가 먼저이고, 이기(理氣)는 다음이라고 했는데, 나쁜 것에 대해서 말씀하실 적에는 이기를 중시하고 형세는 가볍게 보시는 것 같습니다.

【답변】 그런 것이 아니다. 우선 이기(理氣)가 어디로부터 흘러 왔는지를 봐야하는데, 오랫동안 형성된 지형이 무슨 용혈(龍穴)인지 본 다음에 지금이 어느 운에 해당하는지를 알아야 하는 것이다.

즉 向星이 어디에 배치되는지를 말하는 것이다. 기운[氣]도 어느 수(水)를 만나서 마무리를 하는지와 그 때가 언제인지를 가르치고 있다. 만약 그 땅의 기(氣)를 해당 원(元)에 쓸 수가 있다면 왕기(旺氣)가 되는 것이고, 쓸 수가 없다면 사기(死氣)가 되는 것이다.

➡ 【제18문】 형세(形勢)가 비록 아름다워도 현공에서 말하는 三元에 부합되지 않으면 버려야 합니까?

【답변】 그렇다. 만약 강제로 쓴다면 그 자리에서 흉한 일을 당한다. 지금의 三合에서 왕왕 이러한 일을 범하고 있는데, 재앙이 도래하게 되면 혹 의심해서 말하기를 '이 땅은 대단히 좋으니까 분명 이전 땅에서의 화(禍)가 지금 일어난 것이다' 라고 하고, 그렇지 않으면 또 말하기를 '이 땅은 먼저 흉하고 나중에 길하니 그 영험이 이렇게 나타나는 것이다' 라고 하면서 눌러 버리거나 팔자가 나빠서 그렇다고 핑계를 대는데, 실은 땅이 아닌 곳에 산소를 쓴 허물인 것이다. 동에서 끌어오고 서에서 찢어오니 모두 안다고는 하지만 이기법(理氣法)을 모르는 것이다.

➡ 【제19문】 형세가 완전하게 아름다운 것은 자주 만나기도 어려운데, 또 원운(元運-현공법)과 부합하지 않아서 버려야 된다고 하면, 세상의 적지 않은 부귀(富貴)하고 장수(長壽)하는 집들도 그 땅이 또한 모두 완전하지 않으니 이기법(理氣法)으로 어떻게 안치를 합니까?

【답변】 천지간에는 이기법(理氣法)이 있지 않은 곳이 없으니 온전히 형세를 의지해서 추측하는데, 만약 그대가 말하는 불완전한 땅이라는 것은 즉 좌청룡은 있는데 우백호가 없거나, 우백호는 있는데 좌청룡은 없거나, 혹은 청룡도 백호도 없는 경우를 말한다.

또한, 흘러온 용이 흩어져버리거나 혈의 정세가 애매모호하고, 사(砂)의 발이 흩어지거나, 혹은 물의 성(城)이 돌아보지 않거나 하면 실력 없는 풍수는 三合과 五行에다가 정고차고(正庫借庫)와 48국을 추가하지만, 발사(撥砂)가 불가능하면 보성(輔星)과 정음정양(淨陰淨陽)을 추가하고, 그래도 기량이 바닥나게 되면 이름하여 괴혈(怪穴)이라고 한다.

혈(穴)의 생긴 모양이 좀 이상하다고 해도 이기법(理氣法)은 그대로 있기에 이기법에 부합되면 형세는 괴이해도 이기에는 원래 괴이함이 없는 것이다. 다만 三合五行에 합하지 않아서 나온 것이지, 결단코 원운(元運)의 이기법에 부합되지 않음이 없으니 능히 발하게 되는 것이다.

▶【제20문】원운(元運)과 이기(理氣)에 응하게 되면 북채로 북을 치는 것보다도 빠르겠는데, 요즘 세상에 현공을 배우는 사람은 대단히 적고, 물어서 배웠다고 해도 사용하면 신기한 결과가 없으니 이것은 왜 그렇습니까?

【답변】대체로 그렇다. 나약한 사람이 읽기를 즐겨하는 것은 三合 관련해서 써진 책이고 또한 돌아다니는 내용들을 얻게 될 뿐, 장대홍선생의 책은 얻기도 어려웠으며, 대단히 심오하여 이해하기조차도 어려웠다. 또 스승을 좇아서 몸을 숙이는 것을 용납하지 않기도 하며, 스스로 총명하다고 날뛰니 행동이 방자하고 해석하는데 어려움이 발생하니 더욱 미혹해지고 그래서 오류가 발생하게 되는 것이다.

또한 속사(俗士)는 삼원현공의 아름다운 이름을 사모하여 전수를 받았다고 말하는데 실제로는 하나도 얻은 것이 없는 사람도 있다. 허영된 마음으로 공부할 마음을 누르고 진위(眞僞)를 가리지도 않고 책도 아닌 것을 읽으며, 사람 같지도 않은 선생이 되니 맹인이 애꾸를 안내하는 꼴이다. 그러므로 현공이라고 사용을 해도 영험이 없는 것이니 그로 인해서 원공(元空-삼원현공)이 비방을 받게 되는 것이다.

▶【제21문】지리가의 말에는 주역을 인용하지 않음이 없을 정도로 주역을 근본으로 삼았다고 하지만, 자세히 알아보면 납갑(納甲)과 정음정양(淨陰淨陽)의 정도를 말하는 것에 불과한데 현공의 근본은 주역 아닙니까?

【답변】현공은 주역이고 그 말은 대체로 맞다. 천기(天氣)로써 땅과 교류하고, 땅의 체(體)로써 하늘에 연결하니 이를 선천(先天)이라 하며, 乾坤이 마주 대하여 기다리고 震巽이 대응하며, 坎離가 마주하고 艮兌가 서로 응하니 이것을 후천(後天)이라고 하는 것이다.

坎1, 坤2, 震3은 上元의 삼운이 되고, 巽4, 中5, 乾6은 中元의 삼운이 되며, 兌7, 艮8, 離9는 下元의 삼운이 된다. 그리고 그 점괘의 응험으로 주체가 되는데 하나의 근본은 계사전(繫辭傳)의 괘상으로 삼을 뿐, 실 끝 하나라도 강제로 끌어다 설명한 것이 아니다.

三合은 생왕묘고(生旺墓庫)와, 좌선우

전(左旋右轉)하여 局을 정하는 것과, 좌로 치우치고, 우로 치우치며, 중침(中針)과 봉침(縫針)으로 向을 세우니 어찌 주역과 견줄 수가 있겠는가. 이러한 것은 흡사 정신병자가 꿈속에서 중얼거림과 같다.

▶【제22문】선천(先天)의 八卦는 남쪽의 乾에서 일어나서 북쪽의 坤에서 멈추는데 어찌하여 짝을 지어서 보기만 합니까? 달리 나머지 속내는 없는 겁니까?

【답변】어찌 여기에서 멈추겠는가. 선천에는 짝을 지어 내괘(內卦)가 되었는데, 원래의 괘가 후천에서 유행(流行)하는 괘의 위치가 된 것이다. 아울러서 三元은 또 그 다음이 되니 모두 그 안에 있는 것이다. 까마귀 발처럼 하나가 올라가면 하나가 내려와서 그 쓰임을 다한다.

마치 선천의 坤이 후천에서는 坎1에 거(居)하고, 선천의 巽은 후천에서 坤2에 거하며, 선천의 離는 후천에서 震3에 거하고, 선천의 兌는 후천에서 巽4에 거하는 것이다.

坤은 陰爻가 셋인데, 1宮에 있고, 巽은 한 陰爻가 아래에 있고 2宮에 있으며, 離는 한 陰爻가 가운데에 있고 3宮에 있고, 兌는 한 陰爻가 위에 있고 4宮에 있다.

그러니 어찌 지기(地氣)가 스스로 아래에서 상승하지 않겠는가.

선천의 艮은 후천에서는 乾6에 거하고, 선천의 坎은 후천에서는 兌7에 거하고, 선천의 震은 후천에서는 艮8에 거하고, 선천의 乾은 후천에서는 離9에 거한다.

艮은 1陽爻가 위에 있으면서 6宮에 거(居)하고, 坎은 1陽爻가 가운데에 있으면서 7宮에 거하고, 震은 1陽爻가 아래에 있으면서 8宮에 거하며, 震은 1陽爻가 아래에 있으면서 8宮에 거하고, 乾은 3陽爻는 9宮에 있으니, 어찌 6, 7, 8, 9의 부위가 아니며, 어찌 천기가 스스로 위에서 하강하는 것이 아니겠는가.

하나의 산에 하나의 물이 있고, 하나의 陰에 하나의 陽이 있으며, 하나가 올라가면 하나는 내려오니 이름하여 대대(對待)라고 하는 것이다. 진실로 갖춰서 흘러 다니는 것이다.

저 三合을 쓰는 무리들이 이해하기 어려운 말로 주역을 붙잡고 이러쿵저러쿵 하는 것은 '오족(烏足)'이라고 말하는 것이 바로 이것이니 현공의 학문은 한가로이 술잔이나 부여잡고 있는 무리들이 바라는 차원이 아닌 것이다.

▶【제23문】사람들 하는 말대로 三合은 산을 보는 법이고, 三元은 물을 보는 법입니까?

【답변】아니다. 사람들이 말하는 것은 '장대홍의 책을 보면 산에 대해서 말한 것은 10에 1이라고 하면, 물에 대해서 말을 한 것은 10에 9라.'고 할 수 있지만, 달리 산의 형세를 몰라서가 아니라 양균송, 증구기, 오경란, 료금정 등

의 여러 선생들이 이미 앞에서 말했듯이 '홀로 이기법 만은 비밀로 전하지 않았다' 는 것이다.

저들은 산에 대해서만 말하고 물을 말하지 않으므로, 장공은 다만 물에 대해서만 말하고 다시 산을 거론하지 않았을 뿐이다. 또《천옥경(天玉經)》,《도천보조경(都天寶照經)》가운데에 어찌 산법이 없겠는가. 양공이《감룡경(撼龍經)》과《의룡경(疑龍經)》을 지으면서 이기에 대해서 말하지 않은 것은 형세를 밝히게 되면 이론이 섞여서 혼란스러울까 염려한 것이다.

그리고 천옥경과 도천보조경을 지으면서는 형세를 말하지 않은 것은 혼란이 발생할 것을 염려한 것이다. 그래서 이기법이 퍼지지 않은 것이다. 장공이 경문을 의지해서 주를 냈는데 사람들은 그가 물의 법만 알고 있다고 하니 어찌 잘못된 말이 아니겠는가.

▶ 【제24문】 삼합법(三合法)에 대해서 익힌 사람도 많고, 믿는 사람도 많습니다. 그리고 현공에 대해서 깊이 알고 있는 사람은 매우 적고 믿는 사람도 매우 적습니다. 심지어는 비방까지 하는 이들이 있어서 두렵습니다. 왜 그렇습니까?

【답변】 三合을 쓰는 사람들은 집안에서도 늘 외우고 사용하다가 보니 눈과 귀가 이미 오랫동안 익숙해져 있다. 그래서 믿어 의심하지 않는 것이다. 즉 사용하여 흉함이 발생하더라도 땅의 결함을 탓할 뿐이고 사용하는 법이 틀렸다는 것은 모른다.

현공을 배우는 자는 이미 진전(眞傳)을 익히지도 않고, 혹 잘못 사용하면 이익은 없고 손해만 있다고 하니까, 많은 군중들은 놀라서 바람만 바라보고도 쓰러지니, 사용법이 틀린 줄도 모르고 술법이 상세하지 않다고만 하니 어찌 비방함을 두려워하겠는가.

그러나 진결(眞訣)은 있는 것이 맞은데 믿고 말고는 사람의 복(福)에 따르는 것이니 법에 인연이 있다면 만나게 될 것이다.

그렇지 않으면 관, 곽, 양, 증이 존재하는 당시라고 하더라도 듣지도 못하고 구하지도 못할 것이니 오직 죽은 다음에 그리워하고 사모해봐야 이미 돌이킬 수가 없는 것이다.

▶ 【제25문】 기문둔갑(奇門遁甲)의 장법(葬法)을 쓰는 것은 그 술법이 어떻다고 보십니까?

【답변】 현공법이야 말로 참된 기문법이다. 용이 있으면 용의 三元이 있고, 수(水)가 있으면 수의 三元이 있으니, 9宮이 유행(流行)하게 된다. 또 매년은 매년의 9宮이 있고, 매월은 매월의 9宮이 있듯이 日時에도 마찬가지로 日時의 9宮이 있다.

용수(龍水)의 원운(元運)에 의한 득실에, 年月日時의 9宮에 신살이 임하게 되니, 길흉화복이 실끝 만큼의 어김도 없이 바로 나타나는데, 속사들은 다만 삼기(三奇)와 육의(六儀)만 놓고서 비성

(飛星)에 애성(挨星)을 추가하여 이것으로 길흉을 판단하고 택일시각도 가리게 되니 묘를 만드는데 큰 오류가 되는 것이다. 이러한 형세는 모두 빈 입으로 신살타령만 하는 무리들의 말이다.

➡ **【제26문】** 이미 형세(形勢)와 이기(理氣)는 모두 三元의 운기가 주관하고 있다고 말하셨는데, 또 어떻게 年月日時에 따라 달라집니까?

【답변】 형세는 체(體)가 되고, 이기는 용(用)이 되니 예를 들어, 一白의 운에 해당하는 땅은 160년을 관리하고, 二黑의 운에 해당하는 땅은 140년을 관리하며, 三碧의 운에 해당하는 땅은 120년을 관리하고, 四綠의 운에 해당하는 땅은 50년을 관리한다.

六白의 운에 해당하는 땅은 50년을 관리하고, 七赤의 운에 해당하는 땅은 60년을 관리하며, 八白의 운에 해당하는 땅은 60년을 관리하고, 九紫의 운에 해당하는 땅은 60년을 관리한다.

그리고 五黃의 운 중에는 이전의 10년은 巽에 속하고, 이후의 10년은 乾에 속하니, 속칭 2宮과 8宮에서 거둔다는 것은 기문에서 기궁(寄宮)의 설이다.

이것은 비결을 얻은 후에 다시 옛날의 묘를 보고서 맞는지를 실험해보니, 예전의 설과는 조금 다르더라. 그 해의 年月日時를 쓰는 것은 가일층 수준을 높이는 것인데, 올바로 공부를 하지 못하고 잔재주나 부리는 자들이 알아 낼 영역이 아니다.

➡ **【제27문】** 이기법(理氣法)으로 이미 쓰고 있는데, 어떻게 年月日時가 또 '용중지용(用中之用)' 이란 말입니까?

【답변】 당령한 운은 20년인데 작게 움직이면 60년이고, 크게 한 바퀴 돌면 180년이 된다.

한 바퀴를 돌면 다시 시작점으로 되는 것이고, 1年은 또 1年의 운이 있고, 1月은 또 1月의 운이 있는 것이다.

묘를 보고 어느 해에 벼슬을 하게 될 것인지를 판단하려면, 모름지기 20년 대운을 보고 더불어 매년 매월의 운과 문창성, 괴강성은 산소의 坐向과 사수(砂水)에 부합하는지를 살피게 되는데, 과거급제를 할 수 있는 방향은 생기(生氣)와 왕기(旺氣)가 있는 곳이다.

또 年이 三白이고 月도 三白이 임하는 방향이라면 침상을 편안하게 하고 문을 열어서 사람에게 이로움을 불러들이게 되니, 운이 생왕(生旺)이고 年月도 생왕이라면 집을 크게 고치고 질병을 돌이켜 재물을 만들게 되니 모두 기이한 영험(靈驗)이 있다.

[낭월주: 三白은 1, 6, 8을 의미한다. 一白水, 六白金, 八白土의 명칭을 줄여서 표기한 것으로 모두 吉數이다.]

➡ **【제28문】** 이기법(理氣法)에도 이미 장단점이 있는데 만약에 무한정 만연하였다가 그 단점으로 인해서 문득 망해버리는 것 아닙니까?

【답변】 땅에는 남북이 있고, 끊기는 것과 끊기지 않는 것도 있으니, 마치 성

(省-호남성인 듯)의 남쪽에 산룡(山龍)이 있고, 하나의 산이 하나의 혈을 끌어당기되, 혹시 용수(龍水)가 운에서 패하게 된다면 결과적으로도 패하게 되는데, 만약 길(吉)한 땅에 산소 하나가 있다면 나쁜 것을 돌이켜 융성(隆盛)하게 될 것이다.

만약 북성(北省-호북성인듯)에 평양룡(平陽龍)이 있고 혈이 유정하다면, 관대(寬大)하여 관을 많이 넣을 수가 있으나, 혹시 혈은 바르고 용수(龍水)가 패운(敗運)과 사귀게 된다면, 그 좌우에 산소를 쓸 경우 혈의 내부에서도 용수(龍水)의 기운을 받아서 걸음을 옮기면서 형상도 바뀌듯이 바른 혈의 용수라도 변화가 발생할 수 있으니 흥하고 패함은 당연히 이 가운데에서 미루어 헤아릴 수 있을테니 엉뚱한 것에 집착하지 말라.

➡ 【제29문】 일반적으로 성의 북쪽에 사는 사람은 부잣집이 많고 또 오래도록 유지가 되는데, 성의 남쪽 사람들은 5대를 넘기는 부자가 없으니 마땅히 어느 곳에 산소를 써야만 이를 같게 할 수 있습니까?

【답변】 이것도 어렵지 않다. 북쪽의 성은 땅이 평평하고 넓으니 살펴보면 왕릉도 많고 좋은 땅이 많아서 여러 대에 걸쳐서 부귀하게 된다.

그런데 남쪽의 산룡은 혈이 와혈(窩穴-우묵한 혈), 겸혈(鉗穴-형틀의 칼같은 혈), 유혈(乳穴-젖처럼 생긴혈), 돌혈(突穴-불룩하게 나온 혈) 등으로 맺혀서 국세가 적은 것은 겨우 관을 넣을 수가 있는 정도로 매우 좁아서 물의 경계를 침범하게 되므로 그 영향은 겨우 1대를 넘기는 정도이다. 이러한 곳에 혈을 만들게 되니 좋은 땅을 얻으면 다행이지만 그렇지 않으면 패망한다.

이처럼 남과 북이 같지 않은 것은 지세가 그렇게 생긴 것이니 이기법의 근원도 다를 것이 없다.

➡ 【제30문】 옛 사람이 말했듯이 조상을 좋은 땅에 모시고 난 후에 태어나는 사람은 귀인(貴人)이 된지만, 이미 태어난 사람은 명당을 쓴 이후에 아무런 작용이 없다는데, 이 말은 옳은 말입니까? 틀린 말입니까?

【답변】 길지를 얻으면 귀인이 태어난다는 말은 틀림없는 말이다. 만약 사람이 이미 태어나서 길지를 얻었다면 영향을 미치지 못한다는 것은 불가능하다. 내가 전에도 말했지만, 땅이 능히 부귀와 장수를 불러 오는 것은 바로 태어난 사람인데, 어찌 서로 관계가 없다고 하겠는가. 시험을 해보면 사람이 바로 왕성할 때에 흉지(凶地)로 이장을 한다면 그 사람이 실패하고 망하는 것을 그 자리에서 보게 되는데, 어찌하여 효험이 없다고 할 수 있겠는가.

➡ 【제31문】 선생님의 형세법은 반드시 이기법으로 대응이 되는데, 그렇다면 자룡(子龍)에는 반드시 오수(午水)를 쓰겠고, 건룡(乾龍)이라면 손수(巽水)를 쓰

게 됩니까?

【답변】 그것은 불가능하다. 이른바 서로 대응을 한다는 것은 용법(用法) 중에서도 신비하고 미묘한 것이어서 말로 모두 표현하기는 어렵다. 다만 子坐午向 이라면 이미 子로 산이 된 것이니 산은 반드시 뇌(腦)를 만들게 되므로 午로써 向을 삼는다. 즉 向이 있으면 작은 명당이 있고 이것이 바로 혈(穴) 안에서 대응이 되는 것이다.

혈의 뒤에는 주산(主山)의 부모산(父母山)이 있고, 혈 앞에 중명당과 외명당이 있다. 그래서《도천보조경(都天寶照經)》에 말하기를 묘에서 가장 중요한 것은 중양(中陽)을 보는 것이니, 넉넉하게 명당수(明堂水)가 명당을 감싸게 되어야 하며, 뻗어나간 과협(過峽)은 검을 현[玄]자처럼 지그재그로 맺혀서, 아침마다 앵무와 봉황이 춤을 추는 형상이며, 외양(外陽)이 일어난 것은 사람의 눈에 다 보이니, 乙자 모양으로 옥의 띠를 허리에 두른다.

다시 내양(內陽)에 앉는 혈법이 있어 신비로운 기틀이 나오는 곳에서 신선의 집을 찾는다.

묘를 안장할 때에 가장 중요한 것은, 중양(中兩-中명당과 中명당수)을 보는 것이다. 명당이 넓게 있는 곳에는 물이 한곳에 모이고, 출협(出夾-빠져 나가는 모양)하는 물의 모양새는 검을 현(玄)자 모양으로, 멀리에서 보았을 때 난새와 봉황의 모양처럼 춤을 추는 듯이 상서롭게 보여야 하고, 외양(外陽-멀리 있는 외명당과 外명당수)을 살필적에는 乙자 모양으로 몸을 두른 옥대가 최고이다.

또한 내양[穴星]의 정혈입향(定穴入向)하는 법은, 최고의 비법을 사용하여야 되는 것으로 선방(仙方-풍수에 뛰어난 사람의 방법)을 찾아야 가능하다고 하였으니, 이 말은 형(形)과 기(氣)를 겸해서 말하고, 물을 말하면서도 겸해서 산을 말하는데, 속인(俗人)은 이것을 모르고 현공법을 물에 대한 법이라고만 말하는 것이다.

▶【제32문】 주산(主山)이 단정하고 좌청룡과 우백호가 함께 배열되며, 물은 앞에 나와서 머무르고 있다면 이것은 참된 대대(對待)인데, 혹시 용이 내려오다가 뭉치거나, 백호가 내려오다가 뭉치게 되었을 경우에 물이 오른쪽에 머무르는 것과 왼쪽에 머무르는 것은 다를 텐데, 그 대응은 또 어떻게 됩니까?

【답변】 참 잘 물었다. 그들 마음대로 왼쪽으로도 머무르고, 오른쪽으로도 머물러 혈처를 맺게 되는데, 뒤에는 반드시 맥(脈)과 뇌(腦)가 있으며, 앞에서 작은 물이 소명당을 이루게 되면 이곳을 참된 대응이라고 하게 되는 것이다.

아울러서 왼쪽이나 오른쪽에 도달하면, 본궁의 안에 수구(水口)가 있으니 그 이기(理氣)를 보는데, 어느 운에 부합되는지를 살펴봐야 한다. 운이 길하면 길한 것이고, 운이 흉하면 흉한 것이니 왼쪽이 큰집[長房]에 속하고, 오른쪽은 작은집[小房]에 해당이 된다.

속인들은 왕왕 청룡이 있으면 큰집(長房)이 발복하고, 백호가 있으면 작은집(小房)이 발복한다고 하는데, 달리 길한 물이 왼쪽에 있으면 비록 용이 없더라도 큰집이 발하고, 길한 물이 오른쪽에 있으면 비록 백호가 없더라도 또한 작은집이 발하는 것을 모른다.

흉한 물도 또한 이와 같은데, 내가 예전에 《인자수지(人者須知)》라는 책에서 그림 하나를 보았는데, 그 그림에는 청룡은 있고, 백호가 없으며, 큰 강이 오른쪽에 있으니 작은 집이 발한다고 되어 있었다. 그런데 아무리 생각을 해봐도 그 이치를 알지 못하였는데, 문득 '물이 얽혔다는 것은 산이 얽힌 것과 같다.'는 것을 두고 한 말이라는 것을 비로소 깨닫게 되었다.

산은 陰이요 물은 陽이라는 것을 모르고는 물을 산이라고 하는 꼴이라, 陽으로 陰을 만드는 이치는 남자대신 여자를 남자라고 부르는 것과 같으니 어찌 사람들이 웃지 않을 수가 없겠는가.

➡ 【제33문】 남성(南省)의 산룡은 대다수가 용호로 안대(案對)를 삼거나, 혹 가까운 산과 먼 산들이 와서 조산(朝山)이 되기도 합니다. 북쪽의 땅은 평지인데 사방을 봐도 공활(空豁)하여 막힘이 없는데, 한 가닥의 물이 가로로 통과하고 있으면서 구부러져 흐르는 경우에는 만곡(灣曲)을 이룬 곳에 혈처가 생긴다고도 하고, 물이 직접 흐를 적에 그 옆에 다시 물이 하나 생겨있으면 그 합하는 자리에서 혈처를 세운다고도 합니다.

또 물이 가로로 통과할 적에 왼쪽에 한 가닥의 물이 흘러가고, 오른쪽에도 그와 같으면서 그 중간에 한 덩어리의 널찍한 평지가 있을 때에는 어떻게 합니까? 만약 이러한 곳이 혈처가 된다면 이미 화(化)하여 뇌를 만들 것도 없으니 또 소명당도 없습니다. 이러한 지형에 다다라서는 터럭만큼도 파악 할 것이 없으니 마땅히 이러한 곳에 당도하면 어떤 이기법으로 안치를 해야 합니까?

【답변】 한 가닥의 물이 가로로 흐르고 있다면 고요하다고 말하고, 굽어져서 흘러가게 되면 동(動)한다고 말하며, 물은 비록 직류(直流)로 흘러가더라도 고요한 것이 되는데, 그 사이에 끼어든 물이 있다면 바로 동(動)한다고 본다.

陰은 고요하고 陽은 움직이니, 정(靜)은 죽어서 쓸모가 없고, 동(動)은 살아서 쓸모가 있는지라, 형상이 이미 동하면 기운도 따르게 되므로 그 坐向이 어느 괘에 속하는지를 살피고, 또 어느 운에 해당하는지도 살펴서 생왕의 기가 발생하는 땅이 되면 이롭지 않을 이유가 없는 것이다.

그 안에는 스스로 하나의 대응이 발생하니 사람들은 산용(山龍)이 바뀌는 것은 보지 않고, 물에 의해서 점혈하는 것만 본다. 그러므로 장대홍선생의 삼원현공은 평원의 수룡만 보는 법이라고 하여 한가지로 같은 이치라는 것을 모른다.

또 현공법이 옛날부터 있어 왔으니 장대홍이 창조한 것이 아닌데도 장공이 드러내 보이니까 사람들은 장공이 만든 것인 줄로 알고 현공법을 헐뜯으면서 장대홍을 지적하여 다투고자 하니 참 우스운 이야기이다.

➡ 【제34문】 평평한 땅에서의 내명당과 외명당, 그리고 수구(水口)는 어떻게 봐야 합당합니까?

【답변】 명당의 가까이에는 세 가지로 교차하여 합하는 것이 있으니, 그것은 안쪽의 수구(水口)와 혈장(穴場) 위에서 봤을 때 물이 들어오는 것이 처음 보이는 곳이고, 흘러가는 물이 보이지 않는 곳을 바깥의 수구(水口)라고 한다. 《천원오가(天元五歌)》에서 이를 '오고 가는 것이 죽음과 태어남의 문이다.'라고 표현하고 있다.

다시 물을 따라서 앞으로 지나가다가 멈추는 곳이 있고, 꺾이는 곳이 있으며, 혹 언덕이 무너진 것이 있다면 이것은 모두 동하는 것이라고 하니 모두 주인의 화복(禍福)에 영향을 주지만, 혈장에서 보았을 때 보이지 않는 것은 논하지 않는다.

➡ 【제35문】 물이 이미 가로로 통과하고, 또 오고 가는 입구가 있는데, 어찌 현공의 운에 다 부합이 됩니까?

【답변】 완전히 합이 된다면, 곧 모두가 다 이롭게 되고, 합하는 곳도 있고 그렇지 않은 곳도 있다면, 방(房)으로 나눠서 유리함과 불리함이 있는 것으로 보면 된다. 하지만 운이 있어 오고 가므로 서로 호응하여 부귀를 얻거나, 불응하여 빈곤이 되는 것은 같지 않은 것이다.

➡ 【제36문】 방을 나누는 설은 여러 선생들이 각기 같지 않은데, 장구의(張九儀)가 말하기로는 맏이는 왼쪽에 있고, 중간은 앞에 있으며 그 다음은 오른쪽에 있다고 하고, 넷째는 첫째와 둘째의 중간이고, 다섯째는 뒤(坐)에 있고, 여섯째는 둘째와 셋째의 중간이며, 만약 일곱째나 여덟째의 아들이 있다면 아무 곳이나 모두 편안하다고 했습니다.

또 투지령(透地靈)에서 말하기를, 왼쪽 언덕[坐砂]은 장남(長男)에 속하고, 오른쪽 언덕은 오른쪽 어깨에서부터 차남(次男)이 되고 순서대로 아래로 가면서 정하다가 언덕이 뾰족하게 마치는 곳에서 머무르며, 많고 적음에 구애받지 않고, 모두 다 오른쪽의 언덕[右砂]에 있다고 합니다. 삼합가(三合家)에서는 장생(長生)으로 장방(長房)을 삼고, 한 바퀴 돌리기도 하며, 혹은 寅申巳亥[孟]는 왼쪽으로, 辰戌丑未[季]는 오른쪽으로 한다고도 하여, 모든 선생들의 설이 하나가 아닙니다. 연구를 해보신 결과 어떤 것이 옳던가요?

【답변】 나도 또한 처음에 이러한 것을 갖고 여러 차례에 걸쳐 시험하고 확인을 해봤는데, 하나도 부합되지 않았다. 오히려 사맹(四孟)은 왼쪽이고, 사중(四仲-子午卯酉)은 앞[向]이며, 사계(四季)는 오른쪽이라는 설이 제일 합당하였다. 만약 자녀가 4~5명에서 10명이

된다면 모두 정확하게 맞는 것이 없으니, 어쩔 수 없이 땅이나 혈에 따라서 오래도록 연구해야 할 것이다.

대개 좌를 좇아서 우로 가는 것으로 배열하는데, 방을 몇 개로 나누는 것에 대해서는 집착하지 말고, 각각 한 자리를 점유하여, 한 방으로 삼고서 네 면으로 공평하게 돌아가는 것이니, 양방(兩房-두 아들)이라면 좌방 하나와 우방 하나이며, 삼방(三房)이면, 장남은 왼쪽, 둘째는 앞쪽[向], 막내는 오른쪽이 된다.

장구의선생이 말한 대로, 일곱째는 왼쪽의 장남의 자리가 되고, 다시 오른 쪽으로 배열하면서 둘째, 셋째가 되다가, 네 번째 방은 앞의 위[向上]로 삼고, 다시 우로 배열해서 다섯째, 여섯째로 간 다음에, 일곱째는 오른쪽 끝에 머물게 되는데, 만약 아홉째 아들이 있다면 장남은 머리에 거(居)하고, 다섯째는 앞의 향 위에 있는데, 만약 열째가 있다면 즉 다섯째가 있는 향의 왼쪽이고 여섯째는 향의 오른쪽에 있다고 하였으나 시험해 봐도 맞지 않더라.

또 자꾸 실험을 하다가 알게 된 것인데, 만약 그 사람을 묻지 않았는데 혹 장자가 먼저 죽었다면 즉 묘를 쓴 후에 차자를 장자의 방에 거하게 하는 것이니, 장자의 방위 향에 길흉을 차자가 그대로 대신하여 받게 되는 것이 합당하고, 자녀가 많은 경우에는 이미 몇 사람이 죽었거나 장사를 지낸 다음에는 현재 몇 사람이 남아 있는지를 헤아려서 다시 누가 장자(長子)이고, 누가 둘째, 셋째 인지를 살펴서 배열하면 된다.

이것은 고서에는 없는 것인데 오늘 특별히 분명하게 밝히는 바, 옳고 그름의 참기운[眞氣]을 살펴서 판단하게 되니 비로소 맞아 들어갔으나 만약 三合이니 보성(輔星) 등은 엉성한 속임수에 불과하여 백가지로 대입을 해봐도 하나도 맞지 않더라.

▶【제37문】 사대부의 뼈대 있는 집안에서는 글을 읽어서 출세하는 것을 중요하게 생각하고, 부모를 장사 지낼 적에도 풍수가의 손을 빌리게 되는데, 지금 선생님의 말씀을 따르고 보니 순전히 주역을 위주로 하고 있습니다. 그러니까 지리학문도 하찮은 기예가 아니겠네요.

【답변】 주역은 삼라만상을 다 포함하여 망라하는 것으로 크게는 천지인(天地人)을 모두 포함하게 되어, 천문에 통한 자는 사시절의 순환을 알게 되고, 홍수와 장마는 물론이고, 재앙과 길상도 알게 되어서 양생(養生)하게 되는 것이다.

지리에 밝게 되면 가히 9운이 오고 가는 것을 알아서 길을 좇고 흉을 피하는 것으로 자신의 운명을 지키게 되는 것이니, 사람이라면 군자의 절개를 갖고 어리석은 소인은 되지 않아야 함은 물론이고, 천지와 하나가 되어야 할 것이다.

맹자가 말하기를 '오직 죽음을 맞이하는 것은 크나큰 일인데, 누가 지리학이 하찮은 기예라고 한단 말인가.' 라고 했는데, 일반 술사들의 학문이 진실 되지 않고서는 구차하게 가문의 발전과 명성을 얻는 것은 불가능할 것이니, 부호의 심부름이나 하는 잡역부나 종이 되어 도학(道學)을 천하게 쓰니 막바지 인생의 하찮은 재주 정도로 보는 것을 이상하게 생각 할 것도 없다.

➡ **【제38문】** 천문지리인사(天文地理人事)의 삼재(三才)를 이 지리학에 배치할 수가 있는 것입니까?

【답변】 어찌 그렇지 않겠는가. 큰 용은 줄기가 되어 머리가 도달하는 곳은 형이 머물고 기가 저장되어 기운이 맺히게 되는 것이니 제왕이나 성현(聖賢)이 태어나게 되고, 큰 강과 큰 호수가 감돌아 합하는 곳은 도읍(都邑)을 세우고 팔방을 관장하게 되니, 나라의 왕과 정승들이 머물러서 거주하게 되는데, 그 기운을 얻으면 국가는 태평하고 백성은 편안하게 되지만, 그 운을 잃게 되면 시절이 혼란하고 난리가 발생하게 되는 것이다.

사람은 다만 만사가 하늘이 정해 준 것일 뿐이니 누가 지리를 알며 또한 마음대로 관리하겠는가, 문왕의 조상이 빈(豳-섬서성 빈주)에서 살다가 점을 쳐 보고는 낙양(洛陽)으로 옮겼으며, 진(晉)은 강(絳)에 도읍하고, 초(楚)는 영(郢)에 도읍하였는데, 나라의 흥하고 망하는 것을 알 수 있을 것인가?

만약 산천이 험난하다면 싸움에서 지키기가 좋을 것이고, 토양이 비옥하다면 뽕나무 농사를 하게 될 것이니 이것은 맹자가 말하는 땅의 이로움이라고 하는데, 이러한 관점은 풍수지리학은 아니다.

➡ **【제39문】** 지리는 화복(禍福)에 관련이 있으니, 세상 사람들은 복을 구하고자 하는 것이 인연이 되어서 후에 명당을 도모하게 되고, 도를 닦는 학자는 힘써 그 폐단을 잡아야 할 텐데, 땅을 만나면 바로 묘를 쓰니 세상을 구제하는 법이 되는 겁니까?

【답변】 묘는 나무의 뿌리와 같고 사람은 나무의 가지나 잎과 같다. 지맥이 있는 곳에는 나무의 뿌리가 튼튼하고 잎이 무성하지만, 지맥이 없는 곳에서는 나무가 야위고 가지는 마른다.

만약 조상님의 뼈가 편안하기를 바란다면 옳겠지만, 자기 한 몸이 복을 바라는 마음이라면 옳지 못하다.

대개 사람의 일 중에서 조상의 묘를 쓰는 것을 감춰야 하는 것은 풍수가 음지에서 효험이 나타나는 것이기 때문이다.

만약 세상에 이름이 없는 선생의 무리들이 사람의 뜻을 어지럽게 한다면 스스로 바람과 물을 피하여, 마르고 따뜻한 땅을 찾아 선택하는 것이 옳은 것이며 그렇지 아니하고 속된 사람들의 뜻을 따라서 복을 받으려고 매장하는 것은 옳지 못하다.

정자(程子), 소강절(邵康節), 주자(朱子), 채침(蔡沈) 등이 큰 현인들이 아닐까? 그들이 말하기를 장사를 지낼 적에는 어렵게 하고 신중하게 하라고 했는데, 또한 선인의 혼령을 편안하게 하고자 함에 지나지 않으니 그 마음으로 정성을 다 하는 것이다.

▶ **【제40문】** 남방에는 높은 산이 있으며, 무덤도 크고, 산등성이도 넓은데, 북방은 평원으로 되어 있으니 산소자리도 평평하고 물이 모여도 또한 넓습니다. 고산(高山)의 큰 무덤이나, 평원의 높은 지대는 물이 흐르지 않는 지형이 많지만, 낮고 넓은 평야지대는 물이 많이 흐르고, 땅도 넓고 여유로우며, 물이 흐르는 곳을 길로 사용하게 되는데, 이렇게 평양(平洋)은 지대가 낮아 물을 얻어 局을 세우는데, 이 경우에 그 이기(理氣)가 서로 다릅니까? 같습니까?

【답변】 고산과 대롱과 평강과 평원 등은 높고 험준하거나, 낮고 평탄한 것에 불과하다. 개장(開帳)하고 과협(過峽)하여, 局이 이루어지고 혈이 맺히게 되며, 조산과 안대로 사(砂)를 이뤄서 보호한다면 모두 같은 법으로 보면 된다. 물이 있고 물이 없는 것도 같이 보면 된다. 속된 선생의 눈으로는 알지 못하여 매양 혈이 높고 물이 낮은 것을 싫어하는 것은 잘못 된 것이다.

평평한 땅에서 용이 흘러가는데 비록 용이 있는 것이 보이지 않더라도 양수(兩水)가 서로 끼고 있으면 그 중간은 용이 맺힌 혈처인 것이다. 사(砂)가 있는 것이 보이지 않더라도, 물이 굽이쳐 흐른다면 그것이 바로 사만(砂灣)인 것이고, 언덕이 둘러쳐 있는 것이 평지에서는 물로 둘러져 있는 것이니 이른바 '두 산의 사이에는 반드시 물이 있고, 두 물의 사이에는 반드시 산이 있다'고 한 말은 바로 이것을 두고 한 말이다.

산롱평원(山壠岡原)이라면 무슨 말을 할 필요가 있겠느냐. 그 평양(平洋)으로 길을 삼으면 된다. 길은 반드시 깊으면 몇 자도 되고, 얕으면 한 자 정도의 여지가 있으니, 형세에 의지하여 기운이 나아가는 길로 쓰여 산의 길과 똑같이 발복한다. 혹시 깊이가 한 자도 되지 않으면 사용을 하더라도 효험이 없다.

이렇게 되는 것은 용이 가다가 혈을 맺은 것이 陰의 기운이 뭉쳐야 되는데, 시내나 계곡, 도랑, 길은 陽의 기가 지나가는 곳으로, 陰이 陽의 경계를 만나 멈추게 되는 것이고, 산을 끼고 물이 감돌아서 陰陽이 서로 사랑을 나누며 천지자연의 신비로운 기운이 잉태하는 곳이다. 산롱, 강원, 평양, 평원이 모두 두 이치가 아니니 비록 천하의 땅을 다 근거로 삼더라도 이 범위를 벗어나기가 불가능하더라.

▶ **【제41문】** 이기법(理氣法)에서는 순전히 9운을 위주로 하고 또 年月日時를 사용하여 극제(剋制)하고 응합(應合)하는 시기로 삼으니 여덟 개의 天干과, 네 귀퉁이의 열두 개의 地支가 무슨 소용이 있습니까?

【답변】 복희의 괘 그림에는 八卦만 있는데, 그 12地支는 또한 하늘의 이치에 부합한다. 옛 사람이 나경을 만들 적에, 8방으로 나누고 24글자로 만들었는데, 子午卯酉가 점유하고 있는 자리는 곧 坎離震兌의 宮이다. 子는 坎과 같이 水이고, 卯와 震은 같은 木이며, 午는

離와 같이 火에 속하고, 酉와 兌는 같이 金에 속하니 그러므로 子午卯酉를 쓰면 다시 坎離震兌를 말할 필요는 없는 것이다.

乾坤艮巽은 바로 12地支의 틈 사이에 해당하면서 또 본괘의 바른 자리이기도 하니 다시 거짓된 이름이 필요 없는 것이다. 그 子午卯酉의 좌우에 틈이 있는 곳은 壬癸는 水에 속하기 때문에 坎宮을 따르게 되고, 甲乙은 木에 속함으로써 震宮을 따르고, 丙丁은 火에 속함으로 離宮을 따르고, 庚辛은 金에 속하여 兌宮에 속하는데 근원은 한 몸이고 같은 기운이라는 뜻이 이렇게 분명하게 나타나 있는 것이다.

그런데 잘못 인도하는 사람들을 따르다가 엉뚱하게 되어버렸으니, 甲을 木으로 삼지 않고, 납음(納音)을 써서 乾金이라고 하고, 乙도 木이라고 하지 않고, 납갑(納甲)으로 대입해서 坤土로 보고 있으니 이와 같은 방식으로 대입을 하게 되어 五行으로 하여금 각기 그 성품을 잃게 한다.

심지어는 甲을 寅에 붙여서, 寅午戌의 局이 일어난다고 하지를 않나, 혹은 卯에다가 붙여서는 亥卯未의 局이 된다고도 하다가, 급기야는 乙丙이 서로 사귀어서 戌을 쫓는다고도 하며, 辛壬이 만나서 辰을 모은다느니, 흙소[土牛]가 庚丁을 흡수하고, 금 염소[金羊]가 癸甲의 신령함을 거두어들인다고 하고, 생왕묘고(生旺墓庫)와 왼쪽으로 돌고, 오른쪽으로 돈다고 하니, 공부를 하고자 하는 사람이 죽을 때까지 공부를 해도 깨달을 수가 없게 되는 것이다. 그러나 사실은 관계가 되어 있는 것은 모두 三元과 구운(九運)과 더불어 매년의 태세(太歲)가 宮과 얽혀 있는 것일 뿐인데 말이다.

예를 들어 一白이 坎에 당도하게 되면 地支의 子는 태세에서 申子辰과 午의 4년을 만나게 되면 반응하게 되고, 子年은 안정[塡實]이 되고, 午年은 충동이 되며 申辰은 합을 불러오게 되므로, 그 작용이 길한 곳으로 반응을 보이면 길하게 되고, 흉한 경우에는 작용도 흉하게 나타난다.

만약 하나의 地支를 범하게 된다면 4년간 반응하게 되고, 두 地支를 범하면 8년, 세 地支를 범하면 12년 동안 쉴 날이 없게 되는 것이다.

다만 乾坤艮巽의 네 宮 안에서만은 다 늙은 벗 두 분을 얻게 되므로, 충합이나 안정으로 8년을 보내게 된다. 길을 만나게 되면 사수(砂水)가 길하게 되고, 태세에는 年의 干支를 두며, 세인(世人)은 그 발휘되는 길흉(吉凶)이 빠르고 또 오랫동안 작용하는지를 보려고 하지만, 그곳은 그냥 그러한 곳이니 알려고 하지 마라.

수호(隱呼)가 말하기를 乾坤艮巽은 별명이 '대궐로 가는 길'로 4대의 높은 신이 그 안에 배치되어 있다고 했다. 기운의 득실을 물을 것도 없이 복잡하게 작용을 하게 되니 일단 재앙을 만나게 되면 '乾坤艮巽은 사람을 죽이는 황천(黃泉)이 된다.'고 하는 것이다.

➡ **【제42문】** 큰 운은 60년이고, 작은 운은 20년인데, 어떻게 一白은 160년이고, 二黑은 140년이며, 三碧은 120년이라는 말이 됩니까?

【답변】 一白과 九紫는 상대적이다. 그래서 반드시 九紫의 운이 당도하게 되면 一白의 부분은 패하게 된다. 예를 들어 상원(上元)의 甲子에서 甲戌까지의 20년은 一白이 제대로 운을 타게 되어 대발(大發)하는데, 二黑이나 三碧의 운 내에서도 오히려 여기(餘氣)가 남아 있으므로 계속해서 발전하게 되는데, 4, 5, 6, 7, 8의 운에서는 운이 비록 지난 것보다 크게 흥할 것이 없으므로 160년이라고 하는 것이다.

만약 甲申에서 甲午까지 20년은 二黑이 운을 주관하기 때문에 발하게 되는데, 一白의 운안에 있으므로 같이 上元이 되니 사용이 가능하다. 2는 8과 서로 대비하게 되는데, 八白의 운이 되면 즉 패하게 된다. 그러므로 140년이라고 말하게 된다.

만약 甲辰에서 甲寅까지의 20년에는 三碧이 운을 주관하게 되는데, 一白의 운과 친하므로 사용이 가능하다. 그래서 본 운이 되면 대발(大發)하게 되는데, 3은 7과 상대가 되므로 七赤이 운을 주관하게 되면 三碧은 패하기 시작한다. 그러므로 120년이라고 말하는 것이다. 中元과 下元도 이렇게 보면 된다.

한마디로 上元의 60년은 3운에서 다 사용이 가능하므로 반드시 본 운이 되면 나중에 발하게 될 뿐인데, 中下의 양원(兩元)도 사용하는 방법은 이와 같다.

➡ **【제43문】** 그런데 巽과 乾의 중원(中元)에서는 무슨 까닭으로 각기 50년밖에 되지 않습니까?

【답변】 각괘의 본운(本運)은 원래 20년이다. 오직 中元에서 5운의 20년 중에서 앞의 甲申의 10년은 巽에 속하니 三碧의 운에 포함되고, 四綠의 땅도 사용이 가능하니까 50년으로 된다. 후에 甲午순의 10년은 乾에 속하는데, 七赤의 운 내에 있지만 六白의 땅이므로 오히려 여기(餘氣)가 남아 있으므로 또한 50년이 된다.

그러나 一白과 九紫의 운 내에서는 四綠과 六白의 땅에 또한 각각 20년의 왕운(旺運)이 있으므로 얻어 쓰는 자는 대발(大發)하게 되고, 잘못 얻은 자는 대패(大敗)하는 것인데, 이러한 설은 오직 이사(李師)만이 알고 있으며, 내가 시험을 해봤는데 믿을 만하더라.

➡ **【제44문】** 五行의 한 비결이 진정한 재주가 아니라 성문의 한 비결이 가장 좋은 것이 된다고 하는 것은 무엇을 가리키는 것입니까?

【답변】 그 말의 뜻은 혈장(穴場)의 뒷면에 입수(入首)에서 기운을 모으는 곳과, 혈장(穴場)의 앞에 물이 빠져나가는 출구를 말하는 것이다. 또 형세(形勢)와 이기(理氣)를 겸한다는 말이니 三元의 구운에 대응하는 것이 모두 성문결(城門訣)에서 길흉화복을 쥐고 있기에

이것을 벗어나지 않는 것이다.

➡ **【제45문】** 천기(天機)의 묘결(妙訣)은 근본이 같지 않지만, 八卦에서는 하나의 卦로 통하게 된다고 하는데, 어떻게 一卦로 통한다는 겁니까?

【답변】 본래 말하는 것은 명백(明白)한데, 후인(後人)이 해석을 할수록 더욱 더 착오가 발생하게 되어, 마침내는 이렇게 一卦라는 설도 있는데, 어느 八卦를 통해서 간다는 말조차 나오게 되어 더욱 미혹해지고 또 오류가 심하게 되니 진심으로 이기(理氣)에 대해서 하는 말이 되는 것이다. 이른바 '一卦에 통한다.' 는 것은 당령(當令)한 운의 一卦를 말하는데, 이것을 쓰게 되면 가장 길하고, 통했다고 하는 것이니 八卦를 말한다고 해서 모두 통하기는 불가능한 것이다. 즉 내가 전편에서 말한 대로 어느 괘나 당령(當令)한 운은 20년이라고 했던 것도 이것을 말하는 것이다.

➡ **【제46문】** 천심(天心)에 부합하는 것을 얻으면 조화(造化)의 기술이라고 하는 말은 무엇을 두고 하는 말입니까?

【답변】 세인들은 다만 점혈(點穴) 하는 곳을 가로로만 곧게 계산하는데, 십자(十字)로 사(砂)가 경계되는 것도 천심(天心)이고, 명당에서 물이 모이는 것도 천심으로, 이것은 형세(形勢)의 천심이다.

이기(理氣)의 천심은 어느 三元의 어느 구운(九運)에 일을 허락하니 즉 어느 원(元)과 어느 운(運)이 바로 진정한 천심이 되는 것이다.

천심을 얻었는지 알면 이로써 인간의 화복(禍福)도 살필 수가 있으니 이를 써서 추길피흉(趨吉避凶)하게 되는 것이니, 천명을 빼앗아서 조화로 고치는 것도 모두 여기에 관계되는 것이다. 즉 이러한 운이 들어온 상황에서 음양과 순역(順逆)의 비성(飛星)을 살피니, 이른바 전전도(顛顛倒)라는 것이고, 또 성진(星辰)이 흘러 다니는데 중요한 것은 상봉(相逢)해야 한다는 것이며, 또 용중지용(用中之用)이라고 하여 쓰는 가운데에서 또다시 쓰는 것인데, 경(經)은 아니지만 입으로 통해서 전수하니 까마귀는 능히 알 것일세.

➡ **【제47문】** 기운으로 뭉쳐진 땅은 혹 몇 십리를 가다가 하나 맺히기도 하고, 혹은 십여 리에 하나의 혈(穴)이 맺히기도 하며, 또 때로는 3~5리에 몇 개의 혈(穴)이 맺히는 등 일정하지 않습니다. 연구해 보면 사람들은 명당(明堂)은 아니라도 여기저기에 묘를 쓰는데, 혈(穴)을 제대로 얻지 못했음에도 그럭저럭 지낼 만 한 사람도 있고, 먹고 살만 한 사람도 있고, 대를 이어가면서 절손(絶孫)도 되지 않고 자손(子孫)이 서로 이어지며 또 그중에는 번창하는 경우도 있으니 이것은 땅의 힘입니까? 아니면 운의 힘입니까?

【답변】 그 땅이 비록 혈(穴)을 얻은 것은 아니지만 반드시 지세(地勢)가 높

고 건조하며 평온(平穩)할 것이고, 흉한 언덕이나 나쁜 물이 공격하지 않을 것이니 그렇게 된다면 능히 스스로 먹고 살게 된다. 운을 조금 얻고 주변 산세(山勢)와 물이 돌봐 준다면 재물도 조금 모이며, 자손도 번창하게 되는 것이다.

그러나 또한 사람에 대해서도 참작해봐야 마땅한데, 혹시 그 사람이 용렬(庸劣)하고 심약(心弱)하다면 비록 길사(吉砂)와 왕수(旺水)가 무덤을 감싸면서 돌더라도 무난한 정도는 될 것이다.

혹시 그 사람이 부지런하고 능력이 있다고 할 경우에 주변이 흉사(凶砂)나 흉수(凶水)가 묘를 침범하지만 않는다면 또한 자립을 할 수가 있으니, 이것이 바로 천시(天時)와 지리(地理)와 인사(人事)를 함께 참작하는 묘(妙)가 되는 것이니 모두 여기를 벗어나지 않더라.

➡ 【제48문】 의붓아버지의 무덤에서도 능히 조상의 자식으로 이어져서 발복하게 됩니까?

【답변】 어찌 홀로 그것만 그렇지 않겠는가, 시험해 보면 어느 집안에서 여자에게 불리한 경우에는 혹 출산이 약하거나 혹은 음란하여 돌아다니거나 특별히 딸에게만 응하지 않더라도 그 며느리에게도 응하게 되니, 비록 절에서 출가하여 스승의 인연이 되어서 얻어진 묘라도 오히려 능히 그 양부(養父)의 음덕(蔭德)을 얻게 되는데, 어찌 계부만 음덕으로 조상의 덕을 입는 것이 불가능하겠느냐. 다만 며느리의 길흉은 친정과 남편의 집을 참작해봐서 후손의 길흉을 이었는지 판단하는데 마땅히 본생(本生)의 인연과 계부(繼父)의 인연을 같이 보는 것은, 양가(兩家)와 관계가 되었기 때문이다.

➡ 【제49문】 요즘 사람들은 모두 속되어서 큰 땅만을 찾으려고 하고, 심지어는 최고의 명당을 얻으려고 합니다. 이렇게 큰 땅만을 구하기보다는 하나의 마른 땅을 얻어서 흉사(凶砂)나 악수(惡水)가 충사(沖射)하지만 않는다면 사용하는 것이 좋지 않겠습니까?

【답변】 견주어보면, 큰 땅을 구하려는 것이야 어찌 막을 수가 있겠는가만, 오히려 재앙이 되지 않는다면 또한 중간의 방법은 된다고 하겠다.

다만 가난한 사람이 얻을 것은 오히려 가난한 것이고, 부자가 얻을 것은 오히려 부자의 터가 되더라. 땅이 약간이라도 좋은 곳이 있다면 부자는 반드시 그 땅을 구해서 부(富)를 더 보태게 될 것이고, 가난한 사람은 겨우 약간의 가난함을 덜어내게 될 것이다.

혹시라도 땅에 약간의 나쁜 부분이 있다고 한다면 또한 그와 같은 나쁜 작용도 함께 일어나게 될 것이니, 괜히 망상하지 말고 부모님을 편안하게 모실 곳을 구하고, 어리석은 사람을 깨닫게 하도록 관찰하여 얻는다면, 또한 한량이 없는 공덕이 될 것이다.

➡ 【제50문】 북성(北省)에서는 사람이 죽으면 바로 염을 하여 즉시 장사를 지내는데, 남성(南省)에서는 관에다 모셔 놓고 장사를 지내지 않고, 심하면 몇 대를 그냥 머물기도 합니다. 그렇게 되면 수십 개의 관이 쌓이기도 하는데, 풍수의 자리를 도모하다가 장사를 지내는 것이 길하지 않다고 하기 때문이지요.

관을 매장하지 않고 둬서 길하지 않은데, 그것이 더욱 날을 보내면서 가난하게 되어가니 나중에는 장례를 모시지도 못하게 될 지경인데, 혹 자손이라도 요절하여 뒷사람이 없게 되면 아무런 이야기도 할 필요가 없이 되어버립니다. 간혹 돈이 있는 자가 있어서 한 순간에 여러 대의 산소를 만들게 되면 그 길흉은 장차 어떻게 판단하게 됩니까?

【답변】 다만 그 사람과 가장 가까운 것으로 봐야 하는데, 가까이는 부모의 산소가 있고, 멀리는 조상의 무덤도 있는데, 모두 좋을 경우에는 길한 것으로 판단하고, 모두 흉하다면 흉으로 판단하면 된다. 만약 먼 조상의 산소는 길하고, 가까운 산소가 흉하다면 오히려 흉하다고 판단을 하고, 먼 조상의 산소는 흉하고, 가까운 조상의 산소는 길하다고 하면 오히려 길한 것으로 판단을 하게 되는데, 가까운 조상이 가장 중요하기 때문이다.

➡ 【제51문】 날이 갈수록 부귀를 누리는 사람은 시신을 넣은 관을 보관만 하고 좋아하면서 매장을 하지 않는데 저 사람의 생각으로는 오래 된 무덤으로부터 힘을 얻고 있다고 잠시 새로운 관에 넣어서 장사를 지내거나, 혹은 들이나 집에 그냥 둔다고 해서 거리낄 것이야 있겠나 싶습니다.

【답변】 멀고 가까운 것은 논할 것이 없고, 바로 윗대의 조상에 해당하는 하나의 관(棺)만 볼 것이며 무덤이 되어 있느냐 마느냐에 대해서는 구애 받을 필요가 없다. 가장 중요하고 긴급한 것은 할아버지의 산소에 의한 영향이 일어날 것이며, 할아버지의 시신을 집에 두고 장사를 지내지 않았을 경우라고 한다면 증조부의 산소에서 멈추고 있는 것으로 놓고 판단을 하면 된다.

현공법의 운에 의거(依據)해서 판단을 해봐야 하는데, 비록 관이 집에 머물러 있다면 또한 산소와 같이 봐라. 그 재앙과 복록(福祿)이 손바닥에서 손금을 보는 것과 같을 것이다. 세상 사람들이 매양 가까운 부모의 조상은 묻지 않고 길흉이 모두 오래 된 무덤에서 비롯한다고만 알고 있으니 어찌 크게 잘못된 것이 아니리요.

➡ 【제52문】 예전에 황하강의 지류인 회수(淮水)의 북쪽에서 봤는데, 산소의 주변으로 담장을 쌓던데 그렇게 하는 것은 왜 그럽니까?

【답변】 나도 예전에 그러한 것을 봤는데, 아깝게도 그 방법을 쓴 것은 三合과 보성(輔星)의 방법을 썼던데, 만약 삼원현공(三元玄空)의 이기법(理氣法)을

썼더라면 또한 진기(眞氣)가 모여 있는 것을 손상하지 않았을 것을 그랬다는 생각을 했었다.

이러한 방법은 평양(平陽)의 넓은 벌판형의 구조에서 사용할 적에 계획하는 것이므로 물이 넓게 퍼져 있는 것도 또한 쓸 수가 있으니, 대개 평양(平洋)이나 평양(平陽)을 지켜주고 보호해주는 사(砂)가 없다면, 사방을 바라다 봐도 수용을 할 것이 없으니, 비교적 높고 건조한 곳을 가려서 그 혈(穴)의 중심에 장사를 지낸 다음에 무덤 주위의 4~5장[10여m] 높이로 담장을 만들어서 어깨를 삼아서 사면으로 두르게 되는데, 이렇게 하면 흉사(凶砂)나 악수(惡水)와 격을 두게 되고 묘에서 서로 보이지 않으면 된다.

개문(開門)은 삼원현공(三元玄空)이 당령한 방향으로 내게 되면 물의 성문결(城門訣)에 맞춰서 갖추니 이것도 능히 발복하니까 버리면 안 된다.

▶【제53문】 묘지에다가 이미 담장을 쌓아서 기를 보호하는 것을 도모하는 것이 가능하다면 누각이나 집을 지어서 보호사(保護砂)를 만들거나, 땅을 파내고 연못이나 도랑을 만들어서 물의 경계로 삼는 것도 또한 효과가 있지 않겠습니까?

【답변】 일찍이 사람의 집에 대한 陰陽의 이택(二宅)에 대한 것을 보면 달리 집을 고치거나 지을 적에, 도랑을 깊이 뚫어서 망하는 집도 있었고, 갑자기 흥성(興盛)한 집도 있었는데, 왕성하게 번창하던 집이 갑자기 쇠락(衰落)해지는데 직장이니 지위와 관계가 되어 있는 것도 아니었다.

저 사람은 이미 화복(禍福)과 관계가 있으니, 운에 의지해서 지어진 영향을 받아서 짓는 것은 바로 천명(天命)을 빼앗아서 조화(造化)로 고치는 것이다.

만약 사방의 주변에 산소나 주택에 거리낄 것이 없다면 또한 옳지만, 혹시 사방의 주변이 거리끼는 것이 있다면 하늘의 이치를 상할까 두려우니 절대로 그렇게 하면 안 된다.

▶【제54문】《택법거우(宅法擧隅)》라는 책에 한 말을 예로 들어 보면, 천심(天心)의 一卦에는 48局의 문(門)과 집의 각층(各層)에 안과 밖으로 6종의 일이 조건에 따라 실 끝처럼 분명하여 극히 상세하고 명료(明瞭)하게 갖춰져 있습니다. 우리 선생님께서는 오히려 거의 陽宅에 대해서는 조금밖에 알지 못하셔서 陰宅과 陽宅의 사용법이 같지 않은 것은 아닙니까?

【답변】 陽宅은 局을 중시하고 용은 중시하지 않고, 문(門)을 중시하고 山은 중시하지 않는다. 애성법(挨星法)으로 卦를 일으켜서는 가장 중요한 向을 놓고, 문을 옮기며 길을 고치는 것이 다만 토목의 공사에 있겠지만 전환하는 계기가 되는데, 문과 도로(道路)로 인해서 기(氣)가 들어오게 되고, 그 기운을 따라서 길흉도 따르게 되는 것이다.

만약 陰宅을 말한다면 산법(山法)으로 논해야 하므로, 먼저 용을 찾아서 혈 자리를 찾고, 그 다음에 向과 水를 논하게 되니 이것은 천연적(天然的)으로 만들어진 것으로 서로 간에 베풀어 주는데 차이가 있는 것이니, 이렇게 판단하여 심성과 수명까지도 포함해서 온 집안의 상황을 읽는 것이다.

《택법거우(宅法擧隅)》를 지은 주욱륜(朱旭輪)은 무석(無錫) 사람으로 장중산(章仲山)과 더불어 같은 동네 사람이다. 또 앞뒤로 도광(道光)시대의 사람이기도 하며, 또 비결(秘訣)을 제자에게 전하지 않아서 알 수가 없다. 비록 장대홍(蔣大鴻)선생이 오히려 그의 스승을 무극자(無極子)라고 칭했지만, 저 두 사람은 책을 지으면서도 그 스승이 누군지에 대해서는 말하지 않았으니 이미 근본을 잊어버린 사람에 속한다.

광릉에 사는 사람이 예전에 나에게 말하기를 '장중산(章仲山)이 돌아다니면서 떠드는 말에 명성이 쟁쟁한 사람들이 서로 다투면서 끌어 들이고 사례금으로 만여금(萬餘金)을 받기도 하였는데, 일찍이 사람들과 좋은 묘터를 얻었는데, 그는 길지가 아니라고 하는 것을 보니까 이기법(理氣法)에는 익숙하지만 형세에는 어두웠던 모양이라'고 했다. 이로 인해서 장중산은 주욱륜을 의심했는데, 아마도 겨우 애성법이나 아는 사람이고 형세는 어두웠던 사람일 뿐이라고 본다.

▶ 【제55문】천옥경에, '乾山이거나, 乾向이거나, 水가 乾으로 흐르면, 건봉(乾峰)에서 장원(壯元)이 나오고, 坤山이거나, 坤向이거나, 水가 坤으로 흐르면, 부귀하여 영원토록 가난하지 않는다. 午山, 午向이거나 午에 조당(朝堂)이 있으면 장군(將軍)이 주변을 호위하며, 卯山, 卯向이거나, 卯에 근원수(根源水)가 있으면, 부귀함이 석숭(石崇)과 같게 된다.'고 하였으나 해석하는 사람마다 같지 않으니 비록 장대홍(蔣大鴻)선생이라도 실제로 정확히 몰라서 밝히지 않은 겁니까?

【답변】이것은 형세와 방위에 대해서 한 말인데, 말 속에 이기(理氣)가 포함되어 있으니 신비하고 미묘한 것이 형세 방위 가운데 있다. 그리고 장원이니, 대장이니 하는 말은 또한 비중을 둘 필요가 없는 말이고, 다만 乾은 八卦에서 우두머리가 되고 또 방위로는 천문(天門)에 해당하는데, 좋은 용혈사수(龍穴砂水)를 만나게 되면 극히 진귀하고 아름다운 땅이 되며, 삼원구운(三元九運)에 합당하게 얻고, 또 문성(文星)과 괴성(魁星)을 얻어 회합(會合)하게 되면 자연히 장원이 나오게 되는 것인데, 혹 조금 부족하더라도 과갑(科甲)이 가능하지만 장원으로 뽑히기는 어렵다.

다만 '건산건향수류건(乾山乾向水流乾)하면 건봉출장원(乾峰出狀元).'한다는 말은 乾의 글자 위에 '혹(或)'이라는 한 자를 넣어야 하는 것이니, '혹 乾山이거나, 혹 乾向이거나, 혹 乾水거나, 혹 건봉(乾峰)에다가 반드시 문성이나 괴성을 만나게 됨과 동시에 年月이 회합을 이룬다면 비로소 그렇게 된다.'는 말이고, 그렇지 않을 경우라도 부귀는 가능하다는 말이므로, 그 나머지 일곱 山向도 다 이렇게 보면 된다.

겨우 乾山, 午山, 卯山, 坤山의 네 방위만 말하는 것이 아니다. 다만 봉우리가 빼어나게 잘 생겼고, 물이 굽이굽이 감돌게 되면 귀한 사람이 되고, 봉우리가 살찌고 물이 많으면 부자가 되며, 인물이 나면 용모가 준수하니 또한 최상의 복분(福分)이라고 한다.

내가 일찍이 직예(直隷)의 울주(蔚州)에서 이씨의 장지를 봤었는데, 마땅히 글을 배워서 장원을 할 사람이 나올 자리였다. 그런데 집안의 내력을 보면 대대로 무예를 닦았으므로 마침내 무장원(武壯元)이 되었으니 집안의 내력도 이렇게 영향을 미치니 땅도 또한 다 같지 않은 것이다.

일찍이 내가 본 것은 위조된 삼원현공법을 사람들이 감추고 보관하는 것이었고, 신비한 책으로 보배처럼 여기는 것이었으며, '건산건향수류건(乾山乾向水流乾)'에 대한 해석은 三元의 후천의 乾에서의 내룡(來龍)으로 乾山을 삼고, 선천의 乾은 乾向으로 삼으며, 몸이 앉는 것은 후천(後天)의 坎으로 선천(先天)의 坎위의 물이 되니 乾水라고 하기도 하고, 혹 비성(飛星)의 애성(挨星)을 배포하여 쓰기도 하고, 좌산(坐山)에서 애성을 일으키기도 하고, 향상(向上)에서 애성을 일으키기도 하며, 내수(來水)로 애성을 일으키기도 하고, 수구(水口)로 애성을 일으키기도 하니, 乾으로부터 머무르는 방위에 '건산건향수류건(乾山乾向水流乾)'에 대해서 가지가지 잘못된 말들은 진전(眞傳)을 어지럽게 하니 달리 안타까운 일이다.

➡ 【제56문】 대강(大江) 남북의 각 성(省)에는 마을들이 거칠고 누추한 것이 옛날부터 지금까지 끝내 인물이 하나도 나오지 않았고, 과거에 급제하는 인물도 없었으니 어찌 그 시들고 피폐(疲弊)한 것이 여기까지 올 수가 있습니까?

【답변】 대저 이름난 도시와 큰 마을에서 소점을 하는 것은 다 풍수의 구역이다. 첫째로 중요한 것은 성과 못이 땅을 얻었는가 하는 점이고, 둘째로 중요한 것은 宮과 관청이 합당하고 옳으냐 하는 것이며, 셋째로 중요한 것은 문묘(文廟)가 합당한 격식을 갖췄는가 하는 점이며, 넷째로 중요한 것은 서원에서 뛰어난 인재를 배양하는가 하는 점이며, 다섯째로 중요한 것은 원주민의 대표급에 속하는 사람들이 배움에 대해서 뜻을 두고 있느냐는 것이다.

다시 학식이 깊은 선비에게 가르침을 받느냐는 것도 있으니 그렇게 되면 자연히 학문은 융성하게 될 것이고, 그렇지 않으면 이미 배우지도 않을 것이고 또 가르치지도 않을 것이니 과거와 공명이 어찌 하늘에서 뚝 떨어지겠는가. 내가 말하는 용혈사수(龍穴砂水)와 문창(文昌)과 괴강(魁罡)이 합을 이루는 곳이라고 한들 어찌 백리(百里)의 고을이라도 마침내 하나도 이루지 못할 것이다. 이러한 이치가 있으니 이러한 일이 있지 않겠는가?

만약 근래의 세상에 황하(黃河)를 사이에 두고 있는 사람들에게서 내시와, 통행세를 받는 사람과, 옷을 만드는 사람들이 많이 나타나고, 무주에 사는 사람들은 글을 읽는 사람이 많으며, 안휘성의 율강변에 사는 사람들은 약장사가 많으며, 조주에 사는 사람들은 향마[말을 조련시키는 일]에 종사하는 사람이 많으며, 남양과 영주, 그리고 수춘에 사는 사람들은 겨드랑이에 칼을 끼고 노끈을 꼬는 일에 종사하는 사람들이 많으니 대개는 자신의 인근에 거주하면서 보는 것이 이와 같으므로 하는 행동도 필경 이와 같은 것이다. 하늘이 산천(山川)을 만들었다고 하지만 어찌하여 내시가 나오고 의상, 선비, 약장사, 향마, 액도, 연비의 땅이 있겠는가. 붉고 짧은 옷을 입던 사람이 갑자기 변하면 제나라의 풍속이 변하여 초나라 풍속으로 되겠는가. 그 교화는 원래 사람에 있기 때문이다.

▶ **【제57문】** 세상에는 용혈사수(龍穴砂水)가 있는데, 아울러서 아무런 하자가 없는 땅이라고 하더라도 발하지 못하는 것은 생각을 할 것도 없고, 심지어는 깨어지고 끊어지기까지 하니 이것은 또 무슨 연고입니까?

【답변】 이것은 곧 현공의 이기법(理氣法)을 잘 알지 못해서이다. 형세가 완전히 아름답다고 하는 근거가 되더라도 현공으로 운이 돌아온 때를 기다리지 않고서 곧바로 이장을 하게 되면, 길한 기운이 들어오기도 전에 흉살이 먼저 오게 되기 때문이다. 그러므로 패망하고 절손하는 일로 서로 왜 그런가를 찾는데, 얼른 부자가 되고 싶어서 발복(發福)을 서두른다고 세상 사람들이 이기법을 버리고 형세법으로만 말을 하게 되니, 가히 두렵지 않은가.

▶ **【제58문】** 묘지를 현공법으로 흥하고 망할 것을 판단하여 이미 근거를 찾았습니다. 아직 장사를 하지 않았을 때에는 오히려 추길피흉(趨吉避凶)이 가능하겠습니다. 가령 이미 장지를 얻어 운이 맞는 땅이더라도, 문득 나쁜 운으로 바뀌게 된다면 장차 그 무덤을 다른 곳으로 모두 옮겨야 할까요? 어떻게 고인은 이 부분에 대해서는 말씀이 없으셨는데, 혹 이러한 경우를 보지 못해서 인지요? 또 상원(上元)부터 발복(發福)해서 하원까지 도달해도 패망(敗亡)하지 않는 것은 또 무슨 연고인지요?

【답변】 이치는 자재하여 걸림이 없는데 다만 사람이 모르고 있을 뿐이다. 오늘 나는 분명하게 운의 얻음과 잃음에 대한 효과를 명백하게 가르쳐 주었는데, 세상 사람들이 구태여 바꿔서 옮기지 않음으로 해서, 스스로 운을 얻어 발복하였다가 운을 잃으면 패망하게 되는 것도, 또한 마음이 어둡고 심란한 까닭으로 인해서 그렇게 되는 것인데 처음부터

요행으로 면할 수가 있는 것이 아니다.

또한 삼원불패(三元不敗)라는 것이 있는데 하나의 무덤이 상원부터 하원까지 관장을 하는 것이 아니고 대략 백여 년 간을 본다면, 사람의 한 대가 100년을 갈 수가 있는 것이 아니라 반드시 새로운 무덤이 나오는 것이니 상원에는 상원의 오래 된 무덤이 있어 중원까지 가게 되고, 또 중원의 길한 무덤이 있어서 하원까지 도달하게 되는 것이며, 또 하원의 새로운 무덤과 인접해서 새 무덤이 되는 것이니, 그래서 능히 이와 같이 오래도록 가능할 수 있는 것은 덕을 쌓아서 큰 복덕을 이룬 가문이 아니고서는 불가능하다.

➡ 【제59문】 세상에는 옛 신선의 검기(鈐記)에 대한 설이 있는데, 대지는 이미 정해져 있지만 장차 어떻게 발복(發福)을 하게 될 것인지에 대해서는 말이 없으니 어느 운에 발한다는 것입니까?

【답변】 검기지설을 물으니 또한 말은 있어야 하겠는데, 적어도 용혈사수(龍穴砂水)가 좋다고 하는 것은 말을 할 수가 있겠지만 운에 대해서는 말을 할 수가 없으니 구태여 원운을 말하지도 않고, 원운을 따르라고도 하지 않으며, 또한 어느 운이라고 이름하지도 않는 것은 옛 스승이 숨기고 나타내지 않은 것이다.

그것은 대홍씨로부터 나와서 속임수로 혼란스러울까 염려하는 것이고, 그로 인해서 세상 사람들에게 해로움을 끼치게 되니, 그래서 원운이 장차 특히 어느 때에 나온다고 하나 원래는 한 조각의 노파심으로 한 말인데 속된 선생들이 그 경지에 도달하지 못하여 깊은 이치를 헤아리기가 불가능하니, 따라서 혼란스럽게 보고 듣게 되는 것이다.

또 한 종류가 있는데, 그 스승의 이름을 흠모하지만 비전(秘傳)을 직접 전해 받지 못하고 자기 소견대로 해석하여 세상을 어지럽히고 사람을 잘못 안내하니 이로 인해 현공법에 대해 어지럽게 분쟁이 발생되고, 또 복잡하여 진위를 밝히기가 어렵게 된 것이다.

천하의 사람들이 깊고 오묘한 도를 배우기 두려워하고 기피하게 되니 이러한 온갖 마장(魔障)들이 생겨서 세간을 어지럽히는 것이다.

➡ 【제60문】 검기(鈐記)에 대한 이야기는 과연 믿어도 되는 이야기입니까?

【답변】 검기의 이야기는 믿을 수도 있고, 믿지 않을 수도 있다. 그것을 믿을 수가 있다는 말은 옛 선사들이 돌아다니면서 유람을 하다가 아름다운 땅을 발견하고 산소로 사용한 흔적이 없는 경우에 특별히 검기로 남겨 앞으로 덕이 있는 사람을 기다린다는 말이다.

그 말을 믿을 수가 없다고 하는 말은 속된 선비들이 시정의 간사한 무리들에게 뇌물을 받고, 거짓으로 검기를 지어서 어리석은 사람을 속이기 때문이다. 또 옛 스승이 검기를 남긴 것은 곽경순, 유백온으로 모두 왕후를 보좌하는 인재들이었다. 양균송과 뢰포의는 모두 높은 이상을 먹고 사는 숨은 선비들이었으나 우연히 하나를 남겼다.

근세의 술사들은 그렇지 않아서 오로지 남쪽 수레에 끼여서 부호(富豪)들에게 유세하며 오직 의식이나 얻으려고 하는 자들이 검기(鈐記)를 날조하여 그림으로 장식하고 형상을 그리는 것이 이와 같으니 참으로 땅을 아는 자라면 왜 검기가 필요할 것이며, 미혹한 사람은 어찌 동(動)하지 않겠는가.

삼원지리변혹 상권 끝

이렇게 아무 것도 없는 무(無)의 상태에서 風水地理는 시작이 된다.

① 현장[陰宅이나 陽宅]에 도착하면 자연에 예를 드린다. 올바른 판단을 할 수 있도록 천지신명의 도움을 청하는 것이다.
② 산세(山勢)의 흐름을 살펴서 뒤 배경을 관찰하여 坐의 안정감(安定感)을 생각하면서 편안한 지위(地位)를 바라 볼 수 있는 자리가 될 것인지를 살핀다.
③ 앞 쪽의 방향이 어떻게 구성되어 있는지를 살펴서 向의 발전성과 재물의 인연을 관찰하고 자손의 번창까지도 고려한다.
④ 좌우의 호사(護砂)를 살펴서 주변의 풍경들이 이 자리를 보호하고 감싸는 것인지, 아니면 등을 돌리고 배반하는 것인지를 판단한다.
⑤ 지맥(地脈)의 흐름을 찾아서 가장 많은 기운이 응결된 곳을 찾아서 혈처(穴處)를 얻는다. 이 과정은 여러 번 반복하여 오류가 없도록 각별히 주의한다.
⑥ 비로소 나경(羅經)을 꺼내어 해당 운[2009年에는 8運]의 坐向을 살펴서 合局여부를 판단하고 합국이 된다면 산천이 허락을 한 것으로 보고, 합국이 되지 않는다면 아직은 사용을 할 때가 안 되었다고 판단한다. 비록 그 땅이 아무리 좋은 형세를 하고 있다고 하더라도 과욕은 금물이다. 마태청 선생의 간절한 가르침이기도 하다.
⑦ 좋은 터를 지켜 준 지신(地神)께 감사의 예를 드리고 현장을 떠난다.

3. 양택삼십칙(陽宅三十則)

　단지 30가지의 항목으로 된 내용이지만 자고이래(自古以來)로 陽宅에 대해서 관찰을 할 경우에 중요하다고 판단이 되어 많은 풍수가들이 애용하는 방법들을 놓고 정선(精選)한 내용이다.

　실무적인 내용으로 잘 정리가 되어 있으므로 陽宅에 대해서 살펴야 할 경우에는 알아두면 도움이 되는 내용들이 많이 들어있다.

　본 내용은《심씨현공학(沈氏玄空學)》의 제5권에 들어있으며, 별도의 명칭은「현공집요(玄空輯要)」인데, 그 중에 포함이 된 내용이다. 이 외에도 다양한 내용이 있지만 그 모두를 담을 수는 없는 일이므로 실질적으로 활용을 하는 과정에서 필요하다고 판단이 되어서 소개를 하고자 하는데, 한자(漢字)가 부담스러운 벗님들을 고려하여 풀어서 요약하도록 한다.

▶【제1칙】도시와 농촌의 차이

　시골의 경우에는 집들이 드문드문 있어서 주변의 山水를 함께 고려하여 판단을 하게 되지만, 도시의 경우에는 자연의 풍경보다는 이웃집들의 구조와 도로의 상황들로 인해서 넓기도 하고 좁기도 하며 낮기도 하고 높기도 하니 이러한 것으로 山水를 삼아서 관찰하여야 한다. 그러므로 기준을 삼아야 할 높은 건물은 모두 山으로 대입을 하고, 낮은 것은 길이나 얕은 집을 모두 水로 대입을 하는 것이 서로 다르다.

▶【제2칙】애성법(挨星法)

　陽宅의 애성법이라고 해서 陰宅과 별반 다르지 않으나 陰宅에서 비중을 두는 것은 자연적인 형태에서의 山星과 水에 비중을 둔다면, 陽宅에서는 기운이 들락거리는 출입문이 중요하다.

　그리고 집 주변에 진짜로 물이 있다면 그것은 도로에 비해서 더욱 중요하게 봐야 한다. 이러한 곳을 고려하여 비성반의 길흉을 판단한다.

▶【제3칙】집과 문의 방향

　집을 새로 지었으면 건물의 방향과 출입문의 방향을 잘 보고 판단해야 한다. 먼저 집의 방향을 통해서 바깥의 일들을 살펴서 판단하게 되는데, 이것이 맞지 않거나 판단하기에 어려움이 있다면 다음으로 문의 방향을 갖고서 길흉을 판단하게 되는데, 어느 하나라도 해결이 되었다면 둘 중에 하나는 고려하지 않아도 된다.

　[낭월주: 예전의 집은 전후가 뚜렷하여 앞과 뒤를 가리는데 어려움이 크지 않았으나 요즘의 건축물은 여러 가지의 다양한 형태로 인해서 판단하기에 어려움이 있다. 그래서 집의 방향 판단이 어려울 경우에는 문을 기준으로 판단을 해도 된다는 가르침은 매우 유용할 것이다.]

➡ 【제4칙】 집의 주변을 관찰

陽宅을 판단할 적에 우선 산천의 구조를 살피고 기맥(氣脈)이 어떻게 흐르는지를 보아서 合局이 되었는가를 판단한 다음에는 도로와 주변의 상황을 살피는데, 큰 나무나 다른 구조물이 어떤 영향을 주게 되는지에 대해서 판단해야 한다.

➡ 【제5칙】 대문과 현관

대문과 현관문이 서로 다른 경우에는 먼저 대문을 살펴서 기운이 통하는 것의 길흉을 논하게 된다. 대문의 향이 집 안으로 들어가는 현관의 향과 다를 경우에는 두 가지를 모두 놓고 살펴야 한다.

대문의 향이 길하고 현관의 향이 흉하다면 외화내빈(外華內貧)으로 판단하고, 이와 반대가 되면 겨우 먹고 살 정도는 된다고 판단한다.

➡ 【제6칙】 큰 집에 작은 문

일반적으로 집은 큰데 문이 작으면 길하지 않은 것으로 본다. 다만 집과 문이 모두 왕성한 기운을 받고 있는 것으로 판단이 된다면 이때에는 무방하다.

➡ 【제7칙】 길한 방향으로 開門

이미 살고 있는 집에서 문으로 왕성한 기운이 들어오게 하려면 그 집을 어느 운에 지었는지를 확인하여 판단하게 되는데, 비성반을 살펴서 현재의 당운과 비교하여 좋은 기운을 받아들이도록 대문을 내면 그러한 작용을 받아서 왕성한 기운이 들어오게 된다.

➡ 【제8칙】 새 문으로 판단

살던 집에서 문을 고쳤을 경우에는 집의 운은 그대로 두고 고친 문에 대한 운을 본다. 그리고 부엌이나 방을 고쳤더라도 집의 向을 바꾼 것이 아니므로 해당 구조물의 向을 위주로 판단하면 된다. 이때에는 기존 집을 지었던 원반(原盤)으로 판단을 하지만 고친 구조물은 그 상황의 운반(運盤)으로 판단한다.

➡ 【제9칙】 왕문(旺門)의 출입 곤란

기운이 왕한 방향으로 출입문을 내고 싶지만 주변의 여건상으로 그렇게 할 수가 없다면 조그만 쪽문이라도 만들어서 출입을 하는 것이 좋다. 다만 문이 작으면 큰 문에 비해서 효과는 떨어지는 것으로 판단한다.

➡ 【제10칙】 문 밖이 높을 경우

기운이 좋은 곳으로 문을 내었을 경우에 문 밖의 상황이 낮아서 水가 된다면 길하다. 그러나 집터보다 더 높으면 비록 왕성한 기운이 있다고 하더라도 흡수가 곤란하다.

➡ 【제11칙】 어두운 집

집에 햇볕이 들지 않으면 음기(陰氣)가 왕성하다고 보게 되는데, 이러한 집에 2운이나 5운이 들어오면 주인이 귀신을 볼 수도 있다. 이러한 운이 아니더라도 좋은 일이 없는 것으로 본다.

➡ 【제12칙】 부엌이 중요하다.

집의 좋은 기운을 논하기 이전에 부엌의 배치는 특히 중요하게 봐야 한다. 불을 다루는 곳이니 자동으로 화문(火門)이라고 하며, 부뚜막[요즘은 조리대]의 紫白이 3碧이나 4綠이면 木生火를 하여 좋은 방향이 된다.

8白은 土가 되어서 火生土로 좋은 운이 되는데, 6과 7은 모두 金에 해당하여 火剋金이 되고, 2와 5도 피하게 되는데 그 이유는 2는 질병으로 보고 5는 급성 전염병에 해당하기 때문이다.

특히 9는 피해야 한다. 부뚜막의 坐向에 9紫火가 비친다면 火災를 당할 우려가 있기 때문이다.

➡ 【제13칙】 변소와 외양간

더러운 곳에 5나 2가 있는 것은 괴질(怪疾)이 발생할 수 있기 때문에 꺼리게 된다. 그러므로 이러한 것은 집에서 될수록 떨어져 있는 것이 좋다.

[낭월주: 현대의 주택은 화장실이 집 안에 조성되므로 특히 위생에 신경을 써야 하는데, 되도록이면 퇴기(退氣)의 방향에 조성하는 것이 무난하다.]

➡ 【제14칙】 다른 운에 짓는 집

기존의 건물에서 살다가 추가로 한 채를 지을 경우가 있다. 이때 별도의 대문을 내는 것이 아니라면 처음의 문을 사용하게 되므로 대문의 운은 처음의 운으로 보면 되는 것이지 겸해서 두 운을 보지는 않는다. 다만 대문까지도 고쳤다고 하면 이때에는 바뀐 운과 함께 관찰하게 된다.

➡ 【제15칙】 방에 칸을 들일 경우

집에서 살다가 필요에 의해서 칸을 치고 방을 나눠야 할 경우가 있다. 이때에도 역시 새로운 운으로 보지 않고 그냥 원래의 운으로 대입하여 판단하면 된다. 다만 새롭게 문을 만들어서 각 방으로 출입을 하게 되었을 경우에는 그 문의 방향을 고려한다.

➡ 【제16칙】 다가구 주택

여러 세대가 한 지붕 아래에서 살게 될 경우에는 각자의 현관을 위주로 해서 주변의 통로를 살피게 된다. 이때 거리의 멀고 가까움에 따라서 왕쇠(旺衰)를 논하게 되며, 잘 지내거나 다툼이 있는 것을 살피게 된다.

➡ 【제17칙】 집을 나눴을 경우

한 집으로 살다가 사정에 의해서 나눠서 살게 된다면 이때에는 새로 만든 방의 출입문을 놓고 살펴보게 되는데, 원래의 하나로 대입을 하는 것은 변함이 없으므로 두 집으로 대입하는 것은 옳지 않다.

➡ 【제18칙】 갇히지 않는 이치

向星이 中宮으로 들어가게 되면 입수(入囚)가 되어서 갇히는 것이지만 집의 전면에 넓은 공터가 있거나 연못이 있을 경우에는 그렇게 논하지 않는다. 이것은 向星이 갇히더라도 넓은 공터나 연못이 있으면 그 자체가 向星의 작용을 하기 때문에 참고를 해야 한다.

➡ 【제19칙】 영업하는 가게

점포의 경우에는 문향(門向)이 으뜸이 되고 그 다음이 계산대이다. 또 그 다음은 신단(神壇)이 되는데, 이러한 것이 모두 왕기(旺氣)를 타고 있다면 가장 좋다.

그러나 문은 길한데 계산대가 흉하거나, 혹은 신단이 흉하다면 길한 가운데 결함이 발생하여, 주인은 가까운 사람들과 마찰이 생기거나 장애가 많이 발생한다.

➡ 【제20칙】 길흉작용의 강화

집의 길한 방향이 山星에 해당할 경우에 주변의 구조물이 높이 솟아있는데, 年月에서 비성(飛星)이 도와주러 온다면 그 길함이 더욱 강화되고, 반대로 극하는 작용을 하게 된다면 그 흉함이 도리어 강화된다.

➡ 【제21칙】 대나무로 가린다.

집의 길한 방향에 큰 나무가 있으면 좋은 기운을 막는 셈이 되어서 주인에게 흉하다. 이때 대나무로 가리게 되면 나빠지지 않는다. 그것은 대나무의 굵기가 가늘어서 통기(通氣)가 되기 때문이다. 그러므로 흉한 방에 있는 대나무는 큰 도움이 되지 못하는 셈이다.

➡ 【제22칙】 一白의 쇠약함

1白으로 구성이 된 집이 운이 바뀌어서 쇠하게 되었을 경우에 이웃의 지붕이나 건물의 모서리가 충을 해 오는 방향에 있을 경우에는 주인이 물에 빠져 죽거나 독약을 먹을 수가 있는데, 공격하는 형태가 짐승의 머리와 같이 생겼다면 더욱 흉한 작용이 된다.

➡ 【제23칙】 재물과 사람이 잘 된다.

재물이 늘어나려면 向星에 水가 있거나 그 주변에 물이 보이면 된다. 또 어느 방향에든 연운(年運)이 도와주게 되면 벼슬을 이루게 된다. 특히 向星에 1이나 4가 있고 그 방향에 산봉우리가 보이면 가족들 중에서 귀한 인물이 나오고, 세 갈래의 물길이 보이면 재물이 많이 늘어나게 된다.

➡ 【제24칙】 向宮이 쇠약할 때

向星이 힘을 얻지 못하고 있는 상황에서 다시 유년(流年)에서 쇠약한 紫白이 들어오게 되면 사람이 상하게 되고 재앙을 만나게 되는데, 혹 유년에서 왕성한 글자를 만나더라도 마찬가지이다.

➡ 【제25칙】 귀신이 나오는 집

쇠약한 방향에서 큰 산이나 건물이 집안을 가리게 되면 陰卦가 되어 그 집에서는 귀신이 나오고, 陽卦가 되면 괴물이 나온다.

➡ 【제26칙】 길의 작용

진기(進氣)는 통행하는 길에서부터 들어오는데 쇠왕(衰旺)에 따라서 달라지고 거리가 길고 짧음에 따라서도 달라진다.

특히 길에서 쏘듯이 들어오는 것은 흉하고 길하지 못하다. 안쪽의 길이나 바깥쪽의 길은 모두 왕기(旺氣)의 방향이 좋으며, 막다른 길이나 반궁수(反弓水)의 형태 등은 모두 흉하다.

➡ 【제27칙】 우물

우물이 생왕(生旺)의 방향에 있으면 문필(文筆)로 논하니 길하다. 다만 쇠약(衰弱)한 方向에 있으면 흉한데 이것은 陰宅에서도 마찬가지이다.

➡ 【제28칙】 높은 탑

아름다운 탑은 문필봉(文筆峰)으로 대입하게 된다. 비성반(飛星盤)에서 1, 4가 함께 있거나 1, 6이 함께 있다면 주인이 장원급제를 하게 되는데 운을 잃어버린다면 벼슬을 하기 어려워진다. 만약 비성반(飛星盤)에 숫자가 7, 9가 되거나 2, 5가 된다면 재앙이 자주 발생하게 된다.

➡ 【제29칙】 다리[橋脚]

생왕(生旺)의 방향에 있다면 숨은 혜택을 얻게 되는데, 사절(死絕)의 방향이 되면 재앙을 받는다. 또 돌로 만든 다리라면 그 작용은 더욱 크고 나무로 만든 다리라면 비교적 약하다.

➡ 【제30칙】 전답(田畓)과 모퉁이

집의 주변에 대한 형세를 보고 판단하는 것인데, 유정(有情)한 구조물이 있으면 좋다고 판단을 하고 흉한 구조물이 있으면 당연히 흉하다고 판단을 한다.

뾰족한 것이나 직선으로 들어오는 형태는 물론이고 활등처럼 파고 들어오는 도로 등은 모두 흉한 작용이 된다.

이상과 같은 내용으로 구성이 되어 있는데, 밖에서 바라보는 것부터 시작해서 집 안에서 여러 가지의 상황들을 참고하도록 되어 있음을 알 수 있다.

일부는 현재의 상황에서 맞지 않는 점도 있지만 그대로 응용하는 것에 대해서는 큰 무리가 없이 활용이 가능할 것으로 보인다.

[낭월한담] 환경에 따라서 마음도 변한다.

저마다 타고 난 사람의 심성(心性)이 있지만 그 사람이 어디에서 살아가느냐에 따라서 상당한 영향을 받는 것이 사실이다.

숲 속에서 초목과 더불어 살아가는 사람은 사고방식도 유연하다. 산줄기의 능선을 바라보면서 생각하고 계절의 변화를 느끼면서 삶을 설계하는 과정에서 나타나는 현상일 것이다. 풍수학에서도 이러한 영향을 그대로 반영하는 것이다. 용혈사수(龍穴砂水)는 바로 이러한 주변의 환경을 살피는 의미로 봐서 무리가 없다.

사람이나 만물이나 모두가 자연을 닮는다고 말한다. 그래서 주변에 아름다운 풍경이 있으면 그 곳에서 생활하는 모든 생명들도 그러한 영향을 받아서 아름다운 마음으로 삶을 향유(享有)하는 것이고 그래서 누구라도 그러한 곳에서 살아갈 것을 꿈꾸게 된다.

도회지에서 살아가는 사람은 마음이 항상 긴장되어 있고 이것은 오랫동안 지속적으로 이어지는 환경의 스트레스이다.

홍콩의 빌딩숲을 보면서 그러한 생각을 해 본다. 그들이 그렇게도 바쁜 것은 바로 수직으로 조성되어있는 산봉우리[빌딩]의 영향을 받아서 그러한 것이라고 봐도 무리가 없을 것이다.

그리고 서울에서 살아가는 사람들도 별반 다르지는 않을 것이다. 이러한 것을 보면서 어떤 곳에 살아가느냐에 따라서 영향을 받는 사람을 이해하게 된다면 풍수학을 통해서 자연을 보는 눈이 더욱 깊어질 것이고, 또한 자신의 삶을 영위하는데 보다 지혜로운 운용을 할 수가 있다.

낭월이 생각하는 풍수학의 가장 기본적인 의미는 자연을 올바르게 이해하는 것이라고 생각하고 그래서 자연의 눈이 필요하지 않은가 싶다.

제2장 형기법(形氣法)의 기본

風水家가 알아야 할 形氣에 대한 기본지식

1. 형기법과 현공의 관계

본격적으로 공부에 들어가기 전에 풍수학(風水學)의 주변에 대한 이해를 조금 도와드리도록 하는 것이 좋을 것으로 생각이 되어서 잠시 옆길로 빠져보도록 한다.

풍수학에는 이법(理法)과 형법(形法)이 있는데, 형법은 운명학(運命學)으로 본다면 관상법(觀相法)으로 면상(面相), 수상(手相), 골상(骨相) 등과 같이 눈에 보이는 것으로 기준을 삼아서 길흉을 논하는 것이라고 할 수 있는 것이다.

반면에 자평명리학이나 자미두수(紫微斗數)와 같은 학문은 실제로 본인의 형상과 무관하게 태어난 年月日時를 갖고서 길흉을 논하게 된다. 이것은 이법(理法)이라고 할 수 있는 것이다. 이렇게 모든 학문의 체계에는 이법과 형법으로 나눠서 공존을 하거나 상호 보완을 하게 되는 것이 보통이다.

그래서 사주를 보면서 얼굴을 참고하기도 하고, 얼굴을 보면서 사주를 참고하기도 하는 것이다. 마찬가지로 풍수학에서도 이와 같은 의미를 설명할 수가 있는데, 우리가 배우는 현공풍수(玄空風水)는 이기법(理氣法)과 형기법(形氣法)을 함께 참고하는 방법이다.

또《인자수지(人者須知)》나《지학(地學)》과 같은 풍수서적들은 형법(形法)에 비중을 두고 연구하는 분야가 되기도 하는데, 원래 자연발생적인 관점에서 풍수학을 본다면 아마도 형기법(形氣法)이 기본이 되었을 것은 당연하다고 하겠다. 그러다가 뭔가 부족한 것을 느끼게 되고, 어느 시점에서 눈에 보이는 것만이 모두 다가 아닐 것이라는 가설을 세워서 적용하는 과정에서 많은 시행착오를 겪으면서 나타난 것이 이법(理法)이고, 이러한 과정 속에서 지금 벗님의 손에서 만나게 된 현공풍수도 탄생을 하게 된 것이리라고 짐작을 한다.

그런데 항간(巷間)에는 현공에 대한 이해를 하는 과정에서 '형세(形勢)는 전혀 고려하지 않는 절름발이 풍수학'이라는 이야기를 접하면서 약간의 오해가 생긴 것이라는 점을 생각하게 되었고 그래서 이 장이 마련된 것이다.

또 현공을 배워서 운용하는 입장에서 현공에 대한 이해가 부족한 학자들이 질문을 할 경우에도 어떤 답변의 기준이 필요하겠다는 점도 임상을 하는 과정에서 느끼게 되었다. 그리고 적어도 현공이 형법(形法)을 무시한다고도 말들을 하지만 실은 생략되었을 뿐이라는 것을 알아야 할 것이다.

2. 형기법(形氣法)의 요지(要旨)

여기에서는 구태여 산맥을 그리면서 설명을 할 필요는 없다고 본다. 왜냐하면 관련 서적들을 소의 수레에 싣게 되면 황소가 땀나게 끌고 가도 다 옮기지 못할 정도로 많은 서적들이 섭섭하다고 할 것이기 때문이다. 세상의 모든 것을 다 담을 수는 없고 그렇게 하는 것도 무모하기 짝이 없는 일이라는 정도는 벗님도 알고 있을 것이다. 다만 기본적인 핵심에 대한 원리만 언급을 하여 약간의 상식으로 삼고, 더욱 깊은 공부는 해당

지룡(地龍)이 이리저리 흘러 다닌다. 대둔산의 태고사에서 새벽에 바라본 산맥의 풍경이다. 새벽안개 속에서 은은한 자태가 드러나는 과정이다.

이러한 형태의 풍경은 등산가들은 좋아하지만 풍수가는 별로 좋아하지 않는다. 이러한 곳에서는 소위 말하는 명당(明堂)을 찾기 어려운 까닭이다. 거친 용이 숨을 헐떡이는 모습이라고 할 수도 있다. 안정감이 떨어지는 대둔산의 또 다른 방향 풍경이다.

책을 통하고 인연이 되는 스승을 만나서 깨달아 가기를 바라는 것이 타당하다고 보기 때문이기도 하다.

1) 용(龍): 용맥(龍脈)

형기법(形氣法)을 이야기하기 위해서는 맨 처음 거론해야할 것이 용(龍)이다. 내룡(來龍)이라고도 하는데, 용이 흘러왔다는 의미로 이해를 하면 무난할 것이다. 용이 흘러왔다는 말은 위에서 아래로 내려 온 산맥(山脈)이나 능선의 줄기를 말한다.

그리고 거룡(去龍)이라는 말을 쓰지는 않는데 그 이유는 용이 온 것만 중요할 뿐이고 가는 것은 고려할 필요가 없다고 봐서가 아닐까 싶은 생각이 든다. 그렇지만 이해를 하는 과정에서는 용이 오고 가는 것을 알아 둔다는 정도의 개념은 도움이 될 것으로 본다.

용에는 산룡(山龍)도 논하고 수룡(水龍)도 논한다. 산맥이 흘러가는 것을 산룡이라고 하고, 물줄기가 굽이쳐 흐르는 것은 수룡이라고 부르게 되는데, 원래 풍수학이 산수학(山水學)으로 불려도 좋

산룡(山龍)도 용이지만 수룡(水龍)도 용이다. 이렇게 산과 산 사이를 누비고 다니면서 산룡의 흐름을 도와주기도 하고 막기도 하면서 각자 자신의 일을 하고 있다. 섬진강의 매화마을에서 바라 본 아침 풍경이다.

을 정도로 지형(地形)과 수로(水路)에 대해서 거의 대부분을 고려하고 있는 것을 알 수 있다.

또 살아있는 용과 죽어있는 용에 대해서도 종종 듣는 이야기이다. 용이 있다는 것은 산줄기를 보거나 뒷동산을 봐도 누구나 알지만 그 용이 살아있다는 말을 하게 되면, 죽은 용은 또 무엇인지에 대해서 알아야 할 것 같은 궁금증이 발생하게 된다. 그리고 이러한 것을 구분하기 위해서 지형(地形)을 보는 법에 대해서 공부를 할 필요가 있는 것이기도 하다.

간단하게 한 마디로 말하면, 활기(活氣)가 느껴지면 생룡(生龍)으로 보는 것이고, 그냥 늘어져 있으면 사룡(死龍)으로 보게 되는데 이것이 말로는 쉽지만 실제로 스스로 배워서 읽어내기 위해서는 또 많은 시간의 공부가 필요할 것이다.

백두대간(白頭大幹)도 거대한 용에 비유를 할 수가 있는 것이다. 백두산에서 시작을 한 용이 꿈틀대면서 지리산까지 움직인다고 말을 하는데, 이러한 것을 용이라고 한다고 생각하면 된다.

물론 간선(幹線)이 있으면 지선(支線)이 있는 것은 당연하다. 우리 동네의 뒷산은 지룡(支龍)이라고 생각하면 틀림이 없을 것이다.

　이렇게 산의 흐름을 용이라고 생각하면 틀림이 없겠고, 용은 드러나기도 하고 숨기도 한다는 것도 상황에 따라서 이해를 하면 된다. 즉 우뚝하게 높은 산맥은 드러난 용이고, 숲 속으로 보이지 않는 산맥은 숨은 용이라고 해도 될 것이다. 이렇게 나타났다 숨었다 하면서 용이 흐르는 것을 행룡(行龍)이라고 부른다. 즉 드러나기만 해도 안 되고, 숨어있기만 해도 안 되는 것은 아마도 陰陽의 개념으로 보면 될 것으로 생각이 된다. 이제부터는 지형을 볼 적에 용의 형태에 대해서 먼저 의식을 두고 살펴보는 습관을 기르도록 권한다. 그렇게 되면 시야가 넓어져서 전체를 관망(觀望)하는 내공이 쌓이게 될 것이기 때문에 훈련을 하여 쌓는 것이 좋다.

2) 혈(穴): 혈장(穴場)

　산룡(山龍)이 흘러가다가 멈춰서 알을 품은 곳이 혈(穴)이다. 혈장(穴場)이라고 하는 것은 혈의 주변을 포함해서 넓은 의미로 부르는 이름이기도 하다. 다른 말로는 혈처(穴處)라고도 하고, 용혈(龍穴)이라고도 하는데 결국은 같은 말이다.

　혈은 고산(高山)의 높은 지역에서는

　陰宅의 혈장은 이렇게 좁은 것이 대부분이다. 작고 강하게 뭉쳐진 기운에서 걸출한 인물이 나온다고 하는데, 이러한 곳에 집을 지을 수는 없는 형국이다. 그래서 陰宅의 자리가 된다. 하륜대감의 선영이다.

통도사(通度寺)의 적멸보궁(寂滅寶宮)이다. 석가모니의 몸에서 나온 사리를 봉안했다고 하니 또한 무덤과 다르지 않은 것으로 볼 수 있겠다. 절터를 잡을 적에도 화상(和尙)들이 신중하게 지세(地勢)를 살펴서 결정하는데 그 중에서도 이와 같은 주인을 모시는 자리는 혈처(穴處)라고 판단되는 곳에 자리를 정하는 것이 보통이다.

형성이 되기 어렵고, 대부분 야트막한 야산의 언덕에 주로 맺히게 되어 있다. 그래서 용맥(龍脈)을 나무에 비유하게 될 경우에는 혈처를 열매로 설명을 하기도 한다. 열매는 나무의 줄기에 달리는 것이 아니고 끝 부분에서 열린다는 것을 알기 쉽게 비유하는 것이다.

혈장(穴場)이 좁은 곳은 돌아가신 조상을 모시기에 적합한 장소이고, 넓은 곳은 주택이나 마을이 조성되는 용도로 선택이 되는 것이다. 매사에는 각기 적당한 용도가 있기 마련이어서 산소가 들어서야 할 자리에 집을 지을 수도 없고, 집을 지어야 할 자리에 산소를 쓰는 것도 현명하다고 하기 어렵다.

넓고 평평한 곳은 기운이 뭉치기에 적합하지 않은 형상을 하고 있는 형국이다. 그렇지만 넓은 공간이 되면 마을을 이루고 살아가는 주거지의 공간으로 삼기에 적당하므로 용도에 맞춰서 자리를 선택하게 된다.

계룡산(鷄龍山)의 신도안은 조선시대의 왕궁 터로 거론이 되었던 곳이다. 그렇지만 결국은 한양으로 결정을 하게 되었던 것인데, 그러한 결정을 하는데 영향을 미친 사람이 하륜대감이라고 한다.

한국의 서울에서도 한 복판에 자리 잡고 있는 여의도는 명당이라고 해도 될 정도로 정치(政治)와 경제(經濟)가 한 곳에 모여 있다. 이러한 형태로 이뤄진 것은 혈처(穴處)라는 말이나 혈장(穴場)으로 표연하기에는 적당하지 않지만 큰 의미에서 본다면 그렇게 봐도 안 될 것은 없다. 이렇게 구체적으로 결정되는 것은 혈(穴)의 논리로 대입하여 판단하게 된다.

현재는 계룡대가 되어서 육해공군의 본부가 있는 곳인데 지금 생각을 해 본다면 궁궐터로 삼기에는 많이 협소하다는 것을 알 수 있으니 선견지명(先見之明)이 있었다고 봐도 되지 않을까 싶다.

혈(穴)의 이야기로 들어가게 되면 이야기가 참 많이 생각난다. 우선 용진혈적(龍眞穴的)이라고 하여 겉으로 보기만 혈처가 아니라 실제로 강한 지맥의 기운이 응어리로 뭉쳐 진 곳이라야 한다.

또 진혈(眞穴)이니 가혈(假穴)이니 하여 각자 다른 풍수가의 판단으로 조성이 된 陰宅이나 陽宅에 대해서 길지(吉地)이니 흉지(凶地)이니 하면서 설왕설래(說往說來)하는 것도 흔히 있는 일이다.

산의 공부를 3년 했으면 혈의 공부는 7년을 해야 한다는 말도 있는 것을 보면 형세를 판단하는 것은 오히려 쉽다고 할 정도로 혈에 대한 판단은 신중하게 하라는 고인들의 말씀들이 도처에서 나타나고 있기도 하다.

그만큼 정확하게 판단을 한다는 것은 무척 어려운 일인데, 예전에 이미 세상을 떠나신 故 청호선생님을 만나서 풍수에 대한 질문을 드렸던 적이 있었다. 그랬더니 강력한 혈처(穴處)에는 계란 정도의 밝은 물체가 빛을 발한다는 이야기를 해 주셨는데, 일반인의 눈에는 보이

명혈(名穴)로 알려진 곳에는 풍수를 공부하는 학인들의 발길이 끊이지 않는다. 고인이 점혈(點穴)을 한 곳은 어떠한지를 보고 익히고자 하는 노력이다. 이 자리는 전북 여산(礪山) 송씨(宋氏)의 시조 묘로 알려진 곳인데 현장에서 둘러보면 혈처의 의미를 잘 이해할 수 있는 곳이다.

지 않고 득력(得力)을 해야만 가능하다는 말씀을 덧붙이셨던 기억이 난다. 이러한 능력은 각자의 타고난 인연과 수행이 함께 어우러져서 가능해 지는 것이 아닐까 싶다.

3) 사(砂): 호사(護砂)

용(龍)이 흘러와서 머무르게 되면 혈(穴)이 된다. 그리고 혈(穴)이 형성되었을 경우에 비로소 사(砂)를 논하게 된다.

즉, 혈(穴)이 없다면 사(砂)도 없는 것이라고 해야 할 것이다. 만약에 혈은 없는데, 혈을 감싸고 있는 것처럼 생긴 형태가 있다면 주인 없는 집을 지키고 있는 하인이라고 해도 되지 않을까 싶다.

그러니까 사(砂)는 혈(穴)을 보호하는 역할이 되는데, 좌청룡(左靑龍)이나 우백호(右白虎)도 별다른 것이 아니라 하나의 사(砂)에 해당하는 역할이라고 보면 틀림이 없다. 그리고 좌우(左右)에서 보호하는 보호사(保護砂)가 있다면 그것은 혈장(穴場)의 에너지가 매우 강력하고 또 안정적으로 유지되고 있을 가능성이 많을 것이다.

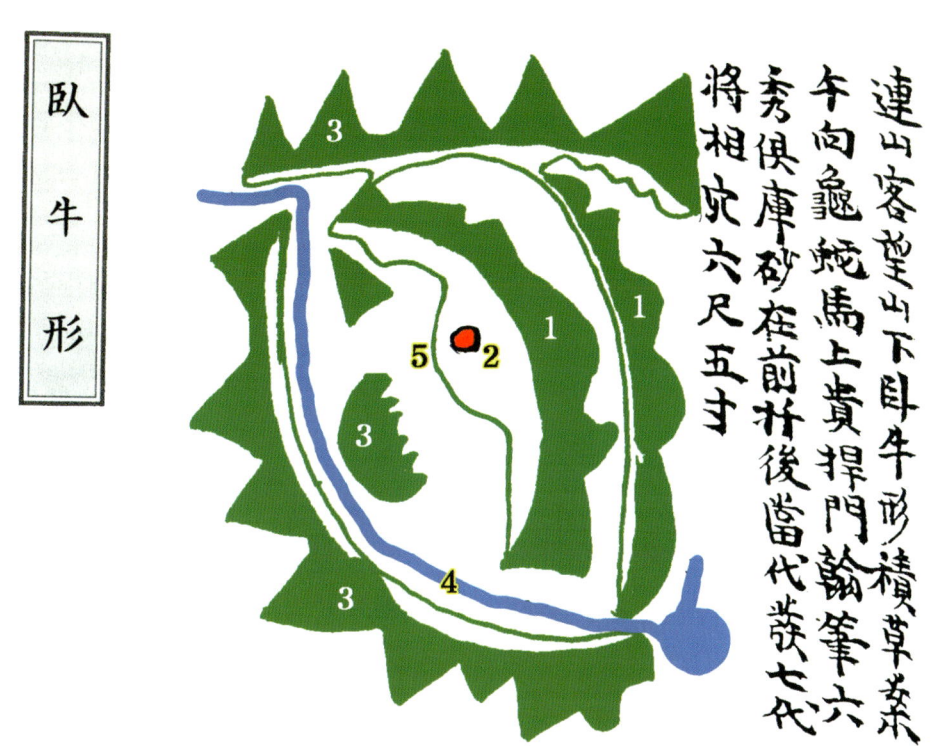

옛날에도 풍수가는 있었으니, 당연히 길이나 산을 가다가 아름다운 혈처와 호사를 보게 되면 그냥 지나치기가 아까웠을 것이고, 그래서 붓을 꺼내어 종이에 기록을 남기게 되었을 것이다. 요즘이야 디지털 카메라를 들고 찍으면 되지만 예전에는 이렇게 기록을 했다. 그리고 요즘의 풍수가는 이러한 기록을 쫓아서 또 명당을 구하러 다니기도 한다. 도선국사, 무학대사 등의 유명인물이 남긴 기록도 있다. 용혈사수향(龍穴砂水向)을 모두 기록한 자료이기도 하다. 뭐라고 기록을 했는지 지나는 길에 풀어보자. 모르긴 해도, 이러한 글귀를 책에서 발견하게 된 풍수가라면 자신이 직접 찾아가서 보고 싶은 충동이 생길만도 하다. 그리고 욕심이 조금 더 동한다면, 그 자리에 자기 부친이라도 이장을 하고 싶지 않겠는가? 그래서 터를 찾으러 다니다가 일생을 허비하는 사람도 있었던 모양이다. 그리고 숲이 우거져서 가봐야 찾을 수도 없을 뿐더러 찾는다고 해도 복이 되지 못하면 얻을 수가 없다는 것을 알게 된다.
(원본이미지 출처: 고재희선생의 손감묘결에서)

[명당도(明堂圖)의 기본적인 이해] 1-龍. 2-穴. 3-砂. 4-水. 5-明堂

한문풀이 충청도 연산 땅[논산시 연산면]에 객망산이 있는데, 그 아래에 소가 누워있는 형국에 풀 더미를 쌓아놓은 것 같은 안산(案山)이 있으니 坐向은 子坐午向이 된다. 거북이와 뱀을 닮은 사(砂)가 있으며, 문필과 육수와 곳간이 앞에 있으니[砂의 형태] 여기에 묘를 쓰고 나면, 당대에 발복을 하면서부터 그 후로 7대에 이르기까지 재상이 줄줄이 나오게 되는데, 혈의 깊이는 6.5자[대략 2m정도]에 있다.

사람의 몸을 예로 든다면, 가장 중요한 것은 종족을 번식시켜서 끊이지 않도록 해야 하는 생식기(生殖器)가 될 것이니 이것을 혈(穴)이라고 할 수 있고, 그것을 감싸는 것으로 두 다리가 있으니 왼쪽 다리를 좌청룡(左靑龍)이라고 하고, 오른쪽 다리를 우백호(右白虎)라고 하면 된다.

그리고 왼팔은 외청룡(外靑龍)이 되고, 오른팔은 외백호(外白虎)가 되어서 위험 요소로부터 혈장을 안전하게 보호하게 된다고 이해를 할 수가 있는 것이다. 그리고 용(龍)은 뼈대가 되는 것이고, 그 뼈대가 둘러싸고 있는 곳은 자궁(子宮)이 되는 것이니 얼마나 오묘하게 만들어졌는지를 생각해 보면 감탄이 절로 나오게 된다. 그리고 이것을 바탕으로 자연에서 의미를 부여하다가 발전된 것이 풍수학이 아닌가 싶은 생각도 든다.

바닷가에 가면 바람을 막을 목적으로 방풍림(防風林)을 조성하는 것도 주거지역을 보호하려는 목적이므로 陽宅의 호사(護砂)라고 해도 무방하다. 그 외에도 좁은 의미로 본다면 대문과 담장도 집을 보호하는 역할이 되므로 또한 사(砂)에 해당할 수 있다.

이렇게 호사(護砂)를 살피는 것은 풍수학에 대해서 깊은 공부가 있지 않다고 하더라도 비교적 쉬운 편이다. 두 팔이 감싸듯이 그렇게 생긴 지형이라면 그것을 호사(護砂)라고 보면 되기 때문이다. 다만 호사(護砂)를 먼저 봐서 혈자리를 살피는 것은 자칫하면 속을 수도 있기 때문에 매우 위험하다고 봐야 할 것이다.

그런데 형기와 연관된 서적을 보게 되면 참으로 다양한 사(砂)의 형태가 등장을 한다. 물론 실제로 그러한 형태를 만날 수도 있고, 그렇지 못할 수도 있지만 의미하는 바를 바로 이해한다면 복잡하게 생각하지 않아도 될 것이다.

참고로 혈장의 높이보다 사(砂)의 높이가 위압적으로 느껴지게 된다면 이것은 하인이 주인에게 달려드는 격이다. 물론 좋게 해석을 하지 않는다. 마치 어리고 유약한 임금을 자리에 앉혀놓고는 자기 마음대로 국사를 주무르는 것과 같기 때문이다.

또한 호사(護砂)로 보는 범위는 혈장에서 보이는 범위를 모두 포함하게 된다. 그러니까 좌우의 형태뿐만 아니라 전후의 경우에도 살펴보고 참고를 하게 되는 것이다. 다른 말로는 앞에 있는 봉우리를 안산(案山)이라고 하고, 멀리 있는 봉우리를 조산(朝山)이라고 부르기도 하는데, 이렇게 명칭은 각기 달라도 모두 사(砂)라고 하고 혹은 사격(砂格)이라고도 한다.

어떤 자료를 보면 한국이 혈처(穴處)가 되고 일본열도가 좌청룡이 되며 중국대륙이 우백호가 된다는 그럴싸한 말도 있는데, 그냥 재미로 웃자고 하는 이야기라면 그만이겠지만 실제로 그렇게 믿고 있는 것은 곤란하지 않을까 싶다.

과연 그 나라들이 우리를 보호하고 감싸고 있는지 낭월의 이야기를 생각해 보기 바란다.

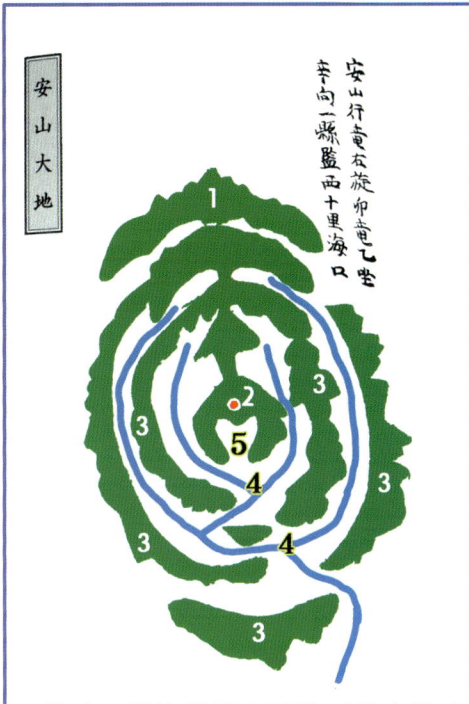

경기도 안산 땅에 이러한 자리가 있다고 기록을 한 옛 문헌이다. 어디가 용이고 혈이며 사와 수는 어디인지를 알아 볼 수 있을 것이다. 설명을 한 내용을 보면 향에 대해서도 알 수 있다. 신향(辛向)이라는 글이 보인다.
(원본출처 고재희 선생의 손감묘결에서)

1-龍. 2-穴. 3-砂. 4-水. 5-內明堂

4) 水: 득수(得水)

이 학문의 이름이 풍수(風水)인 것을 보면 과연 득수(得水)의 의미는 얼마나 중요한지를 알 수가 있겠다. 물을 얻는다는 것은 물을 끼고 있어야 참된 명당(明堂)이 된다는 의미도 되겠는데 명당은 혈처의 주변을 이루는 것으로 봐서 무리가 없을 것이다.

물을 얻는 것은 재물을 얻는 것과 같은 의미라는 것은 이미 입문편에서 설명을 해 드렸는데, 그 의미는 여전히 유효하다고 생각하면 틀림이 없다.

사람이라면 누구라도 부(富)하고 귀(貴)하기를 희망하는 것이니, 좋은 자리를 얻고자 하는 것은 당연한 일이 될 것이다.

좋은 물을 얻는다는 것은 물이 혈처를 감싸고 돌아가는 것을 의미하는데, 만약에 물을 얻기는 했는데 그 물이 혈처를 향해서 찌르듯이 달려드는 형국이라고 하면 이것은 물이 아니라 칼이 되는 셈이니 이러한 정황은 파악을 할 정도의 경험이 필요하다.

또 물을 얻었는데, 물이 터를 감싸며 조용하게 흐르지 않고, 콸콸 소리를 내면서 앞으로 일직선이 되도록 흐르게 되면 재물이 빠져나간다고 해석을 한다. 물론 이러한 물은 좋은 물이 되지 못한다고 생각을 하면 틀림이 없다.

그리고 물은 반드시 액체(液體)만을 의미하는 것은 아니다. 풍수서에서 '고일촌산(高一寸山)이요, 저일촌수(低一寸水)니라' 라고 한 것은 반드시 물이 아니라도 혈장에서 낮은 방향은 모두 물에 해당한다고 보게 되는 것이다.

그렇다면 단지 낮기만 한 것을 놓고 왜 물이라고 했을까? 이러한 점에 대해서 생각을 해 보면 낮은 곳으로 특히 고랑과 같은 계곡은 비가 오면 물이 흘러가지만 비가 오지 않을 경우에는 물이 없는 대신에 바람이 흘러가는 것이 된다는 말이다. 그래서 과연 눈에 보이는 것

예전에 자명스님을 쫓아서 명당(明堂)을 답산(踏山) 해 본 중에 가장 아름다운 호사(護砂)를 보았다. 전주최씨 시조인 최아(崔阿) 公의 묘인데, 이곳에서 느낀 것은. '과연 명당이 있다면 이러한 곳이겠구나~!' 하는 것이었다. 풍수가들 간에는 조선의 8大명당 중에 하나라는 말을 하기도 한다. 주변을 둘러보면 별로 높지도 않은 지대인데 갑자기 풍경이 달라지면서 겹겹이 에워싼 웅장함을 만나게 된다.

만이 풍수가 아니라는 생각을 하게 되었는데, 이와 같은 생각을 해 보면 득수(得水)의 의미는 좀 더 다양하게 관찰을 할 수가 있을 것이다.

이것을 확대하여 해석하게 되면 도로망과 같은 것을 물로 보는 것도 일리가 있으며, 창문으로 바람이 통하는 것도 물이 될 수가 있으니 주변을 살펴서 山水의 관점을 어떻게 보면 좋을 것인지에 대해서 연구를 할 수 있을 것이다.

다시 풍수(風水)를 생각해 보면 바람이나 물이 잘 소통되는 것을 연구하는 학문이라고 해석을 해도 되지 않을까 싶다. 그만큼 바람과 물은 닮아있다는 것을 알 수가 있는데, 이것은 고정관념으로 바라보게 되면 죽었다가 깨어나도 보이지 않지만 자유로운 발상으로 관찰하는 습관이 몸에 베어있다면 언제라도 발견할 수가 있을 것이다.

즉 창문이 없는 방에 기거하면 득수(得水)가 되지 못하여 공기가 탁하고 의욕도 상실될 것이므로 이러한 경우에는 밖으로 나가서라도 득수를 해야 하는 것이다.

또 경제가 원활하게 흐르는 것도 득수가 된다. 흐름이 생기지 않으면 또한 득수가 되지 못하여 실업률은 높아지고, 물가는 상승하여 모든 것이 정체되어버리는 것을 경험하게 되면서 그것이 물과 다르지 않음을 생각하는 것으로 관찰을 할 수가 있는 것이니 풍수를 빙자하여 세상만법을 다 관찰한다고 해도 넘치지 않을 것이다. 중요한 것은 열린 사고방식으로 자연의 이치를 쫓아서 관찰을 하는 것이다.

5) 向: 좌향(坐向)

방향은 동서남북을 말하지만, 나경에서는 24방향을 의미하기도 한다. 그리고 방향을 어떻게 정하느냐는 이야기가 나오게 되면 비로소 현공풍수가 할 일이 생긴 것이라는 점을 알고서 얼굴에 화색이 돌게 되는 것이다. 현공에서는 1°를 놓고 다투기도 한다. 空亡이냐 아니냐를 구분하는데 1°의 차이는 하늘과 천국과 지옥의 차이만큼이나 크기 때문이다.

여기에서 이법(理法)이 등장을 할 틈이 마련되는 까닭인데 강호에서는 한두 가지의 이법이 있는 것이 아니라 다양한 종류의 각기 다른 특색을 갖고 있는 이법이 있어서 후학들로 하여금 많은 혼란과 노력을 강요하게 된다.

그리고 벗님은 그 중에서 현공의 이법을 익히게 되었는데, 예전에는 180°의 직선만 생각을 하면 되었지만 지금의 건물을 보게 되면 그것이 여간 복잡하지 않아서 향을 결정한다는 것이 얼마나 머리를 복잡하게 만드는 것인지 충분히 알고 있어야 할 것이며 그렇게 될 것이다.

그리고 방향이 얼마나 중요하냐고 한다면 이렇게 설명을 해 드릴 수 있을 것이다.

북한은 중국을 향하고 있다. 그리고 한국은 미국을 향하고 있다. 이것도 큰 의미에서 방향이 되는 것이다. 미국도 어딘가를 향하고 있을 것이다. 어쩌면 자국의 이익을 위해서 무기를 팔기 쉬운 나라를 향할 수도 있을 것이니, 이렇게 향은 각자의 이해타산에 의해서 결정이 되는 것이다. 힘이 약한 나라는 강력한 힘을 갖고 있는 나라를 향하는 것처럼 풍수에서도 그때의 상황에 따라서 향하는 방향이 정해지는 것이고 이것이 현공풍수이기도 하다.

그리고 방향을 잘못 잡게 되면 모든 것을 망치게 되기도 한다는 것은 7운에 좋았던 방향도 8운에는 나빠질 수도 있다는 것으로 이해를 할 수가 있을 것이다. 이렇게 향의 의미는 혈처를 정한 다음에 비로소 막중해 지는 것이다. 이렇게 향에 대해서 중요하게 생각한다.

6) 陽宅의 용혈사수(龍穴砂水)

참고로 용혈사수(龍穴砂水)는 비단 陰宅에만 국한된 것은 아니라는 점도 언급을 한다. 지형을 살피는 과정에서는 주변의 환경을 잘 관찰하는 것이 나경을 꺼내기 전에 미리 살펴야 하는 제1순위가 되는 것인데 陽宅에서의 용혈사수(龍穴砂水)는 좀 관점이 다르다는 것을 참고하면 된다.

가령 서울을 예로 든다면 서울의 용은

북한산에서 흘러 온 것으로 삼고, 혈(穴)은 궁궐을 중심으로 해서 무수히 많은 건물들이 이에 해당한다. 또 사(砂)는 남산을 비롯해서 관악산과 주변의 높은 능선들이 되고, 水는 한강이나 청계천, 중량천 등이 해당하는 것으로 관찰을 하게 된다.

陰宅은 형세가 좁은 것이 특징이라면 陽宅은 넓은 것이 특징인데, 적게는 한 집을 지을 혈이 되지만 넓게는 시가지가 들어서게 될 수도 있다는 것이 차이라고 보면 틀림없다.

7) 혈(穴)이 사용될 시기

사주학에서는 用神이 혈(穴)에 해당한다면 풍수학에서는 혈(穴)이 용신에 해당한다. 그런데 용신에도 진용신(眞用神)이 있고, 가용신(假用神)이 있듯이 혈에도 진혈(眞穴)과 가혈(假穴)이 있다. 그런데 가혈(假穴)이란 말은 상대적으로 하는 것일 뿐 실은 혈이라고 하는 말도 어울리지 않는다.

그럼에도 가혈(假穴)이라는 말이 나온 것은 겉으로 보기에는 혈장처럼 보이지만 실은 아니라고 하는 의미로 나온 것이다. 물론 이것을 가려내는 것은 각자의 실력에 달렸다고 해야 할 것이다.

현공법에서는 가혈(假穴)의 개념보다는 사용이 될 시기(時期)를 생각하는 것이 중요하다.

즉, 멋진 용혈사수(龍穴砂水)를 갖추고 있는 터를 발견했을 적에 기쁨을 감추지 못하고 자신의 조상님들 모셔다가 편안하게 해 드리려고 하는 사람은 덜 된 풍수가라고 하면 될 것이다.

만약에 그 자리가 9운에 사용을 해야 할 자리라고 한다면 적어도 자신에게는 인연이 닿지 않는 것이다.

가령 기운이 매우 좋은 명당을 발견해서 돌아가신 부친을 모시려고 나경을 꺼내봤더니 그 자리는 艮坐坤向으로 묘를 쓰면 좋겠다는 판단이 나왔다. 그런데 8운에는 上山下水가 되어서 불가하고, 9운에는 雙星會坐로 절반만 가능하고, 재물이 좋지 않으며, 1운에는 雙星會向이 되어서 재물은 좋은데 가족들에게 무난할 정도이고 2운에는 다시 上山下水가 되며, 3운이 되어서야 비로소 旺山旺向이 돌아오므로 조상을 모셔도 되겠는데, 그것이 2009년도를 기준으로 보면 적어도 70~80년이 지난 2084년부터나 가능한 터가 되는 것이다.

이렇게 되면 적어도 자신이 사용을 할 터가 아니라는 것이 명백해 지는데, 사람의 욕심이 발동을 하게 되면 그 사이에 다른 사람이 써버리면 닭 쫓던 개의 모습이 되므로 무리수를 두게 될 수가 있다는 것이다.

제3장 애성법(挨星法)의 기본

낙서(洛書)의 운행규칙을 따라서 변화하는 이치

1. 애성법(挨星法)의 이해

「입문편」에서는 현공(玄空) 4국의 이해와 合局과 不合局에 대한 부분까지만 공부를 하였는데 그것은 현공풍수에서 그야말로 덧셈이나 뺄셈과 같은 기본 중에서도 왕기본이라고 할 수 있다.

그렇지만 그것 하나만으로 모든 인생사에서 벌어지는 일들을 풀이한다면 매우 단순하다는 것을 피할 수 없을 것이다.

현공의 애성법(挨星法)은 대단히 치밀한 대입으로 구체적인 결과를 예견하고 판단할 수 있는 묘법(妙法)이다. 애성법이란 말은 紫白의 九星을 이용하여 터의 길흉을 판단하는 방법이라고 할 수 있다.

앞으로는 '애성법'이라고 줄여서 표기하도록 한다. 이러한 것을 얻기 위해서 풍수가(風水家)들은 많은 시간을 할애하여 애성법에 달려들어서 연구를 거듭하고 결과를 검증 해가면서 많은 저술을 남기게 되었다.

그 결과로 우리는 선배 제현들의 피와 땀으로 이뤄진 거룩한 결과물을 앉아서 배우게 되었으니 늦게 태어난 복이라고 해도 좋을 것이다. 다만 노력하여 자신의 것으로 만드는 것이 중요할 뿐이다.

이제 애성법을 공부함으로써 이미 조성된 陰宅이나 陽宅을 감정하여 그로 인해서 발생한 길흉의 작용을 정확히 감정(鑑定)을 함으로써 의뢰자에게 신뢰감을 줄 수가 있을 것이다.

또한 앞으로 새롭게 조성할 陰宅이나 陽宅에 직접 참여하여 길흉 작용을 미리 알 수 있으므로 길한 작용을 하는 방향으로 안내하여 조성할 수가 있으니 이것을 일러서 '중생의 복(福)밭을 만드는 일'이라고 할만하다.

애성법을 통해서 알 수 있는 일은 여러 가지가 있겠지만 요약한다면, 과거에 일어난 일이나, 현재에 일어나고 있는 일, 그리고 앞으로 일어 날 수 있는 일들에 대해서 풀이를 할 수가 있다. 그러므로 미연에 앞으로 일어날 일을 예측하고 길함은 살리고 흉함은 피하게 하여 보다 행복한 내일이 되도록 하는 비법이 될 수 있는 것이다.

예부터 전해져 오는 현공애성법의 감정서로 대표적인 책자는 《현기부(玄機賦)》, 《비성부(飛星賦)》, 《현공비지(玄空秘旨)》, 《자백결(紫白訣)》 등이 있으나, 혼자서 책만 읽어서는 이해하기가 어렵고 때로는 선문답 형식으로 난해한 내용들이 많아서 뛰어난 스승의 가르침이 없으면 오리무중에서 길을 잃고 방황하기 일쑤인 고로 이러한 점에서 공부하기에 어려운 점이 있다.

그 이유는 아마도 알기 쉽게 공개하기를 꺼려서 직접 전해 듣지 않은 사람은 이해를 하지 못하도록 고의적인 은유법을 사용하였을 것이라고 보는데, 이렇게 비법으로 전수되어 왔기 때문에 짐작을 하기조차 어려웠던 것이다.

옛 사람들의 제자를 가르치는 방법 중의 하나인 4분의 1만 가르쳐 주고 나머지는 스스로 연구하고 궁리하여 깨닫게 하는 방법을 사용했을 것이라는 짐작을 해 볼 수 있다.

2. 팔괘(八卦)의 이해

과거에는 비록 그랬다고 하더라도 지금부터 전개할 구궁팔괘도의 구성요소인 팔괘와 낙서를 기본적인 내용부터 하나씩 공부하여 나가다 보면 난해한 애성법도 쉽게 이해 할 수 있을 것이고 또 그렇게 될 수 있도록 안내를 하고자 하니까 열심히 동행을 해 주시기 바란다. 그럼 애성법의 고수가 되는 길로 출발해 보도록 하자. 현공애성법(玄空挨星法)으로 감정을 하는 방법은 구궁팔괘도(九宮八卦圖)의 구성요소인 八卦와 낙서(洛書)를 이해하는 것부터 시작이 된다. 복희씨의 괘도(卦圖: 팔괘와 하도)와 하후씨의 낙서, 주 문왕(文王)의 후천팔괘(後天八卦)를 기본으로 하여 천문(天文)과 지리(地理), 시간(時間)과 공간(空間)의 이치를 설명한 것이다.

어쩌면 전설처럼 생각이 될 수도 있는 아득한 상고사(上古史)의 시대로 시간여행을 해 보고자 한다. 본 내용에 대해서는 믿어도 좋고 그렇지 않아도 좋지만 이러한 주변의 내용은 역학(易學)을 연구하는 입장에서는 하나의 상식이라고 생각해도 무방하다.

1) 문헌의 자료

배달국의 5대 천황(天皇)인 태우의(太虞儀) 환웅(桓雄)에게는 12명의 아들이 있었는데 맏아들은 6대 천황인 다의발(多儀發) 환웅이며 막내아들이 하도

(河圖)와 팔괘(八卦)를 후세에 전한 복희(伏羲)이다.

복희는 배달국의 신시(神市)에서 태어나 우사(雨師)를 지낸바 있고 신룡(神龍)이 변하는 것을 보고 괘도(卦圖-팔괘와 하도)를 만들었고 甲子를 새해의 시작으로 하였다.

또 삼신산에 가서 하늘에 제사를 지내고 천하(天河)에서 괘도를 얻었다. 그 획은 세 번 끊어지고 세 번 이어져 자리를 바꾸면서 세상일을 미리 알게 되어 그 오묘함은 삼극(三極-천지인)을 포함하여 변화가 끝이 없었다.

[자료출처: 환단고기-한뿌리 출판사 142~143페이지]

복희가 만든 역(易)을 환역(桓易-환웅이 만든 역이란 뜻)이라고 하며 주(周)나라를 거치면서 주역(周易)이 되었다. 역(易)의 기원은 배달국의 시대로 거슬러 올라가는데, 당시에는 전쟁이나 혹 기타 큰 일이 벌어지면 소를 잡아 신단에 제사를 지내고, 소의 발굽으로써 그 앞에서 길흉을 점쳤다.

발굽이 벌어지면 흉하다고 생각하였고, 붙어있으면 길하다고 여겼는데 이것은 팔괘의 음획(--)과 양획(—)의 기원이 되는 것이다.

[자료출처: 단재 신채호 선생의 조선상고사-비봉출판사 93페이지-단재 선생의 조선상고사는 1931년 103회에 걸쳐서 조선일보에 연재된 내용임.]

안정복이 동사강목(東史綱目)을 쓰다가 빈번한 내란과 외구의 출몰이 동국(東國)의 고대 역사를 다 없애버리고 파괴하였다고 분하게 여기고 슬퍼서 탄식하였으나, 내가 보건대 고대 조선사는 내란이나 외구의 병화(兵火)보다는 조선사를 저작(著作)하던 그 사람들의 손에서 더 많이 없어지고 파괴되어 버린 것 같다.

[자료출처: 조선상고사 30페이지]

조선(朝鮮)의 태종에 이르러서는 더욱이들 맹목파의 선봉이 되어 조선 사상의 근원이 되는 서운관(書雲觀)에 보관되어 있던 문서들을 공자(孔子)의 도(道)에 위배된다고 해서 불태워버렸다.

[자료출처: 조선상고사 32페이지]

현재 전해지고 있는 고대 조선의 역사서는 《환단고기(桓檀古記)》와 《부도지(符都誌)》그리고 단재 신채호 선생이 1931년에 조선일보에 연재한 《조선상고사》정도이고 이것마저도 역사가 아닌 신화로 여겨질 뿐이다.

동양철학과 의학의 뿌리가 되는 하도와 팔괘는 고대 조선의 후손인 복희씨로부터 시작되었다고 《환단고기》에는 기술하고 있으나 중국의 사가들은 복희씨를 중국의 역사로 끌어 들여 역사의 왜곡을 하고 있다.

최근에 《환단고기》에 대한 역사적인 사실을 검증한 흥미로운 일이 있었다. 《환단고기》는 1911년 독립운동을 하던 계연수(桂延壽)라는 분이 편찬을 하여 현재에 전해지는데, 근세기에 만들어 낸 작품이라고 평가절하(平價切下)하는 경우도 있다.

이러한 논란에 대해 서울대 천문학과 박창범 교수는 《환단고기》에 나타난 천문학 자료를 통해 진위 여부를 가리고자 시도하였다.

그는 《하늘에 새긴 우리역사》라는 책을 통하여 다음과 같은 사실을 밝히고 있다.

《환단고기》에 나오는 「13세 단군 흘달 50년-BC1733년에 나타난 오행성이 결집된 내용」과 「29세 단군 마휴 9년-BC935년에 남해에 썰물이 세척이나 물러갔다는 내용」을 조사해본 결과 실제로 그런 현상이 일어났음을 밝혀냈다.

약간의 시간적인 오차가 있기는 하지만 그러한 사실을 우연히 맞출 수 있는 확률은 0.00028%에 불과하다고 한다.

천문학의 기록은 과학적인 사실이므로 이 정도로 정확한 기록은 사실에 입각한 것이 분명하므로 누가 인위로 조작할 수 있는 그런 차원의 내용이 될 수 없으므로 환단고기에 대한 신뢰를 한층 높일 수 있는 연구라고 할 수 있다.

2) 선천팔괘(先天八卦)

앞에서 이야기 한대로 선천팔괘는 복희씨가 전한 것으로 [무극(無極)이 태극(太極)을 낳고] - [태극이 양의(兩儀-음양)를 낳고] - [양의가 사상(四象)을 낳고] - [사상이 팔괘(八卦)를 낳으면서] 선천팔괘도가 완성되어 상(象)을 나타내게 된다. 선천팔괘는 천지(天地-하늘과 땅), 산택(山澤-산과 연못), 뇌풍(雷風-천둥과 바람), 수화(水火-물과 불)를 나타내며 구체적인 의미는 다음과 같다.

先天八卦圖		
☱ 兌	☰ 乾	☴ 巽
☲ 離		☵ 坎
☳ 震	☷ 坤	☶ 艮

(1) ☰ 乾卦 : 일건천(一乾天)

乾卦는 천(天)으로 삼효(三爻)는 모두 양으로 태양과 하늘이 만물을 주재하는 것을 상징한다. 암기법은 건삼련(乾三連)이다. 세 효가 모두 연결되어 있다는 의미이다.

(2) ☱ 兌卦 : 이태택(二兌澤)

兌卦는 택(澤)으로 왕성한 양기가 음기로 변화된 형태로 연못이 만물을 온화하게 감싸는 모습을 상징한다. 암기법은 태상절(兌上絶)이다. 맨 위의 효가 단절되어 있다.

(3) ☲ 離卦 : 삼리화(三離火)

離卦는 火로 양기가 바깥에 존재하고 내부는 비어 있는 것으로 태양과 불이 만물을 따뜻하게 건조시키는 모습을 상징한다. 원래는 리괘라고 해야 하겠지만 두음법칙에 의해서 이괘로 사용한다. 암기법은 이허중(離虛中)이다. 가운에 효만 단절되어서 허하다.

(4) ☳ 震卦: 사진뢰(四震雷)

震卦는 뇌(雷)로 양기가 음기의 아래에 놓여 있어 천둥이 만물을 깨우고 일으키는 모습을 상징한다. 암기법은 진하련(震下連)이다. 맨 아래의 효가 연결되어 있다.

(5) ☴ 巽卦: 오손풍(五巽風)

巽卦는 풍(風)으로 음기가 강력한 양기 아래에 놓여 있어 바람이 양기를 흐트러뜨리는 모습을 상징한다. 암기법은 손하절(巽下絶)이다. 맨 아래의 효가 단절되어 있다는 것을 의미한다.

(6) ☵ 坎卦: 육감수(六坎水)

坎卦는 水로 내강외유(內剛外柔)로 물이나 비가 만물을 적시는 모습을 상징한다. 암기법은 감중련(坎中連)이다. 가운데 있는 효만 연결되어 있다.

(7) ☶ 艮卦: 칠간산(七艮山)

艮卦는 산(山)으로 강렬한 양기가 음을 누르고 있으며 산이 만물의 행동을 저지하는 모습을 상징한다. 암기법은 간상련(艮上連)이다. 세 효 중에서 맨 위의 괘가 연결되어 있다.

(8) ☷ 坤卦: 팔곤지(八坤地)

坤卦는 지(地)로 삼효는 모두 음으로 만물을 감싸는 대지를 상징한다. 암기법은 곤삼절(坤三絶)이다. 세 효가 모두 단절되어 있다는 의미이다.

3) 후천팔괘(後天八卦)

후천팔괘는 은나라의 마지막 왕인 주왕(紂王) 시절에 희창(姬昌-周왕조를 세운 무왕의 아버지로 뒤에 문왕으로 불리게 됨)이 7년 동안 감옥에 갇혀 있으면서 복희의 선천팔괘를 기초로 삼아 선천의 體를 후천의 用으로 바뀌도록 고안한 것이다. 후천팔괘가 用으로써 나타나는 구체적인 의미는 다음과 같다.

後天八卦圖		
☴ 巽	☲ 離	☷ 坤
☳ 震		☱ 兌
☶ 艮	☵ 坎	☰ 乾

(1) 震

震은 만물의 생장은 봄에 시작되고 방위는 태양이 떠오르는 동쪽이다. 震卦는 陽이 陰의 아래에 놓여 있어 천둥을 상징하며 만물을 분발시키고 성질은 움직이는 것을 좋아한다.

(2) 巽

巽은 태양이 이미 동남쪽에 떠올라 있고 계절은 봄과 여름의 중간이다. 巽卦는 강한 양기(陽氣) 아래에 음기(陰氣)가 진입해 있어 바람을 상징하며 성질은 출입(出入)이다.

(3) 離

離는 태양이 가장 높이 떠올라 있어 내음외양(內陰外陽)으로 햇살이 사방에 내리비치는 모습을 상징한다. 남쪽에 위치하며 계절은 하지(夏至)이고 성질은 화려하다.

(4) 坤

坤은 삼효(三爻)가 모두 음으로 땅을 상징하며 만물을 양육하는 사명을 짊어지고 있다. 서남쪽에 위치하며 계절은 여름과 가을의 중간이다.

(5) 兌

兌는 가을을 상징한다. 오곡백과가 쌓여서 만물이 기뻐하는 계절로 정 서쪽에 위치한다. 기쁨을 나타낸다.

(6) 乾

乾은 태양이 기우는 서북쪽에 위치하며 밝음과 어둠, 음과 양이 교차하는 시기로 가을과 겨울의 중간에 위치한다. 강건한 성질이다.

(7) 坎

坎은 이미 동지(冬至)에 접어들어서 태양이 완전히 저물어 만물이 피로를 느껴 휴식을 취하는 시기다. 정 북쪽과 겨울에 해당하며 성질은 정착이다.

(8) 艮

艮은 동북쪽에 위치하며 이제 곧 어둠이 사라지고 빛이 찾아와 만물이 부활할 수도 있는 반면에 모든 것이 완성된 상태다. 겨울과 봄의 중간이며 성질은 멈추이고 또 순환하여 새로운 시작을 의미하기도 한다.

4) 낙서(洛書)의 이해

낙서(洛書)는 하우(夏禹-夏나라 왕조의 창시자로 大禹라고도 한다)씨가 홍수를 다스릴 때 낙수(洛水)에서 나온 거북이 등에 새겨진 무늬를 본떠서 만들었다고 하며 서경(書經)의 홍범구주(洪範九疇) 역시 이를 본떠서 만들었다고 한다.

그러나 고조선의 역사서인 [환단고기]에 의하면 하우는 순(舜)[1]임금의 명에 따라 치수(治水)에 나섰지만 홍수를 다스릴 묘안을 찾을 수 없었다.

단군왕검 67년에 태자 부루(扶婁-2세 단군)를 시켜서 순임금의 신하인 하우에게 오행치수법의 비결을 전수해 주어 홍수를 다스릴 수 있게 하였다.

환단고기에 의하면 홍범구주는 나라를 다스리는 근본이 적혀 있는 심오한 글로 65자 9개 항목으로 되어 있으며 오행치수법과 함께 단군왕검의 태자인 부루가 하우에게 전한 것으로 고대 조선으로 부터 전해오는 것이었다.

단재 신채호 선생의 《조선 상고사》의

---

[1] 순(舜)-흔히 태평시대를 대표하는 요순시대의 임금. 조선족으로 고조선의 중신이기도 한 고시의 형인 고수의 아들이지만 고조선에서 벼슬을 하지 않고 요임금의 충신이 되었으며 요임금의 신임을 얻어 임금 자리를 물려받아 고조선의 문명한 정치를 펴다가 임금 자리에 있은지 61년 만에 한족에게 해를 당하여 세상을 떴다.

101페이지를 살펴보면, 단군왕검이 수재(水災)를 구제해 주기 위하여 아들 부루를 창수사자(蒼水使者)로 임명하여 도산에 가서 하우에게 五行의 설[홍범구주를 말함]을 전하고 치수의 방법을 가르쳐 주었다.

하우는 홍수를 다스린 공으로 왕이 되어 국호를 하(夏)라 하고 도산에서 부루에게 받은 신서를 홍범구주라 하며 신봉하였다.

서경(書經)에는 주(周)나라 무왕이 기자(箕子)에게서 홍범구주를 받았다고 하는데 하우의 시대와는 약 1000년의 세대차이가 있음을 알 수 있으며, 기자는 생명의 위험을 느끼고 조선으로 도망쳐 왔는데 기자를 조선의 왕으로 삼았다는 '기자조선설(箕子朝鮮說)'은 참으로 황당한 일이다.

洛書의 基本形		
四	九	二
三	五	七
八	一	六

낙서는 가로 세로와 대각선의 숫자의 합이 모두 15가 되는데 이것은 통일된 상황 속에서 변화가 있고, 변화 안에 통일이 존재한다는 우주의 복잡한 변화를 숫자로 생생하게 재현한 것이다.

5) 구궁팔괘도의 이해

구궁팔괘도(九宮八卦圖)는 낙서(洛書)와 후천팔괘(後天八卦)를 합한 것이다.

애성법의 감정을 제대로 하기 위해서는 구궁팔괘도의 각 宮과 숫자의 특성과 작용을 알아야 하는데, 일반적인 특성과 작용은 다음과 같다.

九宮八卦圖		
4綠木星 巽宮	9紫火星 離宮	2黑土星 坤宮
3碧木星 震宮	5黃土星 中宮	7赤金星 兌宮
8白土星 艮宮	1白水星 坎宮	6白金星 乾宮

(1) 坎宮 1白 水星

새로운 계획[이전·이동·여행] 및 연애[색욕·비밀스런 사랑]시작, 부하와 고용인 문제, 도난 및 사기, 색난 등으로 고생스럽고 고독함

(2) 坤宮 2黑 土星

직장에 의욕이 생김, 계획한 일을 실행에 옮김, 작은 부동산 문제, 오래 묵은 일[옛날 일·사람·고향]에 관심

(3) 震宮 3碧 木星

활동력과 적극적인 진출, 발전을 생각, 새로운 것·착상·직업에 관심, 과거의 모든 것 노출, 말로 인한 과실, 사기조심, 깜짝 놀랄 일, 신경과민, 잦은 외출, 다른 사람들 앞에 내세워짐

(4) 巽宮 4綠 木星

교우관계 왕성, 사회적인 신용 및 인기 상승, 결혼 및 혼담성사, 여유 있는

여행, 먼 곳의 일에 관심, 감기, 중풍

(5) 中宮 5黃 土星

중심적인 존재, 자신감[큰 욕심], 생각대로 행동[신축·이전·전직], 강하게 밀어 붙임, 결말을 내려고 함, 옛날 문제나 사람으로 귀찮은 일 당함, 정체, 실연, 배신, 삼각관계, 도난

(6) 乾宮 6白 金星

배짱[담력·자기과신], 투기사업 및 투자심리[도박], 활동력, 윗사람에게 관계되는 일 발생, 과로, 싸움, 사고

(7) 兌宮 7赤 金星

이성·취미활동에 관심, 유흥적인 기분, 연애, 금전의 출입이 많음, 기력쇠약[간질환], 말다툼, 수술, 예상보다 작은 일 및 수입[부족감], 향락

(8) 艮宮 8白 土星

주거 및 사업이나 직장의 변화, 부동산 문제, 상속문제, 친척·친구·가족 간의 문제, 일시 멈춤, 정리, 뼈의 질병

(9) 離宮 9紫 火星

승진, 명예, 명성, 좋은 아이디어, 화려함 추구[사치·허식], 과거가 밝혀짐[노출됨], 싸움, 소송, 시비, 문서문제, 이별, 사퇴

집 주변의 하천은 물의 청탁(淸濁)에 따라서 길흉의 정도가 달라진다. 맑은 물이 흐른다면 좋겠지만 오염되어 악취가 풍긴다면 반대로 흉함이 증가하게 된다.

제4장 현공 애성의 유상(類象)

각 宮星별 특성을 상세하게 알아 둔다.

1. 1白 水星 [坎宮]

1) 위치(位置)와 유상(類象)

4綠木星 (巽宮)	9紫火星 (離宮)	2黑土星 (坤宮)
3碧木星 (震宮)	5黃土星 (中宮)	7赤金星 (兌宮)
8白土星 (艮宮)	1白水星 (坎宮)	6白金星 (乾宮)

1白 水星의 類象			
宮位	坎宮	數象	1·6
易象	☵ 坎卦	時間	子時
五行	水[寒]	季節	子月
干	壬·癸	色彩	黑·白
支	子	味覺	鹹[짜다]

2) 해설(解說)

1白 水星[坎宮]은 위의 내용과 같이 水의 精을 전해주고 있다. 동그란 그릇에도, 사각의 그릇에도 친숙하게 따른다. 또한 '뜨거우면 기체에 차가우면 고체에' 라는 유연성도 많이 가지고 있다.

그러나 한 번 거칠어지기 시작하면 큰 배를 침몰시키거나 휙 돌려놓던지 제방을 무너뜨리고 전답과 집을 밀어내는 것과 같은 아주 거칠음도 함께 가지고 있다. [깊은 물속은 보이지 않으므로 비밀스런 일이나 행동도 포함된다.]

구덩이에 빠져서 곤란하거나 괴로움을 당하고 있는 경우도 된다. 그 때 그 때 변화하는 성질을 갖고 있는 것이다. 또한 水는 생명이 있는 것에 있어서는 빼어놓을 수 없는 중요한 의미에서 생명을 지배하는 의미도 갖는다. 이러한 것들로부터 다음과 같은 상의(象意)가 나온다.

(1) 상의총설(象意叢說)
중년의 남성, 흑백, 속, 교제, 어둠, 구멍, 공황, 낙담, 실연, 원한, 실물, 임부, 목욕, 수영, 의심, 색정, 비밀, 세탁, 미행, 도박, 성관계, 복직, 재생, 부활, 빠져들다, 괴로움, 고민, 엮어짐, 꿈을 꿈, 잠을 잠, 냉해짐, 속임, 엎드림

(2) 천상(天象)
한랭, 한기, 냉기, 비, 눈, 서리, 안개, 구름, 아지랑이, 수증기, 보름달, 심야, 해수, 장마, 큰 비, 수해, 호우

(3) 장소, 건물
뒷문, 뒤에 난 통로, 침대, 침실, 욕실, 주방, 화장실, 빈집, 병원, 형무소, 해수욕장, 사람이 다니지 않는 조용한 곳, 습지, 하천, 온천지, 우물, 함정, 수원지, 주유소

(4) 사물(事物)
허리띠, 가사(袈裟), 걸레, 수원, 신축성 있는 물건, 침, 대나무, 액체도료, 석유, 휘발유, 인형, 불상, 잉크, 펜

(5) 인물 및 직업
승려, 철학자, 작가, 표구사, 세탁업자, 생선장사, 어부, 장님, 임부, 도둑, 죄수

(6) 음식
우유, 생선, 간장, 음료수, 주스, 술, 절임식품, 젓갈

(7) 인체 및 질병
신장, 척추, 등, 음부, 방광, 자궁, 고환, 난소, 요도, 정액, 콧구멍, 귓구멍, 안구, 눈동자, 눈물샘, 주름, 냉증, 신허(腎虛)

(8) 동물
물에서 사는 동물과 야행성 동물

(9) 식물
추위를 좋아하는 나무나 겨울에 피는 꽃, 물에서 사는 식물

(10) 실제적인 길흉의 작용
주요 작용-자식, 부하, 애정, 지혜, 곤란, 곤궁, 도둑, 임신, 은밀함

(가) 좋은 작용
① 부하, 고용인, 자식으로 인하여 즐거운 일이 생긴다.
② 은밀하고 즐거운 이성 문제가 발생한다.
③ 새로운 교제가 진행된다.
④ 미혼자는 결혼을 할 수 있다.

⑤ 지혜가 늘어나서 예감 능력이 향상되고 연구력이 강해진다.

(나) 나쁜 작용

① 임신을 하기 어렵고 임신을 해도 낙태나 유산의 확률이 높다.
② 가정불화(특히 부인이나 자식과 문제)가 생긴다.
③ 부부간에 애정이나 성적인 문제가 발생한다, 별거도 한다.
④ 이성문제나 색정사건으로 곤란한 처지가 된다.
⑤ 사업부진으로 빚을 지거나 궁색한 처지가 된다.
⑥ 받을 돈은 못 받고 나갈 돈은 다 나간다.
⑦ 지출이 많아져서 빚이 늘어난다.
⑧ 남을 돕다가 큰 손해 본다.
⑨ 도둑질을 당하거나 도둑질을 하는 경우가 생긴다.
⑩ 교도소나 유치장에 갇히는 일이 발생한다.
⑪ 친척이나 형제 등 주변 사람이 나를 무시한다.
⑫ 질병이 악화되고 건강이 나쁜 환자는 죽는 경우도 생긴다.
⑬ 남이 모르는 고민거리가 생긴다.

토막상식

바닷물이 가득한 그 한 가운데에 외로이 떠 있는 섬 하나에는 속세를 떠난 출가자가 머물러 있을 뿐이다. 행복과 자유를 모두 버리고 깨달음을 향해 가는 수행자가 머물 곳이기 때문이다.

2. 2黑 土星 [坤宮]

1) 위치(位置)와 유상(類象)

4綠木星 (巽宮)	9紫火星 (離宮)	2黑土星 (坤宮)
3碧木星 (震宮)	5黃土星 (中宮)	7赤金星 (兌宮)
8白土星 (艮宮)	1白水星 (坎宮)	6白金星 (乾宮)

2黑 土星의 類象			
宮位	坤宮	數象	5·10
易象	☷ 坤卦	時間	未時·申時
五行	土[濕]	季節	未月·申月
干	己	色彩	黑
支	未·申	味覺	甘[달다]

2) 해설(解說)

2黑 土星[坤宮]은 어머니가 되는 대지로서 土의 精을 전해주고 있다. 하늘[天]의 무형의 기(氣)를 받아서 모두를 감싸는 자애와 큰 생산력을 갖추고 있다. 또한 논과 밭이 되어 종자를 키워주는 인내력과 끈질김을 갖추고 있다. 그리고 있는 그대로 암석과 같은 단단함이 없고, 그냥 그 나름대로의 형태를 자유롭게 변화 할 수 있고, 하늘에서 내리는 비에 젖게 하는 유연함도 함께 가지고 있다. 이러한 것들로부터 다음의 상의가 나온다.

(1) 상의총설(象意叢說)

어머니, 늙은 여자, 주부, 대지, 둔하고 느림[둔중], 의뢰심(依賴心), 마음고생, 근심, 안정, 온후, 정중, 정절, 검약, 겸허, 충실, 순종, 완고, 신중, 근면, 노력, 노동, 배양, 사육, 용의주도, 준비 중, 상담 중, 고려 중, 이완, 심중이 복잡

(2) 천상(天象)

흐린 날씨, 바람이 없는 따뜻한 날

(3) 장소, 건물

지구[대지라는 상의에서 지구 전체를 2黑 土星으로 간주한다], 평지, 들판, 공원, 경기장, 성지(城地), 논밭, 농가, 매립지, 태어난 토지, 평원의 가옥, 어머니의 집, 침실, 일하는 장소, 도구를 넣어두는 창고, 공장

(4) 사물(事物)

목면의 직물일체, 양복의 재활용, 속옷, 시트, 화분, 무거운 상자, 토지, 모래, 석회, 시멘트, 점토, 강가의 모래밭, 벽돌, 도자기, 흑으로 만든 물건, 사각으로 된 물건, 평면으로 된 물건, 무늬가

없는 것, 검은색의 물건

(5) 인물 및 직업
아내, 어머니, 늙은 여자, 여자조카, 부사장, 차석(次席), 조역, 민중, 단체, 길 잃은 아이, 토목·건축·청부업자 및 그곳에 종사하는 사람, 토목기사, 기술자, 잡화상, 재활용가게, 가난한 사람

(6) 음식
쌀, 현미, 보리, 밀, 콩, 수수, 좁쌀가루 소면, 밀기울, 면, 삶은 콩, 볶은 콩, 떡, 주먹밥, 가래떡, 돼지고기, 유부, 감자

(7) 인체 및 질병
비장, 복부, 장, 오른손, 배꼽, 위암, 복막염, 설사, 식욕부진, 소화불량, 변비, 황달, 위하수, 위궤양, 구토, 위산과다, 어깨결림, 불면증, 피부병, 여드름, 주근깨

(8) 동물
암말, 암소, 염소, 원숭이, 타조, 두견, 땅거미, 개미

(9) 식물
이끼, 고사리, 버섯, 김

(10) 실제적인 길흉의 작용
주요 작용 – 가정, 직업, 직장, 주택, 모친, 아내, 생계, 오래된 일, 인내

(가) 좋은 작용
① 직장생활이나 가정생활이 편안해진다.
② 취업 문제가 해결된다.
③ 일에 재미가 생긴다.
④ 사업[작은 사업]이 개선 발전된다.
⑤ 주택을 마련하거나 좋은 곳으로 이사를 간다.
⑥ 토지, 부동산 관계, 신축, 이주 등이 좋은 쪽으로 전환된다.
⑦ 공동, 협동, 봉사 등 일복이 많아진다.
⑧ 친척이나 남에게 도움을 받을 수 있다.
⑨ 옛 사람과 재회하여 좋은 쪽으로 작용한다.

(나) 나쁜 작용
① 집안의 가족 간에 충돌이 발생하고 심하면 가정파탄이 생긴다.
② 본인이나 가족에 질병이 발생한다.
③ 모친이나 할머니를 모시는 문제로 어려움을 겪는다.
④ 배우자와 이별할 수 있다.
⑤ 제사 문제로 가족 간에 다툼이 생긴다.
⑥ 현재의 직장에서 퇴출될 수 있고 사업은 힘들다.
⑦ 실업자가 되고 노동이나 취업문제에 어려움이 생긴다.
⑧ 직장이나 사업을 변동하면 모두 실패한다.
⑨ 장사나 사업이 힘들고 생계에 어려움이 발생한다.

⑩ 주거지가 해결되지 않거나 이사 등에 힘든 일이 생긴다.

⑪ 부동산[가옥, 전답]과 관련된 문제가 발생한다.

⑫ 오래된 옛날의 문제가 재발되어 근심이 생긴다.

⑬ 인내하고 실력을 쌓으며 남 보다 2배 이상의 노력이 필요하다.

(다) 참고사항

이사는 坤宮에 암파(暗破)가 없이 깨끗할 때 하는 것이 좋다.

토막상식

높이 솟은 암벽은 멀리서 바라다만 봐도 위압적이다. 암벽을 좋아하는 사람에게는 도전의 욕구를 불러일으킬 수도 있다. 그러나 풍수가에게는 아직 덜 익은 미완의 강인함일 뿐이고 이것을 바로 사용을 할 수는 없다고 판단을 한다.

이러한 곳에다가는 집도 지을 수가 없음은 물론이고, 산소를 쓸 수도 없다는 것이 그 이유이다. 즉 그냥 보기만 할 뿐이지 어떤 용도로 사용하기에는 적합하지 않은 공간이라는 점이다. 그래서 바라다만 보고 지나가는 것이다.

이러한 산맥을 따라서 계속 진행을 하면 주변이 점점 부드러워지면서 보드라운 흙도 나타나고 나무들도 편안하게 자리를 잡고 있는 곳을 발견하게 된다. 이러한 곳에서야 비로소 혈(穴)이 맺힐 수가 있는 명당이 있을 가능성이 발생하게 된다. 그래서 그야말로 척 보면 아는 단계에서는 함부로 산을 헤매지 않는다. 그리고 좀 더 내려가면 비로소 마을을 만나게 된다. 이것이 자연의 용도이다.

3. 3碧 木星 [震宮]

1) 위치(位置)와 유상(類象)

4綠木星 (巽宮)	9紫火星 (離宮)	2黑土星 (坤宮)
3碧木星 **(震宮)**	5黃土星 (中宮)	7赤金星 (兌宮)
8白土星 (艮宮)	1白水星 (坎宮)	6白金星 (乾宮)

3碧 木星의 類象			
宮位	震宮	數象	3·8
易象	☳ 震卦	時間	卯時
五行	木[暖]	季節	3月[陽]
十幹	甲·乙	色彩	靑·碧
支	卯	味覺	酸[시다]

2) 해설(解說)

3碧 木星[震宮]은 동(東)에 위치하는 정기로 태양이 강렬하게 오르기 시작할 때를 표시 한다. 또한 역(易)의 모양이 땅속의 전기가 분기하는 우레의 모양도 있다.

우레는 소리가 울려서 전해지지만 그 실체는 없다. 또한 심하게 울려 퍼져도 그것은 일시적인 것으로 얼마 안 있어 아무 일도 없었던 것처럼 가라 앉아 버린다. 이러한 것에서 소리는 있고 모양은 없다. 놀람, 심함, 신속, 담백함 이라는 의미가 된다.

계절은 초목이 싹트고, 성장을 시작하는 봄을 표시한다. 三碧은 九星 가운데 제일 활동적으로 젊은 정기이다. 청춘의 정좌에 있는 것으로 젊고 약동감이 넘친다. 진보성, 발전성, 활발함, 젊음, 지나침의 의미를 가진다.

(1) 상의총설(象意叢說)

장남, 젊은 사람, 발아, 봄, 청춘, 우레 소리, 전달, 토의, 질타, 싸움, 사기, 협박, 농담, 신속, 급한성질, 감정, 총성, 비명, 박수갈채, 휘파람, 음성, 음향, 악기소리, 실언, 누전, 감전, 떨림, 앞으로 나아감, 폭발, 소리만 있고 형태는 없음, 움직임, 담백함, 요동, 발생함

(2) 천상(天象)

우레, 소나기, 낙뢰, 천둥소리, 지진, 분화, 해일, 회오리바람, 동풍(凍風)

(3) 장소, 건물

진원지, 화약고, 사격장, 산림, 산울타리, 가로수, 평원, 봄의 정원, 봄의 논밭, 하구(河口), 문, 청과시장, 묘목판매장, 발전소, 전화국, 연주회장, 강연장

(4) 사물(事物)

피아노, 풍금, 나팔, 레코드, CD, 종, 바이올린, 큰북, 철쭉, 라디오, TV, 전화, 수신기, 컴퓨터, 폭발음, 청진기, 소리에 연관된 물건

(5) 인물 및 직업

장남, 청년, 전신기술, 전화국원, 무선전신원, 방송국원, 아나운서, 사기꾼, 개그맨, 가수, 묘목상, 정원사, 모든 일을 설명하는 사람, 건방진 소리를 하는 사람, 매사를 의뢰하는 사람, 음성으로 생활하는 사람

(6) 음식

새싹, 채소류, 감귤류, 차, 식초류, 신맛이 나는 것

(7) 인체 및 질병

간장, 목구멍, 다리, 인후, 천식, 백일해(百日咳), 히스테리, 류머티즘, 신경통, 각기병, 타박상

(8) 동물

시끄러운 소리를 내는 새나 동물

(9) 식물

초목, 초목의 새싹, 묘목, 분재, 야채, 해초, 약초, 밀감류, 차

(10) 실제적인 길흉의 작용

주요 작용-창조, 생성, 언쟁, 구설, 갑작스런 사고, 비밀폭로, 사기

(가) 좋은 작용

① 시작, 개업, 창시, 발전, 젊음, 새 출발, 진출한다.
② 취직, 승진, 공천, 당첨, 사회에 공헌한다.
③ 새로운 사업을 구상하고 좋은 후원자가 생긴다.
④ 새로운 일로 활기가 넘치고 희망이 생긴다.
⑤ 신상에 좋은 이동수가 생긴다.
⑥ 좋은 아이디어가 나온다.
⑦ 젊은이는 애인이 생긴다.

(나) 나쁜 작용

① 신규계획을 서둘고 경거망동하여 실패한다.
② 쓸모없는 구상이나 자만심으로 금전 지출이 많아진다.
③ 비밀리에 하는 일이 밝혀져서 문제가 발생한다.
④ 이성문제가 구설이 되어 가정불화가 생긴다.
⑤ 매사에 신경이 예민해져서 타인과 다툼이 생긴다.
⑥ 말실수로 싸움이 일어난다.
⑦ 큰소리만 치고 실속이 없는 경우가 된다.
⑧ 자만심 금물, 금전 지출에 신경 쓸 일이 생긴다.
⑨ 갑작스런 사고가 발생한다.
⑩ 남을 돌봐주고 도리어 손실을 보거나 고민할 일이 생긴다.
⑪ 사업상으로 고민할 일이 생긴다.

⑫ 젊은 사람은 연애나 결혼이 깨진다.
⑬ 신상에 좋지 못한 이동수가 생긴다.
⑭ 소리만 있고 형태가 없으니 결실이 약하고 사기를 당할 염려가 있다.
⑮ 뇌물수수나 부정한 거래로 문제가 생긴다.

토막상식

　세파에 찌들게 되면 이러한 곳에서 딱 일주일만 머무는 것은 좋을 것이다. 그러나 그것도 길어지면 지루하고 고독해지는 것은 어쩔 수가 없다. 이렇게 깊고 인적이 드문 산 속에서는 고독이 엄습하는 순간을 피하기 어려운 까닭이다.
　그러면서 그러한 곳은 과연 좋은 터에 해당하는 지를 생각하게 되는 것은 자연을 이해하고 풍수를 공부하는 이의 관심이겠다. 그런데 이러한 곳은 자녀의 인연이 약해지고[전망이 뚝 끊어진 듯한 모습], 존경은 받겠지만[높은 곳에 머물러있으므로] 고독은 면하기 어려운 인연을 하고 있다는 것을 생각할 수 있겠다.
　또한 바람이 몰아치면 걷잡을 수도 없이 다 날려 보낼 듯이 휘몰아치기도 한다. 그래서 잠시 머무르고 원기를 회복한 다음에는 미련 없이 하산(下山)을 하는 것이 보통 사람에게는 지혜로운 활용이라고 할 수 있을 것이다.
　그런데 혹시라도 한 달을 살아도 마음이 한가롭고 편안하다고 한다면 이것은 좀 다른 이야기가 된다. 그는 아마도 세속에서 부대끼면서 살아가는 체질이 아니라 고즈넉한 산 속의 환경에서 행복할 산사람이 될 가능성이 있기 때문이다.

4. 4綠 木星 [巽宮]

1) 위치(位置)와 유상(類象)

4綠木星 (巽宮)	9紫火星 (離宮)	2黑土星 (坤宮)
3碧木星 (震宮)	5黃土星 (中宮)	7赤金星 (兌宮)
8白土星 (艮宮)	1白水星 (坎宮)	6白金星 (乾宮)

4綠 木星의 類象			
宮位	巽宮	數象	3·8
易象	☴ 巽卦	時間	辰時·巳時
五行	木[暖]	季節	4~5月[陽]
十幹	해당없음	色彩	靑·綠
支	辰·巳	味覺	酸[시다]

2) 해설(解說)

3碧 木星은 초목(草木)과 새싹을 표시하는데 비해서 4綠 木星[巽宮]은 바람과 공기의 정(精)을 전해주며, 수목(樹木)을 표시한다.

이 수목(樹木)은 번성하게 우거지고 동물은 성장하여 모두가 성숙하고 충실한 상태를 의미한다.

시간은 오전 7시부터 11시라는 태양광선이 점점 많아져 오는 때에 닿아서 왕성한 에너지를 표시한다. 왕성한 에너지를 가지고 바람은 멀리서 불어와 멈추지를 않는다. 그 때문에 상의에는 신용, 결혼, 조열, 먼 곳, 따르다, 만사태평, 무사태평 이라는 것이 있고, 이러한 것들로부터 다음과 같은 상의가 나온다.

(1) 상의총설(象意叢說)

장녀, 바람, 정리, 원방(遠方), 평판, 부하, 고용인, 신용, 혼담, 결혼, 정신, 자유로운 여행, 통근, 신세, 마음의 왕래, 사람의 왕래, 물품의 왕래, 의사(意思), 통지, 보고(報告), 선전, 교섭, 오해, 운반, 외출한 곳, 나간 곳에서부터 돌아온 곳, 무사태평, 환영

(2) 천상(天象)

환절기의 바람

(3) 장소, 건물

현관, 도로, 산을 끊어서 낸 길, 재목창고, 새집, 비행장, 출입구, 임야

(4) 사물(事物)

건설도구, 전신(電信), 전화선, 전주, 목재, 출입문, 부채, 비행기, 바람, 연기, 날개, 향(香), 편지, 택배

(5) 인물 및 직업

장녀, 미용사, 목수, 건축재료상, 임업

종사자, 재목상, 나그네, 행상인, 운송업자, 택배업자, 안내인, 우편 배달원, 중개인, 조종사, 영업사원, 지업사, 광고업자, 길을 잃고 방황하는 사람

(6) 음식
면류일체, 감자, 고구마, 무, 육류, 유포, 훈제

(7) 인체 및 질병
장(腸), 왼손, 두발, 기관지, 식도, 동맥, 신경, 인대, 호흡기

(8) 동물
뱀, 몸집이 긴 벌레류, 나비, 잠자리, 벌, 조류

(9) 식물
나무 잎사귀, 늙은 풀, 갈대, 소나무, 삼목, 밤, 차, 난, 백합, 장미, 허브, 향초류, 향목류, 마늘, 창포, 덩굴, 덩굴로 휘감는 식물

(10) 실제적인 길흉의 작용
주요 작용 – 교제, 결혼, 거래, 유통, 발전, 신용, 자격

(가) 좋은 작용
① 사업상의 거래가 활발해지고 신용이 좋아지고 수입도 늘어난다.
② 외국 무역 등 먼 곳과의 거래가 활발해지고 외국에 갈 일이 생긴다.
③ 중개인은 모든 상담이 좋아진다.
④ 좋은 사업을 동업 하자고 제의하는 사람이 나타난다.
⑤ 혼담이 성사되고 자녀의 출가 등으로 식구가 늘어난다.
⑥ 대인관계가 좋아지고 교제가 많아지지만 좋은 사람들을 만난다.
⑦ 그 해의 계획이 실행되고 모든 일이 정돈되고 매듭이 지어진다.
⑧ 자유로운 여행도 좋다.
⑨ 자격이나 자격증을 취득 할 수 있고 모든 경쟁에서 이길 수 있다.
⑩ 장녀나 연상의 여자로부터 도움을 받을 수 있다.
⑪ 시험에 합격하거나 당첨될 수 있다.

(나) 나쁜 작용
① 사업에 지장이 생기고 나쁜 변동이나 어려움이 생긴다.
② 사업상의 거래가 이루어지기 어렵고 손해를 본다.
③ 사업실패 등으로 금전에 어려움이 생기고 신용 불량자가 된다.
④ 결혼이 성사되지 않거나 결혼생활이 깨진다.
⑤ 바람기로 인하여 이혼이나 가출 등의 문제가 생긴다.
⑥ 집안 내의 여자 식구 문제로 구설이 생긴다.
⑦ 혼동이 일어나고 진퇴결정을 하지 못한다.
⑧ 모든 변화변동에 어려움이 생긴다.

⑨ 이미 성사된 일이 깨져서 곤란한 일이 생긴다.
⑩ 다른 사람과 다툼이 생긴다.
⑪ 먼 곳으로 여행 중에 어려운 일을 당한다.
⑫ 미아, 가출, 죽음 등이 생긴다.
⑬ 주거이동이나 신변정리에 어려움이 생긴다.
⑭ 자격미달로 승진이나 추천에서 탈락이 된다.

토막상식

거센 파도와 맑은 바닷물이 비취빛의 파도가 되어서 암벽을 쉼없이 몰아치고 있는 장면은 보는 이의 마음도 시원하게 해 주는 효과가 있다. 뭔가 자신도 모르게 내면 깊숙한 곳에서 큰 힘이 용솟음치는 느낌을 갖게 되는 것도 자연스러운 현상일 것이다. 그러한 힘을 얻으려고 바쁜 생활의 틈을 쪼개어서 바닷가를 찾게 되는 것은 극히 자연스러운 일이다.

그런데 문제는 이렇게 아름다운 풍경도 잠시 들려서 마음을 식히는 공간으로는 더 없이 좋은데, 막상 이러한 곳에서 살아가는 사람에게는 항상 시끄럽고 습한 풍경에 불과할 뿐이다. 원래 미인은 1년 간다는 말이 있는데, 아름다운 풍경도 그 자리에서 살아가는 사람에게는 또 하나의 공해가 될 수도 있는 것이다.

그래서 살아갈 공간과 여행을 할 공간은 엄연히 다르다고 생각하는 것이 풍수를 이해하는 관찰자의 올바른 생각이 될 것이다. 이렇게 아름다운 공간은 여행지로 삼게 되었을 적에 그 가치가 높아지는 것으로 본다면 주거지는 어떤 곳이 좋을지 생각해 볼 필요가 있을 것이다. 혹시라도 주거지를 옮길 생각을 할 경우에는 이렇게 여러 가지로 생각을 해 보고 나서 과연 자신이 원하는 곳인지를 판단하고 난 다음에 비로소 결정을 하는 것이 현명하다고 하겠다.

5. 5黃 土星 [中宮]

1) 위치(位置)와 유상(類象)

4綠木星 (巽宮)	9紫火星 (離宮)	2黑土星 (坤宮)
3碧木星 (震宮)	5黃土星 (中宮)	7赤金星 (兌宮)
8白土星 (艮宮)	1白水星 (坎宮)	6白金星 (乾宮)

5黃 土星의 類象			
宮位	中央座	數象	5·10
易象	해당없음	時間	해당없음
五行	土[濕]	季節	1月·4月·7月 10月 [陽]
干	戊·己	色彩	黃
支	해당없음	味覺	甘·酸 [달고시다]

2) 해설(解說)

5黃 土星[中宮]은 후천정위로 九星의 중앙에 위치하여서 다른 별들을 지배하고 있다.

5黃의 「黃」은 구성의 고향으로 땅의 본래 색감인 황토의 색을 표시하고 있다. 같은 土星인 2黑의 경우에는 黑土로 경토[밭가는 땅]를 표시하고 있다.

5黃의 경우에는 黃土로 대지·지구를 표시하고 있다. 대지는 생물을 보호 육성하는 반면 그것을 부패, 소멸하게 하기도 한다. 이 양 극단의 작용이 5黃의 큰 특징이다. 또한 중앙에 위치함으로 해서 제왕의 별 이라고도 불리고 있다. 주위에 八星을 거느리고 있어서 지배자로서의 작용도 강하게 표시한다.

(1) 상의총설(象意叢說)

무(無), 황색, 반역, 살해, 잔학(殘虐), 잔인, 살의, 강탈, 폐기물, 스캔들, 부식, 절망, 파산, 실업, 협박, 위조행위, 독살행위, 참살행위, 장례식, 명예훼손, 죽음, 가옥의 파손, 식물의 부패, 암과 에이즈 등의 난치병, 오래 묵은 문제의 재기, 고질병의 재발, 낡은 것

(2) 천상(天象)

잔뜩 찌푸린 구름, 기상의 변화, 아주 거친 날씨

(3) 장소, 건물

쓰레기장, 화재의 흔적, 화장장, 묘소, 사형장, 어두운 곳, 더러운 곳, 잔인한 행위가 행해지는 곳, 미개지, 황야, 거친 땅

(4) 사물(事物)

황폐한 가옥, 주인 없는 사원, 헌옷, 낡은 도구, 걸레, 못 쓰는 물건, 골동품, 유서, 팔리지 않는 상품, 팔다 남은 물건,

흠집 있는 물건, 찌그러진 물건, 녹슨 물건, 부서진 물건, 부패한 물건, 쓸모없는 물건 일체

(5) 인물 및 직업
총리, 노인, 원로, 선도자, 집을 허무는 업자, 고물상, 쓰레기 처리 업자, 방해자, 실패자, 고리대금업자, 폭력단, 횡령자, 강도, 절도, 살인범, 사형수, 자살자, 참사자, 변사자

(6) 음식
냄새도 맛도 없는 것, 당분도 자양분도 없는 것, 썩은 것, 곰팡이가 생긴 것, 팔다 남은 것, 먹다 남은 것, 우려내고 난 찌꺼기, 담북장[청국장], 술 찌꺼기, 된장, 단맛 일체

(7) 인체 및 질병
대장, 변비, 설사, 유산, 위암, 자궁암, 복부에 발생하는 병[전부], 오황의 독소가 있는 것부터 외부에는 부어오르는 것, 피부의 반점 등으로 나타나는 것, 내부에 응어리가 생긴 것, 신진대사의 방해

(8) 동물
빈대, 바퀴벌레, 벼룩, 이, 파리, 사마귀, 사람과 가축에 해를 주는 독충 일체

(9) 식물
독초류 일체

(10) 실제적인 길흉의 작용
주요 작용 – 파괴, 부패, 지배, 마찰, 이별, 어려움, 죽음, 중앙, 중심, 흙

(가) 좋은 작용
① 가만히 앉아서 편안하게 영화를 누릴 수 있다.
② 의외의 협조자가 나타나 보좌를 한다.

(나) 나쁜 작용
① 욕망과 욕심이 강해져서 그로 인하여 어려움을 당한다.
② 심적인 불안감이나 고집으로 인하여 잘못된 결정을 하여 낭패를 당한다.
③ 폭력을 써서라도 남의 것을 뺏으려는 욕심으로 마찰이 생긴다.
④ 사업이나 거주지 등에 문제가 발생하여 변경을 하려고 한다.
⑤ 새롭게 직장이동, 이사, 장사, 사업을 하고 싶은 마음이 강하게 작용하지만 변화나 변동을 하면 모두 실패한다.
⑥ 가까운 사람의 일 때문에 점포나 가옥 등이 물질적인 피해를 당한다.
⑦ 도난을 당하거나 재물이 손실되는 일이 생긴다.
⑧ 일단락된 문제가 다시 재발되어 어려움을 당한다.
⑨ 사고를 당하고 부패된 음식으로 식중독이 걸린다.
⑩ 암과 같은 중한 질병이 생기고 죽을 수도 있다.

⑪ 부부간에 별거나 이별을 하거나 가까운 사람과 절교를 한다.

⑫ 중심인물이라서 남의 눈총을 받을 수 있고 구설에 말리기 쉽다.

⑬ 일을 경솔하게 떠맡아서 이득이 없이 바쁘기만 한 사람이 된다.

(다) 참고사항

좋은 작용에서 잘못하면 자신의 능력으로 착각하여 직업이나 직장 주택 등 변화변동을 시도하기도 하는데 절대로 금물이다.

토막상식

경치가 좋은 곳에는 관광객도 많이 찾기 마련이다. 그리고 쉽게 한 마디를 한다. '이런 곳에 별장을 짓고 노년을 보냈으면 좋겠다~!' 라고. 그런데 그 말을 들은 풍수가는 아니라고 말한다. 왜냐하면 이렇게 많은 물은 수기(水氣)가 넘치게 되는데 이러한 환경에서 노년을 보내게 된다면 환경에 의한 건강의 부담이 나타날 수가 있기 때문이다.

어느 댐의 지역에 살고 있는 사람에게 들은 이야기인데 댐의 높이가 5m가 높아지자 안개로 인해서 살아갈 수가 없다는 하소연을 하는 소리가 예사롭지 않게 들렸는데, 문득 이러한 강가의 풍경을 보면서 잠시 들리는 곳으로는 좋을지 몰라도 뿌리를 내리고 살아가는 경우에는 풍수학적인 관점에서 깊은 통찰이 필요하겠다는 생각을 하게 된다.

어느 순간에 환경의 변화에 의해서 주거환경이 변화한다. 그것이 좋게 될 수도 있고, 그렇지 않을 수도 있지만 풍수를 공부한 사람은 그러한 변화를 관찰하고 생각하는 것이 필요할 것이며 그래야만 생활풍수의 의미가 살아날 것이라고 생각된다.

6. 6白 金星 [乾宮]

1) 위치(位置)와 유상(類象)

4綠木星 (巽宮)	9紫火星 (離宮)	2黑土星 (坤宮)
3碧木星 (震宮)	5黃土星 (中宮)	7赤金星 (兌宮)
8白土星 (艮宮)	1白水星 (坎宮)	6白金星 (乾宮)

6白 金星의 類象				
宮位	乾宮		數象	4·9
易象	☰ 乾卦		時間	戌時·亥時
五行	金[冷]		季節	10月~11月 [陽]
干	해당없음		色彩	白
支	戌·亥		味覺	辛[맵다]

2) 해설(解說)

6白 金星[乾宮]은 하늘[天]과 태양을 의미한다. 지상의 생물에게 살기위한 에너지를 전해주는 존재로서 완전한, 충실의 상태를 가리키고 있다.

天은 아주 높은 곳에 있어 존귀하다. 또한 지상에 비를 내려주어 만물에 생기를 주는 존재가 된다. 六白 金星이 표시하는 금속은 「돈」이 아니고 광석을 표시한다. 그 때문에 「소박」 「강건」이라는 의미를 표시한다.

그러나 연마하는 방법 나름에 따라 귀석(貴石)이 될 수도 있는 가능성을 포함해 최고의 자질을 갖고 있는 것도 표시하고 있다. 계절은 가을부터 겨울에 걸쳐있고, 시간은 오후 7시부터 오후 11시까지를 표시하고 있다.

(1) 상의총설(象意叢說)

하늘, 부친, 백(白), 충실, 태양, 고급품, 튼튼함, 건전함, 강경, 견고, 특허권, 차(車), 바쁨, 기부, 돌보는 일, 공양, 베풀음, 싸움

(2) 천상(天象)

맑고 푸른 하늘, 폭풍우, 서리, 우박

(3) 장소, 건물

궁궐, 법당, 명소, 옛날 발자취, 왕릉, 교회당, 종루(鐘樓), 고층건축물, 거래소, 운동장, 경기장, 시장, 박람회장, 박물관, 극장, 집회소, 도시, 번화가, 지대가 높은 곳, 고급 주택가, 산악지대

(4) 사물(事物)

원석, 진주, 금강석, 금, 은, 광석, 유리, 칼, 탄환, 공, 시계, 반지, 귀걸이, 마스크, 코트, 모자, 관, 투구, 거울, 기차, 자동차, 자전거, 오토바이, 기계, 톱니바퀴

(5) 인물 및 직업

성인, 현인, 고귀한 사람[조직의 우두

머리], 장관, 사장, 주인, 자본가, 아버지, 승려, 지도자, 역학자, 외국인, 경찰, 투자가, 엔지니어, 컴퓨터 관계자, 자동차업자, 기계업자, 보석상

(6) 음식
과일 일체, 얼음, 아이스크림

(7) 인체 및 질병
머리, 늑골, 왼쪽 폐, 다리, 혈압작용, 땀, 발열, 부어 오른 것

(8) 동물
용, 큰 뱀, 봉황, 사자, 학, 개

(9) 식물
약초, 과실수, 국화

(10) 실제적인 길흉의 작용
주요 작용-권위와 존엄성[정부·관청·윗사람·남편], 투기, 투자, 확장, 배짱, 싸움, 관재, 자살, 사고, 종교

(가) 좋은 작용
① 사업을 확장하고 번창한다.
② 윗사람으로부터 도움이나 지원을 받을 수 있다.
③ 신분 변화가 좋은 쪽으로 진행된다.
④ 통솔력이 강해지고 명예가 높아진다.
⑤ 믿음이 강해진다.
⑥ 질병이 완치되거나 좋아진다.
⑦ 매사에 윗사람과 상의하거나 조언을 받으면 도움이 된다.
⑧ 작년의 좋은 일이 금년까지 지속된다.
⑨ 사업이나 거주지를 독립한다.
⑩ 국가나 관청에 관계된 법률적인 문제가 해결된다.
⑪ 중요한 거래[자금융자, 좋은 혼담 등]가 성사된다.

(나) 나쁜 작용
① 일을 크게 벌려 실패를 본다.
② 투자, 투기, 주식, 경마, 노름 등으로 재물의 손실이 생긴다.
③ 사건이나 사고 또는 관재나 구설로 고생을 한다.
④ 윗사람과의 충돌이 발생하여 어려움이 생긴다.
⑤ 여자는 남편과의 충돌이 발생하고 심하면 이별한다.
⑥ 남을 깔보는 마음이 원인이 되어 시비와 다툼이 생긴다.
⑦ 싸움과 교통사고가 발생하고 심하면 자살을 하기도 한다.

7. 7赤 金星 [兌宮]

1) 위치(位置)와 유상(類象)

4綠木星 (巽宮)	9紫火星 (離宮)	2黑土星 (坤宮)
3碧木星 (震宮)	5黃土星 (中宮)	7赤金星 (兌宮)
8白土星 (艮宮)	1白水星 (坎宮)	6白金星 (乾宮)

7赤 金星의 類象			
宮位	兌宮	數象	4·9
易象	☱ 兌卦	時間	酉時
五行	金[冷]	季節	9月[陽]
干	庚·辛	色彩	赤
支	酉	味覺	辛·甘[맵고달다]

2) 해설(解說)

7赤 金星[兌宮]은 금속 등을 표시하고 계절은 가을을 표시하고 있다. 각각의 즐거움도 있다.

이러한 것으로 七赤 金星은 六白이 광석을 나타내는 것에 비해서 7赤 金星은 「돈」등을 표시 한다. 정교하게 다듬어진 금속을 의미하고 「돈」이외에도 가공, 세공된 금속제품 보석 등을 의미한다. 계절로 가을은 수확의 시기이다. 물론 그 기쁨도 있지만 눈 계산과는 다르게 흘려버리게 되거나, 새어 나가거나 해서 없어지는 것도 함께 포함하고 있다. 그 때문에 기쁜 반면 부족이라는 의미도 포함하고 있다. 또한 역(易)상의 「兌」는 입[口]의 상이다. 입의 즐거움이라는 의미에서 음식을 표시한다. 한편 여자의 생식기라는 의미도 있으므로 연애나 결혼을 의미하고 있다. 이러한 것에서부터 다음과 같은 상의가 나온다.

(1) 상의총설(象意叢說)

소녀, 가을, 즐거움, 금전, 주식(酒食), 말다툼, 감언, 축전, 부족, 축하회, 결혼식, 부주의, 결함, 웃음, 불평, 낭비, 과식

(2) 천상(天象)

서풍, 폭풍우, 거친 상태, 비, 일기의 심한 변화

(3) 장소, 건물

늪지, 움푹 파인 땅, 도랑[수채], 단층, 산사태, 돌담, 물이 고인 곳, 얕은 바다, 강가, 우물, 화류계, 찻집, 술집

(4) 사물(事物)

쇠로 만든 물건(金物), 칼, 이 빠진 도검, 악기, 빌린 돈

(5) 인물 및 직업

소녀, 가수, 예술가, 호스티스, 불량소녀, 후처, 임산부, 찻집주인, 식당주인,

금융업자, 은행원, 영업사원, 치과의사, 강연자, 중개자, 세일즈맨, 보석상

(6) 음식
닭, 술, 감주, 단차, 커피, 홍차, 코코아, 우유, 떡, 과자, 사탕류, 매운맛이 있는 것

(7) 인체 및 질병
오른쪽 폐, 입안, 치아, 인두, 신경쇠약, 기관지, 여성의 생식기 질환

(8) 동물
양, 원숭이, 닭, 매미

(9) 식물
도라지, 참억새, 싸리, 패랭이 꽃, 달맞이 꽃, 가을에 피는 꽃들, 가을철 풀 종류 일체, 생강

(10) 실제적인 길흉의 작용
주요 작용-현금, 통장, 연애, 유흥, 환락, 기쁨, 이성, 예술, 사고, 수술, 입

(가) 좋은 작용
① 수입이 늘어난다. [그러나 지출도 많다]
② 이성친구가 생긴다.
③ 처녀는 결혼을 한다.
④ 예술분야에서 두각을 나타낸다.

(나) 나쁜 작용
① 금전 거래상 문제가 발생한다.
② 이성문제가 색정문제로 확대되어 곤란해진다.
③ 연애가 실패한다.
④ 사치와 유흥이나 환락 등으로 금전의 지출이 과다해진다.
⑤ 집안에 구설이 분분해진다.
⑥ 세간의 소문 등 남의 비방을 받는다.
⑦ 자신이 한 말로 인하여 구설과 시비가 생긴다.
⑧ 언쟁, 악평 등으로 곤란을 당한다.
⑨ 이성간의 질투나 삼각관계가 발생하여 문제가 생긴다.
⑩ 지나친 유흥으로 간 등에 질병이 온다.
⑪ 과다한 카드사용이나 대출 등으로 문제가 발생한다.
⑫ 주식이나 증권 등으로 큰 손실을 본다.
⑬ 돈을 많이 벌어도 지출이 많아서 모으기가 어렵다.
⑭ 일보다는 놀기를 좋아한다.
⑮ 칼 등 쇠붙이로 인한 사고가 생긴다.
⑯ 수술을 필요로 하는 일이 생긴다.

8. 8白 土星 [艮宮]

1) 위치(位置)와 유상(類象)

4綠木星 (巽宮)	9紫火星 (離宮)	2黑土星 (坤宮)
3碧木星 (震宮)	5黃土星 (中宮)	7赤金星 (兌宮)
8白土星 (艮宮)	1白水星 (坎宮)	6白金星 (乾宮)

8白 土星의 類象			
宮位	艮宮	數象	5・10
易象	☶ 艮卦	時間	丑時・寅時
五行	土[濕]	季節	1月~2月 [陽]
干	해당없음	色彩	白
支	丑・寅	味覺	甘・鹹[달고짜다]

2) 해설(解說)

8白 土星[艮宮]은 흙이 자연스럽게 높이 쌓아올린 것을 표시한다. 그래서 「山」의 상의가 있다. 2黑, 5黃, 8白은 모두 土星이지만, 같은 「土」라도 의미는 조금씩 다르다.

2黑은 음성이고, 전자는 밭갈이한 토이고 후자는 대지를 의미 한다. 8白은 양성이 되어 높은 산악을 의미하고 있다.

계절은 1月부터 2月 마침 陰에서 陽으로 변화할 때에 있고, 새 출발과 일체 사물의 마디를 표시한다.

또한 시간은 한밤중의 1시부터 5시까지를 표시하고, 한 밤중에서 날이 밝아오는 것을 맞이하는 시각으로 활동을 준비하는 시간대를 표시한다. 이러한 것들로부터 다음과 같은 상의가 나온다.

(1) 상의총설(象意叢說)

소남, 산, 친척, 지기, 고향, 마디, 상속, 변화[이 변화에는 시작의 의미, 끝의 의미, 시작과 끝의 의미가 있다] 다음은 각각의 상의를 표시한다.

끝의 의미[절단・정지・중지・만기・완료・폐점・폐업・전멸・멈춤・중단, 거절・되돌림]와 시작의 의미[개시・개업・부활・재기・출발・발송・소생], 혼합의 의미로서 교환, 연결, 접속, 교대, 이전, 휴식, 개조, 개혁, 매매 등이 있다.

(2) 천상(天象)

구름 낀 하늘, 일기의 변화, 기후가 변화하는 때

(3) 장소, 건물

큰 건물, 창고, 우리, 호텔, 여관, 주차장, 산, 높은 곳, 제방, 쌓은 산, 석단, 계단, 터널, 맞닿은 집, 길을 막고 있는 집[막다른 골목길의 집], 경계선, 교차점, 고쳐지은 가옥

(4) 사물(事物)

두개를 합쳐서 하나로 만든 것, 연결한 것, 이어서 만든 것, 쌓여진 것, 받침대 위에 있는 것, 무거운 상자, 바윗돌 의자, 걸터앉는 의자, 테이블, 병풍

(5) 인물 및 직업

소남, 유아, 상속인, 형제, 부자, 비만한 사람, 욕심 많은 사람, 산속에 있는 사람, 산사의 스님, 산속에 숨어 지내는 사람, 토목 청부업자, 매매알선업자, 중개업자, 중개사, 숙박업자, 부동산업자, 부정한 사람, 재활용업자

(6) 음식

소고기, 비늘 없는 생선, 생선 알

(7) 인체 및 질병

귀, 코, 허리, 근육, 혹, 관절, 척추

(8) 동물

소, 호랑이, 사슴, 산새, 다리가 긴 새 종류

(9) 식물

미나리, 죽순, 버섯류, 담쟁이넝쿨, 감자, 고구마, 백합뿌리

(10) 실제적인 길흉의 작용

주요 작용-정지, 변화, 개혁, 전업, 부동산, 친구, 친척, 형제, 상속, 저축, 큰 재산, 스님[남자], 생사(生死)

(가) 좋은 작용

① 부동산으로 인하여 많은 재산이 축적되고 매매도 원하는 대로 된다.
② 부동산과 관련된 어려움이 해결된다.
③ 친척, 형제, 친구의 도움을 받는다.
④ 상속을 받을 수 있다.
⑤ 환경[직업·사업]과 사고방식이 좋은 방향으로 변한다.
⑥ 자녀를 출산할 수 있다.
⑦ 공무원이나 직장인은 승진을 할 수 있다.
⑧ 스님이나 산에서 수련을 하는 사람 등은 좋은 결실을 맺는다.

(나) 나쁜 작용

① 부동산[건물·토지·산림]과 관련된 어려움이 생긴다.
② 부동산의 거래가 되지 않고 거래가 되어도 손해를 본다.
③ 큰 재산을 잃는다.
④ 집안이 화합하지 못하고 불화가 계속된다.
⑤ 상속을 받지 못하거나 다른 형제보다 작게 받는다.
⑥ 가족 중에 가출하는 사람이 생기는 등 문제가 발생한다.
⑦ 형제나 친척, 친구 등과 불화와 마찰이 생긴다.
⑧ 형제, 친척, 친구 등과 보증문제나 금전거래로 큰 손해를 본다.
⑨ 아이를 낳기 어렵다.

⑩ 집안에 노인이나 환자가 있으면 죽는다.

⑪ 산소에 문제가 발생하고 산소 문제로 집안 간에 다툼이 생긴다.

⑫ 환경[직업이나 사업]의 변화나 변동을 하려고 하지만 잘되지 않는다.

⑬ 원하는 것을 변경하여도 나쁜 결과만 따른다.

⑭ 심적인 변화[신경질·고집]로 손해나 어려움을 당한다.

⑮ 성사된 일이 깨져 버려서 허사가 된다.

⑯ 하는 일마다 산 넘어 산이다.

⑰ 공무원이나 직장인은 승진이 안 된다.

⑱ 집안의 가업을 이어가지 못한다.

토막상식

길의 모퉁이라고만 생각을 했지 그 속에 잇는 풍수학적 의미도 생각해야 한다는 것은 몰랐다. 도로는 물이 흐르는 것과 같아서 휘어지는 바깥쪽은 주거지로 피해야 하는데, 과속으로 달리는 자동차를 생각해봐도 위험한 느낌이 들 것이다.

이런 형태에서 不合局이 된다면 흉함이 가중되는 것이다. 그리고 合局이라고 하더라도 좋을 것은 없다. 다만 내리막길의 급경사와 비교한다면 그래도 상대적으로 나은 것으로 볼 수는 있다. 그리고 길의 폭도 정도에 따라서 가감하는 것은 참고적으로 알아 둘 필요가 있다.

이것은 강의 폭과 길의 폭은 서로 같은 의미가 되고, 물의 유속(流速)과 도로의 급경사가 서로 같은 의미로 대입이 된다고 이해할 수 있다.

9. 9紫 火星[離宮]

1) 위치(位置)와 유상(類象)

4綠木星 (巽宮)	9紫火星 (離宮)	2黑土星 (坤宮)
3碧木星 (震宮)	5黃土星 (中宮)	7赤金星 (兌宮)
8白土星 (艮宮)	1白水星 (坎宮)	6白金星 (乾宮)

9紫 火星의 類象			
宮位	離宮	數象	2·7
易象	☲ 離卦	時間	午時
五行	火[暑]	季節	6月[陽]
干	丙·丁	色彩	赤·紫
支	午	味覺	苦[쓰다]

2) 해설(解說)

九紫 火星[離宮]은 문자 그대로 火의 精이다. 火는 바로 태양을 상징하고 있다. 계절로는 여름, 시간도 태양광선이 제일 강한 오전 11시부터 오후 13시를 표시하고 있다. 이와 같이 구성 가운데 제일 왕성한 정기라 할 수 있다. 또한 火는 어둠을 비춘다고 하는 의미가 있다. 사실과 현상의 면에서는 문명이 되고 심상(心象)의 면에서는 지성(知性)이 된다. 만물을 밝게 비춘다는 의미에서 미명(美名), 미려(美麗)라는 의미도 포함하고 있다. 점점 불타오르는 의미에서 이합집산(離合集散), 닿다, 도착하다, 헤어지다 라는 의미도 갖는다.

(1) 상의총설(象意叢說)

여름, 중년의 여성, 불, 붉다, 뜨겁다, 광선, 태양, 부착, 이별, 천명, 생명, 정신, 정(情), 권리, 의무, 발각, 발견, 발명, 절단, 수술, 분리, 탈퇴, 사직, 제명, 항의, 파괴, 전쟁, 싸움, 주의, 제안, 도리, 해결, 건조, 경쟁, 장식, 봉축, 축제, 결혼식, 피로연, 장례식, 수색, 신념, 화재, 원령[원한을 품고 죽은 사람의 혼], 엿보다[들여다보다], 진찰, 방화, 모닥불, 도박, 승부 거는 일, 독서, 감정, 측량

(2) 천상(天象)

태양, 서기(暑氣), 남풍

(3) 장소, 건물

재판소[법원], 경찰서, 파출소, 검사장, 신호, 파수꾼, 등대, 소방서, 시험장, 국회의원, 서적, 문구점, 백화점, 화장품 가게, 액세서리 가게, 영화관, 도서관, 박물관, 화랑, 시청, 교회, 포교당, 경기장, 도박장, 선거장, 연회장, 성(城), 의식을 거행하는 모든 곳, 분화구, 산의

남부, 화려한 곳

(4) 사물(事物)
주식, 공채, 사채, 증거문서, 어음, 증서, 서적, 지도, 설계도, 기록, 서류, 원고, 계약서, 허가서, 원서, 문구, 위임장, 추천장, 영수증, 교과서, 학용품, 명함, 국기, 액세서리, 훈장, 불단, 거울,

(5) 인물 및 직업
지혜 있는 사람, 학자, 역술가, 의사, 감정사, 심판자, 재판관, 검사관, 감독, 측량기사, 고문, 이사, 교원, 시험관, 회계담당, 미용사, 이발사, 경찰관, 관리, 신문기자, 명예직, 선수, 목사, 소설가, 미인, 배우, 탤런트, 예술가, 호색가, 임산부, 디자이너

(6) 음식
김, 조개류, 색채가 산뜻한 식품

(7) 인체 및 질병
심장, 눈, 두뇌, 시력, 혈구, 안면, 두부

(8) 동물
칠면조, 공작, 봉황, 꿩, 금붕어

(9) 식물
여름에 피는 꽃, 화려한 꽃

(10) 실제적인 길흉의 작용
주요 작용-상벌(賞罰), 소송, 밝혀짐, 밝음, 문서, 인감, 명예, 학문, 시험, 지성, 정신, 출세, 떠남, 성급함, 화려함, 사치스러움

(가) 좋은 작용
① 지위가 향상되고 명예가 높아진다.
② 사건이 명백하게 해결되어 억울한 일이 밝혀진다.
③ 좋은 아이디어가 생기고 특허를 얻을 수 있다.
④ 공부를 시작하고 또 머리가 좋아져서 공부를 잘 할 수 있다.
⑤ 예술 계통에서 성공할 수 있다.
⑥ 해외여행을 가거나 이민을 갈 수 있다.
⑦ 문서나 계약상 좋은 일이 생긴다.

(나) 나쁜 작용
① 소송사건이나 송사 등으로 시시비비가 가려지거나, 혹은 재판까지 연결된다.
② 사건이 밝혀져 관재를 당한다.
③ 남과 의견충돌이 발생하여 마찰과 다툼 소송이 발생한다.
④ 비밀이 폭로되거나 범죄자로 몰리는 것을 조심해야 한다.
⑤ 남녀 간의 색정문제가 밝혀져서 곤란해진다.
⑥ 남녀 간에 다툼이 발생하고 여자 때문에 구설이 생긴다.
⑦ 여자와 관련된 문제가 생기고 여자가 가장 노릇을 한다.
⑧ 매사 처리가 성급하고 분수에 넘친

일로 실수를 한다.

⑨ 문서나 인감으로 인한 잘못된 계약으로 문제가 발생한다.

⑩ 계약, 보증, 문서상의 실수로 큰 손해를 본다.

⑪ 정신이 불안정하고 남의 일에 휘말려 어려움이 생긴다.

⑫ 학생은 머리가 산만하여 공부를 못한다.

⑬ 지나친 사치와 화려함, 고급을 좋아하여 낭비가 심하다.

⑭ 지나치게 표면을 장식하고 허위가 많으며 변덕이 심하고 싫증이 빠르다.

⑮ 이혼 소송중인 부부는 이별한다.

⑯ 가까운 사람과 생사별을 하고 잘못하면 모두 떠나 버린다.

토막상식

전주(電柱)보다 더 나쁜 것이 송전탑(送電塔)이다. 규모가 클수록 그 흉함도 더 하다고 보면 될 것이다. 그리고 집 가까이 있을수록 그만큼 흉작용이 높아진다. 특히 숫자9나 5가 있는 방향에 있는 것이라고 한다면 그 흉함은 더욱 가중되는 것으로 판단을 하게 된다. 이렇게 같은 의미라도 그 위치와 규모에 따라서 해석을 하는 정도는 달라지는 것이다.

[낭월한담] 현공풍수(玄空風水)도 맞지 않더라?

어느 절친한 벗님께서 낭월에게 현공풍수에 대해서 다시 생각을 해 보라는 말과 함께 누군가 해 준 이야기를 들려 주셨는데, 현공풍수도 맞지 않는다는 이야기를 들었다는 것이다. 그래서 혹시라도 실수가 있을까봐 염려하는 마음에 전해주는 이야기였다.

그 이야기를 듣고서 과연 현공이 맞지 않는 것인가에 대해서 생각을 해 보지 않을 수가 없었다. 물론 그 동안 지켜본 바에 의하면 현공풍수는 놀라운 풍수이다. 그렇기에 활용을 하는 것은 결코 해로울 일이 없다고 판단을 하게 되었던 것이다.

그렇다면 현공이 틀린다는 말이 나올만한 이치가 있을 것이라는 점에 생각이 미치게 되자 그 의미하는 바를 생각하면서 원인을 따져보게 되었다. 물론 그렇게 말을 한 선생이 형편없는 사람이 아니라는 것을 전제로 한다.

① 나경(羅經)

무엇보다도 현공을 정확하게 운용하기 위해서는 정확한 나경이 필수이다. 그리고 空亡과 下卦의 차이가 불과 1도이다.

이렇게 천국과 지옥의 갈림길이 불과 1도라고 하는 미세한 차이로 나뉘진다고 하면 참으로 오류가 일어날 가능성이 항상 내재하고 있다는 것을 유념(留念)해야 한다.

그런데 그 나경이 문제이다. 나경 다섯 개를 놓고 비교를 해 본다면 그 중에는 3도 정도의 오차를 보이는 것도 있음을 예전에 확인해 봤다. 그렇다면 나경에 의해서 현공법을 펼친 풍수가의 신뢰도는 크게 좌우될 수 있을 것은 당연한 이치이다.

② 수맥(水脈)과 지맥(地脈)

이것은 현공과 무관하게 일어날 수 있는 경우이다. 기감(氣感)이 잘 되지 않는 풍수가는 주택이나 산소를 막론하고 이러한 구분에 대해서 난감할 수밖에 없으니 이것은 땅을 논할 경우에는 반드시 주의해야 할 중요 사항 중에 으뜸이 된다.

③ 운명(運命)

이도저도 아니라면 달리 납득할 단서가 없다. 그러한 경우에는 개인적인 운명에 의한 복력(福力)이 미치지 못해서 그렇다고 해야 할 모양이다. 1命2運3風水라고 하지 않았던가.

제5장 현공 81조(組) 성요(星耀) 해석법

고인(古人)의 지혜와 경험으로 뭉쳐진 추길피흉의 보고(寶庫)

1. 자료의 출처(出處)

앞 장에서 살펴 본 九宮의 유형(類型)을 기본으로 하여 애성법(挨星法)에 의해 작성된 구궁팔괘도(九宮八卦圖)에서 각 宮에 배속된 山星의 숫자와 向星의 숫자를 종합한 2개의 숫자로서 길흉을 판단하는 방법을 설명한다. 각 宮의 천반[운반]과 지반[山星과 向星]의 숫자로서 운반도 참고한다.

현공애성법의 의하여 작성된 구궁팔괘도에 배속된 각 宮의 숫자를 종합한 상의로서 길흉의 작용을 정리하여 전해져오는 요결은 몇 권이 있으나 대표적인 것은 다음과 같다.

① 《玄機賦》 오경란(吳景鸞) 宋
② 《玄空秘旨》 오경란(吳景鸞)
③ 《飛星賦-飛星斷》 저자 미상
④ 《紫白訣》 요정란(姚廷鑾) 淸
⑤ 《秘本》 출처 미상
⑥ 《竹節賦》 황석공(黃石公) 秦
⑦ 《搖鞭賦》 저자 미상

상기 자료의 요결에 나오는 내용을 중심으로 하고 그 외에 더 필요한 내용을 추가하여 해설한다. 여러 책에서 다루고 있는 내용은 많으나 대부분이 위의 서적을 인용하거나 부연 설명하는 것이므로 다른 자료를 참고하지 않아도 이해하여 대입하는데 무리가 없을 것으로 본다.

애성법(挨星法)을 해석하는 방법의 기본은 동양철학의 뿌리이며 핵심이 되는 선천팔괘(先天八卦)와 후천팔괘(後天八卦) 그리고 하도(河圖)와 낙서(洛書)의 네 가지에 陰陽과 五行의 작용을 모두 종합하여 판단하는 것으로 그 정확성은 실제의 감정에서 경험한 바로는 무척 놀라울 정도여서 이 내용을 세상에 함부로 내어 놓기가 무서울 정도이다.

위의 서적에서 논거(論據)한 요결을 보면 흡사 군대나 정보부서에서 사용하는 암호문과도 같이 난해하고 어려워서 쉽게 해석을 할 수 없도록 만들어 놓았다.

아마 요결서를 전하는 그분들도 후학들을 골탕 먹이거나 전수해 주기가 아까워서 일부러 글을 난해하게 쓴 것이 아니고 아무에게나 전수하기가 겁이 났을 것 같다는 생각이 든다.

이러한 내용이므로 앞으로 설명할 내용만 잘 숙지하면 현장에서 陰陽宅을 감정할 때에 누구보다 뛰어난 고수의 실력을 발휘할 수 있으며 추가로 陰宅이나 陽宅을 조성하는데도 큰 도움이 될 것이다.

단, 주의를 하나 드리고자 한다. 이 내용들을 담은 서적은 참으로 오래되면서 작자를 모르는 경우도 있고, 풀이를 한 것도 얼른 알기 어려운 내용을 포함하고 있기도 하다. 이러한 점은 자칫 풀이를 하면서도 오류를 범할 가능성이 있음을 의미하는 것이다. 글을 읽고 적용시키면서 이러한 점에 대해서 항상 주의하면서 연구해 주시기를 바란다. 이 모두를 임상하여 다시 정리하기에는 더욱 많은 시간이 필요하기 때문에 기본적인 비결을 응용하고 여기에 다시 자신의 연구를 보태야 한다.

어쩌면 그것을 후학에게 바라고 있는 것인지도 모를 일이다. 우리가 할 수가 있는 것은 기록을 살펴서 응용을 해 가면서 맞는 것은 채용을 하고, 틀린 것은 수정을 해야 한다는 것이다. 이러한 점에 주의하면서 임상을 해 주기 바란다.

2. 성요(星耀)를 보는 방법

向星과 山星을 조합해 보면 그 숫자가 <向星1과 山星1의 조합>부터 <向星9와 山星9의 조합>까지 모두 81개가 된다. 2개의 숫자를 조합하여 설명을 하는데 向星에 해당하는 숫자가 앞이고 山星에 해당하는 숫자가 뒤의 숫자이다.

요결을 해설하는 내용 중에는 길한 작용과 흉한 작용이 있는데 <길한 작용은 合局이 된 경우>이고 <흉한 작용은 不合局이 된 경우>라고 생각하고 각 운별로 坐向에 따른 비성반(飛星盤)을 실제로 해설하는 방법은 다음 장에서 예를 들어가며 상세히 설명하도록 한다.

이번 단계만 충실히 공부를 하게 되면 실제로 비성반을 보고 감정을 하는 것은 너무나 쉽게 할 수 있다. '보배구슬이 서 말이라도 꿰어야 보배' 라는 말이 있는데 이번 장은 보배 구슬을 찾는 공부가 되고 다음 장에서는 구슬을 꿰는 공부를 하게 된다. 그런데 보배 구슬을 찾는 것은 어렵지만 구슬을 꿰는 것은 쉽다.

1) 向星
[①②③④⑤⑥⑦⑧⑨]
向星에 대해서는 《신나는 현공풍수 입

문편》에 상세히 설명을 하였기 때문에 다시 긴 설명은 생략하겠지만 혹 이해가 되지 않을까 염려하여 간단하게 언급을 한다. 표를 참고한다면 동그라미로 표시된 숫자가 向星에 해당한다. 항상 표 안에서는 오른쪽에 위치하게 된다.

2) 山星
[1 2 3 4 5 6 7 8 9]

山星은 표 안에서 왼쪽에 위치하게 된다. 기본적인 의미는 山星은 높은 곳을 의미하게 되는데, 자세한 내용은 입문편의 227쪽에 있는 비성반에 대한 작성법을 참고하기 바란다.

3) 애성을 대입하는 요령

위의 표를 기준으로 설명하게 되면 中宮은 向星이 5이고 山星은 9가 된다. 그러므로 이러한 조짐을 읽기 위해서는 81성요에서 '向星⑤+山星9'의 해당 항목을 찾아서 읽어보면 된다. 또 건궁(乾宮)의 방향을 보고자 한다면 '向星⑥+山星1'의 항목에 설명이 된 것으로 기준을 삼아서 해석하면 된다.

4) 좋은 작용과 나쁜 작용

해당 성요의 조합에서는 항상 좋은 작용을 하는 경우와 나쁜 작용을 하는 경우가 함께 기술되어 있다. 이러한 경우에는 그 방향에 어떤 형태의 구조물이 있는지를 봐서 참고하게 된다. 가령 보기 싫은 형태의 물건[예를 들면 매우 가까이에 전주가 있다거나]이 있을 경우에는 나쁜 작용을 살피고, 적당한 거리에 아름다운 형태[예를 들면 예쁘게 생긴 봉우리라거나]의 무엇이 있다면 좋은 작용으로 해석을 하게 된다. 이러한 것을 바탕으로 길작용과 흉작용을 구분하여 대입하게 된다.

5) 서적의 내용에 대한 참고

크게 네 종류의 비성법(飛星法)을 함께 기록하는 것은 상황에 따라서 판단을 할 수가 있는 참고 자료가 되기 때문이다. 그리고 서로 다른 방향으로 설명이 되어 있을 경우에는 저자의 경험과 지혜에 따라서 나타나는 차이로 볼 수가 있는데 어느 것을 취하고 어느 것을 버릴 것인지에 대해서는 경험을 통해서만이 가능하다고 하겠다.

81성요(星耀)에 따라서 좋고 나쁘다고 섣불리 단정을 하기 보다는 참작을 하여 판단하는 것이 중요한데 처음에는 이러한 것이 혼란스러울 수도 있겠지만 경험이 중요한 것이므로 참고하여 연구하노라면 나중에는 바로 감이 올 것이다. 혹 좋다는 의미와 나쁘다는 의미가 함께 포함되어서 해석이 되어있을 경우에는 좋은 작용과 나쁜 작용을 보는 법을 참고하여 해석하면 된다.

6) 이해가 부족한 부분

이 책을 보는 독자는 이미 《신나는 현공풍수 입문편》을 봤다는 것을 전제로 이야기를 진행하고 있다는 점을 참고하기 바란다. 그러므로 기본적인 부분에 대해서 부연설명을 한 부분도 있지만 그렇지 않은 경우에는 앞의 입문편에서 상세하게 설명을 했기 때문에 생략했다는 것도 고려하여 읽어야 혼란이 없을 것이다.

입문편에서 다룬 四局의 合局과 不合局에 대한 것은 그야말로 전후(前後)만을 참고하여 살핀 내용이라고 할 수 있다. 이번의 활용편에서는 그러한 기본적인 것을 바탕에 깔아놓고 주변을 포함하여 풀이하는 내용이라는 점을 참고하여 함께 관찰하게 된다면 응용에 무리가 없을 것으로 본다.

7) 고서(古書) 내용의 정리법

고서의 내용을 어떻게 정리하는 것이 읽는 과정에서 가장 일목요연하게 이해가 될 것인가에 대해서 여러 방법으로 시도를 해 본 결과, 앞에다 원문을 담아서 출처를 밝히고 뒤에서 설명을 하면서 의역도 포함시키는 방향으로 시도를 하는 것으로 결정을 했다.

원문을 빼게 되면 혹시라도 심오한 뜻에 대해서 필자가 잘못 이해하고 오도(誤導)를 하게 된다면 이 또한 선현의 심혈을 기울인 노력에 허물을 범하는 것이 될 수도 있음을 염려하여 원문에 대한 이해가 깊은 독자는 풀이된 내용보다 더욱 그윽한 맛을 볼 수 있으리라고 생각이 된다.

이러한 부분에 대해서 잘 이해가 되셨다면 이제 본격적으로 성요에 대해서 풀이를 해 보도록 한다. 그리고 무엇보다도 중요한 것은 책만 펴놓고 열심히 따라 읽어서는 이해에 별 도움이 되지 않을 것이라는 점이다. 항상 나경(羅經)을 휴대하고 다니면서 어떤 건물의 형태에서 관심이 가는 문제가 있음을 만나게 된다면, 그 즉시로 책을 펴놓고 살펴보면서 적합한 내용인지를 적용하는 과정을 거치는 것이 중요하다.

아울러서 고서의 원문에 대한 두려움이 적다면 현공풍수에서 다루는 임상내용들이 풍부한 것을 보면서 실력을 연마할 수도 있을 것이다. 이러한 것은 스스로의 노력에 의한 결과로 얻어지는 것이므로 기본적인 원리를 터득한 다음에도 꾸준한 연마가 필요함은 당연한 이야기라고 하겠다.

8) 九星의 紫白과 八卦의 구성

九星	紫白五行	卦象[卦形]	八卦名	五行	天干	地支	星君
1	一白水星	☵ 坎中連	坎爲水	陽水	壬癸	子	貪狼
2	二黑土星	☷ 坤三絶	坤爲地	陰土	×	未申	巨門
3	三碧木星	☳ 震下連	震爲雷	陽木	甲, 乙	卯	祿存
4	四綠木星	☴ 巽下絶	巽爲風	陰木	×	辰巳	文曲
5	五黃土星	☯ 中央	無爲中	中土	戊己	×	廉貞
6	六白金星	☰ 乾三連	乾爲天	陽金	×	戌亥	武曲
7	七赤金星	☱ 兌上絶	兌爲澤	陰金	庚, 辛	酉	破軍
8	八白土星	☶ 艮上連	艮爲山	陽土	×	丑寅	左輔
9	九紫火星	☲ 離虛中	離爲火	陰火	丙, 丁	午	右弼

9) 현공사국의 비중

성요를 보기 전에 먼저 해당 위치가 合局과 不合局의 여부에 대해서 어떤 대입이 되는지를 확인하는 것이 중요하다. 이것은 본 주인공의 자리가 우선적으로 합당한가 그렇지 않은가를 판단한 다음에 주변을 살펴보는 것이 이치에 타당하기 때문이다.

주인공이 불편하다면 주변의 조짐이 아무리 길하게 구성되었다고 하더라도 결과적으로는 좋은 현상으로 작용이 되기 어렵다고 보는 것은 이미 입문편에서 설명을 한 부분이다.

성요의 풀이에서도 현공4국(玄空四局)의 부합여부에 비중을 두게 된다. 만약 부합이 되지 않는 상황이라고 한다면 길작용보다는 흉작용이 더 크게 나타날 수 있으며, 반대로 기본적인 4국이 부합이 된다면 주변의 작용이 다소 흉하다고 하더라도 그 결과는 경감되는 결과를 가져오게 될 것으로 판단을 할 수 있는 것이다.

이미 알고 있을 것이지만 혹시라도 미쳐 이해를 못한 독자를 위해서 간단하게나마 현공4국의 기본형에 대해서 약간 언급을 하는 것이 참고하기에 좋을 것으로 생각이 된다. 기본적으로 이해한다고 생각하고 살펴보기 바란다.

(1) 旺山旺向

陰宅에서는 필히 이러한 구조로 合局이 되기를 원하는 것이기도 하다. 즉 뒤는 높고 앞은 낮아야 合局이 되는 경우이다. 비성반을 보면서 이해를 하는 것이 더 빠를 수 있겠다. 다음의 비성반 보기 표에서 ①번과 같은 경우이다.

陰宅이나 陽宅이나 기본적으로 이와 같으면 좋은 것으로 알고 있으니 풍수의 기본형이라고 해도 좋을 것이다. 보통 배산임수(背山臨水)라는 말로 대신하기도 한다. 그러나 合局이 되지 않는다면 이것도 凶하게 작용한다는 것이 현공4局에서 말하는 특별한 논리이다.

(2) 上山下水

건물이나 산소를 중심으로 해서, 뒤는 낮아야 하고 앞은 높아야 合局이 되는데, 비성반 보기 표에서 ②번에 해당하

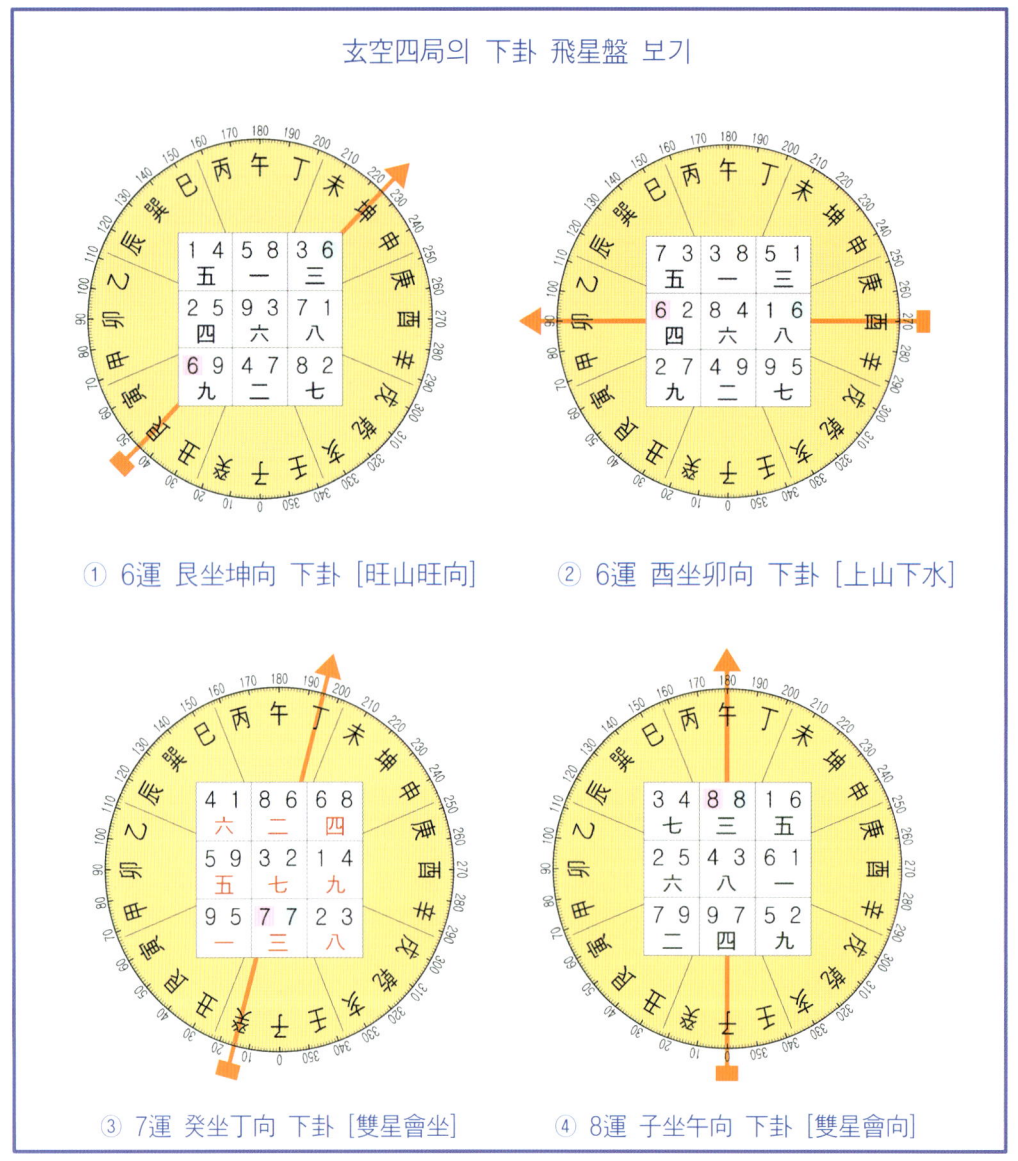

玄空四局의 下卦 飛星盤 보기

① 6運 艮坐坤向 下卦 [旺山旺向]   ② 6運 酉坐卯向 下卦 [上山下水]

③ 7運 癸坐丁向 下卦 [雙星會坐]   ④ 8運 子坐午向 下卦 [雙星會向]

는 경우이다.
 그리고 대부분은 이와 같은 형태가 나쁘다고 생각하게 되는데, 현공에서는 合局이 된다면 좋은 것으로 풀이를 하게 된다. 다만 산소에서는 이러한 형태를 사용하기 어렵다. 그래서 陽宅의 경우에 해당이 되는데, 특히 강을 등지고 길이 나 있는 곳이나, 산의 중간에 길이 있을 경우에 길 아래쪽에서 길을 보고 지어진 집은 이와 같은 형태가 되기 쉽다.

(3) 雙星會坐
 산소나 건물의 뒤는 낮고 또 그 다음의 뒤는 높은 경우이다. 비성반 보기 표에서는 ③번과 같은 경우가 된다. 이것은 上山下水의 변형과 같은 형태가 될 수도 있는데, 만약 산 아래의 개울을 등지고 집을 짓는다면 이와 같은 경우가 될 수 있을 것이다.

(4) 雙星會向
 이것은 雙星會坐와 반대의 구성이 되는데, 계곡과 같은 곳에서 산을 계곡을 바라보고 집을 짓게 되면 바로 앞에는 낮은 계곡이 되고, 그 건너에는 다시 산이 높게 나타나므로 이러한 형태의 경우가 해당하게 된다.
 비성반 보기 표에서는 ④번과 같은 경우에 해당한다. 이러한 경우가 合局이 되면 길하게 판단을 하게 되고, 不合局이 된다면 흉하게 풀이를 하게 되는데, 그 자세한 내용은 81성요 조합에서 판단을 할 수 있을 것인데, 이 경우에 뒤쪽에 대해서는 어떻게 풀이를 해야 하는지에 대해서도 궁금할 수가 있는데 이 경우에는 직접 논하는 것은 아니지만 그냥 편편하면 되거나 약간 높은 정도라면 무난한 것으로 관찰을 하게 된다.
 다만 주의를 해야 할 것은 집터보다 낮게 된다면 그것은 또 다시 관찰을 해봐야 할 것이기 때문이다. 혹 上山下水의 형태에 걸리게 될 수도 있다는 것을 염두에 두고 관찰을 하면 될 것이다.

 이상과 같은 내용이 《신나는 현공풍수 입문편》에 자세히 설명이 되어 있으므로 참고를 할 수 있을 것이다. 그리고 비성반을 보게 될 경우에도 이러한 것을 참고하여 관찰하면 이해에 도움이 되리라고 본다. 특히 山星을 의미하는 표시인 네모 속의 숫자와 向星을 의미하는 표시인 동그라미 속의 숫자에 대해서 혼동하지 않도록 주의하기 바란다.

10) 성요(星耀)의 위치와 비중
 성요의 조합에 따라서 길한 형국과 흉한 형국으로 나눠지는 것은 앞으로 설명을 이해하면서 대입하게 되면 판단을 하는 방법을 알게 된다.

(1) 向星의 숫자
 向星은 水에 해당하는 의미가 포함되어 있다. 그리고 항상 움직이는 의미도 그 안에 내재되어 있으므로 움직이는 것이 많다면 더욱 흉한 암시가 커진다고 판단을 하게 되는 것이다. 즉 날뛰는 사자가 잠자는 사자보다 위험하다고 볼 수 있는 것과 같은 의미로 이해를 할 수 있을 것이다.

특히 向星이 의미하는 것 중에서도 가장 큰 것은 재물과 연관된 부분이다. 옛날이나 지금이나 재물은 살아가는 조건에서 수위(首位)를 차지할 정도로 중요한 의미를 갖는다. 특히 지금 같은 자본주의(資本主義) 시대라고 할 경우에는 더 말을 할 나위가 없다. 그래서 같은 비중이 되는 山星과 대비를 하더라도 흉의 작용은 더 크게 볼 수가 있는 것이다.

(2) 山星의 숫자

山星이라고 해서 비중이 적은 것은 아니다. 山星이 의미하는 것은 사람들에 대한 길흉이 우선적으로 나타나게 된다. 즉 취직이나 승진이나 혹은 가족의 협조력과 같은 인간관계에 대해서는 모두 山星과 연관해서 대입을 하는 것이 기본이기 때문이다.

그러므로 山星에 해당하는 위치의 숫자에 대한 길흉은 다른 주변의 숫자보다도 더욱 큰 의미를 갖게 된다는 것에 대해서 늘 염두에 두면서 살피는 것이 중요하다. 그리고 그 외의 여섯 宮에 대한 숫자의 풀이는 아무래도 주인공을 보조하는 의미가 되는 것이다. 그러니까 向星과 山星은 주연이 되는 셈이다.

이러한 점에 비중을 두고서 성요를 살펴서 길흉을 참작하게 된다면 이해하고 활용하는데 참고가 될 것이다.

(3) 中宮의 숫자

中宮의 경우에는 向星이나 山星에 비해서는 길흉의 작용이 좀 적다고 할 수 있다. 다만 주로 가족이나 가까이에 있는 구성원들의 화합이나 단결에 대해서 비중을 두고 살피게 된다.

㉮ 성요(星耀) 보는 법

성요라는 명칭에 있어서 때로는 성요(星耀)라고도 하고, 또 일명 애성(挨星)이라고도 하고, 책에 따라서는 비성(飛星)이라고도 칭한다.

설명하면, 성요나 애성은 기본적인 배합에 대한 원칙(原則)을 말하는 것이고, 비성법은 별이 날아다닌다는 의미이니 이러한 결과로 인해서 해당하는 숫자의 배합이 갖고 있는 길흉의 암시를 풀이하는 것이다. 그러므로 우선은 성요를 찾아서 기본적인 의미를 살피고 다시 풀이를 보면서 적용하면 되는 것이다.

본서의 구성은 좌우로 나눠서 편집을 하도록 한다. 그것은 책장을 넘겨가면서 살피는 것은 번거롭고 착오를 일으킬 수도 있는데, 양면으로 구성을 하면, 일목요연하게 파악하고 이해하는데 도움이 될 것으로 봐서이다.

좌우의 구성을 살펴보면, 왼쪽 면에서는 기본적인 向星과 山星의 항목을 맨 위에 제목으로 제시하고, 팔괘(八卦)를 배치하였으며, 해당 괘상은 자백(紫白)의 색을 적용시켜서 이해하는데 도움이 되도록 했다.

시각적으로 向星과 山星의 표를 각각

배치함으로 해서 얼른 파악이 되도록 구성하게 되었다. 이러한 것은 어느 위치를 펼치더라도 向星과 山星의 위치를 알아보기 좋도록 구성했다.

해당 성요가 갖고 있는 의미에 대한 고서의 원문을 음역(音譯)하여 정리한다. 물론 읽기에 도움이 될 것이며, 풀이에 대해서는 오른쪽의 면에서 또 찾아보기에 용이하도록 해당 위치가 나타났을 적에 길한 작용과 흉한 작용에 대한 풀이를 요약적으로 정리하여 설명하고 또 보충적인 의미가 필요할 경우에도 도움말을 넣도록 한다.

나 숫자가 겹치는 경우

처음에는 81가지나 되는 다양한 경우의 상황을 일일이 이해하고 대입하려면 무척 힘이 들겠다는 생각이 들 수 있을 것이다.

그런데 관심을 갖고서 살펴보다가 알게 되는 것은 숫자의 배합이 같으면 내용의 풀이도 대동소이(大同小異)하다는 것을 발견하게 되는 것이다.

그래서 너무 어렵게 생각하지 말고 구구단을 외울 적에 편법으로 8×5=□가 생각나지 않으면 5×8=40을 생각하여 답을 적는 방법을 활용해 보셨다면 여기에 대해서도 답이 간단히 나오게 되어 있으니 훨씬 접근하기가 수월할 것이다.

고서(古書)의 내용에서는 向星이나 山星이 서로 만났을 경우에 해석하는 것에 대한 차이까지는 밝히지 않았던 것으로 보인다. 그래서 앞으로도 이러한 부분에 대해서는 경험을 통해서 완성을 시켜나가야 하겠지만 우선은 이렇게라도 그 작용력을 이해하는 것조차 상당한 실력을 쌓게 되는 수준임을 고려하여 기본적인 것부터 차근차근 익혀가는 것이 중요하다고 하겠다.

다 運盤[천반(天盤)]에 따른 차이점

가령 1과 4가 만났을 경우[4+1도 같음]를 예로 들어본다면, 1은 지혜로움이 되고, 4는 명예와 지위가 되므로 合局이 될 경우에는 명예와 부귀를 함께 얻을 수가 있다. 이것은 좋은 작용을 했을 경우에 판단을 할 수가 있는 해석이 되는 것이다.

그런데 만약 그 글자들이 있는 宮의 운반이 7赤金이라고 한다면 水는 金生水를 하겠지만, 木은 金剋木이 되는 상황이니 총명한 것은 더욱 강화되겠지만 귀하게 되는 것은 손상을 받게 될 것이다.

이러한 것을 일일이 풀어서 정리를 한다면 그것만으로도 또 다른 매우 두꺼운 책이 되어야 하겠지만 이치에 밝기만 하다면 간단하게 生剋의 관계를 대입하여 풀이하고 참고를 할 방법이 가능할 것으로 본다. 궁리를 해 볼 일이다.

向星과 山星의 겹치는 숫자 보기

山\向	向星①	向星②	向星③	向星④	向星⑤	向星⑥	向星⑦	向星⑧	向星⑨
山星**1**	**1**+① ①+**1**	**2**+① ②+**1**	**3**+① ③+**1**	**4**+① ④+**1**	**5**+① ⑤+**1**	**6**+① ⑥+**1**	**7**+① ⑦+**1**	**8**+① ⑧+**1**	**9**+① ⑨+**1**
山星**2**	**1**+② ①+**2**	**2**+② ②+**2**	**3**+② ③+**2**	**4**+② ④+**2**	**5**+② ⑤+**2**	**6**+② ⑥+**2**	**7**+② ⑦+**2**	**8**+② ⑧+**2**	**9**+② ⑨+**2**
山星**3**	**1**+③ ①+**3**	**2**+③ ②+**3**	**3**+③ ③+**3**	**4**+③ ④+**3**	**5**+③ ⑤+**3**	**6**+③ ⑥+**3**	**7**+③ ⑦+**3**	**8**+③ ⑧+**3**	**9**+③ ⑨+**3**
山星**4**	**1**+④ ①+**4**	**2**+④ ②+**4**	**3**+④ ③+**4**	**4**+④ ④+**4**	**5**+④ ⑤+**4**	**6**+④ ⑥+**4**	**7**+④ ⑦+**4**	**8**+④ ⑧+**4**	**9**+④ ⑨+**4**
山星**5**	**1**+⑤ ①+**5**	**2**+⑤ ②+**5**	**3**+⑤ ③+**5**	**4**+⑤ ④+**5**	**5**+⑤ ⑤+**5**	**6**+⑤ ⑥+**5**	**7**+⑤ ⑦+**5**	**8**+⑤ ⑧+**5**	**9**+⑤ ⑨+**5**
山星**6**	**1**+⑥ ①+**6**	**2**+⑥ ②+**6**	**3**+⑥ ③+**6**	**4**+⑥ ④+**6**	**5**+⑥ ⑤+**6**	**6**+⑥ ⑥+**6**	**7**+⑥ ⑦+**6**	**8**+⑥ ⑧+**6**	**9**+⑥ ⑨+**6**
山星**7**	**1**+⑦ ①+**7**	**2**+⑦ ②+**7**	**3**+⑦ ③+**7**	**4**+⑦ ④+**7**	**5**+⑦ ⑤+**7**	**6**+⑦ ⑥+**7**	**7**+⑦ ⑦+**7**	**8**+⑦ ⑧+**7**	**9**+⑦ ⑨+**7**
山星**8**	**1**+⑧ ①+**8**	**2**+⑧ ②+**8**	**3**+⑧ ③+**8**	**4**+⑧ ④+**8**	**5**+⑧ ⑤+**8**	**6**+⑧ ⑥+**8**	**7**+⑧ ⑦+**8**	**8**+⑧ ⑧+**8**	**9**+⑧ ⑨+**8**
山星**9**	**1**+⑨ ①+**9**	**2**+⑨ ②+**9**	**3**+⑨ ③+**9**	**4**+⑨ ④+**9**	**5**+⑨ ⑤+**9**	**6**+⑨ ⑥+**9**	**7**+⑨ ⑦+**9**	**8**+⑨ ⑧+**9**	**9**+⑨ ⑨+**9**

※예를 들어 向星⑤와 山星**4**가 局을 이뤘을 적에, 해당 설명의 내용을 보게 되면, 山星**5**와 向星④가 만난 경우와 숫자로만 본다면 같이 나타나게 된다.

이러한 경우에 같은 宮에서 만나는 경우이므로 결과는 대동소이하게 비슷한 점이 많게 된다. 그래서 확인을 하여 참고하게 될 경우에는 向星⑤와 山星**4**라고 해서 그 항목만 찾아서 풀이를 이해할 것이 아니라, 向星④와 山星**5**의 경우도 함께 참작을 하면 도움이 된다.

[낭월한담] 풍수(風水)를 공부하면 환경보호가가 되는 걸까?

 어느 지역을 지나가다가 문득 강 건너의 풍경이 눈에 들어와서 카메라를 들었다. 그리고 왜 그랬는지를 생각해 보니까 중간에 파헤쳐진 한 곳이 눈에 들어왔다.

 계단형태로 정지(整地)를 한 것으로 봐서 주택지가 아닐까 싶었다. 그리고 이어서 어째서 저렇게 산을 파헤치고 터를 닦아야만 하는 것인지에 대해서 생각을 해 보지 않을 수 없었다. 조금만 아래로 내려오면 넓고 평평한 터가 있으므로 그 곳을 구입하면 될 것이다. 그러한 것을 무시하고 산천을 절개하고 있다.

 절개하는 것이 어떤 의미인지 모르고 있으리라는 생각이 들면서 일본의 어느 기감파의 선생이 쓴 글을 읽었던 장면이 떠오른다.

 '산의 모퉁이를 잘라내고 길을 내면 잘라낸 부분의 산이 계속 신음을 하고 있더라.'

 그렇다면 이렇게 신음하는 곳에 집을 지어서 생활하면 행복을 얻을 수가 있을 것인지에 대해서 생각이 미치면서 풍수를 조금만 알았더라도 이러한 행위는 하지 않을 것이라는 생각이 들었다. 참으로 자연을 모르는 사람이 너무 많은 것은 아닐까?

1-1. 向星①과 山星❶의 조합

向星 ① 山星 ❶	智慧聰明, 出世, 文筆, 家庭不和, 酒色, 放蕩	☵	坎爲水
	위와 같음		

九宮에서 向星의 位置

巽綠	④	離紫	⑨	坤黑	②
震碧	③	中黃	⑤	兌赤	⑦
艮白	⑧	**坎白**	**①**	乾白	⑥

九宮에서 山星의 位置

巽綠	4	離紫	9	坤黑	2
震碧	3	中黃	5	兌赤	7
艮白	8	**坎白**	**❶**	乾白	6

古書의 內容과 吉凶作用

古書秘訣	漏道在坎宮, 遺精洩血(누도재감궁, 유정설혈). 坎宮缺陷, 血墮胎(감궁결함, 혈타태). 水歓斜兮失志(수의사혜실지). 坎宮高塞而耳聾(감궁고색이이롱). 水曜連珠(수요연주). 一白爲官星之應, 主宰文章(일백위관성지응, 주재문장).
吉作用	임용고시에 합격하거나 교육관련 시험에서 좋은 결과를 얻게 됨. 학업성적이 향상되거나 공부에 의욕을 갖게 됨. 임신하거나 자녀로 인한 집안의 경사스러운 일 발생.
凶作用	임신을 못하거나 유산 혹은 사산(死産)될 수 있음. 색정(色情) 문제나 도둑에 연루됨. 아랫사람이나 자녀로 인하여 괴로움을 겪음. 신장, 귀, 생식기나 비뇨기계통의 질병이 발생할 수 있음.

➡ 向星①과 山星❶의 풀이

坎宮의 1白水는 정(精)과 혈(血)에도 해당하기 때문에 坎宮 쪽으로 물이 갈라져서 흐르면 정이나 혈이 손실되는 것으로 해석을 한다.

남자의 경우에는 잠을 자면서 정액을 흘리게 되는 몽정이 발생하게 되고, 여자의 경우에는 생리불순 등의 작용이 생긴다.

坎宮의 방향에 결함이 있으면 부인이 임신(姙娠)을 하기가 어렵거나, 혹 임신을 하더라도 태아(胎兒)가 유산(流産)되거나 사정에 의해서 낙태(落胎)를 할 수 있다.

坎宮은 구궁팔괘도(九宮八卦圖)에서 1白水가 위치하는 자리이고 인체에서는 귀에 해당하기도 한다. 그러므로 그 방향이 지나치게 높고 막혀 있으면 귀머거리가 된다. 물이 흐르지 못하고 소통이 되지 않으므로 이러한 유상으로 해석이 되는 까닭에 귀머거리로 풀이가 된다.

1白水는 지혜나 맑은 정신을 뜻하기 때문에 물이 기울거나 경사가 져서 흘러가버리는 의미가 되므로 정신이 맑지 못하거나 지혜가 없이 우둔해 진다.

1은 五行으로 1白水에 해당하니 向星이나 山星이 모두 함께 나란히 있다. 그러므로 좋은 작용이 되면 길한 작용이 확대되지만 나쁜 작용으로 나타날 때에는 그만큼 흉작용도 커진다.

이러한 것은 대부분 지나친 것으로 작용이 될 가능성이 많으므로 길한 작용보다는 흉한 작용이 될 가능성이 많지만, 반드시 그렇게 된다고 단언하지 않는 것은 그 방향에 있는 풍경이나 구조물이 아름답게 나타나 있다면 좋은 작용으로도 나타날 수가 있기 때문이다. 그래서 길한 작용도 있고, 반면에 흉작용도 있음을 생각하여 우선 정확한 길흉의 작용을 파악한 다음에 비로소 올바른 대입이 가능한 것이다.

1은 官星[벼슬]에 관계되고 문장(文章)[글공부]을 주관한다. 즉 1은 지혜와 문장을 의미하므로 길한 작용을 할 때는 문장으로 벼슬길에 나설 수 있다.

길한 작용을 하려면 그 방향에 산의 모습이 아름답게 구성이 되어 있거나 좋은 풍경이 펼쳐지면 좋은 작용으로 판단을 하지만, 반대로 흉한 모습이 있다고 하면 좋은 작용은 기대를 할 수가 없고, 나쁜 작용으로 나타나게 되므로 결국 사람의 눈으로 봐서 좋고 나쁜 기준을 정함에 따라서 작용도 나타난다고 해석을 할 수 있다.

너무 인위적인 해석이 아닐까 싶을 수도 있지만 사람 마음이 하늘의 마음이라고 생각하면 되지 않을까 싶다. 즉, 내가 보기 좋은 풍경은 자연의 기운도 좋은 기운으로 흘러가게 된다는 것으로 이해를 하면 될 것이다.

1-2. 向星①과 山星❷의 조합

向星 ①	智慧聰明, 出世, 文筆, 家庭不和, 酒色, 放蕩	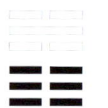	水地比
山星 ❷	出將入相, 女權, 巨富, 靑霜寡婦, 短命, 惡瘡		

九宮에서 向星의 位置

巽綠 ④	離紫 ⑨	坤黑 ②
震碧 ③	中黃 ⑤	兌赤 ⑦
艮白 ⑧	坎白 ①	乾白 ⑥

九宮에서 山星의 位置

巽綠 ④	離紫 ⑨	坤黑 **❷**
震碧 ❸	中黃 ❺	兌赤 ❼
艮白 ❽	坎白 ❶	乾白 ❻

古書의 內容과 吉凶作用

古書秘訣
腹多水而膨脹(복다수이팽창).
坎流坤位, 賈臣常遭, 賤婦之羞(감류곤위, 고신상조, 천부지수).
土制水復生金, 定主田莊之富(토제수부상금, 정주전장지부).
一加二五, 傷及壯丁(일가이오, 상급장정).

吉作用
자신의 노력으로 집이나 전답 등 작은 부동산의 재산이 증가됨.
가정이나 사회에서 자신보다 나이 많은 여성의 도움으로 좋은 결과를 얻을 수 있음.

凶作用
집이나 전답으로 인한 손실이 발생함.
집안여성의 음란한 행위로 인하여 가정불화가 발생함.
자녀나 아랫사람으로 인하여 재산의 손실이 발생함.
취업이 되지 않고, 직장에도 어려움이 발생함.
장(腸)이나 위(胃)에 질병(疾病)이 발생함.

▶ 向星①과 山星②의 풀이

1白水는 물을 의미하고 2黑土는 인체에서 복부(腹部)의 장기를 의미하는데, 나쁘게 작용을 할 경우에는 위나 장에 물이 많이 고여서 팽팽하게 부풀어 오르는 질병이 발생하게 된다. 이러한 증세를 고창증(鼓脹症)이라고도 하는데, 의학적으로는 간(肝)의 기능이 올바르게 작용하지 않으면 발생하는 경우도 있다.

坎의 1白水가 坤土의 자리로 흐르게 되니 그 가정에서는 부인의 음란함으로 인하여 부부간에 불화나 이별 등의 문제가 발생한다. 1白水는 음란이나 색정문제를 의미하고 2黑土는 여자나 가정을 의미하기 때문에 여자의 음란한 행위로 가정에 불화가 발생한다.

2黑土가 水를 제어하고 다시 金을 생조하게 되니, 땅이나 집으로 인하여 부자가 된다. 그 이치는 2黑土가 1白水를 剋하고 있는데 6白金이나, 7赤金을 만나면 土生金하고, 金生水로 통관의 작용을 하여 좋은 작용이 되고 또 2黑土는 전답이나 거주하는 집을 의미하기 때문에 전답이나 집으로 인하여 재산이 늘어나는 것으로 보게 된다.

1白水가 2黑土나 5黃土를 만나면 젊은 남자가 다친다. 1白水는 젊은 남자를 의미하고 2黑土는 질병을 암시하며, 5黃土는 부패나 변질 죽음을 의미하기 때문이다.

설명을 하는 과정에서 1白水의 경우에 그냥 1이라고 표기하는 것처럼 紫白은 생략하고 숫자만 나열되더라도 그 의미는 일정하게 자백결의 명칭이 생략되었다는 것을 생각하면서 살펴보시기 바란다.

이 배합의 구성을 보면, 向星의 숫자가 1이고 山星의 숫자가 2이기 때문에 土剋水를 당하여 向星1의 작용이 위축되어 있고 山星2의 작용이 강해져 있다.

이로 인해서 높은 지위가 있는 사람에게는 천한 여성으로 인해서 망신스러운 일을 당한다는 것도 의미한다. 장관이나 대통령이 접대부와 함께 있는 사진이 공개되어 진땀을 흘리면서 해명을 해야 하는 일이 발생하게 되는 경우를 생각할 수 있다.

예전에는 지금과 보도매체 달라서 영향이 적었겠지만 요즘은 인터넷의 영향으로 인해서 자살을 하는 사람이 생길 정도로 달라졌다. 시대에 따라서 영향력도 달라진다.

1-3. 向星①과 山星❸의 조합

向星 ①	智慧聰明, 出世, 文筆, 家庭不和, 酒色, 放蕩	☵☳	水雷屯
山星 ❸	長男巨富, 才能, 事業, 盜賊亂動, 剋妻, 爭訟		

九宮에서 向星의 位置

巽 綠 ④	離 紫 ⑨	坤 黑 ②
震 碧 ③	中 黃 ⑤	兌 赤 ⑦
艮 白 ⑧	坎 白 **①**	乾 白 ⑥

九宮에서 山星의 位置

巽 綠 ④	離 紫 ⑨	坤 黑 ②
震 碧 **❸**	中 黃 ⑤	兌 赤 ⑦
艮 白 ⑧	坎 白 ①	乾 白 ⑥

古書의 內容과 吉凶作用

古書秘訣
壬甲排庚, 最異龍摧屋角(임갑배경, 최이룡최옥각).
木入坎宮, 鳳池身貴(목입감궁, 봉지신귀).
震與坎爲乍交(진여감위사교).
車驅北闕, 時聞丹詔頻來(거구북궐, 시문단조빈래).

吉作用
공천을 받거나 윗사람의 추천으로 지위가 향상됨.
원하는 직장에 입사함.
낙하산 인사 등 예상 밖의 길한 일이 생김.

凶作用
예기치 못한 불의의 사고를 당함.
아랫사람이나 자녀들로 인한 어려움이 발생함.
은밀한 관계의 이성교제가 밝혀짐.
비밀이 폭로되어 곤란한 경우를 당함.
본인이나 자녀가 공천이나 진급에 실패해 명예가 손상됨.
본인이나 자녀가 타인과 심한 언쟁이 발생하거나 구설에 휘말림.

▶ 向星①과 山星③의 풀이

壬은 坎宮의 1이 되고, 甲은 震宮의 3이 되며, 庚은 兌宮의 7이 되는 것을 임갑배경(壬甲排庚)이라고 기록을 한 것이다. 이것을 풀이하게 되면 비성의 수에서는 1과 3이 7을 만나면 용이 승천을 하다가 집의 모서리에 부딪혀서 떨어진다는 의미로 해석이 된다.

좀 더 풀이를 하면 3은 震宮으로 용을 의미하고 五行으로 木에 해당하니 3木이 7金의 剋을 받아서 손상이 된다. 즉 3의 작용으로 해석이 되는 새로운 사업이 되어서 새로 시작한다는 의미가 포함되는데 그러한 진행과정에서 지장이 생기거나, 승진이나 공천에서 탈락하거나, 새 출발을 하는데 어려움이 발생하는 등의 작용이 된다.

木이 坎宮에 들어오게 되면 높은 관복을 입는 귀한 몸이 된다고 해석을 하는 것은 水生木의 의미로 풀이가 가능하다. 1과 3이 만나면 명예와 지위와 재력이 높아지는 것으로 풀이를 하는 것은, 1은 지혜와 벼슬을 의미하고 3은 명예나 벼락출세 등을 의미하기 때문이다.

震宮3과 坎宮1의 만남은 잠깐의 짧은 교제를 의미하는 것도 가능하다. 坎宮1은 水가 되며 은밀하다는 의미도 포함하므로 남이 모르게 진행되는 일로 추론이 된다. 은밀한 교제(交際)에는 은연중에 이성교제라는 의미가 있고 震宮3은 번개와 같은 짧은 순간을 의미하게 되므로 해석을 하게 되면 매우 짧은 순간에 은밀한 이성관계가 있게 된다는 것으로 풀이를 하게 된다.

거구(車驅)는 震宮3을 북궐(北闕)은 坎宮1을 의미한다. 즉 3과 1이 만나면 왕으로부터 반가운 소식을 받는다. 현재의 의미로는 공천이나 고위직으로 낙하산발령이나 추천 등을 받을 수 있다는 뜻으로 해석이 된다.

다만, 이러한 것이 흉한 작용으로 연결이 될 경우에는 낙하산 인사로 인해서 구설에 휩싸이게 되는 현상도 가능하므로 순리를 따르지 않은 상태에서 뭔가 질서를 어기면서 잠시 이름을 얻을 수도 있지만 결과적으로 그것은 일시적인 문제가 될 뿐이고, 장기적으로 봐서는 타당하지 않은 것으로 해석이 가능하다.

그래서 길작용도 참고하고 흉작용도 참고하여 판단하는 것이 같은 동전의 양면과 같은 陰陽의 이치이기 때문이다. 길작용이 된다면 잠깐의 도움으로 발돋움을 한 다음에는 자신의 능력으로 해결을 해 나가는 경우도 있으므로 이러한 현상은 잠룡(潛龍)이 출수(出水)하는 것에 비유를 할 수도 있을 것이다.

준비가 되어있지 않으면 시켜줘도 유지를 할 수가 없다는 것도 같은 맥락에서 유추가 가능하다.

1-4. 向星①과 山星4의 조합

向星 ① 山星 4	智慧聰明, 出世, 文筆, 家庭不和, 酒色, 放蕩 科擧出世, 文豪, 美女, 淫蕩破産, 自殺, 中風		水風井

九宮에서 向星의 位置

巽綠	④	離紫	⑨	坤黑	②
震碧	③	中黃	⑤	兌赤	⑦
艮白	⑧	坎白	①	乾白	⑥

九宮에서 山星의 位置

巽綠	4	離紫	9	坤黑	2
震碧	3	中黃	5	兌赤	7
艮白	8	坎白	1	乾白	6

古書의 內容과 吉凶作用

古書秘訣	名揚科第, 貪狼星入巽宮(명양과제, 탐랑성입손궁). 坎無生氣, 得巽木而附寵聯歡(감무생기, 득손목이부총연환). 木入坎宮, 鳳池身貴(목입감궁, 봉지신귀). 四一同宮, 準發科名之顯(사일동궁, 준발과명지현). 水風財旺婦女貴(수풍재왕부녀귀). 當知四蕩一淫, 淫蕩者扶之歸正(당지사탕일음, 음탕자부지귀정).
吉作用	시험에 합격하거나 지위가 올라감. 문학과 예술분야에서 명예를 얻게 됨. 좋은 사람과 결혼을 하거나, 임신을 하게 됨. 물과 연관된 사업으로 재산이 늘어남.
凶作用	주색잡기(酒色雜技)로 패가망신(敗家亡身)함. 사업에 실패하고, 신용불량자가 됨. 떠돌이나 노숙자 생활을 하게 됨. 결혼이 성사되지 않거나 결혼생활이 파경에 이르게 됨.

➡ 向星①과 山星④의 풀이

1은 지혜(智慧)와 관직(官職)을 의미하고 4는 추구하는 일의 발전과 원만(圓滿)한 대인관계, 계획한 일들을 추구하는 과정에서의 충분한 자격(資格) 등을 의미한다. 따라서 1과 4가 조합이 되면 관직에 나가서 승승장구 할 수 있다.

坎宮의 1에 해당하는 위치에 형기(形氣) 상으로 문제가 있어서 생기(生氣)를 받지 못하거나 퇴기(退氣), 살기(殺氣), 사기(死氣)의 운에 해당할 때 巽宮4를 만나면 연달아 첩을 얻는 일이 생긴다.

坎宮의 1은 은밀한 이성 관계를 의미하고, 巽宮의 4는 결혼이나 교제를 의미한다. 따라서 1과 4가 不合局이 되었을 때는 결혼과 이혼을 반복하거나 빈번한 이성교제가 발생할 수 있다는 뜻도 된다.

1과 4가 조합되면 반드시 명예(名譽)와 지위(地位)가 높아지고 또 재물의 창고를 크게 짓는다.

이렇게 해석이 되는 이유는 1은 지혜와 벼슬을 의미하고 4는 발전과 충분한 자격 등을 의미하기 때문이다.

그래서 1과 4가 조합되면 과거(科擧)에 합격하여 이름과 명예가 높아지는 것이 확실하다. 이것을 요즘으로 대입하게 되면 사법고시나 행정고시에 합격하게 되는 것이다.

水는 1이 되고, 풍(風)은 4가 되는데, 이렇게 조합이 되면 가난한 가정에서 태어나서 명예와 지위가 약하다고 하더라도 점차로 좋은 운을 만나게 되어서 재물이 왕성해지고 여자의 경우에는 좋은 남편을 만나서 귀한 여인이 된다.

1은 水의 의미로 작용하게 되므로 흉한 암시가 나타나게 되는 형상을 취하고 있다면 음란(淫亂)을 의미하게 되며, 4는 풍(風)의 의미로 바람을 피운다는 의미로 해석을 하게 되므로 이 조합이 길하게 되면 아름다운 첩을 두고 은밀한 행복을 누릴 수 있고, 흉하게 될 경우에는 방탕한 삶을 살게 되는 것이다. 그래서 첩이나 애인을 얻어서 방탕하게 살아가는 사람이 나오게 된다.

1-5. 向星①과 山星 5 의 조합

向星 ①	智慧聰明, 出世, 文筆, 家庭不和, 酒色, 放蕩		水戊己
山星 5	奇人極貴, 禪師, 王侯, 淫亂官災, 昏迷, 傷人		

九宮에서 向星의 位置

巽綠 ④	離紫 ⑨	坤黑 ②
震碧 ③	中黃 ⑤	兌赤 ⑦
艮白 ⑧	坎白 ①	乾白 ⑥

九宮에서 山星의 位置

巽綠 ④	離紫 ⑨	坤黑 ②
震碧 ③	中黃 **5**	兌赤 ⑦
艮白 ⑧	坎白 ①	乾白 ⑥

古書의 內容과 吉凶作用

古書秘訣
一加二五, 傷及壯丁(일가이오, 상급장정).
子癸歲, 廉貞飛到, 陰處生瘍(자계세, 염정비도, 음처생양).

吉作用
한 분야에서 사상이나 문파의 중심적인 인물이 나옴.
지혜가 매우 총명한 사람이 나옴.
※5운에 合局이 되었을 때만 가능.

凶作用
불임(不姙), 유산(流産), 낙태(落胎), 사산(死産)될 수 있음.
저능아를 출산하거나, 하초(下焦: 배꼽아래부분, 신장, 방광, 대장, 소장 등)질병이 발생함.
음란한 행위로 인하여 곤경에 처하게 됨.
도둑이 침입하거나 도둑질에 연루됨.
자녀에게 문제가 발생함.
은밀하게 진행하던 일에 큰 어려움이 생김.
중증의 환자는 사망할 수도 있음.

▶ 向星①과 山星⑤의 풀이

1과 2의 조합이나 1과 5의 조합 또는 <1과 2+5의 조합>이 되면 집안에서 젊은 남자가 상(傷)한다.

1은 중남(中男)으로 풀이를 하면 젊은 남자를 의미하게 되고 2는 질병(疾病)을 나타내게 되는데 다시 5는 죽음과 파괴(破壞) 등으로 인하여 어려움이 발생하는 것을 의미하기 때문이다. 그래서 1이 2와 5를 만나면 젊은 남자가 손상된다는 풀이를 하는 것이다.

자계세(子癸歲)란 말은 坎宮의 1을 나타내고 염정(廉貞)은 5를 나타내는 말이다. 즉, 1과 5가 조합되면 신체에서는 陰에 해당하는 곳이므로 생식기(生殖器) 계통으로 풀이를 하게 되는데 이러한 부위에 종기가 나서 고통을 받게 되거나 이와 유사한 질병이 발생하게 된다.

생식기를 포함한 하초(下焦)는 인체에서 坎宮1의 영역에 속하고 5는 손상(損傷)되고 변질(變質)되는 것을 의미하므로 신체의 하복부(下腹部)에 질병이 발생하는 것을 의미한다.

그러므로 이러한 조합에 해당하는 위치에 나쁜 암시의 형태가 나타나게 되면 생식기 계통의 질병이나 성병(性病)등의 기타 비뇨기계통(泌尿器系統)의 질환 등이 발생하게 되는 것이다.

또 1은 임신(姙娠)과도 관계가 있으므로 1과 5가 조합되면 임신이 되지 않거나 혹 임신이 되었다고 하더라도 출산(出産)을 하기 전에, 예상치 못한 상황에 의해서 낙태(落胎)가 되거나 혹은 유산(流産)이 되는 등의 흉한 암시가 생길 수 있다.

원문(原文)은 간단하게 되어있지만 의미하는 바는 흉한 해석 쪽으로 비중이 크기 때문에 확대하여 해석하는 것이 가능한 것이다.

예를 들면, 흉작용의 부분에 언급이 된 것처럼 자녀가 있다고 하더라도 질병이나 정신박약(精神薄弱)과 같은 암시와 절도(竊盜)와 연관되어서 경찰서에 드나들 수도 있다는 점을 감안하여 잘 살펴서 판단하는 것이 중요하다.

그래서 이 조합에서는 나쁜 암시가 없다면 그냥 무난하게 넘어간다고 하겠지만 흉한 암시로 해석이 될 구조가 나타나게 된다면 가정에서 자손(子孫)과 연관하여 어려운 상황으로 전개가 될 수 있으므로 특히 젊은 여인이 아기를 기다리는 상황이라면 주의하여야 할 것이다.

만약 陽宅의 경우에 이와 같다면 얼른 이사를 하는 것이 좋겠고, 이사가 불가능한 상황이라고 한다면 해당 위치에 흉함을 막는 예방(豫防)을 하여 미연에 흉한 작용을 막을 수 있도록 하는 것이 중요하다.

1-6. 向星①과 山星6의 조합

向星 ①	智慧聰明, 出世, 文筆, 家庭不和, 酒色, 放蕩		水天需
山星 6	財山人海, 陰德, 功勳, 剋妻孤獨, 貧窮, 奢侈		

九宮에서 向星의 位置

巽 綠	④	離 紫	⑨	坤 黑	②
震 碧	③	中 黃	⑤	兌 赤	⑦
艮 白	⑧	坎 白	①	乾 白	⑥

九宮에서 山星의 位置

巽 綠	4	離 紫	9	坤 黑	2
震 碧	3	中 黃	5	兌 赤	7
艮 白	8	坎 白	1	乾 白	6

古書의 內容과 吉凶作用

古書秘訣	虛聯奎壁, 臨八代之文章(허련규벽, 임팔대지문장). 水淫天門內亂殃(수음천문내란앙). 水冷金寒, 坎癸不滋乎乾兌(수냉금한, 감계불자호건태).
吉作用	학자나 사상가로 명성을 떨치거나 선거에 당선이 됨. 사업이 확장되고, 투자를 하거나 지혜를 이용하여 큰 부자가 됨. 윗사람의 도움이나 조언으로 성공할 수 있음.
凶作用	색정문제나 도둑에 연루되거나 관재가 발생함. 머리 부분에 이상이 발생함. 투기나 투자 또는 사업 확장으로 인하여 큰 손실이 발생함. 대형 사고를 당하거나 싸움이 일어남.

➡ 向星①과 山星⑥의 풀이

허(虛)와 벽(壁)은 28수(宿)의 별자리 중의 북쪽에 위치한 별로 坎宮의 1을 의미하고, 규(奎)는 28수(宿)의 별자리 중에서 서쪽에 위치한 백호(白虎) 7宿의 첫번째 별로 乾宮의 6을 의미한다.

고서(古書)의 비결(秘訣)에서는 이렇게 별자리의 이름을 빌어서 표현하기도 하고, 또 다른 은유적인 것을 대입하여 설명을 하기도 하므로 그 속에 들어있는 의미를 찾아서 올바르게 풀이를 하는 것이 중요하게 된다.

결국, 별자리를 동원하여 설명했지만 실은 1과 6으로 조합을 이뤘다는 이야기가 된다. 이렇게 되면 글을 잘 하는 사람이 태어나게 되고, 그 문장(文章)이 팔대(八代)에 까지 전해진다는 것이니 보통 한 대를 30년으로 잡는다면 대략 200년 이상 명성을 얻게 되는 대 문장가가 나온다는 뜻이 된다.

坎宮1은 사상(思想)과 지혜(智慧)와 관직(官職)을 의미하고 乾宮6은 하늘같이 높고 큰 사람이라는 의미도 된다. 따라서 사상이나 문장이 출중한 인물이 나온다는 뜻으로 해석이 되는 것이다.

수음(水淫)은 坎宮1의 흉한 작용을 의미하고 天은 乾宮6을 의미하는데, 이러한 조합이 된 상황에서 현공법에 不合局이 되었으면 집안에서 음란한 사건으로 인한 재앙(災殃)이 발생하게 된다.

나쁜 의미로 해석이 되는 1의 작용은 음란함이고, 6의 좋지 못한 작용은 싸움이나 사고(事故)를 의미하며 관재(官災)와 자살(自殺) 등을 의미한다.

따라서 1과 6의 나쁜 작용이 조합이 되면 집안에서 음란함으로 인하여 싸움이나 자살 등의 재앙이 발생할 수 있다는 의미가 된다.

水의 성질은 냉(冷)하고 金의 성질은 한(寒)하니, 水에 속하는 坎宮1에게는 金에 속하는 6과 7은 도움이 되기 어렵다.

이 말은 五行으로 관찰하여 조후(調候)의 논리로 이해를 할 수 있는데, 1과 6의 조합이 현공법상으로 不合局이 되었을 때에만 해당되는 말이다. 그리고 五行의 이치는 어디에서도 서로 통하는 것으로 작용을 한다.

1-7. 向星①과 山星7의 조합

向星 ①	智慧聰明, 出世, 文筆, 家庭不和, 酒色, 放蕩		水澤節
山星 7	巨富得名, 武將, 興家, 盜賊橫死, 火災, 賤職		

九宮에서 向星의 位置

巽綠 ④	離紫 ⑨	坤黑 ②
震碧 ③	中黃 ⑤	兌赤 ⑦
艮白 ⑧	坎白 ①	乾白 ⑥

九宮에서 山星의 位置

巽綠 4	離紫 9	坤黑 2
震碧 3	中黃 5	兌赤 **7**
艮白 8	坎白 1	乾白 6

古書의 內容과 吉凶作用

古書秘訣
壬甲排庚, 最異龍摧屋角, 或被犬傷, 或逢蛇毒(임갑배경, 최이룡최옥각, 혹피견상, 혹봉사독).
金水多情, 貪花戀酒(금수다정, 탐화연주).
鷄交鼠而傾瀉, 必犯徒流(계교서이경사, 필범사류).
水臨白虎墮胎殺(수임백호타태살).

吉作用
깨끗하고 정직하게 일하여 부자가 됨.
예술이나 연예계에서 성공을 하게 됨.
좋은 사람과의 이성교제가 이루어짐.

凶作用
주색잡기(酒色雜技)로 패가망신(敗家亡身)함.
사고를 당하거나 수술을 하게 됨.
이성교제가 문란해짐.
공부를 해야 할 사람이 공부에는 뜻이 없고 환락에 빠짐.
식중독이나 폐병 또는 지나친 방탕으로 인하여 간에 질병이 발생.
상기의 나쁜 작용이 본인뿐만 아니라 자녀에게도 발생 수 있음.

▶ 向星①과 山星7의 풀이

壬은 1을 의미하고 甲은 3을 의미하며 庚은 7을 의미한다. 그러므로 天干의 글자를 대입했지만 숫자로 전환을 하게 되면, 1과 7의 조합과 3과 7의 조합을 묶어서 종합하게 되면 <1+3+7>의 조합을 말하는 것이 된다.

'임갑배경(壬甲排庚), 최이룡최옥각(最異龍摧屋角)'이라는 원문의 뜻은 震은 용이 되고, 坎은 구름이 되니, 이것은 비가 되고, 兌는 澤이 되는데, 震木과 坎水가 상생이 되고 구름은 용을 따르는데, 兌金이 와서 震木인 용을 극하게 되니, 날아가던 용이 기세가 꺾여서 떨어진다는 의미가 된다.

이러한 조합이 되면 추진하고자 하는 일에 많은 장애가 발생하거나, 혹은 개에게 물려 상처를 입거나 독사에게 물리는 일이 발생한다.

7赤金의 좋지 못한 작용 중에는 칼이나 凶器에 의한 상해를 당하거나, 짐승 등에 의하여 사고를 당할 수 있다. 金의 의미로 칼이나 흉기를 생각하게 되고 짐승의 이빨도 그와 같은 맥락에서 대입할 수 있다.

1白水와 7赤金이 조합되어 흉하게 작용하는 형국을 이루게 되면 여자와 술을 지나치게 탐한다.

이것을 풀이하게 되면 坎宮의 1은 음란(淫亂)을 兌宮의 7은 환락(歡樂)과 유흥(遊興) 등을 의미한다. 따라서 1과 7의 조합이 나쁜 작용을 할 때는 여자와 술로 인한 피해가 생기게 된다.

계(鷄)는 닭인데, 酉가 닭띠도 되므로 이렇게 표현하는 것이다. 그리고 兌宮의 정서방(正西方)도 酉와 西로 나타낸다. 그래서 숫자로는 7을 의미하게 되는 것이다.

서(鼠)는 쥐를 말하는데, 子는 또 북방의 水를 의미하기도 하여 子를 쥐로 봐서 서(鼠)로 표기한 것이다. 결국 쥐는 坎宮1을 의미한다는 것을 알아두면 나중에 고서를 볼 적에도 참고가 될 것이다.

따라서 1과 7의 조합된 宮의 형세(形勢)가 기울어져서 물이 빠져나가는 등 좋지 못한 형태가 되면 한 곳에 정착을 하지 못하고 떠돌이가 되어 타향살이를 하게 된다고 풀이하는 것이다.

水는 1을 나타내고 백호(白虎)는 7을 의미하는데, 1과 7이 조합되면 낙태나 유산 등을 하게 된다.

1은 잉태(孕胎)를 의미하고 7은 사고(事故)나 수술(手術) 등을 의미하게 되는데 이러한 조합이 흉한 암시를 갖고 있으면서 현공의 국세(局勢)에서도 不合局이 되면 낙태나 유산 또는 사산(死産)을 할 수가 있다.

1-8. 向星①과 山星8의 조합

向星 ①	智慧聰明, 出世, 文筆, 家庭不和, 酒色, 放蕩		水山蹇
山星 8	富貴忠義, 長壽, 孝心, 少年損傷, 抱病, 瘡腫		

九宮에서 向星의 位置

巽綠 ④	離紫 ⑨	坤黑 ②
震碧 ③	中黃 ⑤	兌赤 ⑦
艮白 ⑧	坎白 ①	乾白 ⑥

九宮에서 山星의 位置

巽綠 4	離紫 9	坤黑 2
震碧 3	中黃 5	兌赤 7
艮白 8	坎白 1	乾白 6

古書의 內容과 吉凶作用

古書秘訣	坤艮動見坎, 中男絶滅不還鄕(곤간동견감, 중남절멸불환향). 土制水復生金, 定主田莊之富(토제수부생금, 정주전장지부).
吉作用	부동산 등의 재산이 늘어남. 노력 한 만큼 성공함. 승진이나 진급을 하게 됨. 상속을 받을 수 있음. 수행자는 목적을 달성할 수 있음.
凶作用	부동산 매매가 어렵거나 투자에 실패하게 됨. 형제나 친척들과 불화가 발생함. 하는 일에 어려움이 발생하고, 변화를 시도해도 불가능함. 수감되거나 중증 환자는 사망할 수 있음. 물에 빠지거나 물로 인한 피해를 당할 수 있음.

➡ 向星①과 山星⑧의 풀이

坤은 2黑土를 의미하고, 艮은 8白土를 의미하는데, 坎宮의 1이 조합되면 중남(中男) 즉 젊은 남자가 타향에서 죽게 되므로 고향으로 돌아 올 수 없게 된다는 말이니 크게 흉하다는 뜻이다.

五行으로 1은 水에 해당하고 가족(家族)으로는 중남(中男)이 되고, 2와 8은 土에 해당한다.

따라서 五行의 生剋법칙에 따라 1白水가 2와 8의 土에 土剋水로 剋을 당하여 1이 손상되어 중남(中男)에게 피해가 생긴다.

八卦에서 장남(長男)은 震卦가 되고, 중남(中男)은 坎卦가 되며, 소남(少男)은 艮卦가 되는 것을 갖고, 이와 같은 설명을 하고 있는 것이다.

震卦가 장남이 되는 이유는 陰陰陽의 구조에서 하나에 해당하는 양효(陽爻)가 주인이 되는데, 그것이 맨 아래에 있으므로 장남이라고 하는 것이다. 나머지도 이와 같은 이치로 관찰하면 간단하게 의미하는 바를 파악 할 수 있을 것이다.

1과 8의 조합은 8운(運)에는 길(吉)한 수리(數理)로써 대체로 좋은 작용을 하지만 현공법에 不合局이 되면 둘째 아들에게 피해가 생기는 일이 발생하게 되는 것이다.

1水와 8土가 조합되어 있는데 연운(年運)이나 운반(運盤)에서 6,7金을 만나면 부동산으로 인한 부자가 된다.

1과 8의 조합만으로도 부동산으로 인한 이득을 볼 수 있다. 다만 8土가 1水를 土剋水하기 때문에 조금의 결함은 갖고 있으나 연운이나 운반에서 6金이나 7金을 만나면 土生金하고 金生水하여 통관(通關)을 시키기 때문에 더 좋게 판단을 한다.

水가 土에게 剋을 당하고 있을 때는 6金으로 통관을 시키는 것이 7金으로 통관을 시키는 것보다 더 좋게 판단을 한다.

숫자의 조합에서 <1+8+6>은 현공의 3대 길수(吉水)에 해당하니 큰 재물이 자연적으로 불어나게 되고 투기나 투자나 확장을 하여 많은 재산을 축적할 수 있는데, 이러한 형태가 되는 과정에서는 수단과 방법이 다소 탁(濁)하다고 볼 수도 있다.

그러나 <1+8+7>은 깨끗하고 맑게 재산을 늘려나간다고 보는 까닭에 큰돈을 벌기에는 다소 부족하다고 해석을 할 수가 있는 것이니까 맑고 적은 부자가 되거나 탁하고 큰 부자가 되는 정도의 차이가 있는 것으로 해석이 가능하므로 이러한 것은 상황에 따라서 참고한다.

1-9. 向星①과 山星9의 조합

向星 ①	智慧聰明, 出世, 文筆, 家庭不和, 酒色, 放蕩
山星 9	科甲軍閥, 聰明, 功名, 火災吐血, 産厄, 盲人

 水火旣濟

九宮에서 向星의 位置

巽綠 ④	離紫 ⑨	坤黑 ②
震碧 ③	中黃 ⑤	兌赤 ⑦
艮白 ⑧	坎白 ①	乾白 ⑥

九宮에서 山星의 位置

巽綠 4	離紫 9	坤黑 2
震碧 3	中黃 5	兌赤 7
艮白 8	坎白 1	乾白 6

古書의 內容과 吉凶作用

古書秘訣	南離北坎, 位極中央(남리북감, 위극중앙). 離壬合子癸, 喜産多男(이임합자계, 희산다남). 坎離水火中天過, 龍池移帝座(감리수화중천과, 용지이제좌). 火暗而神智難淸(화암이신지난청). 水火破財主眼疾(수화파재주안질).
吉作用	특별 승진이나 인사 발령을 받게 되고, 명예를 얻게 됨. 학업성적이 향상되고 시험에 합격함. 임신을 하거나 자녀출산의 경사가 생김.
凶作用	소송과 관재가 발생하여 재판을 하게 됨. 화재나 불의의 피해를 당할 수 있음. 부부간의 불화가 생기거나 이혼을 할 수 있음. 보증이나 문서로 인한 문제가 발생함. 사치에 빠지게 됨.

▶ 向星①과 山星❾의 풀이

남쪽을 담당하는 離宮의 9와 북쪽을 담당하는 坎宮의 1이 만나면 높은 지위에 오른다. 南北을 장악한다는 의미로 해석을 해도 타당하다.

1과 9가 조합되면 1은 관직과 지혜를 의미하고 9는 출세(出世)와 경사(慶事)를 의미하기 때문에 두 개의 숫자가 합해지면 높은 지위에 올라 중심적인 인물이 되는 것이다.

1과 9가 좋은 작용으로 조합되고 세운(歲運)에서 다시 1을 만나면 남자아이를 많이 낳는 기쁨이 생긴다고 해석하게 되는 것은 坎宮의 1이 임신을 의미하므로 자식을 생산하는 경사가 생긴다고 보는 것이다.

坎宮1과 離宮9는 水火로 구궁팔괘도(九宮八卦圖)의 중심 수직선을 지나는 것으로 1과 9의 조합은 큰 출세를 하거나 특별 승진이나 벼락출세 등을 할 수 있다.

1과 9가 조합되면서 不合局이 되거나 형기상으로 나쁘면 지혜가 부족하고 둔한 사람이 된다. 그 이유는 1을 지혜로 보고, 9는 지성(知性)으로 보게 되어 밝음과 총명을 의미하는데, 이러한 조합이 흉한 암시로 나타나게 될 경우에는 우둔하다고 판단을 하게 되는 것이니 이것은 陰陽의 이치라고 보면 된다. 양적(陽的)인 작용이 되지 못하면 반대로 음적(陰的)인 작용으로 나타나게 되는 것이다. 특히 학생은 총명하지 못하고 우둔하여 공부를 못하는 경우가 생긴다.

또 1과 9가 조합되면서 不合局이 되면 재산상의 손실이 생기고 안질(眼疾)이 발생하게 되는 것이니 이것은 눈병이 되거나 시력저하 등으로 나타나게 된다.

1은 五行으로 水에 해당하고 9는 五行으로 火에 속하기 때문에 水剋火로 9火가 손상(損傷)을 받아 9火에 해당하는 눈을 다치거나, 눈병, 시력약화 등이 발생하게 되는 것이다. 보통은 가정에서 이러한 일이 생기게 되면 병원을 찾게 되겠지만 현공풍수의 이치를 알게 된다면 주변을 살펴서 원인을 찾을 수도 있는 지혜가 되는 것이다. 이러한 것을 통해서 아는 만큼 활용하게 된다는 것이 분명해진다.

2-1. 向星②와 山星❶의 조합

向星 ②	出將入相, 女權, 巨富, 靑霜寡婦, 短命, 惡瘡	☷☵	地水師
山星 ❶	智慧聰明, 出世, 文筆, 家庭不和, 酒色, 放蕩		

九宮에서 向星의 位置

巽綠 ④	離紫 ⑨	坤黑 ②
震碧 ③	中黃 ⑤	兌赤 ⑦
艮白 ⑧	坎白 ①	乾白 ⑥

九宮에서 山星의 位置

巽綠 ④	離紫 ⑨	坤黑 ②
震碧 ③	中黃 ⑤	兌赤 ⑦
艮白 ⑧	坎白 ❶	乾白 ⑥

古書의 內容과 吉凶作用

古書秘訣

腹多水而膨脹(복다수이팽창).
土制水復生金, 定主田莊之富(토제수부생금, 정주전장지부).
坤艮四季傷仲子(곤간사계상중자).
坎流坤位, 賈臣常遭賤婦之羞(감류곤위, 고신상조천부지수).

吉作用

집이나 전답으로 인한 이익이 발생.
남을 가르치는 교육계통의 직업을 가지게 됨.
자녀가 취직을 하거나 직장에서 승진을 할 수 있음.

凶作用

집이나 전답으로 인한 손실이 발생함.
자녀에게 나쁜 일이 발생함.
임신을 못하거나 유산이나 사산(死産)이 될 수 있음.
여성의 음란함으로 인하여 가정불화가 발생함.

▶ 向星②와 山星❶의 풀이

2와 1의 조합이 되면 소화기 계통에 질병이 발생할 수 있는데 특히 뱃속에 물이 차서 부풀어 오르는 증세가 나타나기 쉽다.

건강에 대해서 나쁜 작용을 하게 될 경우에 나타나게 되는 현상이다. 사람의 희망이 잘 되면 더욱 좋겠지만 그래도 대부분의 사람들은 흥하지만 않아도 좋다는 소박한 꿈을 갖고 있는 것이 보통이다. 그래서 우선 나쁜 것은 피하도록 하는 것이 중요하다.

2黑土와 1白水가 만나면 土에 해당하는 복부(腹部)에 水에 해당하는 물이 고이게 되므로 복수(腹水)가 차오른다는 말을 하게 되는데, 이러한 증세는 주로 간(肝) 기능이 나빠져서 제대로 활동하지 못할 경우에 발생한다는 의학적인 풀이도 있다.

坤宮의 2와 坎宮의 1에 의한 조합에다가 연운(年運)이나 운반(運盤)에서 6金이나 7金을 만나면 반드시 부동산이나 아파트, 집 등으로 부자가 된다는 말이다.

이번에는 막혀있는 土剋水의 이치를 金이 들어와서 유통을 시켜주게 되므로 고여서 병이 되는 경우와 다르게 재물로 이어져서 좋은 결과를 가져오게 되는데, 이것도 그 방향의 모양이 아름다울 적에 해당하는 것으로 봐야 한다.

2와 1의 조합이 되면 언제나 둘째 아들이 상할 수 있다. 2黑土가 1白水를 土剋水하게 되는데, 팔괘의 구조에서 坎宮은 중남(中男)에 해당하므로 이와 같은 해석을 하게 된다.

2와 1의 조합이 되면서 不合局이 되거나 하여 흥한 암시로 작용하게 된다면, 그 집안의 여자가 음란한 일로 인하여 망신을 당할 수 있다.

向星은 주로 재산문제와 연관이 되고 山星은 주로 사람에게 연관이 된다. 그래서 向星이 剋을 받으면 재산에 대해서 손실을 입기가 쉬운 것이고, 山星이 극을 받으면 반대로 사람들에게 그 해가 미치게 되는 것이다.

이러한 이치를 잘 이해하게 되면 구체적인 풀이를 보지 않더라도 대략 어느 방향으로 흥하게 작용이 될 것인지를 가늠할 수도 있는 것이다.

위의 내용은 〈向星1+山星2〉의 내용과 중복된 것이 있으나 向星과 山星의 역할에 중심을 두고 판단을 하면 된다. 그리고 다른 경우에도 서로 통하는 의미가 많을 수밖에 없으므로 기본적인 원리를 잘 이해하게 되면 나머지에 대해서도 그 작용을 대략 짐작하는 것이 가능하다. 즉 숫자가 서로 向星과 山星만 달라져서 같이 있다면 해석은 비슷한 결과를 나타내게 될 가능성이 많은 것이다. 이렇게 어떤 경우라고 하더라도 그 원리를 잘 알게 되면 나머지의 경우에 대해서도 미뤄서 짐작할 수 있다.

2-2. 向星②와 山星❷의 조합

向星 ②	出將入相, 女權, 巨富, 靑霜寡婦, 短命, 惡瘡	☷	坤爲地
山星 ❷	위와 같음		

九宮에서 向星의 位置

巽綠 ④	離紫 ⑨	坤黑 ②
震碧 ③	中黃 ⑤	兌赤 ⑦
艮白 ⑧	坎白 ①	乾白 ⑥

九宮에서 山星의 位置

巽綠 4	離紫 9	坤黑 ❷
震碧 3	中黃 5	兌赤 7
艮白 8	坎白 1	乾白 6

古書의 內容과 吉凶作用

古書秘訣	坤山坤向水坤流, 富貴永無休(곤산곤향수곤류, 부귀영무휴). 巨入艮坤, 田連阡陌(거입간곤, 전련천맥). 誰知坤卦庭中, 小兒顚頒(수지곤괘정중, 소아초췌). 申尖興訟(신첨흥송).
吉作用	토지나 건물 등의 재산이 늘어나 부자가 됨. 여성에게 특별히 좋은 일이 생기고 가정이 화평해짐. 생업이나 직장이 안정됨. 훌륭한 의사가 나옴.
凶作用	토지나 건물 등의 재산 손실이 발생함. 여성의 강한 기운으로 인하여 가정불화가 발생함. 생업에 어려움이 발생함. 취업이 되지 않고, 직장에도 어려움이 발생함. 장(腸)이나 위(胃)에 질병(疾病)이 발생함. 피부병이나 난산(難産)으로 고생함.

▶ 向星②와 山星②의 풀이

이 경우는 2黑土가 서로 겹친 형태가 된다. 이렇게 되면 土의 五行이 너무 강왕하게 되어서 그러한 작용을 중화시켜 주게 되는 水의 기운이 해당 방향이 보기 좋게 있기를 바라게 된다.

그러한 이유로 해서 2와 2의 조합이 되고 형기상으로 坤宮에 좋은 물이 있으면 부귀가 오래 지속되는 것으로 해석을 하게 되는 것이다.

坤宮2는 살아가는데 반드시 필요한 생업(生業)에 해당하기 때문에, 현공법으로 合局이 되고 재물에 해당하는 물이 형기상으로 좋으면 진행하는 일들이 뜻대로 순조롭게 되어서 점차로 가세(家勢)가 풍요로워진다.

거(巨)는 거문성(巨文星)을 말하는 것으로 2를 의미하고, 艮은 8, 坤은 2를 의미하는데, 이 모두는 土를 의미하게 된다. 따라서 2와 2의 조합이 되고 연운이나 운반에서 8을 만나면 넓은 농토를 갖게 된다는 해석이 된다.

2土는 작은 부동산을 의미하고, 8土는 큰 부동산을 의미하는데, 이러한 방향에서 合局이 되거나 보기 좋은 형상이 나타나게 되면 더욱 더 길 작용이 강화되어서 큰 부동산의 부자가 될 수 있다.

坤은 2를 의미하고 정(庭)은 가정의 줄임말로 거주하는 집이 되므로 2의 해석으로 사용이 된다. 이렇게 같은 글자를 놓고 여러 가지로 해석이 되기 때문에 자칫하면 혼란스럽기도 하고, 답을 찾지 못하여 방황을 할 수도 있으니 그 속에 깃들어 있는 의미를 잘 파악하는 것이 무엇보다 중요하다.

2와 2의 조합이 되면 어린아이가 생기를 잃고 쇠약해 지는데, 2는 어머니와 가정에 해당하므로 어머니와 가정에 문제가 생기면 어린아이는 자연히 초췌해 지는 것이고, 또 2는 질병을 의미하기도 하기 때문이다.

비성수 2[특히 向星2]가 中의 방향에 도래할 때, 그 방향에 철탑, 전봇대, 굴뚝, 큰 나무 등의 뾰족한 물체가 있으면 송사(訟事)가 발생한다.

그 이유는 坤宮2는 가정을 의미하는데 坤宮에 뾰족한 물체가 있으면 가정에 불화(不和)가 생기고 집안의 사람이 다치거나 소송이 발생하는 흉한 작용이 일어나게 되는 것이다.

2-3. 向星②와 山星❸의 조합

向星 ②	出將入相, 女權, 巨富, 靑霜寡婦, 短命, 惡瘡	 地雷復
山星 ❸	長男巨富, 才能, 事業, 盜賊亂動, 剋妻, 爭訟	

九宮에서 向星의 位置	九宮에서 山星의 位置
巽綠 ④ / 離紫 ⑨ / **坤黑 ②** 震碧 ③ / 中黃 ⑤ / 兌赤 ⑦ 艮白 ⑧ / 坎白 ① / 乾白 ⑥	巽綠 ④ / 離紫 ⑨ / 坤黑 ② **震碧 ❸** / 中黃 ⑤ / 兌赤 ⑦ 艮白 ⑧ / 坎白 ① / 乾白 ⑥

古書의 內容과 吉凶作用

古書秘訣

鬪牛殺起惹官刑(투우살기야관형).
人臨龍位産勞傷(인임용위산로상).
復, 壁拱身(복, 벽침신).
雷出地而相衝, 定遭桎梏(뇌출지이상충, 정조질곡).

吉作用

새로운 사업이나 새 출발을 하게 됨.
취직을 하게 됨.
집안의 어려운 일들이 해결됨.

凶作用

구설시비로 싸움이나 소송을 하게 됨.
갑작스런 사고를 당함.
직장에서 업무적으로 사기를 당함.
직장이나 가정에서 비밀스런 일이 밝혀져서 어려움을 당함.
여성들의 싸움으로 가정불화가 발생함.

▶ 向星②와 山星❸의 풀이

성요(星耀)의 구성에서 2와 3의 조합을 투우살(鬪牛殺)이라고 하며 뜻하지 않은 시비가 일어나서 싸움을 하게 되거나 그것이 커져서는 급기야 법정 소송으로까지 이어진다.

五行으로 살펴보면 2土가 3木에게 木剋土로 剋을 당하고 있는 모습에서 3은 싸움과 시비 언쟁 등을 의미한다.

숫자의 조합에서 극을 당하는 경우는 많이 있지만 3木에게 土가 剋을 당하면 그 작용이 더 강하게 된다.

인(人)은 사람과 가족이 모여서 사는 가정에 해당하는 坤宮2를 의미하고 용(龍)은 震宮의 3을 의미하는데, 2와 3이 같이 있으면 출산에 어려움이 생기거나 사람이 상하는 일이 생긴다.

震宮3은 우레를 상징하므로 성질이 급하고 싸움이나 시비를 좋아하고 사고를 일으키는 작용이 강하기 때문이다.

복(復)은 지뢰복(地雷復)을 의미하는 것은 괘를 보면 알 수가 있는데, 이러한 괘가 나오는 것은 上은 坤卦가 되고 下는 震卦가 되는 조합으로 2와 3의 조합이기 때문에 이것을 괘로 만든 것을 의미한다.

만약에 2와 3이 조합되는 곳에 벽이나 울타리가 있다면 이것들이 무너지거나 하여 몸을 다친다. 당연한 이야기겠지만 벽이 없다면 무너질 것도 없으니 문제가 되지 않는 것으로 봐야 할 것이다.

그런데 황당한 일이 생기려면 상상도 못할 일들이 생기는 것도 또한 인생사이니, 지나가는 짐을 실은 차량이 뒤집혀서 앉아 있다가 깔리게 될 수도 있으니 장담을 할 것은 아니다.

坤宮2는 집을 의미하고 3은 갑작스런 사고를 의미하기 때문에 집에서 갑자기 당하는 사고를 말하는 것이다. 그래서 멀쩡한 집에 지나가는 자동차가 들이닥쳐서 벽을 허물고 돌진을 할 수도 있으니 마음을 놓을 수만도 없는 일이다.

2와 3은 土와 木이 되어서 서로 상충이 되는 까닭에 서로 싸우다가 족쇄와 수갑을 차는 일을 반드시 당한다.

이러한 작용을 설명하게 되면 앞에서 말씀드린 투우살(鬪牛殺)을 다시 한 번 부연설명을 하는 셈이 되기도 한다. 2와 3이 함께 있고 그 방향에 흉한 조짐이 있다면 이러한 갑작스런 사고로 인해서 크게 다칠 수도 있음을 생각하게 된다.

2-4. 向星②와 山星4의 조합

向星 ②	出將入相, 女權, 巨富, 靑霜寡婦, 短命, 惡瘡	 地風升
山星 4	科擧出世, 文豪, 美女, 淫蕩破産, 自殺, 中風	

九宮에서 向星의 位置

巽綠 ④	離紫 ⑨	坤黑 ②
震碧 ③	中黃 ⑤	兌赤 ⑦
艮白 ⑧	坎白 ①	乾白 ⑥

九宮에서 山星의 位置

巽綠 4	離紫 9	坤黑 2
震碧 3	中黃 5	兌赤 7
艮白 8	坎白 1	乾白 6

古書의 內容과 吉凶作用

古書秘訣
寅申觸巳, 曾聞虎咥家人, 或被犬傷, 或逢蛇毒(인신촉사, 증문호질가인, 혹피견상, 혹봉사독).
山地被風, 還生風疾(산지피풍, 환생풍질).
風行地上, 決定傷脾(풍행지상, 결정상비).
風行地而直硬難當, 室有欺姑之婦(풍행지이직경난당, 실유기고지부).
二逢四, 咎當主母(이봉사, 구당주모).

吉作用
생업이 발전하게 됨.
직장에서 승진이 됨.
결혼을 하여 가정을 이루게 됨.

凶作用
고부간의 갈등이나 집안 여성들로 인한 불화가 발생함.
생업에 어려움이 발생함.
부동산 매매에 어려움이 발생함.
가출을 하는 사람이 생김.

▶ 向星②와 山星④의 풀이

寅은 地支의 방위(方位)에서 北東이 된다. 이것은 八卦에서 艮宮에 해당하는데 참고로 地支의 방위(方位)는 다음과 같다.

地支와 八卦의 方位表				
北	子	坎	1	白水
北東	丑寅	艮	8	白土
東	卯	震	3	碧木
東南	辰巳	巽	4	綠木
南	午	離	9	紫火
南西	未申	坤	2	黑土
西	酉	兌	7	赤金
西北	戌亥	乾	6	白金
中	戊己	中	5	黃土

8은 丑의 소도 되고, 寅의 호랑이도 되는데, 보통 이야기를 하면서 辰戌丑未는 제외하고 寅申巳亥를 논하는 것이 사우(四隅)의 방위에 대해서 설명하는 방식이므로 이러한 점도 참고를 한다.

8의 寅에 해당하는 艮宮의 호랑이와 2의 申에 해당하는 坤宮의 가축과, 4의 巳에 해당하는 巽宮은 뱀을 의미하며, 이것은 신살(神殺)로 논하면 寅巳申의 三刑이 된다.

<2+4+8>의 조합이 되면 호랑이나 개나 뱀 등의 피해를 당한다. 개는 가축이므로 2를 의미하고, 4는 辰巳에서 巳는 뱀이 되며, 8은 앞에서 설명한 대로 호랑이를 의미하게 된다. 그리고 이 셋이 함께 있으면 형살(刑殺)의 작용이 되어서 그로 인한 피해를 입게 된다.

또 다른 해석으로 山은 8을, 地는 2를 대입하고, 風은 4를 의미하게 되어서 8과 2는 土에 속하는데 4木의 剋을 받아서 중풍(中風) 등의 질병에 걸린다.

바람이 땅 위를 지나가면 비장(脾臟)이 손상되는 것은 이미 정해진 것이라는 원문의 의미를 풀이하면, 2는 비장과 위장에 해당되는데 2土가 4木의 剋을 받아서 비장이 손상된다는 의미이다.

또 2와 4가 조합이 되면 시어머니를 업신여기는 부인이 생겨서 어려움을 당한다고 했으니 이것은 즉, 고부간의 갈등이 심해진다는 것을 의미한다. 고부간의 갈등을 팔자의 궁합으로 풀이하는 것이 보통이지만 풍수의 구조에 의해서 해석이 되기도 한다는 것은 재미있다.

2는 늙은 여자를 의미하고 4는 장녀(長女)나 장년의 여자를 의미한다. 따라서 2와 4의 조합이면 고부간의 갈등이나 모녀간의 불화 등이 생길 수 있다.

다시 2와 4가 조합되면 집안의 실권을 가진 여자[어머니나 할머니]에게 허물이 생겨서 근심거리를 만난다. 대부분 좋은 이야기는 없고 안 좋은 이야기로만 장식이 되어 있는 것으로 봐서 이 방향에 나쁜 징조가 있다면 가정에서의 여성들로 인한 어려움이나 건강상에서도 주의가 필요하다는 것을 짐작케 한다.

2-5. 向星②와 山星⑤의 조합

向星 ②	出將入相, 女權, 巨富, 青霜寡婦, 短命, 惡瘡		地戊己
山星 ⑤	奇人極貴, 禪師, 王侯, 淫亂官災, 昏迷, 傷人		

九宮에서 向星의 位置

巽綠 ④	離紫 ⑨	坤黑 ②
震碧 ③	中黃 ⑤	兌赤 ⑦
艮白 ⑧	坎白 ①	乾白 ⑥

九宮에서 山星의 位置

巽綠 ④	離紫 ⑨	坤黑 ②
震碧 ③	中黃 ⑤	兌赤 ⑦
艮白 ⑧	坎白 ①	乾白 ⑥

古書의 內容과 吉凶作用

古書秘訣	二五交加, 罹死亡並生疾病(이오교가, 이사망병생질병). 二主宅母多病, 黑逢黃至出鰥夫(이주택모다병, 흑봉황지출환부). 五主孕婦受災, 黃遇黑時出寡婦(오주잉부수재, 황우흑시출과부). 二五交加必損主(이오교가필손주). 黃黑交錯, 家長有凶(황흑교착, 가장유흉).
吉作用	부동산이 늘어나 부자가 됨. 법관 혹은 고위직에 오르거나 강력한 힘을 가진 인물이 나옴. ※5운에 合局이 되었을 때만 해당함.
凶作用	불치병이나 암 등의 중병으로 고생하거나 사망하기도 함. 과부나 홀아비가 됨. 가정이 파탄나고, 재정적인 문제가 발생함. 부동산 투기 등으로 큰 손해를 봄. 실업자가 되거나 취업이 되지 않음.

▶ 向星②와 山星⑤의 풀이

2土가 5土를 만났으니 이것도 뭔가 치우친 풀이가 나올 듯싶다. 다른 숫자의 조합은 현공법의 合局과 不合局에 따라 길흉의 작용이 결정되지만, 유독 2와 5의 조합만큼은 당운에 왕기를 제외하고는 흉한 작용을 하게 된다. 따라서 이 조합에 해당하는 방향에 형기상으로 나쁜 것이 있다면 더욱 강한 작용을 하게 된다.

2는 병부(病符)로서 질병을 의미하고, 5는 정관대살(正關大煞)로서 재앙을 의미하기 때문에 81개의 조합 중에서 2와 5의 조합이 가장 흉한 작용을 하는 조합이 된다.

2와 5의 조합이 되면 극단적으로 질병에 걸리거나 죽거나 하는 재앙이 생긴다. 가벼운 병이 아니라 재앙이라고 할 정도의 중병을 말한다. 2는 질병을 의미하고 5는 죽음이나 부패, 변질, 파괴, 독 등을 의미하기 때문이다.

누구나 건강에 대해서는 관심이 많을 수밖에 없다. 특히 요즘같이 멀쩡하던 사람이 어느 순간에 죽을병에 걸려서 신음하거나 갑자기 세상을 달리하여 안타까운 마음을 갖는 경우가 많은 상황에서는 더욱 그러한 현상이 두드러진다고 하겠다.

그런데 아무리 건강에 대해서 관리를 잘 하더라도 풍수적으로 흉한 암시로 인해서 병이 발생한다는 것은 놀라운 일이다.

만약에 2와 5의 조합에 운반이나 세운에서 다른 숫자가 조합될 때는 다음과 같은 암이 발생하게 된다고 하는데 표로 정리하여 살펴보도록 한다.

2+5가 다른 숫자를 만날 때	
1	자궁암, 백혈병
2	위암, 피부암
3	간암
4	유방암
5	위암, 대장암, 피부암, 내장 기관의 일체 모든 암
6	폐암, 뇌종양, 골수암
7	구강암, 인후암
8	비강암(鼻腔癌)
9	백혈병, 심장질환

2와 5가 조합이 되면 집안의 여자[어머니나 아내]가 병치레가 많고 홀아비가 나온다.

2는 부인을 의미하고 5는 죽음을 의미하기 때문에 부인이 죽고 없는 홀아비가 생긴다는 의미이다.[세운이나 운반에서 5가 오면 부인인 2가 약해지는 작용이 더 강해진다.]

5는 임산부에게 유산이나 사산 등의 재앙이 생기게 하고, 2와 5의 조합이 되면 과부가 된다. 음기(陰氣)가 너무 강해서 생기는 일이다. 그러므로 집안의 가장에게 흉한 일이 생긴다는 해석도 가능하다.

2-6. 向星②와 山星6의 조합

向星 ②	出將入相, 女權, 巨富, 靑霜寡婦, 短命, 惡瘡		地天泰
山星 6	財山人海, 陰德, 功勳, 剋妻孤獨, 貧窮, 奢侈		

九宮에서 向星의 位置

巽綠 ④	離紫 ⑨	坤黑 ②
震碧 ③	中黃 ⑤	兌赤 ⑦
艮白 ⑧	坎白 ①	乾白 ⑥

九宮에서 山星의 位置

巽綠 4	離紫 9	坤黑 2
震碧 3	中黃 5	兌赤 7
艮白 8	坎白 1	乾白 6

古書의 內容과 吉凶作用

古書秘訣

乾爲寒, 坤爲熱, 往來切忌(건위한, 곤위열, 왕래절기).

交至乾坤, 吝心不足(교지건곤, 인심부족).

乾坤神鬼, 與他相剋非祥(건곤신귀, 여타상극비상).

富並陶朱, 斷是堅金遇土(부병도주, 단시견금우토).

二黑飛乾, 逢八白而財源大進(이흑비건, 봉팔백이재원대진).

戌未僧尼, 自我有緣何益(술미승니, 자아유연하익).

吉作用

대기업이나 좋은 곳에 취직이 됨.

생업이나 부동산 등으로 재산을 축적함.

직장이나 가업에 윗사람의 도움을 받음.

凶作用

투기나 투자 또는 사업 확장으로 인하여 손실이 발생하고, 이로 인한 관재가 발생함.

상사와의 불화나 직장에서 업무상 문제가 발생함.

사고를 당하거나 머리 부분에 질병이 발생함.

▶ 向星②와 山星⑥의 풀이

乾6은 차갑고, 坤2는 뜨거우니 서로 소통이 되지 못하므로 피해야 한다.

2와 6이 조합된 장소는 서로의 기운이 소통되지 못하니 신혼부부가 이러한 장소를 사용하게 되면 임신이 되지 않거나 부부간에 금슬이 좋지 못하게 된다.

2와 6은 노모와 노부의 자리이기 때문에 젊은 부부가 사용하면 나쁘다.

2와 6이 조합되면 서로 아끼는 마음이 부족하다.

2와 6의 조합에서 乾6은 하늘이므로 신(神)을 의미하고, 坤2는 귀신(鬼神)을 의미한다. 하늘의 신과 땅의 신이 서로 상극이 되어 상서롭지 못하다.

이것을 확대하게 되면 종교나 미신에 너무 깊이 빠지게 되어서 집안에 큰 혼란을 초래하게 되는 경우가 생길 수도 있다.

도주(陶朱-중국의 거부)와 같은 큰 부자가 되는 것은, 금이 토를 만나 견고해졌기 때문이라고 말할 수 있다. 2土가 6金을 생하여 부동산으로 인한 부자가 될 수 있기 때문이다. <2+6> 보다 <6+8>이 더 큰 부자가 될 수 있다.

길한 조짐을 갖고 있는 방향에서 2와 6이 조합되고 세운이나 운반에서 8을 만나게 되면 재물이 크게 불어난다.

2는 평지에 해당하고, 8은 산이나 임야에 해당하며, 6은 확장과 투자에 해당하는데, 이러한 배합이 결국은 土生金으로 2土와 8土가 6金을 생하게 되어 부동산이나 투자 등으로 큰 재산을 모을 수 있게 되는 것이다.

戌은 6을 의미하고, 未는 2를 의미한다. 2와 6의 조합에서 2는 비구니를 의미한다. 6은 고승을 의미하고 8은 산에서 수행중인 스님을 의미한다. 다만, 수행자에게는 재물의 인연이 없으니 무슨 이로움이 있겠는가.

地支로 대입을 하게 되면 戌亥가 같은 6이 되지만 이번에는 亥를 보지 않고, 戌을 보게 되는데, 이렇게 마음대로 보는 것이 아니라 수행자는 숨어서 도를 닦는 사람이기 때문에 드러나지 않는 것으로 관찰을 하게 되므로 드러나기 쉬운 寅申巳亥의 작용은 활동하면서 사업하는 일반인에게 적용을 시키고, 辰戌丑未는 드러나지 않고 숨어서 살아가는 수행자(修行者)나 은둔(隱遁)하는 사람들에게 작용하는 것으로 관찰을 하게 되는 것이다.

숫자로만 대입을 할 경우에는 6은 白金이 되지만 地支로 대입을 할 경우에는 戌亥의 영역을 담당하게 된다는 것을 잘 이해하지 않으면 자칫 혼란스러울 수도 있을 것을 염려하여 언급을 해 둔다.

다만, 수행하는 사람은 재물인연을 짓지 않으므로 비록 그러한 환경에 산다고 하더라도 이익이 없다는 뜻이다.

2-7. 向星②와 山星❼의 조합

向星 ②	出將入相, 女權, 巨富, 靑霜寡婦, 短命, 惡瘡	 地澤臨
山星 ❼	巨富得名, 武將, 興家, 盜賊橫死, 火災, 賤職	

九宮에서 向星의 位置

巽綠 ④	離紫 ⑨	坤黑 ②
震碧 ③	中黃 ⑤	兌赤 ⑦
艮白 ⑧	坎白 ①	乾白 ⑥

九宮에서 山星의 位置

巽綠 ④	離紫 ⑨	坤黑 ②
震碧 ③	中黃 ⑤	兌赤 ❼
艮白 ⑧	坎白 ①	乾白 ⑥

古書의 內容과 吉凶作用

古書秘訣
地澤進財後嗣絶(지택진재후사절).
臨, 元泄痢(임, 원설리).
坤配兌女, 則庶妾難投寡母之歡心(곤배태녀, 즉서첩난투과모지환심).
二七合爲火, 乘殺氣, 遇凶山凶水, 乃鳥焚其巢(이칠합위화, 승살기, 우흉산흉수, 내조분기소).

吉作用
횡재로 큰 부자가 됨.
변호사, 예술인, 연예인 특히 가수나 연기자 등으로 성공함.

凶作用
문란한 이성교제로 인하여 가정불화가 발생함.
유흥이나 환락에 빠져 생업에 충실하지 못하고 재산을 탕진함.
수술을 하게 되거나 식중독이나 위장병이 발생함.
칼 등의 흉기에 의한 사고가 발생함.

▶ 向星②와 山星❼의 풀이

地는 2를 의미하고, 澤은 7을 의미하니 재산의 증식이 늘어나서 부자가 될 수 있으나 아쉽게도 자식이 대를 잇기가 어렵다. 돈은 벌어서 재물은 많아졌지만 그것을 지킬 자식이 없다는 것이다. 주변에 그러한 사람이 있는 경우를 보았다. 다만, 그것이 현공과 연관되어 있으리라고는 생각을 하지 못했을 뿐이다.

2와 7의 조합은 갑작스런 횡재로 남이 모르는 부자가 될 수 있다.

임(臨)은 지택임(地澤臨)괘를 말하는 것이니, 즉 2와 7의 조합을 의미하고 이러한 조합이 흉하게 작용하면 설사(泄瀉)와 이질(痢疾)과 같은 장질환(腸疾患)에 걸린다. 2는 위(胃)와 장(腸)을 의미하고, 7은 입을 의미한다. 따라서 음식을 잘못 섭취하여 식중독에 걸리거나 설사나 이질 등의 소화기 질환이 생긴다.

坤2는 부인을 의미하게 되고, 兌7은 첩[요즘은 내연관계의 여인]을 의미하는데, 본부인과 첩이 서로 사이가 나쁘다. 그런데 이러한 해석은 하나마나한 이야기가 된다. 처첩지간에 사이가 좋다면 오히려 그것이 이상하지 않은가?

다만 옛날에는 지위나 재물이 있는 사람들에게는 당연시되던 일이기 때문에 사이가 좋다 나쁘다는 말이 나올 수도 있었을 것으로 본다. 이것은 시대적으로 본다면 수정을 해야 할 부분이기도 하다.

현대적으로 해석을 하면 坤2는 나이 많은 여자를 兌7은 어린 여자를 의미하므로 고부(姑婦)간의 갈등이나 모녀간의 갈등, 남편의 애인 문제 등이 발생할 수 있다.

이러한 해석은 모두 여자를 의미하므로 그 작용이 흉하게 일어난다면 이러한 해석이 가능하므로 이렇게 글로 설명이 된 것을 바탕으로 삼아서 주변에서 해석이 가능한 상황들을 풀이하여 대입하는 지혜가 필요한 것이다. 왜냐하면 세상의 일은 참으로 변화막측(變化莫測)하여 일일이 글로 설명을 할 수가 없는 상황이 발생하기 때문이다.

河圖에서 2와 7의 조합은 五行으로 둘 다 火에 속하고, 살기(殺氣)를 가지고 있으므로, 산과 물이 형기상으로 좋지 못하면 집에 화재가 발생한다.

일반적으로는 구궁팔괘도(九宮八卦圖)의 숫자를 감정법에 적용하지만 하도(河圖)의 五行이 일치되는 수(數)는 선천수(先天數)의 五行을 참고하는 것이 좋다.

이 정도는 잘 알고 계시겠지만, 혹시 미처 익혀두지 못했을 수도 있겠다 싶어서 참고적으로 말씀드리면 하도(河圖)의 선천수(先天數)는 1과 6은 水, 2와 7은 火, 3과 8은 木, 4와 9는 金이 된다.

2-8. 向星②와 山星⑧의 조합

向星 ②	出將入相, 女權, 巨富, 靑霜寡婦, 短命, 惡瘡	䷠	地山謙
山星 ⑧	富貴忠義, 長壽, 孝心, 少年損傷, 抱病, 瘡腫		

九宮에서 向星의 位置

巽綠 ④	離紫 ⑨	坤黑 ②
震碧 ③	中黃 ⑤	兌赤 ⑦
艮白 ⑧	坎白 ①	乾白 ⑥

九宮에서 山星의 位置

巽綠 4	離紫 9	坤黑 2
震碧 3	中黃 5	兌赤 7
艮白 ⑧	坎白 1	乾白 6

古書의 內容과 吉凶作用

古書秘訣	丑未換局, 而出僧尼(축미환국, 이출승니). 巨入艮坤, 田連阡陌(거입간곤, 전연천맥). 坤艮通偶爾之情(곤간통우이지정). 地山年幼子孫勞(지산년유자손로).
吉作用	토지나 건물의 재산이 늘어나 부자가 됨. 상속을 받게 됨. 수행자는 수행하는 마음이 강해지고 경지가 높아짐.
凶作用	가업이 침체되어 변화를 하려고 해도 되지 않음. 부동산의 매매나 이사 등 원하는 변화가 불가능함. 집안의 가족들 간의 불화가 발생함. 출가하거나 입산수도 하는 사람이 나옴.

▶ 向星②와 山星⑧의 풀이

24坐向의 방위에서 丑은 丑艮寅이 되어서 艮8을 의미하고, 未는 未坤申에 해당하므로 坤2를 의미하게 되며, 환국(換局)은 上山下水를 의미한다.

이러한 설명은 이미 입문편에서 넉넉하게 말씀드렸기 때문에 복습에 힘을 쓰셨다면 기억하겠지만 혹시라도 잊어버리셨을까 하여 언급을 한다. 간단하게나마 언급을 하게 되면, 그것이 도화선이 되어서 기억의 창고 속에 저장된 내용을 끌어올 수가 있기 때문이다.

즉, 2와 8의 조합이 되고 배산임수(背山臨水)의 반대인 上山下水의 局이 되면 여성 수행자에 해당하는 비구니가 나온다. 그리고 수행을 하는 사람에게 [남녀 공히] 분발심이 생겨서 열심히 정진(精進)을 하게 되고, 그로 인해서 결과도 크게 나타나는 것으로 해석을 하게 된다.

다만, 不合局이 되어서 흉작용이 나타나게 된다면 산에 들어가서 공연히 세월만 헛되이 보내고 수행하여 얻는 것도 없이 살아가게 된다는 해석도 된다.

2는 여자를 의미하고 8은 산을 의미하므로 여자가 산에 사는 경우가 되니, 즉 비구니가 되든지 아니면 산에서 수행하는 여자가 나온다는 내용이 된다.

거(巨)는 거문성(巨文星) 2를, 艮은 8을, 坤은 2를 의미한다. 2와 8의 조합이 세운이나 운반에서 2를 만나게 되면 땅부자가 된다.

2와 8의 조합은 서로 통하는 가까운 정이 있으니 2와 8은 둘 다 五行의 土에 해당하고 서로 짝이 되는 정을 가지고 있다는 의미이다. 그것은 2는 陰土가 되고, 8은 陽土가 되어서 서로 짝을 이루기 때문이다.

이런 방위에 대문을 내면 재물이 풍부해지고 이 방위에 있는 방을 부부가 이용하면 금슬이 좋아진다.

집의 내부 구조에 따라서 침실을 마음대로 변경하기는 어려울 수도 있겠지만 만약에 부부가 불화하여 이혼을 생각하게 될 정도라고 한다면 강제로 변경을 하지 못할 이유도 없을 것이다.

이러한 지경에서 사주만 봐서 궁합을 볼 것이 아니라 주거지도 살펴서 어떤 환경에서 살아가고 있는지를 보고, 그 과정에서 현공법으로 관찰하여 흉한 암시가 있다면, 이러한 것을 교정하여 보다 행복한 가정이 되도록 한다면 이것이 야말로 활인술(活人術)이 아니고 무엇이 겠는가 싶다.

不合局이 되거나 실령(失令)을 하면 2는 모친을 의미하고, 8은 소남(少男)을 의미하기 때문에 모자지간의 불화가 생기거나 어린소년에게 좋지 못한 일이 발생하게 되어서 그로 인하여 고민이 생긴다고 풀이하게 된다.

2-9. 向星②와 山星 9 의 조합

向星 ②	出將入相, 女權, 巨富, 靑霜寡婦, 短命, 惡瘡	☷☲	地火明夷
山星 9	科甲軍閥, 聰明, 功名, 火災吐血, 産厄, 盲人		

九宮에서 向星의 位置

巽綠 ④	離紫 9	坤黑 ②
震碧 ③	中黃 ⑤	兌赤 ⑦
艮白 ⑧	坎白 ①	乾白 ⑥

九宮에서 山星의 位置

巽綠 4	離紫 9	坤黑 2
震碧 3	中黃 5	兌赤 7
艮白 8	坎白 1	乾白 6

古書의 內容과 吉凶作用

古書秘訣

二黑飛乾, 逢八白而財源大進(이흑비건, 봉팔백이재원대진).
遇九紫則瓜瓞綿綿(우구자칙과질면면).
火炎土燥, 艮坤不樂於南離(화염토조, 간곤불요어남리).
火暗而神志難淸(화암이신지난청).
火見土而出愚鈍頑夫(화견토이출우둔완부).

吉作用

집안에 총명한 사람이 나와서 출세를 함.
집안에 학문이나 지성이 출중한 인물이 나옴.
예술계통에 성공한 사람이 나옴.
억울한 누명이나 사건이 밝혀져서 해결됨.

凶作用

심장병이나 눈병이 생기고, 또는 시력을 잃게 됨.
이혼을 하거나 가정불화가 발생함.
부동산 관련해서 문서가 잘못되어 재산상의 손실을 입게 됨.
집안의 문제가 송사로 연결이 됨.

▶ 向星②와 山星❾의 풀이

2와 6이 조합된 상태에서 8을 만나면 재산이 크게 늘어난다. 또 2와 6이 조합이 된 상태에서 9를 만나면 오이가 주렁주렁 열린다는 과질면면(瓜瓞綿綿)이란 말과 같이 가정에 자녀가 많이 생기게 된다.

火의 뜨거운 기운이 지나치게 왕성하게 되면 土를 메마르게 만들기 때문에, 8土나 2土는 9火를 만나는 것에 대해서 별로 좋아하지 않는다. 즉, 재산을 태워버려서 손실이 생기게 만든다는 의미가 되는 까닭이다.

9火가 어두워지면 정신이 맑지 못한 멍청한 사람이 된다. 이 말의 뜻은 습토(濕土)가 많아서 火生土를 지나치게 많이 하게 되면 土는 왕성하게 되겠지만 반대로 火는 어두워지는 것이 陰陽의 법칙이다.

또, 이 조합에서 火의 기운이 약하면 치매에 걸리는 사람이 생긴다. 치매는 명료한 이성을 상실하기 때문에 나타나는 현상으로 의학적으로는 뇌세포의 파괴에 의해서라고 하겠지만 현공에서는 火가 어두워져서 일어나는 현상으로 설명을 하게 되는 것이다. 방법은 다르지만 결과는 같은 것으로 이해할 수 있다.

또 9火는 시력(視力)이나 눈을 의미하기 때문에 눈병이 걸리거나 시력에 문제가 생기는 일이 생길 수 있다.

2와 9의 조합이 되면 우둔하고 완고한 사람이 나온다. 우둔하고 완고한 것이 총명함과는 거리가 있지만 길하게 작용을 한다면 용기 있는 장수가 될 수도 있으므로 반드시 흉하다고 하지는 않는다.

다만, 그 사용처에 따라서 귀하게 될 수도 있으므로 일인자는 아니라도 막강한 세력을 형성하는 방면에서는 큰 힘을 발휘하게 되는 경우도 가능하기 때문이다. 그래서 하나의 현상만 놓고서 길흉을 논하는 것은 아니다.

문제는 이것이 흉하게 작용을 했을 경우에 어떻게 되겠느냐는 것인데 자칫 흉하게 나타날 경우에는 말도 통하지 않는 고집불통이 되어서 가정에서 그야말로 두통거리로 인식이 되는 경우가 가능하다.

일반적으로 해결책을 강구한다면 이런 경우에는 밖으로 내보내서 귀한 사람을 만나게 하는 것이 중요하겠지만, 풍수의 의미로는 이미 길한 작용이 나타나기 어렵다고 할 수 있으므로 그것부터 고치는 것이 가장 시급하다는 판단을 하게 된다.

3-1. 向星③과 山星❶의 조합

向星 ③	長男巨富, 才能, 事業, 盜賊亂動, 剋妻, 爭訟	☳☵	雷水解
山星 ❶	智慧聰明, 出世, 文筆, 家庭不和, 酒色, 放蕩		

九宮에서 向星의 位置

巽 綠	④	離 紫	⑨	坤 黑	②
震 碧	③	中 黃	⑤	兌 赤	⑦
艮 白	⑧	坎 白	①	乾 白	⑥

九宮에서 山星의 位置

巽 綠	4	離 紫	9	坤 黑	2
震 碧	3	中 黃	5	兌 赤	7
艮 白	8	坎 白	❶	乾 白	6

古書의 內容과 吉凶作用

古書秘訣

車驅北闕, 時聞丹詔頻來(거구북궐, 시문단조빈래).
震與坎爲乍交(진여감위사교).
木入坎宮, 鳳池身貴(목입감궁, 봉지신귀).
水雷子孫多富貴(수뢰자손다부귀).
壬甲排庚, 最異龍摧屋角, 或被犬傷(임갑배경, 최이용최옥각, 혹피견상).
或逢蛇毒(혹봉사독).

吉作用

고위직에 임명되거나 공천이 됨.
승진을 하거나 명예가 높아짐.
자손이 번성하고 집안에 법조인이 나옴.

凶作用

비밀이 폭로되어 곤란한 경우를 당함.
도둑이나 사기에 연루되어 어려움이 발생함.
예기치 못한 불의의 사고를 당함.
아랫사람이나 자녀들로 인한 어려움이 발생함.

▶ 向星③과 山星❶의 풀이

거구(車驅)는 3을 의미하고 북궐(北闕)은 1을 의미한다. 즉, 3과 1이 조합을 했다는 이야기가 된다. 이렇게 조합이 되면 벼슬을 하는 사람이 왕으로부터 임명장을 받는 즐거움이 자주 온다.

1은 水가 되고 지혜도 되므로 풀이를 하면 문장(文章)을 의미하고 3은 木이 되어서 발전과 진취적인 미래를 의미하게 되는데 여기에서는 명예(名譽), 승진(昇進), 공천(公薦) 등에 해당한다. 따라서 공천을 받거나 승진을 하는 명예가 생기게 된다.

3과 1의 조합은 짧은 만남이라는 뜻이다. 1은 남들이 모르는 상황에서 은밀한 만남을 의미하고 3은 뇌(雷)가 되므로 번개와 같은 짧고 강력함을 의미한다. 즉 짧고 은밀한 만남이 되는 것은 그야말로 하룻저녁의 진한 사랑을 나누는 것에 비유가 될 수 있는 것이므로 짧은 이성관계 등을 의미한다.

따라서 결혼생활을 하고 있는 부부가 3과 1의 조합이 된 공간을 사용하면 오래도록 살아야 하는 입장에서는 좋지 못한 해석을 하게 되는 것이다.

3과 1의 조합이 되면 매우 귀한 신분이 된다. 봉황(鳳凰)이 귀한 몸을 만나게 되는 것과 같은 의미가 되기 때문이다. 水生木의 相生이 되는 것도 좋게 해석을 할 수가 있는 조짐으로 나타날 수 있다.

다만, 이러한 숫자가 있는 방향이 좋은 작용을 하게 되었을 경우에 나타나는 현상이다. 그렇더라도 나쁜 의미보다는 좋은 의미가 많이 포함되어 있는 것을 보면 기본적인 배합의 암시는 좋게 작용하는 것으로 봐도 될 것이다.

1은 문장과 자손을 의미하고, 3은 승진, 벼락출세, 공천, 낙하산 인사를 의미하고, 그래서 자손이 번성하고 부귀가 쌍전(雙全)한다고 한다.

<1+3>의 조합이 세운이나 운반에서 7을 만나면, 장애가 생기고 개나 뱀에 상하는 일이 생긴다.

1은 보이지 않는 곳을 의미하고, 3은 갑작스럽게 당하는 사고를 의미하고, 7은 흉기에 상하는 것을 의미한다.

또 3은 7과 만나면 용쟁호투(龍爭虎鬪)가 되어 사고의 위험이 더 강해진다. 1은 문장과 지혜가 되고, 3은 말과 비밀 폭로에 해당되기 때문에 법관이나 변호사 등의 법조인이 나오게 된다.

본인이나 자식이 사기를 당하거나 도둑과 관련되게 된다. 옛날의 숨겨진 일이 밝혀져서 언쟁이나 싸움이 벌어지고 그로 인해서 법정까지 가게 된다.

3-2. 向星③과 山星❷의 조합

向星 ③	長男巨富, 才能, 事業, 盜賊亂動, 剋妻, 爭訟		雷地豫
山星 ❷	出將入相, 女權, 巨富, 靑霜寡婦, 短命, 惡瘡		

九宮에서 向星의 位置

巽綠 ④	離紫 ⑨	坤黑 ②
震碧 ③	中黃 ⑤	兌赤 ⑦
艮白 ⑧	坎白 ①	乾白 ⑥

九宮에서 山星의 位置

巽綠 4	離紫 9	坤黑 ❷
震碧 3	中黃 5	兌赤 7
艮白 8	坎白 1	乾白 6

古書의 內容과 吉凶作用

古書秘訣
鬪牛殺起惹官刑(투우살기야관형).
雷出地而相衝, 定遭桎梏(뇌출지이상충, 정조질곡).
豫, 擬食停(예, 의식정).
人臨龍位産勞傷(인임용위산로상).

吉作用
새로운 사업이나 일을 시작하게 됨.
재산이 갑작스럽게 늘어남.
집안의 여성에게 명예로운 일이 생김.

凶作用
갑작스런 사고가 발생함.
집안의 여성이 사기사건에 연루됨.
취업이 되지 않고, 직장에도 어려움이 발생함.
가정에서도 구설이나 언쟁으로 불화가 발생함.

▶ 向星③과 山星②의 풀이

3과 2의 조합을 투우살(鬪牛殺)이라고 하며 시비나 싸움으로 소송이 발생한다. 五行으로 2土가 3木에게 木剋土로 剋을 당하고 3木은 시비 또는 언쟁이나 싸움 등을 의미한다.

기야(起惹)라는 말을 풀이해 보면, 그냥 조그만 문제로 인해서 점점 말려들게 되어서는 급기야 큰 일로 비화되는 의미가 그 안에 포함되어 있는 것 같다. 그래서 결국은 관청의 형액을 받는다는 의미가 되는 것을 보면 동네 사람과 사소한 말다툼으로 시작이 된 싸움이 폭행으로 이어져서 경찰관이 출동하는 상황까지 연결이 된다고 할 수 있다.

숫자의 조합에서 剋을 당하는 경우는 많이 있지만 3木에게 剋을 당하면 그 작용이 더 강하게 된다.

특히 천둥을 의미하는 것이기 때문에 걷잡을 수 없는 소용돌이 속으로 순식간에 말려들어가는 것과 같은 느낌을 받는다.

그래서 3과 2의 조합은 서로 상충(相衝)이 되어 싸우다가 족쇄와 수갑을 차는 일을 당한다는 의미를 가지게 된다.

예(豫)는 뇌지예(雷地豫-上震下坤)괘를 말하는 것이고 또 이것은 3과 2의 조합을 의미하며, 이러한 경우에는 식체(食滯)나 급체(急滯)등 음식물로 인한 소화(消化)에 문제가 발생하게 된다.

2는 위(胃)나 장(腸)에 해당하고 3은 갑작스러움을 의미하므로 갑작스럽게 발생하는 급성(急性)의 소화기 질환인 급체나, 식중독 등을 의미하는 것이다.

인(人)은 가족이 모여 사는 가정궁에 해당하는 坤宮2를 의미하고 용(龍)은 震宮3을 의미한다. 2와 3이 같이 있으면 자녀출산에 어려움이 발생하거나 상처(喪妻)하게 되는 것은 震宮3은 우레로 성질이 급하고 싸움이나 시비를 좋아하고 사고를 일으키는 작용이 강하기 때문이다.

토막상식

재물이 있어서 조상의 묘를 가꾸는 것은 후손의 효성이라고 할 수 있다. 다만 환경학자들은 이러한 것이 환경공해가 될까 염려하기도 한다. 세월이 흐르면 땅으로 돌아가는 자연관에서 볼 때 깊이 생각을 해 볼 점이다.

3-3. 向星③과 山星❸의 조합

向星 ③ 山星 ❸	長男巨富, 才能, 事業, 盜賊亂動, 剋妻, 爭訟	☳	中震雷
	위와 같음		

九宮에서 向星의 位置

巽 綠	④	離 紫	⑨	坤 黑	②
震 碧	③	中 黃	⑤	兌 赤	⑦
艮 白	⑧	坎 白	①	乾 白	⑥

九宮에서 山星의 位置

巽 綠	4	離 紫	9	坤 黑	2
震 碧	❸	中 黃	5	兌 赤	7
艮 白	8	坎 白	1	乾 白	6

古書의 內容과 吉凶作用

古書秘訣

卯山卯向卯源水, 大富石崇比(묘산묘향묘원수, 대부석숭비).
蚩尤碧色, 好勇鬪狠之神(치우벽색, 호용투한지신).
木反側兮無仁(목반측혜무인).
見祿存 瘟瘟必發, 遇文曲, 蕩子無歸(견녹존 온황필발, 우문곡, 탕자무귀).

吉作用

새로운 사업이나 일을 시작하게 됨.
선거에 당선되거나 공천을 받음.
갑작스럽게 고위직의 발령이나 승진이 이루어짐.

凶作用

선거에 낙선되거나 공천을 받지 못함.
불의의 사고나 사기를 당함.
전염병에 걸릴 수 있음.

➡ 向星③과 山星❸의 풀이

卯坐酉向이거나 酉坐卯向이면서 卯의 방향에 물이 끊이지 않고 흐르면 석숭(石崇-중국의 큰 부자)에 비교되는 큰 부자가 된다.

또 3과 3의 조합이 된 宮의 방향에 형기상으로 좋은 물이 있으면 큰 부자가 된다는 의미도 된다.

치우(蚩尤-배달국의 14대 자오지 천황)가 벽색(碧色)이라는 말은 3碧木을 의미하고 용맹하게 싸우는 것을 좋아하는 신이라는 뜻이다.

震3은 벼락과 천둥을 의미하므로 시비, 싸움, 언쟁, 소송 등을 나타낸다. 하물며 그러한 우뢰가 3과 3으로 두 번이나 겹치게 되었으니 그 작용이 더 강해진다.

3碧木은 인자함이 없기 때문에 곁에 있는 사람과 잘 지내기도 어려워서 자칫하면 등을 돌리기 쉽다.

결혼하여 함께 살아가고 있는 부인과도 등을 돌리고 서로 반목(反目)하면서 살아가는 경우가 되고, 또 3은 장남(長男)과 성인남자에 해당하게 되므로 가까운 남자끼리 등을 돌리는 일이 생긴다.

녹존(祿存)은 3을 의미하고 문곡(文曲)은 4를 의미한다. 참고로 북두칠성의 일곱별에는 각각의 이름이 있다. 표를 통해서 이해를 돕도록 한다.

北斗七星의 명칭		
순서	명칭	명칭2
北斗第一	탐랑(貪狼)	太星君
北斗第二	거문(巨門)	元星君
北斗第三	녹존(祿存)	貞星君
北斗第四	문곡(文曲)	紐星君
北斗第五	염정(廉貞)	綱星君
北斗第六	무곡(武曲)	紀星君
北斗第七	파군(破軍)	關星君
北斗第八	좌보필성(左輔弼星)	
北斗第九	우보필성(右輔弼星)	

일반적인 명칭도 있지만 다른 경을 보면 '명칭2'와 같은 이름도 보인다. 그래서 참고적으로 표기를 한 것이다.

녹존(祿存) 3이 갖고 있는 의미를 보면 전염병이나 황달병(黃疸病)이 발생하고, 문곡(文曲) 4가 갖고 있는 의미를 보면 방탕한 자식이 고향으로 돌아오지 못한다는 풀이가 된다.

또 다른 해석으로 3은 세균이나 벌레를 의미내고 인체에서는 간에 해당한다. 동방(東方)은 卯木이 되기도 하니까 卯가 갖고 있는 장부의 기능은 乙木으로 간(肝)이 되기 때문에 나온 해석으로 보인다.

3과 3이 함께 만나는 조합이 되면 전염병의 위험이 커지고 간(肝)의 손상에 해당하는 황달병에 걸릴 위험이 더 강해지는 것이다.

3-4. 向星③과 山星④의 조합

向星 ③	長男巨富, 才能, 事業, 盜賊亂動, 剋妻, 爭訟	 雷風恒
山星 ④	科擧出世, 文豪, 美女, 淫蕩破産, 自殺, 中風	

九宮에서 向星의 位置

巽綠 ④	離紫 ⑨	坤黑 ②
震碧 ③	中黃 ⑤	兌赤 ⑦
艮白 ⑧	坎白 ①	乾白 ⑥

九宮에서 山星의 位置

巽綠 4	離紫 9	坤黑 2
震碧 3	中黃 5	兌赤 7
艮白 8	坎白 1	乾白 6

古書의 內容과 吉凶作用

古書秘訣

同來震巽, 昧事無常(동래진손, 매사무상).
貴比王謝, 總緣喬木扶桑(귀비왕사, 총연교목부상).
震巽失宮而生賊丐(진손실궁이생적개).
雷風金伐, 定被刀傷(뇌풍금벌, 정피도상).
雙木成林, 雷風相薄(쌍목성림, 뇌풍상박).
◆碧綠風魔, 他處廉貞莫見(벽록풍마, 타처염정막견).

吉作用

새로운 사업이 발전하고, 새로운 일들이 원활하게 진행됨.
선거에 당선되고 공천을 받음.
사업이 번창하고 교류가 활발해짐.

凶作用

사업에 실패하고 사기 등으로 패망함.
떠돌이나 노숙자 생활을 하게 됨.
선거나 공천에 실패함.
모든 거래가 성사되지 않음.
결혼이 성사되지 않거나, 결혼생활이 파경에 이르게 됨.

➡ 向星③과 山星④의 풀이

3과 4가 조합이 되면 사리판단이 밝지 못해서 소리만 요란할 뿐, 허무한 결과로 돌아가게 된다. 3은 뇌성(雷聲)으로 소리만 있고 실체가 없으며, 4는 바람으로 역시 실체가 없기 때문이다.

3과 4가 조합이 되면 왕사(王謝)와 같은 귀족으로 살아간다는 말은 중국 고대에 왕도(王導)라는 귀족과 사안(謝安)이라는 귀족을 의미하는데, 이 중에 사안은 동산재기(東山再起)라는 고사가 있으니, 동진(東晋)때 사안이 관직에서 물러난 후 동산(東山)에 은거하다가 후에 다시 중요한 직책을 맡게 되었다.

부상(扶桑)은 동쪽의 해 돋는 곳에 있다는 신령스런 나무를 말하는데, 해가 이 나무에서 솟아난다는 설이다. 이 또한 나무 중에서는 최고의 귀한 나무라는 의미가 된다.

3과 4는 방향으로는 모두 동쪽에 해당하고, 五行으로 모두 木에 해당하기 때문에 동쪽에 있는 큰 나무 두개가 모였으니 부귀(富貴)를 쌍전(雙全)하게 된다. 3은 벼락출세를 의미하고, 4는 온 사방에 명성을 날리는 의미가 된다. 3과 4의 조합이 不合局이 되거나 형기상으로 흉하게 되면, 3은 사기꾼을 의미하고 4는 사업 실패 등으로 망하게 된다.

3木과 4木은 金에게 베임을 당하니 세운이나 운반에서 6金이나 7金을 만나면 칼 등 흉기에 상처를 당한다. 또 교통사고나 강도 등을 당하기도 한다.

3木과 4木이 땅에 뿌리를 내려서 숲을 이룬다. 즉, 3과 4의 조합이 길한 작용을 하면 서로 조화를 잘 이루어 부귀쌍전(富貴雙全) 할 수 있다.

3碧木과 4綠木은 바람과 역마살(驛馬殺)에 해당하는데, 세운이나 운반에서 5염정을 만나면 타향을 헤매게 된다.

풀이를 보게 되면 이렇게 극귀(極貴)하거나, 혹은 극빈(極貧)하게 되는 것으로 갈리게 되는 것은 음양의 균형이라고 풀이를 하게 된다. 즉 대박을 내거나 혹은 쪽박을 차거나 둘 중에 하나로 그야말로 '모 아니면 도'가 되는 셈이다.

木으로 치우쳐 있는 구성에서도 그야말로 잘 되면 남의 앞에 우뚝 서게 되는 우람한 고목(高木)과 같은 귀한 인물이 되지만 그렇지 못하면 그냥 무성한 숲이 되어서 金을 만나면 쓸모가 없게 되어 버린다.

이렇게 명암(明暗)이 분명한 경우에는 오히려 대입하기가 수월하다. 애매한 것보다는 분명하기 때문에 확인을 하기도 좋으므로 이러한 방향에 뭔가 이야기가 될 만한 자료가 보인다면 바로 대입하여 확인을 하도록 하는 것도 자신이 연구하는 학문의 실체적인 상황을 이해하는데 도움이 될 것이다.

원문의 ◈는 다음 <向星3+山星5>의 조합에 있는 것과 같은 내용이니 참고하기 바란다.

3-5. 向星③과 山星5의 조합

向星 ③	長男巨富, 才能, 事業, 盜賊亂動, 剋妻, 爭訟		雷戊己
山星 5	奇人極貴, 禪師, 王侯, 淫亂官災, 昏迷, 傷人		

九宮에서 向星의 位置

巽綠 ④	離紫 ⑨	坤黑 ②
震碧 ③	中黃 ⑤	兌赤 ⑦
艮白 ⑧	坎白 ①	乾白 ⑥

九宮에서 山星의 位置

巽綠 ④	離紫 ⑨	坤黑 ②
震碧 ③	中黃 5	兌赤 ⑦
艮白 ⑧	坎白 ①	乾白 ⑥

古書의 內容과 吉凶作用

古書秘訣	我剋彼而遭其辱, 因財帛以喪身(아극피이조기욕, 인재백이상신). 碧綠風魔, 他處廉貞莫見(벽록풍마, 타처염정막견). 寒戶遭瘟, 緣自三廉來綠(한호조온, 연자삼렴래록).
吉作用	창업자가 되거나 강력한 힘을 가진 고위직에 오르게 됨. 벼락출세를 하거나 벼락부자가 됨. ※5운 이외의 나머지 운에서는 좋은 작용을 기대하기 어려움.
凶作用	교통사고 등 갑작스러운 사고를 당함. 공천, 당선, 승진이 되지 않고 명예가 손상됨. 구설시비로 싸움이나 소송을 하게 됨. 사기나 도박에 연루됨. 비밀스럽게 진행하던 일이 폭로되어 어려움을 당함. 간이나 담에 질병이 발생함.

▶ 向星③과 山星⑤의 풀이

3木과 5土가 조합되면 3木이 5土를 木剋土하여 재운 늘어나지만 건강에 문제가 생긴다.

그러나 3과 5가 조합되면 5운을 제외하고는 3木이 오히려 파괴되기 때문에 흉한 작용들이 발생한다.

3이나 4가 5를 만나면 일정한 자리를 잡지 못하고 방랑자나 노숙자가 되어 타향을 떠돌게 된다. 또 이러한 조합이 되는 경우에 不合局도 일어나게 된다면 그의 가정은 가난해지고 설상가상(雪上加霜)으로 전염병을 만나서 큰 고통을 겪게 된다. 3木은 세균(細菌)을 의미하고 5는 부패나 변질 등을 의미하기 때문이다.

여기에서 3木을 때로는 벼락이라고 했다가, 또 때로는 세균이라고도 하니 이러한 기준에 대해서 감을 잡는 것이 아마도 어려울 것이다. 때로는 원리를 모두 다 이해하기 어려우므로 그냥 그렇게 알고 활용하면서 차차로 이해를 쌓아가는 것도 필요하지 않은가 싶다.

요즘[2009년]같이 신종인플루엔자로 인해서 온 세계가 공포(恐怖)의 소용돌이에 처해있는 상황이라고 한다면 이러한 숫자의 조합을 구성하고 있는 경우에는 더욱 그 발병에 대한 가능성이 높을 수 있다는 것을 생각해 본다.

원문(原文)의 둘째 줄에 있는 벽록풍마(碧綠風魔)는 앞의 <向星3+山星4>의 조합에서도 같은 문구가 보이는데, 이것은 <向星3+山星4>나, <向星3+山星5>가 모두 같은 의미가 된다는 말인데, 실은 숫자의 조합에서는 완전히 같다고 보기는 어려울 것이다. 그래서 생각을 하기에 아마도 편집을 하는 과정에서 어딘가에서 반복적으로 쓴 것이 아닌가 싶다.

물론, 고서에 이러한 기록이 되어 있는 것으로 봐서 단정하기는 어렵지만 참고를 하여 살피는 것도 나쁘지 않을 것으로 생각이 되어서 한 말씀 보탠다.

碧綠은 3과 4를 의미하는 것이라는 정도는 이해하기 쉬운 일이고, 다시 풍마(風魔)라는 말은 바람으로 인한 재앙으로 풀이가 되는데, 그렇게 되면 태풍의 피해라고 해도 될 것이다.

문제는 여기에 다시 5의 염정(廉貞)은 절대로 만나지 말라는 말이 나오는데, 그만큼 흉하다는 의미가 되는 것으로 봐서 앞의 <向星3+山星4>에 나온 구절이 사실은 이 대목 <向星3+山星5>에 나오는 것이 더 적절하지 않은가 싶다. 다만 앞의 항에 있더라도 전혀 말이 되지 않는다는 정도로 볼 것은 아니라고 참고하고 그대로 전승이 된 것은 아닐까 싶다. 이 내용의 출처는 모두 비성부(飛星賦)에서 전해지는 비결의 내용이다.

3-6. 向星③과 山星❻의 조합

向星 ③	長男巨富, 才能, 事業, 盜賊亂動, 剋妻, 爭訟	☳☰	雷天大壯
山星 ❻	財山人海, 陰德, 功勳, 剋妻孤獨, 貧窮, 奢侈		

九宮에서 向星의 位置	九宮에서 山星의 位置
巽綠 ④ / 離紫 ⑨ / 坤黑 ② 震碧 **③** / 中黃 ⑤ / 兌赤 ⑦ 艮白 ⑧ / 坎白 ① / 乾白 ⑥	巽綠 ④ / 離紫 ⑨ / 坤黑 ② 震碧 ③ / 中黃 ⑤ / 兌赤 ⑦ 艮白 ⑧ / 坎白 ① / 乾白 **❻**

古書의 內容과 吉凶作用

古書秘訣
壯途躓足(장도지족).
足以金而蹣跚(족이금이반산).
龍飛天上老翁殃(용비천상노옹앙).
更言武曲靑龍, 喜逢左輔善曜(갱언무곡청용, 희봉좌보선요)
三逢六, 患在長男(삼봉육, 환재장남).

吉作用
높은 지위에 오를 수 있음.
새로 시작한 일들은 성공을 하게 됨.
국회의원 등의 선출직에서 공천을 받게 됨.

凶作用
사고나 관재를 당하거나 심하면 자살을 하는 경우가 발생함.
새로운 사업이나 사업 확장 등이 모두 실패함.
윗사람이나 직장상사로부터 큰 피해를 당함.
부자지간에 불화가 발생함.

▶ 向星③과 山星⑥의 풀이

3과 6의 조합이 되면 중요한 사명을 띠고 떠나는 길에 곤란을 겪든지 실패하는 경우가 생겨서 성사(成事)를 이루기가 어려워진다.

3은 木에 해당되고 6은 金에 해당하여 金剋木이 되고 또 3과 6은 둘 다 강한 성격으로 관재(官災)나 사고(事故) 싸움 등의 공통적인 성격을 많이 가지고 있다. 3과 6이 만나면 다리를 비틀거리게 된다. 즉 3木이 6金에게 剋을 당하지만 3도 강한 성분으로 보는 것은 벽력(霹靂)과 같은 벼락이니 대단히 강한 성질을 갖고 있으므로 서로 만나면 충돌을 피하기 어려운 것이다.

3木은 장남(長男)이 되거나 장년(壯年)의 남자에 해당하고 6金은 부친이나 노년(老年)의 남자에 해당하여, 부자지간에 불화(不和)가 생기거나 가정에서 남자끼리 다툼이 발생한다.

용이 하늘로 날아가니 집안의 나이가 많은 어른에게 재앙이 생긴다. 용은 震宮이 되고, 乾宮은 하늘이 되기 때문에 이러한 풀이가 나오게 되는 것이다.

무곡(武曲)은 6을, 청룡(靑龍)은 3을 의미하게 되는데, 좌보선요(左輔善曜)는 좌보필성(左輔弼星)인 8을 의미하게 되어서 좋은 뜻의 별만 모여 있다는 뜻이다. 앞의 <向星3+山星3>의 항목을 보면 북두칠성의 명칭에 대한 표가 있으니 참고하기 바란다. 그 표에서 8은 좌보필성을 의미하고 9는 우보필성(右輔弼星)을 의미하는 것이라고 하였으니까 참고가 될 것이다.

결국, 이러한 배합은 좋다는 의미로 보는 것에는 무리가 없을 것이다. 왜냐하면 九宮의 숫자 중에서 1, 6, 8을 삼대길성(三大吉星)으로 좋게 판단하기 때문이다. 그리고 8을 만나면 부동산 등으로 큰 부자가 될 수 있다.

3과 6의 조합이 되면 장남(長男)에게 재난이 생겨 근심할 일이 생긴다. 震宮의 3은 장남에 해당되는데 6金에게 金剋木을 당하여 3木이 손상을 당하기 때문에 장남에게 재난이 생길 수 있다.

기본적으로 <3+6>의 만남은 그야말로 악연(惡緣)이라고 할 만하다. 그러므로 이러한 조합이 되는 방향에는 흉한 조짐이 나타나지 않아야 한다. 아무리 봐도 좋게 해석을 할 수가 없는 것은 그야말로 잘 해봐야 본전이 되는 경우라고 하기 때문이다.

조금이라도 트집거리가 생긴다면 이번에는 온갖 흉한 말을 다 붙여서 풀이를 하게 되는데, 다행히 이 둘의 갈등을 해소 할 수 있는 글자는 8이 되므로 이렇게 되는 것 외에는 모두가 불길한 배합이 되는 것이다.

3-7. 向星③과 山星7의 조합

向星 ③	長男巨富, 才能, 事業, 盜賊亂動, 剋妻, 爭訟	 雷澤歸妹
山星 7	巨富得名, 武將, 興家, 盜賊橫死, 火災, 賤職	

九宮에서 向星의 位置

巽綠 ④	離紫 ⑨	坤黑 ②
震碧 ③	中黃 ⑤	兌赤 ⑦
艮白 ⑧	坎白 ①	乾白 ⑥

九宮에서 山星의 位置

巽綠 4	離紫 9	坤黑 2
震碧 3	中黃 5	兌赤 7
艮白 8	坎白 1	乾白 6

古書의 內容과 吉凶作用

古書秘訣

木金相反, 背義忘恩(목금상반, 배의망은).
震庚會局, 文臣而兼武將之權(진경회국, 문신이겸무장지권).
三七疊至, 被劫盜更見官災(삼칠첩지, 피겁도갱견관재).
七逢三到生財, 豈識財多被盜(칠봉삼도생재, 개식재다피도).
乙辛兮, 家室分離(을신혜, 가실분리).
蚩尤碧色, 好勇鬪狠之神, 破軍赤名, 肅殺劍鋒之象, 是以交劍殺興多劫掠, 龍爭虎鬪要傷長(치우벽색, 호용투한지신, 파군적명, 숙살검봉지상, 시이교검살흥다겁략, 용쟁호투요상장).
兌位明堂破震, 主吐血之災(태위명당파진, 주토혈지재).

吉作用

예능계통이나 예술계통에서 성공한 사람이 나옴.
횡재를 하는 경우가 발생함.

凶作用

사고를 당하거나, 수술을 하게 됨.
이성문제나 지나친 유흥으로 문제가 발생함.
구설시비가 발생함.

▶ 向星③과 山星❼의 풀이

3과 7이 조합이 되면 3木과 7金이 서로 상반되어 배은망덕(背恩忘德)하고 의리를 배반한다. 3碧木과 7赤金은 서로 相剋이 되기 때문에 함께 머물기가 어렵고 싸우는 경우가 많다.

3과 7이 조합되면, 문신(文臣)이면서 무장(武將)의 권세까지도 겸할 수 있다. 또 무장을 총 책임 지는 문신이 된다.

3은 사기나 싸움 등 잘못한 일들이 알려지게 되고 7은 사고나 관재를 의미하기 때문에, 3과 7이 겹쳐서 조합이 되면, 도둑이나 강도를 당하고, 관재를 당하게 된다.

3과 7이 조합되면 재산은 생기지만, 많은 재산을 도둑질 당하고 있으면서도 정작 본인은 알지 못한다. 3은 갑작스런 작용을, 7은 현금(現金)성 재산을 의미하지만, 사기를 당하거나 도둑질을 당하고 지출이 많아져서 재산을 벌어도 모이지가 않고 나가는 경우가 많다.

乙은 震宮3을 의미하고, 辛은 兌宮7을 의미한다. 3과 7의 조합이 되면 집안에서 가정불화가 생겨서 별거나 이혼을 하는 일이 생긴다는 뜻이다.

3碧木은 치우(蚩尤)와 같이 싸움을 좋아하는 신이고, 7赤金의 파군(破軍)은 숙살지기(肅殺之氣)와 같은 성분이어서 칼끝과 같이 예리함이 있다.

따라서 3과 7이 만나면 서로 싸우고 협박하여 남의 물건을 빼앗는 일이 많이 생긴다.

도둑이나 강도를 당하기도 하지만, 도둑질이나 강도질에 연루되어 경찰이나 검찰에 출입을 할 수도 있다.

용(龍)은 震으로 3을 의미하고, 호(虎)는 兌로 7을 의미한다. 용과 호랑이가 싸우면 장남(長男)이 상하게 된다.

3과 7의 조합이 되면 7金이 3木을 剋하여 3木에 해당하는 장남(長男)이 피해를 당하게 된다.

3과 7이 조합이 되고 형기상으로 흉하게 되면, 피를 토하게 되는 병으로 고통을 받게 된다.

7은 폐병(肺病)으로 인한 객혈(喀血)이나 흉기에 의한 사고, 수술을 요하는 일을 당하는 것을 의미하고 3은 갑작스러운 사고나 깜짝 놀라는 일을 당하는 것을 의미한다.

방위상으로 보면 3은 정동(正東)이되고, 7은 정서(正西)가 되어 방향이 서로 노려보는 입장이 되어 서로 눈을 부릅뜨고 바라보고 있으니 좋은 일이 생기기보다는 불편한 일이 생기기 쉽고, 이것이 시비(是非)로 연결이 되어서 마찰을 일으키게 된다고 해석할 수 있다.

3-8. 向星③과 山星❽의 조합

向星 ③	長男巨富, 才能, 事業, 盜賊亂動, 剋妻, 爭訟		雷山小過
山星 ❽	富貴忠義, 長壽, 孝心, 少年損傷, 抱病, 瘡腫		

九宮에서 向星의 位置

巽 綠	④	離 紫	⑨	坤 黑	②
震 碧	③	中 黃	⑤	兌 赤	⑦
艮 白	⑧	坎 白	①	乾 白	⑥

九宮에서 山星의 位置

巽 綠	4	離 紫	9	坤 黑	2
震 碧	3	中 黃	5	兌 赤	7
艮 白	❽	坎 白	1	乾 白	6

古書의 內容과 吉凶作用

古書秘訣

四綠固號文昌, 然八會四而小口殞生, 三八之逢更惡(사록고호문창, 연팔회사이소구운생, 삼팔지봉갱악).

碧星入艮卦, 郭氏絶賈相之嗣(벽성입간괘, 곽씨절가상지사).

震配艮, 有斗粟尺布之譏(진배간, 유두속척포지기).

八逢三四, 損由小口(팔봉삼사, 손유소구).

吉作用

사상가나 문장가로 뛰어난 인물이 나옴.

분양 받기 어려운 아파트나 택지 등을 분양받아 큰 이익을 봄.

부모의 재산을 상속 받을 수 있음.

귀한 자녀를 얻게 됨.

凶作用

부동산과 관련된 사기를 당하기 쉬움.

문제가 있는 부동산으로 인하여 피해가 발생함.

새로운 사업이나 변화가 전혀 되지 않음.

상속문제가 발생함.

건강하지 않은 사람은 사망할 수 있음.

▶ 向星③과 山星⑧의 풀이

4와 8이 조합이 되면 식구 중에서 어린이가 떨어져서 다치는 일이 생기는데 3과 8의 조합은 이 보다 더 나쁘다.

3은 벼락이 되어서 갑자기 당하는 사고를 의미하고, 8은 어린아이와 산과 같이 높은 곳을 의미한다. 따라서 어린아이가 높은 곳에서 떨어지는 사고를 당할 수가 있다.

3震의 碧木과 8艮의 白土가 조합이 되면 자식을 잃어버리는 일이 생긴다. 역시 사고로 어린아이가 죽어서 산에 묻는다는 의미가 된다.

곽씨절가상지사(郭氏絶賈相之嗣)라는 말은 부인 곽씨가 재상 가려의 대를 끊었다는 이야기로 고사(故事)를 인용한 것인데 다음과 같은 이야기가 전해진다.

진(晉)의 재상(宰相)인 가려(賈閭)에게 후처가 있었는데, 이름이 곽씨였고 그녀는 질투가 특별히 심하였다. 곽씨가 아들을 낳고 첫 돌이 되었을 때, 가려가 외출을 했다가 돌아오니까 유모가 어린 아이를 안고 뜰을 서성이는지라 아기를 본 아버지가 반가운 마음에 유모에게 다가가 울고 있는 아이를 보고 있는데, 멀리서 곽씨가 이 장면을 바라보고는 남편과 유모가 정을 통하는 것으로 알고 유모를 죽이자 아이는 비통하게 울면서 이후로 다른 사람이 주는 젖을 먹지 않고 굶어 죽었으며 이후로 곽씨에게는 다시 아이가 생기지 않았다.

이러한 고사를 인용하여 집 안에 대가 끊어진다고 설명을 하였는데, 고사를 잘 모르게 되면 명확한 의미를 이해하기 어려울 것 같아서 대만의 야후를 뒤져서 관련된 글을 찾아서 옮기게 되었다. 이해가 훨씬 쉬울 것으로 생각된다.

3과 8이 조합되면 친척이나 형제간에 불화가 발생하여 서로 원망하는 일이 생긴다. 3은 구설이나 말싸움을 의미하고 8은 친척형제[부부는 제외]를 의미한다.

따라서 친척이나 형제, 때로는 친구들과의 불화가 발생하게 된다. 여기에 대한 고사로 두속척포지기(斗粟尺布之譏)라는 말이 나오는데, 이 말은 '한 말의 좁쌀과 한 자의 삼베를 나무란다.'고 하는 뜻이다.

한(漢)나라 문제(文帝)의 동생이 반역을 도모하여 문제를 촉군(蜀郡)에 가두자 음식을 먹지 않고 죽었는데, 민가의 노랫말에 이것을 빗대어서 '한 자의 베도 바느질을 할 수 있고, 한 말의 좁쌀도 봄을 기다릴 수 있는데, 형제 두 사람은 서로 용납하지 않았네~!' 라는 말로 전했다고 한다.

3이나 4가 8과 조합되면 어린아이가 손상을 당한다. 이 부분은 아마도 3木, 4木이 8土를 木剋土를 하여 8이 剋을 당하게 되니 8에 해당하는 어린아이가 손상을 당할 수 있다는 뜻이다.

3-9. 向星③과 山星 9 의 조합

向星 ③	長男巨富, 才能, 事業, 盜賊亂動, 剋妻, 爭訟	 雷火豊
山星 9	科甲軍閥, 聰明, 功名, 火災吐血, 産厄, 盲人	

九宮에서 向星의 位置

巽綠 ④	離紫 ⑨	坤黑 ②
震碧 ③	中黃 ⑤	兌赤 ⑦
艮白 ⑧	坎白 ①	乾白 ⑥

九宮에서 山星의 位置

巽綠 ④	離紫 9	坤黑 ②
震碧 ③	中黃 ⑤	兌赤 ⑦
艮白 ⑧	坎白 ①	乾白 ⑥

古書의 內容과 吉凶作用

古書秘訣

棟入南離, 驟見廳堂再煥. 木見火而生總明奇士(동입남리, 취견청당재환. 목견화이생총명기사).

雷火進財人口貴(뇌화진재인구귀).

赤連紫碧, 聰明亦刻薄之萌(적연자벽, 총명역각박지맹).

吉作用

시험에 합격하거나 선거에 당선이 되고, 공천을 받거나 승진이 됨.
새로운 영역에서 출세를 하거나 성공을 하게 됨.
누명에서 벗어나게 됨.

凶作用

불법 행위로 인하여 재판을 받게 됨.
문서나 인감에 관련된 사기를 당하거나 사기에 연루됨.
소송에서 패하게 됨.
선거나 공천에서 탈락하게 됨.

▶ 向星③과 山星❾의 풀이

동입(棟入)이 남리(南離)한다는 말은 3碧木이 9紫火를 만났다는 것을 의미한다. 그냥 木이라고 하지 않고 큰 나무둥치를 의미하는 동(棟)은 대들보나 큰 기둥과 같이 굵은 나무를 말하므로 일반 나무와 구분해서 큰 나무라고 한 것이다. 이러한 큰 그릇이 火에 해당하는 9를 만남으로 해서 나타나는 현상을 설명하고자 하는 것이다.

3과 9가 조합되면 출세가 빠르고 명성이 빨리 빛나며, 3木과 9火가 만나면 木生火의 이치로 총명하고 뛰어난 재능을 가진 사람이 나온다.

이와 같은 풀이는 어렵지 않은데 문제는 그 다음의 취견청당재환(驟見廳堂再煥)이다. 이 대목의 의미를 찾아보기 위해서 자료가 있을 만한 곳은 모두 뒤져봤는데, 아무도 시원한 풀이를 하지 못하여 좀 아쉽다. 가장 솔직한 의견은 '나도 무슨 뜻인지 잘 모르겠다.' 는 것이었으니 일반인이 이해하기에는 중국 사람이라고 하더라도 쉽지 않은 내용인 듯하다.

그냥 글자만 놓고 풀이를 한다면, '관당(官堂: 관청)에서 다시 빛나는 것을 빠르게 본다.' 는 의미 정도가 되지 않을까 싶다. 그 말은 앞의 동입남리(棟入南離)와 연결을 시킨다면, 현실적으로 상황이 좋지 않아서 물러난 인물이 때를 기다리다가 갑자기 임금으로부터 입궐하라는 소식을 접하고 모두 놀라워 하는듯한 느낌을 가질 수는 있을 것이다.

다만, 현공비지(玄空秘旨)가 원래 그러하듯이 중요한 부분에서는 스윽~쩍 가려놓았다는 후학의 평을 듣는 이유가 바로 이러한 곳에서 명료하게 설명이 되지 않음으로 인해서라는 것을 짐작하실 수 있으리라고 본다. 그래서 이 정도의 풀이로 만족하고 훗날을 기약하도록 한다.

3과 9의 조합이 되면 木生火가 되어서 재물이 늘어나고 사람도 귀해진다. 3은 새로운 사업과 승진(昇進), 공천(公薦), 당선(當選), 명예(名譽) 등에 해당하고 9는 지성(知性), 출세(出世), 경사(慶事) 등을 의미하기 때문이다.

3과 9의 조합에서 운반이나 세운에서 7을 만나면, 총명하지만 잔인하고 인정이 없는 사람이 된다.

성급한 성격을 가질 수 있으며 자신의 출세와 이익을 위해서는 매우 이기적인 사람이 될 수 있다. 비록 남의 입장을 헤아리지는 못한다고 하더라도 본인에게는 상당한 지위가 주어질 수 있다는 것으로 봐서 좋다고 풀이하게 된다. 물론 덕을 베푸는 것은 개인적인 부분이다.

4-1. 向星④와 山星❶의 조합

向星 ④	科擧出世, 文豪, 美女, 淫蕩破産, 自殺, 中風		
山星 ❶	智慧聰明, 出世, 文筆, 家庭不和, 酒色, 放蕩		風水渙

九宮에서 向星의 位置

巽綠 ④	離紫 ⑨	坤黑 ②
震碧 ③	中黃 ⑤	兌赤 ⑦
艮白 ⑧	坎白 ①	乾白 ⑥

九宮에서 山星의 位置

巽綠 4	離紫 9	坤黑 2
震碧 3	中黃 5	兌赤 7
艮白 8	坎白 ❶	乾白 6

古書의 內容과 吉凶作用

古書秘訣

名揚科第, 貪狼入巽宮(명양과제, 탐랑입손궁).

坎無生氣, 得巽木而附寵聯歡(감무생기, 득손목이부총연환).

木入坎宮, 鳳池身貴(목입감궁, 봉지신귀).

四一同宮, 準發科名之顯(사일동궁, 준발과명지현).

水風財旺婦女貴(수풍재왕부녀귀).

當知四蕩一淫, 淫蕩者扶之歸正(당지사탕일음, 음탕자부지귀정).

吉作用

시험에 합격하고 지위가 올라감.

좋은 사람과 결혼을 하게 됨.

재산이 늘어나 부자가 됨.

凶作用

주색잡기(酒色雜技)로 패가망신(敗家亡身)함.

사업에 실패하고, 신용불량자가 됨.

떠돌이나 노숙자 생활을 하게 됨.

결혼이 성사되지 않거나 결혼생활이 파경에 이르게 됨.

시험에 불합격 됨.

▶ 向星④와 山星❶의 풀이

탐랑(貪狼)은 1白水를 의미하고 巽宮은 4를 의미한다. 즉, 4와 1이 조합되면 과거에 급제하는 인재가 되어서 크게 출세하여 이름을 날린다는 내용이다.

1은 지혜와 관직(官職-文官)을 의미하고, 4는 발전과 원만한 대인관계, 충분한 자격 등을 의미한다. 따라서 4와 1이 조합이 되면 관직에 나가서 승승장구 할 수 있다.

坎宮1에 형기상으로 문제가 있어서 생기를 받지 못하고 있는 상황에서 다시 巽宮4가 겹치게 되면 연달아서 첩을 얻는다. 坎宮1은 은밀한 이성 관계를 의미하고, 巽宮4는 결혼이나 교제를 의미한다. 따라서 4와 1의 조합이 不合局이 되었을 때는 결혼과 이혼을 반복하거나 빈번한 이성교제가 발생할 수 있다는 뜻도 된다.

1은 지혜와 벼슬을 의미하고, 4는 발전과 충분한 자격 등을 의미하기 때문이다. 4와 1이 조합되면 과거에 합격하여 이름과 명예가 높아지고 재정상태도 좋아진다.

水는 1을 風은 4를 의미한다. 즉, 4와 1이 조합되면 재물이 왕성해지고 부녀자가 귀해진다. 風은 팔괘에서 장녀를 의미하기 때문에 부녀자라고 하게 되는데, 나이가 든 여인을 모두 말하는 것으로 보면 된다. 참고로 팔괘에서 남녀를 구분하는 공식을 살펴본다.

八卦의 男女 年齡對比法			
乾 ☰	乾三連	조부, 부	老陽
震 ☳	震下連	중년남자	長男
坎 ☵	坎中連	청년남자	中男
艮 ☶	艮上連	어린소년	少男
坤 ☷	坤三絶	조모, 모	老陰
巽 ☴	巽下絶	중년여성	長女
離 ☲	離虛中	젊은여성	中女
兌 ☱	兌上絶	어린소녀	少女

이 표와 같은 기준으로 연령대를 참작하여 대입하고 있으므로 그 구성을 잘 이해하게 되면 훨씬 쉽게 파악이 될 것으로 본다. 핵심은 삼효(三爻) 중에서 陰陽이 다른 하나의 효가 되는 것이다.

1은 음란을 의미하고, 4는 방탕함을 의미하는 것이다. 4와 1의 조합이 不合局으로 이뤄지게 되면 첩이나 애인을 얻는 음란하고 방탕한 사람이 나온다.

그러나 <向星1+山星4>의 조합 해설과 내용은 비슷하지만 차이점이 있다.

<向星1+山星4>의 조합은 山星4가 여자[특히 장녀나 중년의 여자]에 해당하기 때문에 여자에게 작용력이 강하게 나타나고, <向星4+山星1>의 조합은 山星1이 남자[특히 차남(次男)이나 젊은 남자]에 해당하기 때문에 남자에게 작용력이 강하다.

4-2. 向星④와 山星❷의 조합

向星 ④	科擧出世, 文豪, 美女, 淫蕩破産, 自殺, 中風		風地觀
山星 ❷	出將入相, 女權, 巨富, 靑霜寡婦, 短命, 惡瘡		

九宮에서 向星의 位置

巽綠 ④	離紫 ⑨	坤黑 ②
震碧 ③	中黃 ⑤	兌赤 ⑦
艮白 ⑧	坎白 ①	乾白 ⑥

九宮에서 山星의 位置

巽綠 4	離紫 9	坤黑 ❷
震碧 3	中黃 5	兌赤 7
艮白 8	坎白 1	乾白 6

古書의 內容과 吉凶作用

古書秘訣

山地被風, 還生風疾(산지피풍, 환생풍질).
風行地上, 決定傷脾(풍행지상, 결정상비).
風行地而硬難當, 室有欺姑之婦(풍행지이경난당, 실유기고지부).
二逢四, 咎當主母(이봉사, 구당주모).

吉作用

생업이 발전하게 됨.
직장에서 승진이 됨.
결혼을 하여 가정을 이루게 됨.

凶作用

생업에 어려움이 발생함.
부동산 매매에 어려움이 발생함.
가출을 하는 사람이 생김.

▶ 向星④와 山星❷의 풀이

山은 8白土를 의미하고, 地는 2黑土를 의미하며, 風은 4綠木을 의미한다. 8과 2는 土에 속하는데 4木의 剋을 받아서 중풍 등의 질병에 걸린다.

4와 2의 조합이 되면 비장이 손상을 당한다. 2는 비장(脾臟)과 위장(胃腸)에 해당되는데, 2土가 4木의 剋을 받아서 비장이 손상된다는 의미이다.

4와 2가 조합이 되면 시어머니를 업신여기는 부인이 생겨서 어려움을 당한다. 즉, 고부간의 갈등이 심해진다.

2는 坤으로 노녀(老女)가 되므로 늙은 여자를 의미하고 4는 巽으로 장녀(長女)가 되므로 장년의 여자를 의미한다. 따라서 4와 2의 조합이면 고부간의 갈등이나 모녀간의 불화 등이 생길 수 있다. 아울러서 반드시 고부(姑婦)의 관계만이 아니고,

이와 같은 연령대에 해당하는 사람끼리 마찰이 일어 날 수가 있는데 그 중에서 가장 가까운 관계를 논의하다가 보니까 고부갈등이 등장하게 된 것이다. 그러니까 대가족이라고 한다면 그와 같은 등급에 해당하는 인연으로 인해서 갈등이 발생하는 것으로 확대해석 할 수 있을 것이다. 이러한 것을 일러서 '활간(活看)'이라고 한다.

4와 2가 조합되면 집안의 실권을 가진 여자[어머니나 할머니]에게 허물이 생겨서 근심거리가 생긴다. 예를 들면, 할머니가 약장수의 구경을 갔다가 거금의 건강보조식품을 구입하게 되어서 가계에 큰 구멍이 날 수도 있으니, 이렇게 순진한 할머니들을 현혹시키는 별의별 일들이 많은 일어나는 세상에서 문제를 만들기로 든다면 일일이 예를 다 들 수도 없을 정도이다.

앞에서 설명한 <向星2+山星4>의 조합 해설과 내용이 비슷하지만 다음과 같은 차이점이 있다. <向星2+山星4>의 조합은 山星4가 장녀(長女)나 중년의 여자에 해당하므로 장녀(長女)나 중년의 여자에게 작용력이 강하고, <向星4+山星2>의 조합은 山星 2가 할머니나 어머니에 해당하므로 나이 많은 여자에게 작용력이 더욱 강하게 나타나는 것이다.

고서(古書)의 비결에서도 특별히 어려운 내용은 보이지 않으니 이해하시기에 무난할 것으로 판단이 된다.

4-3. 向星④와 山星❸의 조합

向星 ④	科擧出世, 文豪, 美女, 淫蕩破産, 自殺, 中風		風雷益
山星 ❸	長男巨富, 才能, 事業, 盜賊亂動, 剋妻, 爭訟		

九宮에서 向星의 位置

巽綠	離紫	坤黑
④	⑨	②
震碧	中黃	兌赤
③	⑤	⑦
艮白	坎白	乾白
⑧	①	⑥

九宮에서 山星의 位置

巽綠	離紫	坤黑
4	9	2
震碧	中黃	兌赤
❸	5	7
艮白	坎白	乾白
8	1	6

古書의 內容과 吉凶作用

古書秘訣	同來震巽, 昧事無常(동래진손, 매사무상). 貴比王謝, 總緣喬木扶桑(귀비왕사, 총연교목부상). 震巽先宮而生賊丐(진손선궁이생적개). 雙木成林, 雷風相薄(쌍목성림, 뇌풍상박). 雷風長女多疾病(뇌풍장녀다질병). 雷風金伐, 定被刀傷(뇌풍금벌, 정피도상). 碧綠風魔, 他處廉貞莫見(벽록풍마, 타처렴정막견).
吉作用	사업이 번창하고, 새로 시작하는 것들이 원활하게 진행이 됨. 선거에 당선되거나 공천을 받음. 좋은 사람들과 교류가 왕성해짐.
凶作用	전염병이나 뜻밖의 사고를 당함. 사기를 당하거나 사업에 실패하고, 신용불량자가 됨. 떠돌이나 노숙자 생활을 하게 됨. 선거나 공천에 실패하고 모든 거래들이 성사되지 않음. 결혼생활이 파경에 이르게 됨.

▶ 向星④와 山星❸의 풀이

고서(古書)의 내용에서 살펴보면 알겠지만, <向星3+山星4>의 경우와 비교해서 별반 다르지 않은 내용임을 알 수 있다. 그래서 처음에는 무척 어렵게 느껴지던 성요 조합의 내용이 되풀이 되는 과정에서 점차 이해가 빨라지고 적용도 쉬워진다는 것을 알 수 있을 것이다.

아울러서 내용이 비슷한 것도 당연하다고 생각을 하고 살펴보면 되겠다. 그렇지만 그 가운데에서도 向星과 山星의 위치가 서로 달라지는 경우에 해석이 반드시 같은 것은 아니므로 이러한 차이점을 살펴서 이해하는 것도 중요하다.

4와 3의 조합이 되면 매사가 무상하다. 震宮3은 뇌성으로 소리만 있고 실체가 없으며, 4는 바람으로 역시 실체가 없기 때문이다.

4와 3의 조합이 되면 왕사(王謝-고사에 나오는 왕도와 사안)와 같이 귀함이 있다.[向星3+山星4항 참고]

3과 4는 방향으로는 모두 동쪽에 해당하고, 五行으로 모두 木에 해당하기 때문에 동쪽에 있는 큰 나무 두개가 모였으니 부귀가 쌍전하게 된다.

또한, 3木과 4木이 땅에 뿌리를 내려서 숲을 이루게 되므로, 4와 3의 조합이 길한 작용을 하면 서로 조화를 잘 이루어 역시 부귀쌍전(富貴雙全) 할 수 있다.

3은 벼락출세를, 4는 온 사방에 명성을 날리는 의미가 되기도 하며, 3은 사기꾼을 4는 사업실패 등으로 거지가 되는 경우도 있으므로, 4와 3의 조합이 不合局이 되거나 형기상으로 흉하면 도둑이나 거지가 나온다.

4와 3의 조합이 되면 장녀(長女)에게 질병이 많이 발생한다. 4는 장녀를 3은 전염병과 사고를 뜻하기 때문이다.

3木과 4木은 金에게 베임을 당하니 세운이나 운반에서 6金이나 7金을 만나면 칼 등 흉기에 상처를 당한다. 또 교통사고나 강도 등을 당하기도 한다.

3碧木과 4綠木은 바람과 역마살에 해당하는데, 세운이나 운반에서 5염정(廉貞)을 만나면 타향을 헤매게 된다.

앞에서 설명한 <向星3+山星4>의 조합 해설과 내용은 비슷하지만 다음과 같은 차이점이 있다.

<向星3+山星4>의 조합은 山星4가 장녀나 중년의 여자에 해당하고, <向星4+山星3>의 조합은 山星3이 장남(長男)이나 장년의 남자에 해당하므로 여기에 해당한 인물의 작용력이 강하다.

4-4. 向星④와 山星4의 조합

向星 ④	科擧出世, 文豪, 美女, 淫蕩破産, 自殺, 中風	䷸	巽爲風
山星 4	위와 같음		

九宮에서 向星의 位置

巽綠 ④	離紫 ⑨	坤黑 ②
震碧 ③	中黃 ⑤	兌赤 ⑦
艮白 ⑧	坎白 ①	乾白 ⑥

九宮에서 山星의 位置

巽綠 4	離紫 9	坤黑 2
震碧 3	中黃 5	兌赤 7
艮白 8	坎白 1	乾白 6

古書의 內容과 吉凶作用

古書秘訣

風鬱而氣機不利(풍울이기기불리).

巽如反臂, 總憐流落無歸(손여반비, 총련유락무귀).

蓋四綠爲文昌之神, 職司祿位, 一白爲官星之應, 主宰文章, 還宮復位固佳, 交互疊逢亦美(개사녹위문창지신, 직사록위, 일백위관성지응, 주재문장, 환궁부위고가, 교호첩봉역미).

吉作用

좋은 사람과 결혼을 하게 됨.
특히 여성의 경우 학자로서 명성을 얻게 됨.
사법시험이나 행정고시에 합격함.

凶作用

결혼이 성사되지 않거나 결혼 생활이 파경에 이르게 됨.
집안에서 가출하는 여성이 나옴.
시험에 불합격함.
모든 거래들이 성사되지 않음.

▶ 向星④와 山星④의 풀이

風은 손위풍(巽爲風)으로 4를 의미하게 되니, 이것을 바람이라고 하게 된다. 그런데 바람은 소통이 되는 것이 그 본질이라고 한다면 바람이 막히게 되는 것은 기가 통하지 않는 것이다. 여기에서 막힌다는 것은 해당 방향에 흉한 암시가 있음을 의미하는 것이다.

4와 4가 조합이 되면 4는 바람으로 막히는 데가 없어야 유통 거래 교제 등이 활발하게 된다. 그러나 현공법으로 不合局이 되거나 형기상으로 흉하면 유통(流通)이나 거래(去來)나 교제(交際) 등에 문제가 발생한다.

4와 4의 조합이 不合局이 되거나, 巽宮의 방향이나 4와 4의 조합이 된 궁위(宮位)의 방향에 형기상으로 청룡(靑龍)이나, 백호(白虎)가 환포(環抱-감싸고 보호하는 것)하지 못하고 손을 뒤집는 모습인 반궁(反弓)의 형태가 되면, 가세(家勢)가 몰락(沒落)을 하여 고향으로 돌아오지 못하고 떠돌이가 되는 불쌍한 신세가 된다.

4는 사업(事業), 신용(信用), 방랑(放浪), 방탕(放蕩), 떠돌이 등을 의미하므로, 巽宮4가 흉한 작용을 할 때는 사업에 실패하고 신용불량자가 되어 방랑자가 되거나, 방탕한 생활로 인하여 파산(破産)을 하여 떠돌이나 노숙자가 된다.

4綠木은 문창(文昌)이 되어 녹봉(祿俸)을 받고 있는 현직 관리를 의미하고 1白水도 관성(官星-벼슬과 관청)에 응하지만 문장을 주재(主宰-학자)하는 것을 의미하니 4는 1을 만나서 함께 있는 것이 좋다. 즉, 문신으로 크게 출세하는 인물이 나온다.

4와 4의 조합이 되어도 공직(公職)이나 사업으로 성공하는 인물이 나온다.

같은 숫자 4가 겹치게 되면 무슨 일이라도 되면 크게 되고, 그렇지 않으면 대흉(大凶)하게 되는 것이 자연오행의 법칙으로, 이는 조화(調和)를 잃었기 때문이다.

정치에 야망이 있는 사람이 조상을 편안하게 모시겠다는 효심이 아닌, 자신의 부귀영달을 위해서 산소 자리를 이장하게 된다면, 아마도 이렇게 한 쪽으로 치우친 형태의 자리를 탐할 수도 있을 것이다.

이것은 특수한 목적에 의해서 판단을 할 수도 있을 것인데, 결국 뜻을 이룬다고 하더라도 발상(發想)의 동기(動機)가 불손하게 되었다면 그 결과에 대해서도 낙관적으로만 보기는 어렵지 않을까 싶다. 그리고 참으로 조상을 잘 모시고자 하는 마음으로 마른자리를 찾는다면 하늘도 감응(感應)이 있어서 편안하고 행복한 자리를 제공할 것이다. 이러한 것에 대한 고사(故事)는 허다하게 많아 일일이 열거를 할 수가 없을 정도이다.

4-5. 向星④와 山星❺의 조합

向星 ④	科擧出世, 文豪, 美女, 淫蕩破産, 自殺, 中風		風戊己
山星 ❺	奇人極貴, 禪師, 王侯, 淫亂官災, 昏迷, 傷人		

九宮에서 向星의 位置

巽綠 ④	離紫 ⑨	坤黑 ②
震碧 ③	中黃 ⑤	兌赤 ⑦
艮白 ⑧	坎白 ①	乾白 ⑥

九宮에서 山星의 位置

巽綠 ④	離紫 ⑨	坤黑 ②
震碧 ③	中黃 ❺	兌赤 ⑦
艮白 ⑧	坎白 ①	乾白 ⑥

古書의 內容과 吉凶作用

古書秘訣	乳癰兮, 四五(유옹혜, 사오). 碧綠風魔, 他處廉貞莫見(벽녹풍마, 타처염정막견). 我剋彼而遭其辱, 因財帛以喪身(아극피이조기욕, 인재백이상신).
吉作用	한 문파의 중심인물이 되거나 학자로서 명성을 얻게 됨. 여장부가 나오게 됨. ※〈4+5〉의 조합은 4운과 5운에만 길한 작용이 있고 나머지 운에는 길한 작용을 기대하기가 어려움.
凶作用	사업에 실패하거나 재정파탄이 일어남. 결혼생활이 파경에 이르거나 부인의 가출 및 상처(喪妻). 증권 및 도박으로 패망을 하게 됨. 시험에 불합격하고, 모든 거래가 깨짐. 간암, 유방암, 중풍, 신경질환등의 중증 질병이 발생함. ※4가 의미하는 모든 것들이 다 흉하게 작용하게 됨.

▶ 向星④와 山星⑤의 풀이

4와 5가 조합이 되면 유방에 악성 종기가 생긴다. 4는 유방을 의미하고, 5는 변질이나 부패를 의미한다. 따라서 유방암이나 기타 유방에 이상 증상이 나타나게 된다.

풍(風)은 장녀(長女)가 되고, 여성의 유방이 된다. 그리고 5는 종기(腫氣)나 암증(癌症)이 되므로 이러한 풀이가 가능하게 된다. 이러한 논리는 오랫동안 선현들의 경험과 직관으로 얻어 낸 결과물이 아닌가 싶다.

더구나 요즘같이 여성에게 흔히 나타나는 유방암(乳房癌)을 생각해 본다면 그러한 여성들이 살아가고 있는 공간이나 조상의 묘의 주변에서 혹시라도 <4+5>의 사항을 범하여 일어나는 일이 될 수도 있을 것이다.

3碧木과 4綠木은 바람과 역마살에 해당하는데, 그 이유는 바람도 정처 없이 떠돌아다니고, 역마살도 정처 없이 떠돌아다니므로 이러한 공통점에서 붙여진 이름이다. 이들이 세운이나 운반에서 5의 염정(廉貞)을 만나면 고향을 떠나 타향을 헤매며 떠돌게 된다.

4는 바람이나 방랑을 의미하고, 5는 이별이나 마찰, 죽음 등을 의미한다. 따라서 4와 5가 조합이 되면 방랑자가 되거나 타향에서 헤매는 외로운 신세가 된다. 4와 5가 조합되면 4木이 5土를 木剋土하지만 욕됨을 만나기 때문에 주색잡기(酒色雜技)로 패가망신(敗家亡身)하게 된다. 그리고 4운이나 5운을 제외한 나머지 운에서 4가 5를 만나면 오히려 사업이 실패하고 재산이 줄어드는 나쁜 작용을 하게 된다.

또한, 木剋土에서 풍목(風木)이 득세를 하게 되므로 여성에게 큰 힘을 실어줄 수도 있다. 이것은 좋은 작용을 했을 경우에 가능한 이야기가 된다.

토막상식

항구의 방파제(防波堤)도 호사(護砂)의 역할을 한다. 풍랑을 지켜 주는 의미가 되는데 호사의 역할이기도 한 까닭이다. 방파제 안쪽은 좋은 명당(明堂)이 되는 셈이다.

4-6. 向星④와 山星❻의 조합

向星 ④	科擧出世, 文豪, 美女, 淫蕩破産, 自殺, 中風	䷈	風天小畜
山星 ❻	財山人海, 陰德, 功勳, 剋妻孤獨, 貧窮, 奢侈		

九宮에서 向星의 位置	九宮에서 山星의 位置
巽綠 ④ / 離紫 9 / 坤黑 2 震碧 3 / 中黃 5 / 兌赤 7 艮白 8 / 坎白 1 / 乾白 6	巽綠 4 / 離紫 9 / 坤黑 2 震碧 3 / 中黃 5 / 兌赤 7 艮白 8 / 坎白 1 / 乾白 ❻

古書의 內容과 吉凶作用	
古書秘訣	小畜差徭勞碌, 巽爲命令, 乾爲大人, 乾剋巽, 故有差徭勞碌(소축차요노록, 손위명령, 건위대인, 건극손, 고유차요노록). 木見戌朝, 莊生難免鼓盆之歎(목견술조, 장생난면고분지탄). 巽宮水路纏乾, 主有懸梁之厄(손궁수로전건, 주유현량지액). 相生而有相凌之害, 後天之金木交倂(상생이유상릉지해, 후천지금목교병).
吉作用	사업이 확장되거나 하는 일들이 원활하게 진행이 됨. 투자나 투기로 큰 이익을 얻게 됨. 윗사람의 도움으로 발전을 하게 됨.
凶作用	관재를 당하거나 사고를 당함. 투자나 투기로 인하여 큰 손실이 발생함. 윗사람이나 직장상사와 불화가 생겨 불이익을 당함.

➡ 向星④와 山星⑥의 풀이

소축(小畜)이라는 말은 풍천소축(風天小畜)의 줄임말이며, 괘의 명칭을 말한 것이다. 4와 6이 조합되면 자갈땅에서 힘들게 일하면서 실수(失手)없이 자갈을 잘 골라내야 한다.

巽의 4는 명령(命令)에 해당하고 乾의 6은 대인(大人)에 해당하는데, 6金이 4木을 극하니 실수(失手)없이 일을 해야 윗사람의 질책을 당하지 않는다.

4는 교제(交際), 신용(信用), 자격(資格)에 해당하고 6은 윗사람에 해당하는데, 4와 6의 조합이 不合局이 되면 직장에서는 상사(上司)에게 인정을 받지 못하거나 불화가 생길 수 있고, 집안에서는 웃어른과의 불화가 발생한다.

木은 4를 戌은 6을 의미한다. 6은 乾宮에 배당이 되는데, 乾宮의 地支는 戌亥가 되기 때문에 이번에는 戌土를 대입하게 되는 것이다. 4木은 중년의 부인을 의미하는데 6金을 만나면 木이 剋을 당하여 부인을 잃을 수 있다.

《장자(莊子)》의 「지락(至樂)편」을 살펴보면, '장자처사(莊子妻死). 혜자조지(惠子弔之). 장자즉방기거(莊子則方箕踞). 고분이가(鼓盆而歌).'의 이야기는 평소 절친했던 혜자가 장자의 부인이 죽었다는 소식을 듣고 문상을 갔더니 장자는 벽에 기댄 채 화분을 두드리면서 노래를 부르고 있었다는 이야기가 있는데, 4와 6이 조합되면 장생(莊生-장자에 나오는 고사)이 항아리를 두드리며 한탄하는 것을 면할 수 없다는 말을 하기도 하며, 부부가 금슬이 좋다고 하더라도 이러한 방위에 있는 방을 사용하면 결혼생활에 문제가 발생하고 심하면 부인이 사망할 수 있다.

巽宮4의 방향에 형기상으로 수로(水路)가 줄로 감거나 묶은 형태이면서 물이 마른 형상을 하고 있으면, 木을 매달아 자살을 하는 흉한 일이 발생한다. 거기다 6과 같이 조합이 되면 6은 자살을 의미하기 때문에 작용력이 더 강해진다.

선천수(先天數)로서 4는 金에 속하고 6은 水에 속하여 相生이 되지만, 후천수(後天數)로서 4는 木에 속하고 6은 金에 속하여 金剋木을 하여 다투게 된다.

그런데 때로는 선천수(先天數)로 논하고, 또 갑자기 후천수(後天數)를 논하다가, 또 八卦가 등장을 하는 등 자칫하면 정신이 없다는 느낌이 들 수도 있을 것이다. 그러나 이것은 비결의 특성으로, 문제의 핵심을 고의적으로 감추어서 쉽게 찾지 못하게 하는 그야말로 고수들의 게임이라고 할 수 있으니, 이것을 탓하지 말고 열심히 노력하여 올바르게 이해를 하는 것이 최선이라는 점을 참고하시기 바란다.

4-7. 向星④와 山星7의 조합

向星 ④	科擧出世, 文豪, 美女, 淫蕩破産, 自殺, 中風	 風澤中孚
山星 7	巨富得名, 武將, 興家, 盜賊橫死, 火災, 賤職	

九宮에서 向星의 位置

巽綠 ④	離紫 9	坤黑 2
震碧 3	中黃 5	兌赤 7
艮白 8	坎白 1	乾白 6

九宮에서 山星의 位置

巽綠 4	離紫 9	坤黑 2
震碧 3	中黃 5	兌赤 7
艮白 8	坎白 1	乾白 6

古書의 內容과 吉凶作用

古書秘訣

雷風金伐, 定被刀傷(뇌풍금벌, 정피도상).
辰酉兮, 閨幃不睦(진유혜, 규위불목).
四七臨而文章不顯, 嘔血早夭(사칠임이문장불현, 구혈조요).
破軍居巽位, 癲疾風狂(파군거손위, 전질풍광).

吉作用

연예계나 예술 계통에서 명성을 날리게 됨.
고위 관직에 오르게 됨.
대인관계가 활발해 짐.

凶作用

주색잡기(酒色雜技)로 패가망신(敗家亡身)함.
대인관계가 나빠지고 사귀는 사람과 헤어지게 됨.
금전 거래가 깨어져서 손실을 보게 됨.

➡ 向星④와 山星⑦의 풀이

4綠木과 7赤金이 조합되면 木이 金에게 극을 당하는 형국이 발생하게 되어 칼이나 도끼 등의 흉기에 몸을 상하게 되는 일이 발생하게 된다.

이러한 것이 어쩌다가 한 번 일어나는 것이야 누구나 가능한 일이겠지만 흉한 형상을 하고 있을 경우에는 항상 그렇게 된다는 것으로 해석을 하는 것이 타당할 것이다.

7赤金은 병장기(兵仗器)나 날카로운 흉기를 의미하고 4綠木을 剋하기 때문에 칼 등에 몸을 다칠 수 있다.

辰은 巽4를 나타내고, 酉는 兌7을 의미한다. 巽方에는 辰巽巳의 세 글자가 자리를 잡고 있는데, 그 중에서 辰土를 언급하고 있는 것이며, 酉는 庚酉辛에서 나왔다는 것을 의미한다.

규위(閨幃)는 커튼으로 가려진 부녀자의 방을 의미한다. 4와 7이 조합되면 집안의 여자들끼리 화목하지 못하고 불화가 생긴다.

4木은 장녀(長女)를, 7金은 소녀(少女)를 의미하는데, 서로 相剋이 되므로 여자들끼리 불화(不和)가 발생한다. 그리고 여자와 나이를 고려하여 확대하게 되면 어머니와 딸이 될 수도 있고, 자매간이 될 수도 있다는 것은 상황에 따라서 다른 풀이가 나오므로 이러한 것도 참고할 수 있다.

4와 7이 조합되면 태어나면서 능력을 부여받았음에도 불구하고 천부적인 재능을 드러내지 각종 시험에 합격되기 어렵고, 수술을 요하는 병이나 사고를 당한다.

파군(破軍)은 7이 된다. 파군이 巽宮에 기거하게 되는 것이 4와 7의 조합이 되는데, 지랄병이라고도 하는 간질(癎疾)로 고통을 받는 사람이 생겨나기도 하고, 미쳐버리는 정신병이 걸리게 되는 사람이 나오기도 한다.

4는 木으로 신경계통(神經系統)을 의미하는데, 7과 相剋이 되어 손상되므로 정신이상자나 신경계통의 질병이 올 수 있다.

金剋木으로 손상을 받는 것은 木이 되기 때문에 특히 신체에서는 木에 해당하는 기관에 큰 손상을 입게 되는 것이라서 신경과 연관이 되어서 발병하는 분야에 문제가 생긴다고 해석을 한다.

4-8. 向星④와 山星8의 조합

向星 ④	科擧出世, 文豪, 美女, 淫蕩破産, 自殺, 中風	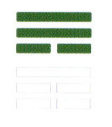	風山漸
山星 8	富貴忠義, 長壽, 孝心, 少年損傷, 抱病, 瘡腫		

九宮에서 向星의 位置

巽綠 ④	離紫 ⑨	坤黑 ②
震碧 ③	中黃 ⑤	兌赤 ⑦
艮白 ⑧	坎白 ①	乾白 ⑥

九宮에서 山星의 位置

巽綠 4	離紫 9	坤黑 2
震碧 3	中黃 5	兌赤 7
艮白 8	坎白 1	乾白 6

古書의 內容과 吉凶作用

古書秘訣

山風值而泉石膏肓(산풍치이천석고황).
山地被風, 還生風疾(산지피풍, 환생풍질).
風戶見鬼墮胎亡(풍호현귀타태망).
四綠固號文昌, 然八會四而小口殞生(사록고호문창, 연팔회사이소구운생).

吉作用

큰 규모의 임야나 아파트 등의 부동산으로 부자가 됨.
많은 상속을 받음.
스님 등 수도생활을 하는 수행자가 나옴.
원하는 변화나 변동이 모두 이루어짐.

凶作用

부동산 등의 많은 재산이 손실됨.
가족 간에 불화가 발생하는데 특히 형제간에 더욱 심각해짐.
원하는 변화나 변동이 되지 않아 어려움을 당하게 됨.
자녀 출산이 어렵고, 중증 환자는 사망을 하게 됨.

▶ 向星④와 山星⑧의 풀이

風은 巽4를, 山은 艮8을 의미하고, 천석고황(泉石膏肓-산수를 사랑하는 마음이 너무 정도에 지나쳐 고칠 수 없는 지경에 이르렀음)을 의미한다.

4는 풍류를 의미하고, 8은 산을 의미하므로 4와 8이 조합되면 세상을 등지고 산에서 자연을 벗 삼아 사는 사람이 나온다.

4와 8이 조합되면 중풍(中風)이나 신경이 쇠약한 환자가 생길 수 있다.

풍호(風戶)는 4巽風을 의미하고, 귀(鬼)는 귀문(鬼門)을 의미하는데 귀문은 간방(艮方-동북방)의 8白土를 의미한다.

艮8은 1년이 끝나고[丑] 새로운 해가 시작되는 곳[寅]이기 때문에 죽음[귀신이 출입할 수 있는 곳이라는 뜻에서 귀문이라고 함]과 탄생을 동시에 의미하는 곳이다. 참고로 艮方의 24산을 보면, 丑艮寅이 되는데, 그 중에서 丑은 끝을 의미하는 섣달이 되고, 寅은 시작을 의미하는 正月이 되므로 艮方은 시작이 되고, 동시에 끝이 되는 것으로도 말하게 된다.

우리나라를 일컬어서 간방문화(艮方文化)라고 하는 말이 있는데, 이것은 중국의 기문둔갑(奇門遁甲)에서 한국의 방향을 말하는 것이기도 하다. 그리고 역사의 시작이 우리나라에서 되었듯이 끝마무리도 우리나라에서 된다는 설도 있는데, 그 연유를 유추(類推)해 보면 이렇게 24산의 흐름에서 기인(起因)한다는 것을 알 수 있다.

4와 8이 조합되고 不合局이 되거나 형기상으로 흉하면 유산(流産)이 되거나 사산(死産)을 하게 되는 등 새로운 생명이 탄생하기가 어렵다.

4는 문창(文昌)이 되기도 하며, 4와 8이 조합되면 어린아이가 떨어져서 사고를 당하는 일이 생긴다. 4木과 8土가 相剋이 되어 8土에 해당하는 어린아이[특히 사내아이]가 높은 곳[8=山]에서 떨어져 다치는 일이 생긴다.

여기에서 어린아이가 나오는 이유는 앞에서 설명을 드렸지만, 艮卦는 ☶으로 一陽이 맨 위에 있어서 소남(少男)이 된다. 그래서 어린 남자아이로 대입을 하는 것이다. 이렇게 자꾸 반복을 해서 언급을 하게 되면 어느 사이에 소화가 될 것이므로 자꾸 보는 것이 중요하다.

시작도 되고 마무리도 되는 방향인 8이 4인 바람을 만났으므로 변화가 일어나게 된다. 그래서 흉한 조짐이 되는 방향의 숫자 조합이 될 경우에는 잠잠하던 형제간의 불화가 점점 심각해지는 현상이 생기기도 하고, 중환자의 경우에는 오랜 병을 정리하게 되는 의미로 사망을 하게 되는 해석이 가능하게 된다. 물론 길한 조짐이 나타나게 된다면 회복을 논할 수도 있을 것이다. 이러한 것은 주변의 조짐에 따라서 판단하면 된다.

4-9. 向星④와 山星 9 의 조합

向星 ④	科擧出世, 文豪, 美女, 淫蕩破産, 自殺, 中風
山星 9	科甲軍閥, 聰明, 功名, 火災吐血, 産厄, 盲人

風火家人

九宮에서 向星의 位置

巽綠 ④	離紫 ⑨	坤黑 ②
震碧 ③	中黃 ⑤	兌赤 ⑦
艮白 ⑧	坎白 ①	乾白 ⑥

九宮에서 山星의 位置

巽綠 4	離紫 9	坤黑 2
震碧 3	中黃 5	兌赤 7
艮白 8	坎白 1	乾白 6

古書의 內容과 吉凶作用

古書秘訣	木見火而生聰明奇士(목견화이생총명기사). 木見火兮, 定生聰明俊秀之子(목견화혜, 정생총명준수지자). 巽陰就離, 風散則火易熄(손음취리, 풍산칙화이식). 風火益財婦(풍화익재부). 開口筆揷離方, 必落孫山之外(개구필삽이방, 필락손산지외).
吉作用	사업에 성공하고 훌륭한 학자가 나옴. 좋은 사람과 결혼을 하게 됨. 재판이나 송사에서 이기게 됨. 관직에서 승진하는 경사가 생김.
凶作用	재판에 휘말리거나 소송에서 패하게 됨. 이혼 소송을 당하여 이별을 하게 됨. 특히 여성의 경우 방탕함과 사치로 인하여 문제가 발생함. 객사를 당하거나 흉사를 당하게 됨. 성급한 판단으로 사업상의 손해를 보게 됨.

▶ 向星④와 山星⑨의 풀이

4와 9가 조합되면 총명하고 뛰어난 재능을 가진 사람이 나온다. 4는 문창(文昌)을 의미하고 9는 지성(知性)과 출세(出世)를 의미한다. 따라서 관직(官職)이나 학문(學問)으로 뛰어난 사람이 나와서 출세를 할 수 있다.

4와 9가 조합되면, 4木은 陰木이라서 火를 생하기 어려워서 불이 쉽게 꺼진다. 이것은 不合局이 되어 좋지 못한 작용을 할 때를 설명한 것으로 우둔한 사람이 나오거나 공부를 못하는 자손이 나오게 된다.

4는 사업이나 발전을 의미하고 9는 번성(繁盛)을 의미하므로 4와 9가 조합되면 재산의 증식이 생기게 되고, 또 4는 장녀(長女)가 되고, 9는 중녀(中女)가 되어서 모두 여자에 해당하므로 특히 여자에게 좋은 일들이 발생하거나 뛰어난 재주를 가진 여자가 나오게 된다.

'개구필삽(開口筆插)'이라는 말이 있는데 이 의미는 형기상으로 흡사 붓 두 개를 꽂아놓은 듯이 뾰족한 봉우리와 봉우리 사이가 있는 모습을 말한다. 이러한 모양의 형세를 갖고 있는 산봉우리가 남방을 의미하는 離宮의 방향에 보이면 반드시 멀고 먼 타향으로 시험을 보러 나가서 합격을 하지 못하고 떨어지게 된다.

'필락손산(必落孫山)'이라는 말은 고사(故事)의 '명락손산(名落孫山)'에서 유래를 한 것으로 보이는데, 그 고사에 의하면, 송대(宋代)에 손산(孫山)이라는 사람이 글공부를 많이 했다고 한다. 그 사람은 대단히 총명하고 풍류를 알며 유머도 있었고 재주도 뛰어났는데, 어느 해에 과거를 보러 가기 위해서 동네의 소년과 동행을 했다.

과거를 보고 결과의 방을 보니까 소년의 이름은 없고 맨 끝에 자신의 이름만 있는 상황이었다. 손산(孫山)이 먼저 고향으로 돌아 왔는데, 소년의 부친이 자신의 아들은 어떻게 되었느냐고 물었는데 그의 답변은 이러하였다. '합격자 명단의 맨 끝에 있는 이름 하나가 손산(孫山)이었으니 당신 아들은 다시 손산의 뒤에 있지 않았겠는가!'라고 답을 했다. 아마도 직접 떨어졌다는 말을 면전에서 말하기가 주저되어서 이렇게 둘러대었던 것이다.

그 후로 이 고사는 농축되어서 명락손산(名落孫山)이 되었으니, 이것은 암암리에 낙방했음을 암시하는 의미로 쓰이게 되었는데, 필락손산도 아마 명락손산의 약간 변형이 된 것으로 봐서 무리가 없을 것이다.

그렇다면 결국 쌍봉이 나란히 있는 것은 좋은 결과를 보기 어렵다는 이야기가 되는데, 문필봉 이라고도 하는 이러한 봉우리가 하나만 있으면 좋은데 쌍으로 있으면 상대에게 밀린다는 의미로 해석이 된다.

5-1. 向星⑤와 山星❶의 조합

| 向星 ⑤
山星 ❶ | 奇人極貴, 禪師, 王侯, 淫亂官災, 昏迷, 傷人
智慧聰明, 出世, 文筆, 家庭不和, 酒色, 放蕩 |  | 戊己水 |

九宮에서 向星의 位置

巽綠 ④	離紫 ⑨	坤黑 ②
震碧 ③	中黃 ⑤	兌赤 ⑦
艮白 ⑧	坎白 ①	乾白 ⑥

九宮에서 山星의 位置

巽綠 4	離紫 9	坤黑 2
震碧 3	中黃 5	兌赤 7
艮白 8	坎白 **1**	乾白 6

古書의 內容과 吉凶作用

古書秘訣	一加二五, 傷及壯丁(일가이오, 상급장정). 子癸歲, 廉貞飛到, 陰處生瘍(자계세, 염정비도, 음처생양).
吉作用	수행자는 높은 경지에 오르게 됨. 자손 중에서 고위직에 오르거나 법조계의 아주 큰 인물이 나오게 됨.
凶作用	자손 중에서 저능아가 나옴. 음란한 행위로 인하여 곤경에 처하게 됨. 도둑이 침입하거나 도둑질에 연루됨. 은밀하게 진행하던 일에 큰 어려움이 발생함. 중증의 환자는 사망할 수 있음.

▶ 向星⑤와 山星❶의 풀이

中宮의 숫자 5는 좋은 작용으로는 중심적인 존재가 되지만, 나쁜 작용으로는 파괴(破壞)나 부패(腐敗) 이별(離別) 죽음 배신(背信) 정체(停滯) 등으로 흉한 작용이 다른 숫자보다 더 강하다.

따라서 숫자 5가 들어가는 조합은 왕기(旺氣-5운), 생기(生氣-4운), 진기(進氣-3운)를 제외한 나머지 운에서는 매우 흉하게 작용하며 특히 숫자 5의 방향에 형기까지 나쁘면 더욱 흉하게 보는 것이 向星이든 山星이든 기본적으로 알아 둬야 할 공식이라는 점이다.

1白水가 2나 5를 만나면 젊은 남자가 상한다. 1白水는 중남(中男)에 해당하여 젊은 남자를 의미하고 2는 질병을 5는 부패나 변질(變質) 또는 죽음을 의미하기 때문이다.

5와 1이 조합되면 자식에게 흉한 일이 생기거나 도둑을 맞거나 도둑질에 연루되는 일이 생기고, 또 지혜가 부족하여 어리석은 행동을 하기도 한다.

자계세(子癸歲)는 坎宮1을 나타내고 염정(廉貞)은 5를 나타내는 말이다.

즉 1과 5가 조합되면 몸의 음처(陰處-은밀한 곳 즉 생식계통)에 종기(腫氣)가 생기거나 질병이 생긴다.

생식기(生殖器)를 포함한 하초(下焦)는 인체에서 坎宮1의 영역에 속하고 5는 손상되고 변질되는 것을 의미하므로 일체의 하초 질병을 의미한다.

그러므로 생식기 계통에 발생하는 질병이나 성병, 기타 비뇨기 질환 등 하초의 질병이 생긴다고 보는 것이다.

1은 임신(姙娠)과도 관계가 있으므로 1과 5가 조합되면 임신이 되지 않거나 낙태나 유산 등이 발생 할 수 있다.

앞에서 설명한 <向星1+山星5>의 조합>과 내용은 비슷하지만 다음과 같은 차이가 있다.

<向星1+山星5>은 중심적인 사람[가장]에 해당이 되지만, <向星5+山星1>은 해당하는 인물이 자식이나 손자 또는 도둑 등으로 대입이 된다는 것이다.

5-2. 向星⑤와 山星❷의 조합

向星 ⑤	奇人極貴, 禪師, 王侯, 淫亂官災, 昏迷, 傷人		戊己地
山星 ❷	出將入相, 女權, 巨富, 靑霜寡婦, 短命, 惡瘡		

九宮에서 向星의 位置

巽綠 ④	離紫 ⑨	坤黑 ②
震碧 ③	中黃 ⑤	兌赤 ⑦
艮白 ⑧	坎白 ①	乾白 ⑥

九宮에서 山星의 位置

巽綠 4	離紫 9	坤黑 ❷
震碧 3	中黃 5	兌赤 7
艮白 8	坎白 1	乾白 6

古書의 內容과 吉凶作用

古書秘訣

二五交加, 罹死亡並生疾病(이오교가, 이사망병생질병).
二主宅母多病, 黑逢黃至出鰥夫(이주택모다병, 흑봉황지출환부).
五主孕婦受災, 黃遇黑時出寡婦(오주잉부수재, 황우흑시출과부).
黃黑交錯, 家長有凶(황흑교착, 가장유흉).

吉作用

아파트, 건물 등으로 재산이 늘어남.
강력한 힘을 가진 중심적인 인물이 됨.
법관이 나오거나 고위직에 오르게 됨.

凶作用

불치병이나 암등의 중병으로 고생하고 사망하기도 함.
과부나 홀아비가 됨.
가정이 파탄나고, 재정적인 문제가 발생함.
부동산 투기 등으로 큰 손해를 보게 됨.
실업자가 되거나 취업이 되지 않음.

▶ 向星⑤와 山星❷의 풀이

5와 2의 조합이 되면 질병에 걸리거나 죽거나 하는 재앙이 생긴다. 2는 질병을 의미하고 5는 죽음이나 부패, 변질, 파괴, 독(毒) 등을 의미하기 때문이다.

5와 2가 조합이 되면 집안의 여자[어머니나 부인]는 병치레가 많고 홀아비가 나온다.

2는 부인을 의미하고, 5는 죽음을 의미하기 때문에 부인이 죽고 없는 홀아비가 생긴다는 의미이다. 특히 세운(歲運)이나 운반(運盤)에서 5가 오면 부인에 해당하는 2가 더욱 약해지게 된다.

5는 임산부에게 유산이나 사산 등의 재앙이 생기게 하고, 5와 2의 조합이 되면 과부가 된다. 여기에다가 세운이나 운반에서 다시 2를 만나면 여성의 기운이 너무 강해서 중심적인 존재인 남자를 극하게 하는 작용이 더 강해진다.

5와 2가 조합되면 집안의 가장에게 흉한 일이 생긴다. 5는 중심적인 존재[가정에서는 가장]가 되고 2黑土는 질병을 의미하기 때문에 가장에게 좋지 못한 일이 생긴다.

앞에서 설명한 <向星2+山星5>의 조합과 내용은 비슷하지만 다음과 같은 차이가 있다.

<向星2+山星5>는 해당되는 인물이 중심적인 사람[가장]이고, <向星5+山星2>는 해당하는 인물이 부인이나 여자에 해당하게 되는 것이다.

토막상식

집 주위를 감싸고 있는 나무들은 풍수학을 떠나서 환경적으로도 좋은 판단을 얻기 어렵다. 베어 내거나 낮게 잘라주기라도 하는 것이 최선이다.

5-3. 向星⑤와 山星❸의 조합

向星 ⑤	奇人極貴, 禪師, 王侯, 淫亂官災, 昏迷, 傷人
山星 ❸	長男巨富, 才能, 事業, 盜賊亂動, 剋妻, 爭訟

戊己雷

九宮에서 向星의 位置	九宮에서 山星의 位置
巽綠 ④ / 離紫 ⑨ / 坤黑 ② 震碧 ③ / 中黃 ⑤ / 兌赤 ⑦ 艮白 ⑧ / 坎白 ① / 乾白 ⑥	巽綠 ④ / 離紫 ⑨ / 坤黑 ② 震碧 ❸ / 中黃 ⑤ / 兌赤 ⑦ 艮白 ⑧ / 坎白 ① / 乾白 ⑥

古書의 內容과 吉凶作用

古書秘訣
我剋彼而遭其辱, 因財帛以喪身(아극피이조기욕, 인재백이상신).
碧綠風魔, 他處廉貞莫見(벽록풍마, 타처염정막견).
寒戶遭瘟, 緣自三廉來綠(한호조온, 연자삼염내록).

吉作用
창업을 하거나 강력한 힘을 가진 고위직에 오르게 됨.
벼락출세를 하거나 벼락부자가 될 수 있음.

凶作用
교통사고 등의 갑작스러운 사고를 당함.
공천, 당선, 승진이 되지 않고 명예가 손상됨.
구설시비로 싸움이나 소송을 하게 되거나, 사기도박에 연루됨.
비밀스럽게 진행하던 일이 폭로되어 어려움을 당함.
간(肝)이나 담(膽)에 질병이 발생함.

▶ 向星⑤와 山星❸의 풀이

5와 3이 조합되면 3木이 5土를 木剋土하여 재물이 원인이 되어서 건강에 문제가 생긴다. 그러나 3과 5가 조합되면 5운을 제외하고는 3木이 오히려 손상되는 작용이 더 강하다.

5가 3이나 4를 만나면 일정한 자리를 잡지 못하고 방랑자(放浪者)나 노숙자(路宿者)가 되어 타향을 떠돌게 된다.

5는 파괴와 정체를 3은 새 출발이나 새로운 사업을 의미하므로 새로운 일이 성사되지 않는다.

<3+4+5>의 조합이 되면 집이 가난해지고 전염병을 만난다. 3은 세균을 의미하고 5는 부패(腐敗)나 변질(變質), 독(毒) 등을 의미한다. 따라서 5와 3의 조합이 되면 전염병(傳染病)에 걸릴 수 있다.

앞에서 설명한 <向星3+山星5>의 조합>과 내용이 비슷하지만 다음과 같은 차이가 있다.

<向星3+山星5>은 해당되는 인물이 중심적인 사람[가장]이고, <向星5+山星3>은 해당하는 인물이 장남(長男)이나 장년의 남자에 해당한다는 것이다.

여기에서 알 수가 있는 차이점은 向星은 재물(財物)을 의미하고 山星은 사람을 의미한다는 것이다.

<向星3+山星5>의 경우에는 山星5에 해당하기 때문에 5가 의미하는 뜻은 중심인물이 되어서 가장을 대입하여 풀이하게 되는 것이다. 또 <向星5+山星3>의 경우에는 山星의 3이 의미하는 사람은 장남(長男)과 성인 남성이므로 중년의 남자에게 해로운 작용이 일어난다고 관찰을 하는 것이다. 물론, 여기에서 인물을 위주로 관찰을 하였기 때문에 山星에 비중을 두고 차이점을 설명하게 되는 것인데, 이것을 확대하여 설명한다면 재물에 대해서도 대입이 가능할 것이다.

토막상식

자동차가 다섯 번 정도 뛰어 든 집이다. 앞에 돌로 막아놓았는데, 그러기 이전에 이러한 공간에서는 머물지 않는 것이 더 좋을 것이다.

5-4. 向星⑤와 山星4의 조합

向星 ⑤ 山星 4	奇人極貴, 禪師, 王侯, 淫亂官災, 昏迷, 傷人		戊己風
	科擧出世, 文豪, 美女, 淫蕩破産, 自殺, 中風		

九宮에서 向星의 位置	九宮에서 山星의 位置
巽綠 ④ / 離紫 ⑨ / 坤黑 ② 震碧 ③ / 中黃 ⑤ / 兌赤 ⑦ 艮白 ⑧ / 坎白 ① / 乾白 ⑥	巽綠 **4** / 離紫 ⑨ / 坤黑 ② 震碧 ③ / 中黃 ⑤ / 兌赤 ⑦ 艮白 ⑧ / 坎白 ① / 乾白 ⑥

古書의 內容과 吉凶作用

古書秘訣	乳癰兮, 四五(유옹혜, 사오). 碧綠風魔, 他處廉貞莫見(벽록풍마, 타처염정막견). 我剋彼而遭其辱, 因財帛以喪身(아극피이조기욕, 인재백이상신).
吉作用	학문으로 크게 출세하는 인물이 나옴. 한 가문(家門)의 강력한 힘을 가진 중심인물이 나타남. 여장부가 나오게 됨.
凶作用	사업에 실패하거나 재정적인 문제가 발생함. 결혼이 성사되지 않거나 결혼 생활이 파경에 이르게 됨. 아내가 가출하거나 상처(喪妻)함. 증권, 도박으로 패망함. 시험에 불합격하고, 모든 거래가 깨어짐. 간암, 유방암, 중풍, 신경질환등의 질병이 발생함.

▶ 向星⑤와 山星④의 풀이

5와 4가 조합이 되면 유방에 악성 종기가 생긴다. 4는 유방을 의미하고 5는 변질이나 부패, 독을 의미한다.

따라서 유방암이나 유방에 기타 이상 증상이 나타나게 된다.

3碧木과 4綠木은 바람과 역마살에 해당하는데, 세운이나 운반에서 5를 만나면 타향을 헤매며 떠돌게 된다.

4는 바람이나 방랑을 의미하고, 5는 이별이나 마찰(摩擦), 죽음 등을 의미한다. 따라서 5와 4가 조합이 되면 방랑자가 되거나 타향에서 헤매는 외로운 신세가 된다.

5와 4가 조합되면 4木이 5土를 木剋土하여 재물로 인해서 몸을 상하게 하거나 심하면 죽을 수도 있다.

3운, 4운, 5운을 제외한 나머지 운에는 4가 5를 만나면 항상 사업이 실패하고 재산이 줄어드는 나쁜 작용을 하게 된다.

앞에서 설명한 <向星4+山星5>의 조합>과 내용은 비슷하지만 다음과 같은 차이가 있다.

<向星4+山星5>는 해당되는 인물은 중심적인 사람[가장]이고, <向星5+山星4>는 장녀(長女)나 부인에 해당한다.

토막상식

산소의 정면에 칼날이 보인다. 이것을 혹시라도 전순(前脣)으로 잘못 알고 있는 것인지는 모르겠지만 공격적인 형상이므로 나쁘게 작용한다.

5-5. 向星⑤와 山星5의 조합

向星 ⑤ 山星 5	奇人極貴, 禪師, 王侯, 淫亂官災, 昏迷, 傷人		戊己戊己
	위와 같음		

九宮에서 向星의 位置	九宮에서 山星의 位置
巽綠 ④ / 離紫 ⑨ / 坤黑 ② 震碧 ③ / 中黃 ⑤ / 兌赤 ⑦ 艮白 ⑧ / 坎白 ① / 乾白 ⑥	巽綠 4 / 離紫 9 / 坤黑 2 震碧 3 / 中黃 5 / 兌赤 7 艮白 8 / 坎白 1 / 乾白 6

古書의 內容과 吉凶作用

古書秘訣	五主孕婦受災(오주잉부수재). 運加已退, 廉貞逢處眚不一, 總以避之爲良(운가이퇴, 염정봉처생불일, 총이피지위량). 五黃飛到三叉, 尙嫌多事(오황비도삼차, 상혐다사). 正殺爲五黃, 不拘臨方到間, 人口常損(정살위오황, 불구임방도간, 인구상손).
吉作用	대통령에 버금가는 큰 인물이 나옴. 재벌급에 해당하는 부자가 됨. ※5운에 合局 되었을 때만 좋은 작용이 발생함.
凶作用	천재지변이나 엄청난 재난을 당하여 사망자가 연달아 발생함. 중한 병으로 고생하고, 심하면 사망함. 관재나 소송을 당함.

▶ 向星⑤와 山星⑤의 풀이

5는 정관살(正關煞-빗장을 잠그고 죽이는 살)로서 출산을 하려는 임산부에게 재앙이 생기게 한다. 특히 임신에 관계되는 1과 만나게 되거나 坎宮에 위치하면 그 작용이 더 강해진다.

5운이 아닌 경우이거나, 5운에서 6운으로 바뀌거나 했을 때는, 5와 5의 조합을 만나면, 무조건 모두 도망을 가는 것이 상책이다. 그 외에는 해결 방안이 없기 때문이다.

5운이 지나면 5는 흉한 작용을 하기 때문에 반드시 피해야 하는데, 하물며 5와 5의 조합이 되면 그 무서움은 말로 표현할 수 없을 정도이다.

이런 방위에 있는 공간을 사용하거나, 대문이 나거나, 형기상으로 나쁘면 그 작용은 매우 흉하게 되니 반드시 피해야 한다.

5黃土의 방위에 삼차수구(三叉水口-두세 갈래 물이 하나로 합쳐지는 지점)가 있으면 좋지 못한 일이 많이 발생한다.

5는 五行으로 土에 속하는데 土는 고요하면 작용이 약하고 움직이면 동토(動土)가 되어 작용력이 강해진다. 따라서 5의 방위에 삼차수구가 있으면 움직이는 기운으로 인하여 흉한 일이 많이 발생할 수 있다.

그 외에도 출입이 빈번한 문이나 엘리베이터, 네온사인 등 기(氣)를 움직이는 것이 있으면 5의 흉한 성질이 더 증가된다.

5黃土는 정관살(正關殺)에 해당하여 5의 방위에 있으면 남자든 여자든 사람이 자주 상한다.

토막상식

제법 큰 저수지 바로 아래에 지어진 건물은 아무래도 걱정스럽다. 풍수학으로 보기 이전에 주변 환경을 살피지 않으면 이러한 자리에 삶의 터전을 잡을 수도 있는데, 계곡에 텐트를 치는 것과 같은 이치이니 피하는 것이 좋다.

5-6. 向星⑤와 山星❻의 조합

| 向星 ⑤
山星 ❻ | 奇人極貴, 禪師, 王侯, 淫亂官災, 昏迷, 傷人
財山人海, 陰德, 功勳, 剋妻孤獨, 貧窮, 奢侈 | ☯ | 戊己天 |

九宮에서 向星의 位置

巽綠 ④	離紫 ⑨	坤黑 ②
震碧 ③	中黃 ⑤	兌赤 ⑦
艮白 ⑧	坎白 ①	乾白 ⑥

九宮에서 山星의 位置

巽綠 4	離紫 9	坤黑 2
震碧 3	中黃 5	兌赤 7
艮白 8	坎白 1	乾白 ❻

古書의 內容과 吉凶作用

古書秘訣
須識乾爻門向, 長子痴迷(수식건효문향, 장자치미).
富並陶朱, 斷是堅金遇土(부병도주, 단시견금우토).
庭無耄耋, 多因裁破父母爻(정무모질, 다인재파부모효).

吉作用
학자나 사상가로서 명성을 떨치는 사람이 나옴.
고위직에 오르는 사람이 나오거나 권력을 가지게 됨.
큰 부자가 나오게 됨.
※5운에 合局이 되는 경우에 해당함.

凶作用
관재나 소송을 당하게 됨.
땅 투기나 증권 투기로 인하여 망하게 됨.
잘못된 투자나 사업 확장으로 망하게 됨.
직장 상사나 윗사람에게 큰 피해를 당함.
남편에게 문제가 발생하게 됨.
사고를 당하거나 자살을 하게 됨.
사이비 종교에 빠지게 됨.

➡ 向星⑤와 山星⑥의 풀이

6과 5가 조합된 곳으로 대문을 내거나, 6白金이 있는 방향으로 대문을 내었는데 6이 왕기(旺氣) 생기(生氣) 진기(進氣)에 해당되지 않고 대문이 창살(槍煞-큰 길이나 골목이 대문 앞으로 바로 연결이 된 모양)에 해당하거나 대문 앞에 형기상으로 전봇대나 철탑 그리고 큰 나무 등의 흉한 물체가 있는 경우에는 가정의 가장이나 나이 많은 장자(長子)에게 정신적으로 문제가 생긴다. 이것은 6은 가장(家長)이나 나이 많은 장자(長子)를 의미하기 때문이다. 그리고 인체에서는 머리와 뇌에 해당하기 때문에 치매(癡呆)에 걸리거나 저능아가 나온다.

도주(陶朱)와 같은 부자가 되는 것은, 金이 土를 만나 견고해졌기 때문이라고 말할 수 있다. 5土가 6金을 생하여 부동산으로 인한 부자가 될 수 있기 때문이다. 참고로 도주에 대해서 자료를 찾아보면, 중국에서 사성(四聖)으로 거론되는 인물들이 바로, 과성장형(科聖張衡), 의성장중경(醫聖張仲景), 지성공명(智聖孔明), 상성범려(商聖范蠡)이다. 그 중에서도 도주를 의미하는 이는 범려이고, 도주는 그의 호가 되어서 도주공(陶朱公)으로 불린다.

그러나 이렇게 부자가 될 수 있다는 것도 아무 시기에나 되는 것이 아니라 반드시 5운에 合局이 되었을 경우에만 해당이 된다.

집안에 노인이 없는 것은, 많은 이유 중에서 乾6과 坤2가 깨어졌기 때문이다. 乾6은 나이가 많은 남자가 되며 부친(父親)이 되고, 坤2는 나이가 많은 여자를 의미하게 되어서 어머니가 되기도 하는 까닭에 할아버지와 할머니를 함께 말하는 의미로 쓰였다.

바닷가의 작은 섬들도 용혈사수에서 사(砂)의 역할을 하게 된다. 이것은 바다의 거센 바람을 막아주고, 풍랑도 들어오지 못하게 하니 같은 의미가 된다.

5-7. 向星⑤와 山星７의 조합

向星 ⑤	奇人極貴, 禪師, 王侯, 淫亂官災, 昏迷, 傷人		戊己澤
山星 ７	巨富得名, 武將, 興家, 盜賊橫死, 火災, 賤職		

九宮에서 向星의 位置

巽綠 ④	離紫 ⑨	坤黑 ②
震碧 ③	中黃 ⑤	兌赤 ⑦
艮白 ⑧	坎白 ①	乾白 ⑥

九宮에서 山星의 位置

巽綠 ４	離紫 ９	坤黑 ２
震碧 ３	中黃 ５	兌赤 ７
艮白 ８	坎白 １	乾白 ６

古書의 內容과 吉凶作用

古書秘訣

紫黃毒藥, 鄰宮兌口休嚐(자황독약, 인궁태구휴상).
靑樓染疾, 只因七弼同黃(청루염질, 지인칠필동황).
兌不利歟, 脣亡齒寒(태불리여, 순망치한).
酉辛年, 戊己弔來, 喉間有疾(유신년, 무기조래, 후간유질).

吉作用

큰 부자가 됨.
의사, 검사, 외교관, 무관 등이 나옴.
※ 5운에 合局이 된 경우에 해당함.

凶作用

주색잡기(酒色雜技)로 패가망신(敗家亡身)함.
사고를 당하거나, 수술을 하는 일이 발생함.
독약에 의한 피해가 발생함.

▶ 向星⑤와 山星⑦의 풀이

紫는 9紫火로 약(藥)을 의미하고 5黃土는 독(毒)을 의미하고, 兌宮7은 입을 의미한다.

5와 7이 조합되면 독으로 인하여 피해가 생기고 세운이나 운반에서 9를 만나면 독약(毒藥)을 마시는 일이 생긴다.

5와 7이 조합되면 청루염질(靑樓染疾-性病)에 걸리게 된다. 5는 독이나 부패를 의미하고, 7은 유흥(遊興)과 환락(歡樂)을 의미하기 때문에 술집이나 성(性)을 매매하는 곳에서 성병에 걸리게 되고, 식중독이나 독성의 약을 타의(他意)로 마시는 일이 발생하고, 스스로 독약을 마시고 자살(自殺)을 시도하는 경우도 발생한다.

필(弼-右弼)은 9를 의미한다. 여기에 세운이나 운반에서 9를 만나면 9는 사치와 빠름을 의미하기 때문에 상기의 작용이 더 강해지거나 급성 성병에 걸리게 된다.

5와 7이 조합되거나 7의 방향이 형기상으로 나쁘면 입술이 없어서 이가 시리다. 7은 입과 호흡기 계통을 의미하므로 입이나 치아, 호흡기 계통에 질병이 생긴다.

酉辛年은 兌宮7을, 戊己는 中宮5를 의미한다. 5와 7이 조합되면 호흡기계통에 질병이 발생한다. 그리고 입이나 치아, 혀 등에도 질병이 발생한다.

酉辛年의 의미가 어디에 있는지는 분명하지 않다. 年運을 의미하는 것 같기는 한데 이것이 戊己를 만나서 나빠진다는 것은 그냥 兌金宮으로 봤으면 편하겠는데, 年자가 붙어있어서 다소 애매한 부분이 있음을 참고해 주시기 바란다.

토막상식

어항에는 한결 같이 방파제가 만들어져있다. 이것은 陰宅에서 좌청룡이나 우백호와 같이 선박을 보호하는 역할이 되니 인공적인 풍수학 활용이 된다.

5-8. 向星⑤와 山星❽의 조합

向星 ⑤ 山星 ❽	奇人極貴, 禪師, 王侯, 淫亂官災, 昏迷, 傷人		戊己山
	富貴忠義, 長壽, 孝心, 少年損傷, 抱病, 瘡腫		

九宮에서 向星의 位置

巽綠 ④	離紫 ⑨	坤黑 ②
震碧 ③	中黃 ⑤	兌赤 ⑦
艮白 ⑧	坎白 ①	乾白 ⑥

九宮에서 山星의 位置

巽綠 ④	離紫 ⑨	坤黑 ②
震碧 ③	中黃 ⑤	兌赤 ⑦
艮白 ❽	坎白 ①	乾白 ⑥

古書의 內容과 吉凶作用

古書秘訣	艮非宜也, 筋傷骨折(간비의야, 근상골절). 家有少亡, 只爲沖殘子息卦(가유소망, 지위충잔자식괘). 艮傷殘而筋枯骨折(간상잔이근고골절).
吉作用	부동산 등으로 인하여 재산이 늘어나 큰 부자가 됨. 수행을 하는 사람 중에서 큰 인물이 나옴.
凶作用	임야나 건물 등의 큰 부동산으로 인하여 재산의 손해를 입게 됨. 친척이나 형제간에 불화가 발생함. 변화나 변동을 주다가 실패를 하게 됨. 귀신이나 잡신(雜神) 등에게 고통을 당함.

▶ 向星⑤와 山星⑧의 풀이

5土는 어린이에 해당하는 8을 해치기 때문에 5와 8이 조합되면 집안의 어린이 특히 소년(少年)에게 흉한 일이 발생하게 된다.

소년(少年)과 자식괘(子息卦)는 모두 艮8을 의미하고, 주로 뼈를 의미하므로 8이 不合局인 경우에는 인대(靭帶)를 다치거나 골절상을 당할 수 있고, 다리를 다칠 수도 있다.

艮8은 근육과 뼈를 의미하기 때문에 5와 8이 조합되거나 8의 방향에 형기상으로 나쁜 것이 있으면 근육과 뼈를 손상당하게 된다.

또 8은 높은 산을 의미하므로 높은 곳에서 떨어져서 다치는 경우도 있다.

토막상식

아파트 사이에 있는 관리소이다. 만약에 여기에서 기거를 한다면 흉하다는 판단을 해야 한다. 양 건물의 사이를 타고 흐르는 기운은 살풍(殺風)이 될 것이기 때문이다.

의식이 있을 적에는 밖에서 들어오는 사기(邪氣)에 대해서 어느 정도는 방어를 할 수가 있지만, 잠이 든 상황에서는 그러한 것에 대해서도 거의 무방비로 노출이 되기 때문에 휴식을 취하는 공간에 대해서는 특별한 주의가 요망되는 것이다.

그래서 사무를 보는 공간으로는 그런대로 탓을 하지 않는다고 하더라도 잠을 자는 공간으로는 피해야 한다.

만약에 두 아파트의 끝 부분에 위치하게 된다면 이번에는 추가로 모서리의 충을 당하여 더욱 흉하다고 해석을 하게 된다. 이러한 것을 살피는 것은 아는 사람만이 가능하다.

5-9. 向星⑤와 山星⑨의 조합

向星 ⑤	奇人極貴, 禪師, 王侯, 淫亂官災, 昏迷, 傷人		戊己火
山星 ⑨	科甲軍閥, 聰明, 功名, 火災吐血, 産厄, 盲人		

九宮에서 向星의 位置

巽綠 ④	離紫 ⑨	坤黑 ②
震碧 ③	中黃 ⑤	兌赤 ⑦
艮白 ⑧	坎白 ①	乾白 ⑥

九宮에서 山星의 位置

巽綠 ④	離紫 ⑨	坤黑 ②
震碧 ③	中黃 ⑤	兌赤 ⑦
艮白 ⑧	坎白 ①	乾白 ⑥

古書의 內容과 吉凶作用	
古書秘訣	靑樓染疾, 隻因七弼同黃(청루염질, 척인칠필동황). 我生之而反被其災, 爲難産以致死(아생지이반피기재, 위난산이치사). 値廉貞而頓見火災(치염정이돈현화재). 火暗而神智難淸(화암이신지난청).
吉作用	크게 출세하거나 고위직에 오르게 됨. 학자로서 명성을 떨치는 사람이 나옴. 종교계에서 명성을 날리는 사람이 나옴. ※9운에 합국이 되었을 때에 해당됨.
凶作用	독약에 의한 피해를 당하게 됨. 관재를 당하거나 소송을 당하고 재판에서 패하게 됨. 문서나 인감에 관련된 사기를 당하게 됨

➡ 向星⑤와 山星❾의 풀이

5와 9가 조합되면 성병(性病)에 걸리게 된다. 운반이나 세운에서 7을 만나면 그 작용이 더 강해진다.

5는 변질과 독을 의미하고 9는 허례허식을 좋아하는 사치와 허영을 의미하고 7은 유흥을 의미하기 때문이다.

5와 9가 조합이 되면 사산을 하거나 유산을 하게 된다. 5는 부패와 변질을 의미하고 9는 자식을 생산하는 경사(慶事)를 의미하기 때문에 자식을 생산할 수가 없다는 뜻이 된다.

5와 9가 조합이 되면 갑작스런 화재가 발생한다. 9는 불로서 화재를 의미하고, 5는 중앙에 있을 때는 土의 작용을 하지만 바깥으로 나왔을 때는 火의 성질을 동시에 가지게 된다. 특히 9와 같이 있을 때는 火의 성질이 더 강하다.

참고로 선천수(先天數)에서 火에 속하는 2와 7을 만날 때도 5는 火의 성질을 가진다. 이런 공간은 특별히 불조심을 해야 하고 화재를 예방하는 비방으로 안인수(安忍水)라고도 하는 소금물을 배치하는 것이 좋다.

5와 9가 만나면 火에 속하는 9가 어두워져서 정신에 문제가 발생하는 사람이 생기고 학생 등 공부를 하는 사람이 이런 공간을 사용하면 성적이 떨어진다.

또한, 형기상으로 9의 방향이나 離宮에 나쁜 것이 있으면 비슷한 작용을 하게 된다.

원문에 아생지이반피기재(我生之而反被其災)라고 한 것을 해석해 보면, 내가 낳았거나, 혹은 도와준 상대방으로부터 도리어 그 재앙을 받는다는 의미가 되는데, 이것은 뒷부분의 원문 내용처럼 위난산이치사(爲難産以致死)라 하여, 산모가 아기를 낳다가 아기로 인해서 난산(難産)이 되어 죽음에 이르게 되는 의미까지를 포함하고 있다.

그런데 산모가 아니라고 하더라도 어린 사람을 도와줬다가 피해를 당할 수도 있다는 해석이 안 될 이유가 없다. 원래 속담에 '머리 검은 짐승은 거두는 것이 아니다' 라는 말이 있는데, 인간적으로 생각을 한다면 참으로 인정머리가 없는 말이지만, 실제로 '물에 빠진 사람을 건져주니까 자신의 보따리를 가졌다고 내어 놓으라' 고 떼를 쓰는 경우도 흔히 있는 일이니 그냥 웃음으로 넘어가기도 어려운 일이다.

이러한 대입의 원리는 5土와 9火의 관계에서 나오는 것이다. 火生土의 원리를 대입하게 되는데, 火에 해당하는 9가 土에 해당하는 5를 생조했지만, 5는 파괴와 죽음을 의미하는 글자가 되므로, 이러한 조짐을 고인은 앞에서와 같은 의미로 해석한 것이다.

6-1. 向星⑥과 山星❶의 조합

向星 ⑥	財山人海, 陰德, 功勳, 剋妻孤獨, 貧窮, 奢侈		天水訟
山星 ❶	智慧聰明, 出世, 文筆, 家庭不和, 酒色, 放蕩		

九宮에서 向星의 位置	九宮에서 山星의 位置
巽綠 ④ / 離紫 ⑨ / 坤黑 ② 震碧 ③ / 中黃 ⑤ / 兌赤 ⑦ 艮白 ⑧ / 坎白 ① / **乾白 ⑥**	巽綠 ④ / 離紫 ⑨ / 坤黑 ② 震碧 ③ / 中黃 ⑤ / 兌赤 ⑦ 艮白 ⑧ / **坎白 ❶** / 乾白 ⑥

古書의 內容과 吉凶作用

古書秘訣
虛聯奎璧, 臨八代之文章(허련규벽, 임팔대지문장).
水淫天門內亂殃(수음천문내난앙).
水冷金寒, 坎癸不滋乎乾兌(수냉금한, 감계불자호건태).

吉作用
학자나 사상가로서 명성을 떨치거나 선거에 당선이 됨.
크게 출세하거나 고위직에 오르는 사람이 나옴.
사업이 확장되고, 투자를 하거나 지혜를 이용하여 큰 부자가 됨.

凶作用
색정문제나 도둑질에 연루되거나 관재가 발생함.
머리 부분에 이상이 발생함.
투자나 투기 또는 사업 확장으로 인하여 큰 손실이 발생함.
예기치 못한 큰 사고나 싸움이 발생함.

▶ 向星⑥과 山星❶의 풀이

허(虛)와 벽(壁)은 28宿 별자리 중의 북쪽에 위치한 별로 坎宮1을 의미하고 규(奎)는 28수 별자리 중의 서쪽에 위치한 백호(白虎) 7宿의 첫 번째 별로 乾宮6을 의미한다. 참고로 28宿의 방위와 명칭을 표로 정리한다.

二十八宿의 位置와 名稱	
東方 (靑龍)	각(角), 항(亢), 저(氐), 방(房), 심(心), 미(尾), 기(箕)
南方 (朱雀)	정(井), 귀(鬼), 유(柳), 성(星), 장(張), 익(翼), 진(軫)
西方 (白虎)	규(奎), 루(婁), 위(胃), 묘(昴), 필(畢), 자(觜), 삼(參)
北方 (玄武)	두(斗), 우(牛), 여(女), 허(虛), 위(危), 실(室), 벽(壁)

6과 1이 조합되면 문장이 8대에 까지 전해져 내려오는 대문장가가 나온다는 뜻으로 해석할 수 있다.

坎宮1은 사상과 지혜를 의미하고 乾宮6은 하늘같이 높고 큰 사람이라는 의미도 된다. 따라서 사상이나 문장이 출중한 인물이 나온다는 뜻이다.

水는 坎宮1을 天은 乾宮6을 의미한다. 6과 1의 조합이 되고 不合局이 되면 집안에서 음란(淫亂)으로 인한 재앙이 생긴다.

1의 좋지 못한 작용은 음란함이고 6의 좋지 못한 작용은 싸움이나 사고 자살 등을 의미한다.

따라서 6과 1의 나쁜 작용이 조합이 되면 집안에서 음란함으로 인하여 싸움이나 자살 등의 재앙이 생길 수 있다는 뜻이 된다.

水의 성질은 냉(冷)하고 金의 성질은 한(寒)하니, 水에 속하는 坎宮1에게 金에 속하는 6과 7은 도움이 되지 못한다.

이 말은 五行 중에서도 水火의 균형을 살피게 되는 조후(調候)의 논리로써 6과 1의 조합이 不合局이 되었을 때나 실령(失令)을 했을 경우, 형기상으로 나쁜 경우에 해당되는 말이다.

앞에서 설명한 <向星1+山星6>의 조합과 내용은 비슷하지만 다음과 같은 차이가 있다.

<向星1+山星6>은 가장[남편]이나 웃어른, 직장 상사에 해당하지만, <向星6+山星1>은 청년이나 아들, 손자로 대입한다.

6-2. 向星⑥과 山星❷의 조합

向星 ⑥	財山人海, 陰德, 功勳, 剋妻孤獨, 貧窮, 奢侈		天地否
山星 ❷	出將入相, 女權, 巨富, 靑霜寡婦, 短命, 惡瘡		

九宮에서 向星의 位置

巽綠 ④	離紫 ⑨	坤黑 ②
震碧 ③	中黃 ⑤	兌赤 ⑦
艮白 ⑧	坎白 ①	乾白 ⑥

九宮에서 山星의 位置

巽綠 ④	離紫 ⑨	坤黑 ❷
震碧 ③	中黃 ⑤	兌赤 ⑦
艮白 ⑧	坎白 ①	乾白 ⑥

古書의 內容과 吉凶作用

古書秘訣
乾爲寒, 坤爲熱, 往來切忌(건위한, 곤위열, 왕래절기).
乾坤神鬼, 與他相剋非祥(건곤신귀, 여타상극비상).
富並陶朱, 斷是堅金遇土(부병도주, 단시견금우토).
二黑飛乾, 逢八白而財源大進(이흑비건, 봉팔백이재원대진).
戌未僧尼, 自我有緣何益(술미승니, 자아유연하익).

吉作用
좋은 직장을 얻을 수 있음.
생업이나 부동산 등으로 재산을 모으게 됨.
직장에서 상사의 도움을 받을 수 있음.

凶作用
투기나 투자 또는 사업 확장으로 인하여 큰 손실이 발생함.
직장에 문제가 생기거나 상사와 불화가 생김.
가정에 불화가 발생하고 사고가 생김.
사이비 종교에 빠지기 쉬움.

▶ 向星⑥과 山星❷의 풀이

乾6은 차갑고, 坤2는 뜨거우니 서로 소통이 되지 못하므로 부딪치지 말고 피하라는 뜻이다.

6과 2가 조합된 장소는 서로의 기운이 소통되지 못하니 신혼부부가 이러한 장소를 사용하게 되면 임신이 되지 않거나 부부간에 금슬이 좋지 못하게 된다.

2와 6은 노모(老母)와 노부(老父)의 자리이기 때문에 젊은 부부가 사용하면 좋지 못하다. 6과 2의 조합에서 乾6은 신(神)을 의미하고, 坤2는 귀(鬼)를 의미한다. 서로 相剋이 되어 상서롭지 못하다. 귀신(鬼神)으로 묶어서 통상 표현을 하는데, 이렇게 귀와 신으로 나누게 될 경우에는 선신(善神)과 악귀(惡鬼)로 구분을 하여 설명하는 경우이다. 그러므로 신은 좋은 역할을 맡게 되고, 귀는 나쁜 역할을 맡게 되는 것이다. 그리고 이로 인하여 사이비 종교에 너무 깊이 빠지는 경우가 생길 수도 있다.

도주(陶朱: 5+6항 참고)와 같은 부자가 되는 것은, 金이 土를 만나 견고해졌기 때문에 2土가 6金을 생하여 부동산으로 인한 부자가 될 수 있다.

2土와 8土가 6金을 생하게 되어 부동산(不動産)이나 투자 등으로 큰 재산을 모을 수 있게 된다.

하지만, <2+6>의 조합보다 <6+8>의 조합이 더 큰 부자가 될 수 있고, 6과 2가 조합되고 세운이나 운반에서 8을 만나게 되면 재물이 더욱 크게 불어날 수 있다는 해석이 가능하다.

2는 평지(平地)에 해당하고, 8은 산이나 임야(林野)에 해당하며, 6은 확장과 투자에 해당한다.

戌은 6을 未는 2를 의미한다. 6과 2의 조합은 승려가 되어 수행을 하면 좋다. 6은 고승을 의미하고 8은 산에서 수행중인 스님을 의미한다.

6은 乾으로 남자어른이 되고, 2는 坤으로 여자어른이 되는데, 앞에서 설명한 <向星2+山星6>의 조합과 내용은 비슷하지만 다음과 같은 차이가 있다.

<向星2+山星6>은 가장[남편]이나 웃어른, 직장 상사에 해당하지만, <向星6+山星2>는 부인이나 나이 많은 여자에 해당한다는 것이다.

6-3. 向星⑥과 山星❸의 조합

向星 ⑥	財山人海, 陰德, 功勳, 剋妻孤獨, 貧窮, 奢侈		天雷无妄
山星 ❸	長男巨富, 才能, 事業, 盜賊亂動, 剋妻, 爭訟		

九宮에서 向星의 位置

巽綠 ④	離紫 ⑨	坤黑 ②
震碧 ③	中黃 ⑤	兌赤 ⑦
艮白 ⑧	坎白 ①	乾白 ⑥

九宮에서 山星의 位置

巽綠 4	離紫 9	坤黑 2
震碧 **3**	中黃 5	兌赤 7
艮白 8	坎白 1	乾白 6

古書의 內容과 吉凶作用

古書秘訣	壯途躓足(장도지족). 足以金而蹣跚(족이금이반산). 龍飛天上老翁殃(용비천상노옹앙). 更言武曲青龍, 喜逢左輔善曜(갱언무곡청룡, 희봉좌보선요). 三逢六, 患在長男(삼봉육, 환재장남).
吉作用	높은 관직에 오를 수 있음. 새로 시작한 일들이 성공을 거두게 됨.
凶作用	사고나 관재를 당하거나 심하면 자살을 하게 됨. 새로운 사업이나 사업 확장 등이 모두 실패를 하게 됨. 부자지간이나 직장의 상사와 심한 다툼이 생기고 불이익을 당함.

➡ 向星⑥과 山星❸의 풀이

6과 3의 조합이 되면 장도(壯途-중요한 사명을 띠고 떠나는 길)에 곤란을 겪든지 실패하는 경우가 생긴다.

3은 木에 해당되고 6은 金에 해당하여 金剋木이 되고, 또 3과 6은 둘 다 강한 성격으로 관재나 사고 싸움 등의 공통적인 성격을 많이 가지고 있다.

6과 3이 만나면 다리를 비틀거리게 된다. 즉, 3木이 6金에게 극을 당하고 둘 다 강한 성격으로 다툼이 일어나게 된다.

3木은 장남(長男)이나 장년의 남자에 해당하고, 6金은 부친(父親)이나 노년의 남자에 해당하니 부자지간(父子之間)에 불화(不和)가 생기거나 가정에서 남자끼리 다툼이 발생한다.

용(龍)이 날아서 하늘로 올라간다는 말은 용은 震宮3과 천상(天上)은 乾宮6이 조합되면 용과 하늘이 되므로 그러한 해석을 하게 된다.

이렇게 되면 집안에 나이 많으신 할아버지 혹은 아버지에게 재앙이 생긴다. 돌아가신다는 의미로 약간 비치는 것 같다. 용이 하늘로 갔다면 돌아가신 것으로도 해석이 가능하기 때문이다.

무곡(武曲)은 6을 의미하고, 청룡(靑龍)은 3을 나타내며, 좌보(左輔)는 8이 되는데, 선요(善曜)는 빛난다는 의미이므로 좋은 배합이 된다는 뜻이다.

6과 3의 조합은 세운이나 운반에서 8을 만나는 것을 반긴다. 8을 만나면 부동산 등으로 큰 부자가 될 수 있다.

6과 3의 조합이 되면 장남(長男)에게 재난이 생겨 근심할 일이 생긴다. 震宮3은 장남(長男)에 해당하는데 6金에게 金剋木을 당하여 3木이 손상을 당하기 때문에 장남(長男)에게 재난이 생길 수 있다.

앞에서 설명한 <向星3+山星6>의 조합과 내용은 비슷하지만 다음과 같은 차이가 있다.

<向星3+山星6>은 가장[남편]이나 웃어른, 직장 상사에 해당하고, <向星6+山星3>은 장남(長男)이나 장년의 남자에 해당한다는 것이다.

6-4. 向星⑥과 山星④의 조합

向星 ⑥ 山星 ④	財山人海, 陰德, 功勳, 剋妻孤獨, 貧窮, 奢侈 科擧出世, 文豪, 美女, 淫蕩破産, 自殺, 中風	 天風姤

九宮에서 向星의 位置

巽綠 ④	離紫 ⑨	坤黑 ②
震碧 ③	中黃 ⑤	兌赤 ⑦
艮白 ⑧	坎白 ①	**乾白 ⑥**

九宮에서 山星의 位置

巽綠 ④	離紫 ⑨	坤黑 ②
震碧 ③	中黃 ⑤	兌赤 ⑦
艮白 ⑧	坎白 ①	乾白 ⑥

古書의 內容과 吉凶作用

古書秘訣

小畜, 差徭勞碌, 巽爲命令, 乾爲大人, 乾剋巽, 故有差徭勞碌(소축, 차요노록, 손위명령, 건위대인, 건극손, 고유차요노록).
木見戌朝, 莊生難免鼓盆之歎(목견술조, 장생난면고분지탄).
巽宮水路纏乾, 主有懸梁之厄(손궁수로전건, 주유현량지액).
相生而有相凌之害, 後天之金木交倂(상생이유상릉지해, 후천지금목교병).

吉作用

사업 확장으로 성공하게 됨.
투자나 투기로 큰 이익을 얻게 됨.
윗사람의 도움으로 발전 할 수 있음.

凶作用

관재를 당하거나 사고를 당함.
투자나 투기로 인하여 큰 손해가 발생함.
윗사람이나 상사와 불화가 생기고 불이익을 당함.

▶ 向星⑥과 山星❹의 풀이

소축(小畜)이라는 말은 풍천소축(風天小畜)의 줄임말로 사용된다. 6과 4가 조합되면 자갈땅에서 힘들게 일하면서 실수 없이 자갈을 잘 골라내야 한다.

巽4는 명령(命令)에 해당하고 乾6은 대인(大人)에 해당하는데, 6金이 4木을 剋하니 실수 없이 일을 해야 윗사람의 질책을 당하지 않는다.

4는 교제 신용 자격에 해당하고 6은 윗사람에 해당하는데, 6과 4의 조합이 不合局이 되면 직장에서는 상사에게 인정을 받지 못하거나 불화가 생길 수 있고, 집안에서는 웃어른과의 불화(不和)가 발생한다.

木은 4를, 戌은 6을 의미하고, 4木은 처를 의미하는데 6金에게 剋을 당하여 6과 4가 조합이 되면 아내를 잃을 수 있고, 결혼생활에 문제가 발생하여 이혼을 할 수도 있다.

巽宮4의 방향에 형기상으로 수로(水路)가 복잡하게 엉켜있으면서 흐르는 물이 없다면, 목을 매달아 자살을 하는 흉한 일이 발생한다. 거기다 6과 같이 조합이 되면 6은 자살을 의미하기 때문에 작용력이 더 강해진다.

선천수(先天數)로서 4는 金에 속하고 6은 水에 속하여 相生이 되지만 피해가 발생하고, 후천수(後天數)로서 4는 木에 속하고 6은 金에 속하여 金剋木을 하게 되어 다툼이 생긴다.

6과 4가 조합되면 큰 사고를 당하거나 자살 등을 하는 흉한 일이 생긴다는 것을 강조한 것이다.

앞에서 설명한 <向星4+山星6>의 조합과 내용은 비슷하지만 다음과 같은 차이가 있다.

<向星4+山星6>의 조합은 가장[남편]이나 웃어른, 직장 상사에 해당하고, <向星6+山星4>의 조합은 장녀(長女)나 장년의 여자 또는 부인에 해당한다는 것이다.

토막상식

농촌에는 폐교가 많은데, 이것은 터가 나쁜 원인으로 보기 어렵다. 그것은 환경의 영향이라고 봐야 할 것이기 때문이다. 폐가(弊家)와 폐교(弊校)의 차이점이다.

6-5. 向星⑥과 山星⑤의 조합

向星 ⑥	財山人海, 陰德, 功勳, 剋妻孤獨, 貧窮, 奢侈		天戊己
山星 ⑤	奇人極貴, 禪師, 王侯, 淫亂官災, 昏迷, 傷人		

九宮에서 向星의 位置	九宮에서 山星의 位置
巽綠 ④ / 離紫 ⑨ / 坤黑 ② 震碧 ③ / 中黃 ⑤ / 兌赤 ⑦ 艮白 ⑧ / 坎白 ① / 乾白 **⑥**	巽綠 4 / 離紫 9 / 坤黑 2 震碧 3 / 中黃 **5** / 兌赤 7 艮白 8 / 坎白 1 / 乾 6

古書의 內容과 吉凶作用

古書秘訣

須識乾爻門向, 長子痴迷(수식건효문향, 장자치미).
富竝陶朱, 斷是堅金遇土(부병도주, 단시견금우토).
庭無耄耋, 多因裁破父母爻(정무모질, 다인재파부모효).

吉作用

권력이 있는 고관(高官)이 나오게 됨.
큰 부자가 나오게 됨.
※5운에 合局이 되는 경우에 해당함.

凶作用

관재나 소송을 당하게 됨.
사업 확장으로 실패하거나 투기나 투자로 인하여 망하게 됨.
남편에게 좋지 않은 문제가 발생함.
사고를 당하거나 자살을 하게 됨.
사이비 종교에 빠지게 됨.

▶ 向星⑥과 山星⑤의 풀이

6과 5가 조합된 곳으로 대문을 내거나, 6白金이 있는 방향으로 대문을 내었는데 6이 왕기(旺氣), 생기(生氣), 진기(進氣)에 해당되지 않고 대문이 창살(槍煞-큰 길이나 골목이 대문 앞으로 바로 연결이 된 모양)에 해당하거나 대문 앞에 형기상으로 전봇대나 철탑, 또는 큰 나무 등의 흉한 물체가 있을 때는 집안의 가장이나 나이 많은 장자(長子)에게 정신적으로 문제가 생긴다.

6은 가장이나 나이 많은 사람을 의미하고 인체에서는 머리와 뇌에 해당하기 때문에 치매에 걸리기도 한다.

큰 부자가 되는 것은, 金이 土를 만나 견고해졌기 때문이라고 말할 수 있다. 5土가 6金을 生하여 부동산으로 인한 부자가 될 수 있기 때문이다. 그러나 5운에 合局이 되었을 경우에만 해당이 된다.

집안에 노인이 없는 것은, 많은 이유 중에서 乾6과 坤2가 깨어졌기 때문이다.

乾6은 부친이나 나이가 많은 남자를 의미하게 되고, 坤2는 모친이나 나이가 많은 여자를 의미한다.

앞에서 설명한 <向星5+山星6>의 조합과 내용이 비슷하지만 다음과 같은 차이가 있다.

<向星5+山星6>으로 조합이 되면 가장[남편]이나 웃어른, 직장 상사에 해당하고, <向星6+山星5>의 조합이 되면 중심적인 사람에 해당한다는 것이다.

토막상식

시골의 한가로운 풍경이고 여름날에는 시원한 그늘이 된다. 그러나 풍수가의 눈에는 대문 앞의 큰 나무는 곱게 보이지 않는다.

6-6. 向星⑥과 山星❻의 조합

向星 ⑥ 山星 ❻	財山人海, 陰德, 功勳, 剋妻孤獨, 貧窮, 奢侈		乾爲天
	위와 같음		

九宮에서 向星의 位置

巽 綠 ④	離 紫 ⑨	坤 黑 ②
震 碧 ③	中 黃 ⑤	兌 赤 ⑦
艮 白 ⑧	坎 白 ①	乾 白 ⑥

九宮에서 山星의 位置

巽 綠 ④	離 紫 ⑨	坤 黑 ❷
震 碧 ❸	中 黃 ❺	兌 赤 ❼
艮 白 ❽	坎 白 ❶	乾 白 ❻

古書의 內容과 吉凶作用

古書秘訣	金曜連珠(금요연주). 乾若懸頭, 更痛遭刑莫避(건약현두, 경통조형막피). 乾山乾向水朝乾, 乾峯出狀元(건산건향수조건, 건봉출장원).
吉作用	고위직에 오르거나 크게 출세하는 사람이 나옴. 직장이나 가정에서 윗사람의 도움을 많이 받음. 투기나 투자로 큰 이익을 얻게 됨.
凶作用	소송이나 관재가 발생함. 구설시비로 경찰서에 출입할 일이 생김. 교통사고를 당하거나 자살을 하게 됨. 부부 중에 한 사람이 사망하는 일이 생김. 투기나 투자 또는 사업 확장으로 실패하거나 큰 손실이 발생함.

▶ 向星⑥과 山星❻의 풀이

向星과 山星에 6白金이 나란히 있다. 6白金은 강한 성질을 가지고 있는데 두 개가 같이 있으면 더욱 강한 성질을 가진다.

乾6의 방향에 형기상으로 현두[봉우리 쪽으로 도로나 성곽 등이 목을 조르는 형태]가 되면, 형벌과 질병을 피할 수가 없다. 이런 경우에는 관재를 당하거나 머리나 뇌 등에 질병이 발생하고 심하면 죽거나 목을 매달아 자살을 하는 경우도 있다.

처방으로는 나무 등으로 흉한 모양이 보이지 않도록 가리는 것이 좋다.

乾의 방향으로 陰陽宅을 조성 했을 시에 乾宮의 방향에 물이 있고 그 너머로 있는 조산(朝山)이 오행상으로 金의 형태를 가진 봉우리로 되어 있으면 장원급제자가 나온다. 참고로 산의 형태에 따라서 구분하는 방법이다.

形態	山의 느낌
木形山	木山은 뾰족하고 우뚝하게 높이 솟은 느낌
火形山	火山은 삐쭉삐쭉하고 날카로운 느낌
土形山	土山은 웅장하고 넓은 품을 가진 느낌
金形山	金山은 동그랗고 오뚝하여 범종을 엎어 놓은 느낌
水形山	水山은 위가 물결처럼 평평하게 수평을 이룬 느낌

혈(血)의 앞에 있는 산을 안(案)이라고도 하고 안산(案山)이라고도 하며, 조금 떨어진 앞에 있는 산을 조(朝)라고 하고, 또 조산(朝山)이라고도 하는데, 대개 가깝고 작은 것을 안(案)이라 하고 멀리 있고 높은 것은 조(朝)라고 한다.

조산(朝山)이라는 것은 주산(主山)을 마주보며 알현을 하는 산이다. 따라서 혈처를 바라보는 조산은 신하가 임금을 보듯이 해야 하고, 손님이 주인을 보듯이 해야 하며, 자식이 부모를 봉양하듯이 섬겨야 하고, 아내가 남편을 대하듯이 공경스러움이 있어야 하고, 주인공을 빛나게 하는 조연배우의 역할을 하듯이 배려하는 마음이 느껴져야 하므로 공손하고 단정하며 유정(有情)하고 맑고 아름다워야 한다.

그러나 생긴 모양에서 느껴지는 감정(感情)이 무정(無情)하고, 혈처(穴處)를 협박(脅迫)하는 모습이거나, 돌이나 바위가 가시밭처럼 어수선하게 추악한 봉우리가 있거나, 비뚤어진 외로운 봉우리가 있거나, 무너지고 떨어진 이상한 모습이거나, 이상한 돌과 바위가 보이거나, 울퉁불퉁하고 밉살스런 모양 등이 있는 것은 좋지 못하다.

주변의 모습에서 풍수가의 느낌이 그렇게 들어왔다면 그것의 작용을 고려하게 되는데, 편안하게 감싸주는 느낌이라면 주변에서 주인을 대하는 태도도 그와 같음을 생각하면 되고, 주변에서 무시하는 것 같으면 실제로도 주인을 무시한다.

6-7. 向星⑥과 山星❼의 조합

向星 ⑥ 山星 ❼	財山人海, 陰德, 功勳, 剋妻孤獨, 貧窮, 奢侈 巨富得名, 武將, 興家, 盜賊橫死, 火災, 賤職	 天澤履

九宮에서 向星의 位置

巽綠 ④	離紫 ⑨	坤黑 ②
震碧 ③	中黃 ⑤	兌赤 ⑦
艮白 ⑧	坎白 ①	乾白 ⑥

九宮에서 山星의 位置

巽綠 ④	離紫 ⑨	坤黑 ②
震碧 ③	中黃 ⑤	兌赤 ❼
艮白 ⑧	坎白 ①	乾白 ⑥

古書의 內容과 吉凶作用

古書秘訣
職掌兵權, 武曲峯當庚兌(직장병권, 무곡봉당경태).
乾兌託假鄰之誼(건태탁가린지의).
交劍殺興多劫掠(교검살흥다겁략).
天澤財旺女淫亂(천택재왕녀음난).
蛇驚夢裏, 皆緣內兌外乾(사경몽리, 개연내태외건).

吉作用
경찰이나 감사원으로 출세를 하게 됨.
법조인이 나오게 됨.
투자나 투기로 많은 재물을 모으게 됨.

凶作用
주색잡기(酒色雜技)로 패가망신(敗家亡身)함.
투기나 투자 또는 사업 확장으로 인하여 재산상의 손실이 발생함.
강도를 당하거나 싸움이 발생함.
뜻하지 않은 큰 사고를 당함.

▶ 向星⑥과 山星⑦의 풀이

무곡(武曲)은 6白金, 庚兌는 7赤金을 의미한다.

6과 7이 조합되면 金과 金의 조합이 되는데, 金은 숙살지기(肅殺之氣)를 의미하므로 合局이 되거나 득령(得令)을 할 때는 재물이 좋아지고 무관(武官)이나 검찰, 경찰, 감사원으로 종사 할 수 있다. 겸하여 兌宮의 방향에 금형산(金形山-武曲峰)이 있으면 작용이 더욱 강하게 나타난다.

乾은 6白金을, 兌는 7赤金을 의미하게 되고, 가린지의(假鄰之誼)는 좋지 못한 이웃을 의미한다.

6과 7의 조합은 金과 金의 조합으로 숙살지기(肅殺之氣)가 강한 두 이웃이 서로 칼을 들고 싸우는 것과 같아서 교검살이라고도 하며, 不合局이나 실령시에는 싸움이나 협박하여 남의 물건을 빼앗는 등 피를 보는 사고 등이 발생하게 된다.

앞에서 설명한 대로 도둑이나 강도를 당하거나, 도둑질이나 강도질에 연루되는 일이 발생하거나 혈광지재(血光之災)를 당하기도 한다.

天은 乾宮6을, 澤은 兌宮7을 의미한다. 6과 7이 조합되면 재물은 불어나지만 여자가 음란해진다.

6은 투자나 투기 등을 의미하고 7은 현금을 의미하기 때문에 투자나 투기로 인한 이익이 생길 수 있다.

6은 나이 많은 남자를 의미하고 7은 소녀(少女)와 유흥 및 환락을 의미하기 때문에 나이 많은 남자와 어린 여자 사이에 원조교제 등의 이성문제가 발생 할 수 있다.

6과 7이 조합되면 꿈속에서 뱀을 보고 놀라게 되는데, 이는 관재 또는 사고나 싸움 등으로 놀라는 일이 많이 발생하는 것을 의미한다.

토막상식

많은 가정에서는 고인(故人)을 화장(火葬)하여 납골당(納骨堂)에 봉안한다.
이때 풍수학적인 관점에서 길흉작용은 논하지 않는 것이 일반적인 정설(定說)이다.

6-8. 向星⑥과 山星❽의 조합

向星 ⑥	財山人海, 陰德, 功勳, 剋妻孤獨, 貧窮, 奢侈		天山遯
山星 ❽	富貴忠義, 長壽, 孝心, 少年損傷, 抱病, 瘡腫		

九宮에서 向星의 位置

巽綠 ④	離紫 ⑨	坤黑 ②
震碧 ③	中黃 ⑤	兌赤 ⑦
艮白 ⑧	坎白 ①	乾白 **⑥**

九宮에서 山星의 位置

巽綠 ④	離紫 ⑨	坤黑 ②
震碧 ③	中黃 ⑤	兌赤 ⑦
艮白 **❽**	坎白 ①	乾白 ⑥

古書의 內容과 吉凶作用

古書秘訣

武曲 喜逢左輔善曜(무곡 희봉좌보선요).
六八武科發跡, 否亦韜略榮身(육팔무과발적, 부역도약영신).
富近陶朱, 斷是堅金遇土(부근도주, 단시견금우토).
天臨山上家富貴(천임산상가부귀).
八六文士參軍或則異途擢用, 旺生一遇已吉, 死退雙臨乃佳(팔륙문사삼군혹칙이도탁용, 왕생일우이길, 사퇴쌍임내가).

吉作用

수행자(修行者) 중에서 큰 인물이 나옴.
부동산으로 많은 재물을 모으고, 큰 부자가 됨.
크게 출세를 하고, 문무를 겸비한 큰 인물이 나옴.

凶作用

부동산으로 큰 손해를 봄.
친척이나 형제간에 불화가 발생함.
자녀를 출산하지 못하고 고독함.

▶ 向星⑥과 山星⑧의 풀이

무곡(武曲)은 6을, 좌보(左輔)는 8을 의미한다. 6은 8을 만나는 것을 좋아한다.

6과 8의 조합이 되면 부동산투자로 거부(巨富)가 되거나 많은 유산을 물려받은 큰 부자가 나오게 된다.

6과 8이 조합되면 군인이나 검찰 혹은 경찰 등으로 출세하여 크게 이름을 떨치는 사람이 나오는데, 8은 자신의 노력으로 한 단계씩 올라가는 것이고, 3은 벼락출세를 의미한다.

6과 8이 조합이 되면 土가 金을 生하여 도주(陶朱)와 같이 큰 부자가 된다.

6白金이 土에게 生을 받는 것은 2黑土, 5黃土, 8白土의 세 가지 경우에 해당한다.

이 중에서 8白土의 생을 받는 것이 큰 부동산이나 임야, 아파트 등의 투자로 인하여 가장 큰 재산을 모을 수 있다.

天은 6을, 山은 8을 의미하며, 6과 8의 조합이 되면 집안에 부귀(富貴)가 쌍전(雙全)하게 된다.

6과 8의 조합이 되면 문무(文武)를 겸비하고, 특별한 방면에 뛰어난 사람이 나오는데, 득령을 할 때도 길하지만, 형기상으로 문제가 없으면 실령을 해도 좋다.

1, 6, 8은 九星의 紫白에서 3길수(吉水)에 해당하기 때문에 <1+6>이 되거나 <6+8>의 조합은 형기상으로 문제가 없으면 실령(失令)을 해도 나쁘게 보지 않는다.

토막상식

어느 골목길로 들어가 봤더니 이러한 장면이 나타났다. 순간 노충(路沖)이 생각나면서 독자에게 소개를 해야 하겠다는 생각이 퍼뜩 들어 카메라의 셔터를 눌렀다. 기왕에 집을 마련한다면 피해야 할 곳이다.

6-9. 向星⑥과 山星 9 의 조합

向星 ⑥ 山星 9	財山人海, 陰德, 功勳, 剋妻孤獨, 貧窮, 奢侈 科甲軍閥, 聰明, 功名, 火災吐血, 産厄, 盲人	 天火同人

九宮에서 向星의 位置	九宮에서 山星의 位置
巽綠 ④ / 離紫 ⑨ / 坤黑 ② 震碧 ③ / 中黃 ⑤ / 兌赤 ⑦ 艮白 ⑧ / 坎白 ① / 乾白 ⑥	巽綠 4 / 離紫 9 / 坤黑 2 震碧 3 / 中黃 5 / 兌赤 7 艮白 8 / 坎白 1 / 乾白 6

	古書의 內容과 吉凶作用
古書秘訣	同人, 車馬馳驅(동인, 거마치구). 火燒天而長牙相鬪, 家生罵父之兒(화소천이장아상투, 가생매부지아). 六九爲肺痿, 衰則血症, 盛必火災(육구위폐위, 쇠즉혈증, 성필화재). 天門見火翁嗽死(천문현화옹수사). 丁丙朝乾, 貴客而有耆耄之壽(정병조건, 귀객이유기모지수).
吉作用	부귀영화를 누리며 좋은 일들만 생김. 어려운 시험에 합격하게 됨. 윗사람이나 직장상사의 도움을 받게 됨.
凶作用	송사나 관재로 재판을 받게 됨. 시험에 불합격 됨. 성급함으로 인하여 사고를 당함. 나이 드신 분들은 쇠약해지고 불효하는 자녀가 나옴.

➡ 向星⑥과 山星❾의 풀이

동인(同人)이라는 말은 천화동인(天火同人)의 줄임말로 사용하는 卦의 이름이며 6과 9의 조합을 의미한다.

6은 말과 먼 길을 의미하고 9는 태양과 떠남을 의미하는데, 6金이 9火에게 剋을 당하여 더운 땡볕아래서 말을 타고 힘들게 먼 길을 가는 것을 뜻한다. 즉, 떠돌이나 유랑자가 된다.

6과 9가 조합되면 9火가 6金을 녹이기 때문에 으르렁 거리며 서로 싸운다. 분노의 불길이 하늘을 태우게 되니 이를 드러내면서 서로 싸우게 되는 암시이다.

9火는 자녀이 되고, 6金은 아버지가 되는데 자녀가 아버지를 剋하는 형상으로 집안에서 아버지를 욕하고 때리는 불효하는 자녀가 나오게 된다.

6과 9가 조합되면 폐에 병이 결려서 쇠약해지고 피를 토하게 되거나, 화재가 발생한다.

6은 폐에 해당하는데 9의 剋을 받아서 폐병(肺病)이 발생하고, 세운이나 운반에서 2, 7, 9를 만나거나 형기상으로 火의 기운을 강하게 하는 경우에는 화재가 발생한다.

6과 9가 조합이 되면 나이가 많은 사람이 해수(咳嗽-기침하는 것)로 죽는다. 6에 해당하는 폐나 기관지계통에 중병을 앓고 있던 사람은 9에게 剋을 당하여 죽을 수도 있다. [참고: 6은 하늘로 가는 것이고 9는 이별을 의미]

丁丙은 火이니 9를 의미하고, 乾은 6을 의미한다. 合局이 되고 득령을 하게 되면 9는 경사와 출세를 의미하고 6은 존경을 의미하므로, 6과 9가 조합되면 귀하고 존경을 받으며 장수하게 된다.

토막상식

내리막길의 급커브이다. 그리고 그 끝에서 삶의 보금자리를 만들었는데, 풍수에서 본다면 피해야 할 자리라고 판단을 하게 된다. 그냥 환경적으로 보더라도 권장을 하기 어려운 자리라고 해야 할 것이다.

7-1. 向星⑦과 山星**1**의 조합

向星 ⑦	巨富得名, 武將, 興家, 盜賊橫死, 火災, 賤職	☱	澤水困
山星 **1**	智慧聰明, 出世, 文筆, 家庭不和, 酒色, 放蕩		

九宮에서 向星의 位置	九宮에서 山星의 位置
巽綠 ④ / 離紫 ⑨ / 坤黑 ② 震碧 ③ / 中黃 ⑤ / **兌赤 ⑦** 艮白 ⑧ / 坎白 ① / 乾白 ⑥	巽綠 ④ / 離紫 ⑨ / 坤黑 ② 震碧 ③ / 中黃 ⑤ / 兌赤 ⑦ 艮白 ⑧ / **坎白 1** / 乾白 ⑥

古書의 內容과 吉凶作用

古書秘訣

壬甲排庚, 最異龍摧屋角(임갑배경, 최이용최옥각).
或被犬傷, 或逢蛇毒(혹피견상, 혹봉사독).
金水多情, 貪花戀酒(금수다정, 탐화연주).
鷄交鼠而傾瀉, 必犯徒流(계교서이경사, 필범사류).
水臨白虎墮胎殺(수임백호타태살).

吉作用

예술이나 연예계에서 성공을 하게 됨.
좋은 사람과 이성교제가 이루어짐.
깨끗하고 정직하게 일하여 부자가 됨.

凶作用

주색잡기(酒色雜技)로 패가망신(敗家亡身)함.
사고를 당하거나 수술을 하게 됨.
임신을 못하거나 자녀에게 좋지 않은 일들이 발생함.

▶ 向星⑦과 山星❶의 풀이

壬은 1을 甲은 3을 庚은 7을 의미한다. 7의 좋지 못한 작용 중에는 칼이나 흉기, 짐승 등에 의하여 사고를 당할 수 있다.

<1+3+7>의 조합이 되면 하는 일에 많은 장애가 발생하고 개에게 물려 상처를 당하거나 독사에게 물리는 피해를 당한다.

坎宮1은 음란을 兌宮7은 환락과 유흥 등을 의미하므로 7赤金과 1白水가 조합되어 나쁜 작용을 할 때는 여자와 술로 인한 피해가 생기게 된다.

계(鷄)는 닭[酉]의 兌宮7을 의미하고 서(鼠)는 쥐[子]로 坎宮1을 의미한다.

따라서 7과 1의 조합된 宮의 형기가 기울어져서 물이 빠져나가게 되므로 한 곳에 정착을 하지 못하고 타향을 떠돌게 된다.

水는 1을 백호(白虎)는 7이 되는데, 1은 잉태(孕胎)를 의미하고, 7은 사고나 수술 등을 의미한다. 따라서 7과 1의 조합이 不合局이 되면 낙태나 유산 또는 사산을 할 수가 있다.

앞에서 설명한 <向星1+山星7>의 조합과 내용은 비슷하지만 다음과 같은 차이가 있다.

<向星1+山星7>은 나이가 어린 소녀나 유흥가의 여자가 해당되고, <向星7+山星1>은 젊은 남자가 된다.

토막상식

하천에 물이 흘러가지 않더라도 물이 흐르는 것으로 간주하게 된다. 비록 물이 흐르지 않더라도 언젠가는 폭우에 범람을 할 것이기 때문이다. 그때에는 맞은편에 있는 주택에는 나쁜 작용을 하게 될 것인데, 이 방향이 不合局으로 흉하게 작용한다면 그 화(禍)는 더욱 크게 작용을 하게 될 것이니 주의해야 한다. 노충(路沖)과 같은 의미로 살펴서 판단을 하면 된다.

7-2. 向星⑦과 山星❷의 조합

向星 ⑦	巨富得名, 武將, 興家, 盜賊橫死, 火災, 賤職		澤地萃
山星 ❷	出將入相, 女權, 巨富, 青霜寡婦, 短命, 惡瘡		

九宮에서 向星의 位置

巽 綠 ④	離 紫 ⑨	坤 黑 ②
震 碧 ③	中 黃 ⑤	兌 赤 ⑦
艮 白 ⑧	坎 白 ①	乾 白 ⑥

九宮에서 山星의 位置

巽 綠 ④	離 紫 ⑨	坤 黑 ❷
震 碧 ❸	中 黃 ❺	兌 赤 ❼
艮 白 ❽	坎 白 ❶	乾 白 ❻

古書의 內容과 吉凶作用

古書秘訣

地澤進財後嗣絶(지택진재후사절).

臨, 元泄痢(임, 원설리).

坤配兌女, 則庶妾難投寡母之歡心(곤배태녀, 즉서첩난투과모지환심).

二七合爲火, 乘殺氣, 遇凶山凶水, 乃鳥焚其巢(이칠합위화, 승살기, 우흉산흉수, 내조분기소).

吉作用

횡재로 큰 부자가 됨.

변호사, 예술인, 연예인 특히 가수나 연기자 등으로 성공함.

凶作用

주색잡기(酒色雜技)로 패가망신(敗家亡身)함.

식중독이나 위장병에 걸리게 됨.

칼 등의 흉기에 의한 사고가 발생함.

수술을 하게 되는 일이 생김.

▶ 向星⑦과 山星②의 풀이

地는 2를, 澤은 7을 의미하는데, 7과 2의 조합은 갑작스런 횡재로 큰돈을 벌어서 부자가 되는데, 그 다음에 자손의 길은 끊기게 되니 대를 이을 자녀가 없다는 의미이다.

임(臨)은 지택림(地澤臨)의 괘를 부르는 이름이다. 2는 위(胃)와 장(腸)을 의미하고, 7은 입을 의미한다. 따라서 2와 7이 조합이 되면, 음식을 잘 못 섭취하여 식중독에 걸리거나 설사나 이질 등의 소화기 질환이 생긴다.

坤2는 부인을, 兌7은 첩을 의미하는데, 본부인과 첩이 서로 사이가 나쁘다.

현대적으로 해석을 하면 坤2는 나이 많은 여자를 兌7은 어린 여자를 의미하므로 고부간의 갈등이나 모녀간의 갈등, 남편의 애인 문제 등이 발생할 수 있다.

하도(河圖)에서 7과 2의 조합은 五行으로 둘 다 火에 속하고, 살기(殺氣)를 가지고 있으므로, 산과 물이 형기상으로 좋지 못하면 집에 화재가 발생한다.

일반적으로는 구궁팔괘도(九宮八卦圖)의 숫자를 감정법에 적용하지만, 하도(河圖)의 五行이 일치되는 수는 선천수(先天數)의 五行을 참고하는 것이 좋다.

하도(河圖)의 선천수(先天數)는 1과 6은 水, 2와 7은 火, 3과 8은 木, 4와 9는 金, 5와 10은 土가 된다.

앞에서 설명한 <向星2+山星7>의 조합과 내용은 비슷하지만 다음과 같은 차이가 있다.

<向星2+山星7>의 조합은 나이가 어린 소녀나 유흥가의 여자에 해당하고, <向星7+山星2>의 조합은 부인이나 나이가 많은 여자에 해당한다.

토막상식

몇 년 전인가 고압철탑이 지나가는 지역에는 소가 유산을 하고 주민은 단체로 나쁜 병이 발생했다는 이야기로 시끌시끌했던 적이 있었는데 여러 가지의 해석이 나왔던 것으로 기억이 된다.

그런데 풍수를 공부하면서 이러한 부근이 좋게 해석을 하기 어렵다는 의미로 해석이 되는 것을 보면서 과연 인체에 미치는 영향은 그만두고서라도 고인들은 이러한 구조물이 주거지의 주변에 없어야 한다는 의견에 대해서 일치를 봤던 것으로 판단해도 될 것이다.

그래서 추길피흉의 목적으로 공부하는 풍수학이라고 한다면 당연히 이러한 것에 대해서도 깊은 고찰이 필요할 것이므로 잘 살펴서 피할 수 있는 것은 피하는 것이 현명할 것이다.

7-3. 向星⑦과 山星❸의 조합

向星 ⑦	巨富得名, 武將, 興家, 盜賊橫死, 火災, 賤職	澤雷隨
山星 ❸	長男巨富, 才能, 事業, 盜賊亂動, 剋妻, 爭訟	

九宮에서 向星의 位置

巽 綠	離 紫	坤 黑
④	⑨	②
震 碧 ③	中 黃 ⑤	兌 赤 ⑦
艮 白 ⑧	坎 白 ①	乾 白 ⑥

九宮에서 山星의 位置

巽 綠	離 紫	坤 黑
④	9	2
震 碧 ❸	中 黃 5	兌 赤 7
艮 白 8	坎 白 1	乾 白 6

古書의 內容과 吉凶作用

古書秘訣

木金相反, 背義忘恩(목금상반, 배의망은).

震庚會局, 文臣而兼武將之權(진경회국, 문신이겸무장지권).

三七疊至, 被劫盜更見官災(삼칠첩지, 피겁도갱견관재).

七逢三到生財, 豈識財多被盜(칠봉삼도생재, 개식재다피도).

乙辛兮, 家室分離(을신혜, 가실분리).

蚩尤碧色, 好勇鬪狠之神, 破軍赤名, 肅殺劍鋒之象, 是以交劍殺興多劫掠, 龍爭虎鬪要傷長(치우벽색, 호용투한지신, 파군적명, 숙살검봉지상, 시이교검살흥다겁략, 용쟁호투요상장).

兌位明堂破震, 主吐血之災(태위명당파진, 주토혈지재).

吉作用

예능계통이나 예술계통에서 출세하는 사람이 나옴.
횡재를 하는 경우가 발생함.

凶作用

사고를 당하거나 수술을 하는 일이 생김.
이성문제나 지나친 유흥으로 문제가 발생함.
구설시비로 싸움이 발생하게 됨.

▶ 向星⑦과 山星❸의 풀이

7과 3이 조합이 되면 3木과 7金이 서로 상반되어 배은망덕하고 의리를 배반한다. 7赤金과 3碧木은 서로 상극이 되기 때문에 상존하기가 어렵고 싸우는 경우가 많다.

7과 3이 조합이 되면, 문신(文臣)이면서 무장(武將)의 권세까지도 겸할 수 있다. 무장을 총 책임지는 문신이 된다.

3은 사기꾼, 싸움군, 잘못한 일이 들통 나고, 7은 사고나 관재를 의미하기 때문에, 7과 3이 겹쳐서 조합이 되면, 도둑이나 강도를 당하고, 이에 연루되어 경찰서나 검찰에 출입을 하게 된다.

또한, 3은 갑작스런 작용을 7은 현금성 재산을 의미하지만, 사기를 당하거나 도둑질을 당하고 지출이 많아져서 재산을 벌어도 모아지지 않고 나가는 경우가 많다. 그래서 7과 3이 조합되면 재산은 생기지만, 많은 재산을 도둑질 당하는 것을 알지 못한다는 뜻이 되기도 한다.

乙은 震宮3을, 辛은 兌宮7을 의미한다. 7과 3의 조합이 되면 집안에서 가정불화가 생겨서 별거나 이혼을 하는 일이 생긴다는 뜻이다.

3碧木은 치우(蚩尤)와 같이 싸움을 좋아하는 신이고, 7赤金의 파군(破軍)은 숙살지기(肅殺之氣)와 칼끝과 같이 예리함이 있다. 따라서 3과 7이 만나면 서로 싸우고 협박하여 남의 물건을 빼앗는 일이 많이 생긴다.

용(龍)은 청룡으로 震3을, 호(虎)는 백호(白虎)로 兌7을 의미한다. 7과 3의 조합이 되면 용과 호랑이가 싸우는 것이고 7金이 3木을 훼하여 3木에 해당하는 장남(長男)이 피해를 당하게 된다.

7은 폐병으로 인한 객혈이나 흉기에 의한 사고, 수술을 요하는 일을 당하는 것을 의미하고, 3은 갑작스러운 사고나 깜짝 놀라는 일을 당하는 것을 의미하게 된다. 그러므로 7과 3이 조합이 되고 형기상으로 나쁘면 토혈(吐血)을 하는 재앙을 당한다.

앞에서 설명한 <向星3+山星7>의 조합과 내용은 비슷하지만 다음과 같은 차이가 있다.

<向星3+山星7>의 조합은 나이가 어린 소녀나 유흥가의 여자에 해당했는데, <向星7+山星3>의 조합은 장남(長男)이나 장년의 남자에 해당한다.

7-4. 向星⑦과 山星4의 조합

向星 ⑦	巨富得名, 武將, 興家, 盜賊橫死, 火災, 賤職	 澤風大過
山星 4	科擧出世, 文豪, 美女, 淫蕩破産, 自殺, 中風	

九宮에서 向星의 位置

巽綠 ④	離紫 ⑨	坤黑 ②
震碧 ③	中黃 ⑤	兌赤 ⑦
艮白 ⑧	坎白 ①	乾白 ⑥

九宮에서 山星의 位置

巽綠 4	離紫 9	坤黑 2
震碧 3	中黃 5	兌赤 7
艮白 8	坎白 1	乾白 6

古書의 內容과 吉凶作用

古書秘訣

雷風金伐, 定被刀傷(뇌풍금벌, 정피도상).
辰酉兮, 閨幃不睦(진유혜, 규위불목).
四七臨而文章不顯, 嘔血早夭(사칠임이문장불현, 구혈조요).
破軍居巽位, 癲疾風狂(파군거손위, 전질풍광).

吉作用

예술계통이나 연예계에서 크게 명성을 얻게 됨.
고위직에 오르게 됨.
좋은 사람과 결혼을 하거나 이성교제가 활발해 짐.

凶作用

주색잡기(酒色雜技)로 패가망신(敗家亡身)함.
대인관계가 나빠지고 사귀는 사람과 헤어지게 됨.
금전 거래가 깨어져서 손실을 보게 됨.

▶ 向星⑦과 山星④의 풀이

7과 4가 조합되면 木이 金에게 剋을 당하여 칼 등에 상하게 된다. 7赤金은 병장기(兵仗器)나 날카로운 흉기를 의미하고 4綠木을 극하기 때문에 칼 등에 상체를 당할 수 있다.

辰은 巽4를, 酉는 兌7을 의미한다.

4木은 장녀(長女)를, 7金은 소녀(少女)를 의미하는데 서로 相剋이 되므로 7과 4가 조합되면 여자들끼리 서로 화목하지 못하고 불화(不和)가 발생한다.

7과 4가 조합되면 문장을 드러내지 못하여 벼슬길에 나아가지 못하고, 또는 어릴 때 피를 토하고 죽거나, 각종 시험에 합격되기 어렵고, 수술을 요하는 병이나 사고를 당한다.

7은 파군(破軍)이 되고, 兌宮7과 4가 조합되면 4는 木으로 신경계통을 의미하는데 7과 서로 相剋이 되어 손상되므로 정신이상자나 신경계통의 질병이 발생 할 수 있다.

앞에서 설명한 <向星4+山星7>의 조합과 내용은 비슷하지만 다음과 같은 차이가 있다.

<向星4+山星7>의 조합은 나이가 어린 소녀나 유흥가의 여자에 해당하지만, <向星7+山星4>는 장녀(長女)나 장년의 여자에 해당한다는 것이다.

토막상식

산사(山寺)의 입구에서 볼 수 있는 부도이다. 승려들은 불교의식대로 입적하게 되면 화장(火葬)을 한다. 그리고는 부도탑을 세우게 되는데, 이러한 경우에 풍수적인 의미는 해석하지 않는다. 일반인도 화장법을 선택하는 경우가 늘고 있다.

7-5. 向星⑦과 山星5의 조합

向星 ⑦	巨富得名, 武將, 興家, 盜賊橫死, 火災, 賤職		澤戊己
山星 5	奇人極貴, 禪師, 王侯, 淫亂官災, 昏迷, 傷人		

九宮에서 向星의 位置

巽 綠 ④	離 紫 ⑨	坤 黑 ②
震 碧 ③	中 黃 ⑤	兌 赤 ⑦
艮 白 ⑧	坎 白 ①	乾 白 ⑥

九宮에서 山星의 位置

巽 綠 ④	離 紫 ⑨	坤 黑 ②
震 碧 ③	中 黃 5	兌 赤 ⑦
艮 白 ⑧	坎 白 ①	乾 白 ⑥

古書의 內容과 吉凶作用

古書秘訣

紫黃毒藥, 鄰宮兌口休嚐(자황독약, 인궁태구휴상).
青樓染疾, 只因七弼同黃(청루염질, 지인칠필동황).
兌不利歟, 脣亡齒寒(태불리여, 순망치한).
酉辛年, 戊己弔來, 喉間有疾(유신년, 무기조래, 후간유질).

吉作用

큰 부자가 됨.
의사, 검사, 외교관, 무관이 나옴.
※5운에 合局이 되었을 때만 해당됨.

凶作用

주색잡기(酒色雜技)로 패가망신(敗家亡身)함.
사고를 당하거나 수술을 하게 됨.
독에 의한 질병이 발생함.
색난(色難)을 당하고 애인과 헤어지게 됨.

▶ 向星⑦과 山星⑤의 풀이

紫는 9紫火로 약(藥)을 의미하고 5黃土는 독(毒)을 의미하고, 兌宮7은 입을 의미한다.

7과 5가 조합되면 독으로 인하여 피해가 생기고 세운이나 운반에서 9를 만나면 식중독이나 독성의 약을 타의로 마시는 일이 발생하고, 자살을 시도하려고 스스로 독약을 마시기도 한다.

5는 독이나 부패를 의미하고, 7은 유흥과 환락을 의미하기 때문에 7과 5가 조합되면 술집이나 성매매 하는 곳에서 성병(性病)에 걸리게 된다.

필(弼)은 우필성(右弼星)인 9가 된다. 여기에 세운이나 운반에서 9를 만나면 9는 사치와 빠름을 의미하기 때문에 상기의 작용이 더 강해지거나 급성 성병에 걸리게 된다.

5와 7이 조합되거나 7의 방향에 형기상으로 나쁘면 입술이 없어서 이가 시리다. 7은 입과 호흡기 계통을 의미하므로 7과 5가 조합되면 호흡기계통에 질병이 발생하고, 입이나 치아, 혀 등에도 질병이 발생한다.

앞에서 설명한 <向星5+山星7>의 조합과 내용은 비슷하지만 다음과 같은 차이가 있다.

<向星5+山星7>은 어린 소녀나 유흥가의 여자에 해당하고, <向星7+山星5>는 중심적인 사람에 해당한다는 것이다.

토막상식

번잡한 세상의 삶에 지칠 때쯤이면 고즈넉한 산사(山寺)가 그리워지기도 한다. 세상의 모든 번뇌(煩惱)를 잊고 자유롭고자 할 때에 필요한 공간이기도 하다. 수행자가 아니라도 마음의 정리가 필요할 때에는 이러한 곳에 머물면서 기운을 얻을 필요가 있다. 오래 된 절간이 대부분 기운(氣運)이 좋은 곳에 자리를 잡고 있는 것은 고승들이 풍수의 이치에 밝았던 것도 작용을 했을 것이다.

7-6. 向星⑦과 山星❻의 조합

向星 ⑦	巨富得名, 武將, 興家, 盜賊橫死, 火災, 賤職	☱☰	澤天夬
山星 ❻	財山人海, 陰德, 功勳, 剋妻孤獨, 貧窮, 奢侈		

九宮에서 向星의 位置

巽綠 ④	離紫 ⑨	坤黑 ②
震碧 ③	中黃 ⑤	兌赤 ⑦
艮白 ⑧	坎白 ①	乾白 ⑥

九宮에서 山星의 位置

巽綠 4	離紫 9	坤黑 2
震碧 3	中黃 5	兌赤 7
艮白 8	坎白 1	乾白 ❻

古書의 內容과 吉凶作用

古書秘訣

職掌兵權, 武曲峯當庚兌(직장병권, 무곡봉당경태).
乾兌託假鄰之誼(건태탁가린지의).
交劍殺興多劫掠(교검살흥다겁략).
天澤財旺女淫亂(천택재왕녀음난).

吉作用

상관이나 윗사람의 도움을 받게 됨.
법조인이 나옴.
투자나 투기로 많은 돈을 벌게 됨.

凶作用

주색잡기(酒色雜技)로 패가망신(敗家亡身)함.
투기나 투자 또는 사업 확장으로 인하여 큰 손실이 발생함.
큰 사고나 싸움이 생기고 강도를 당함.
국가기관으로 인하여 어려움을 당하거나 재산상의 손실을 당함.

▶ 向星⑦과 山星⑥의 풀이

무곡(武曲)은 6白金, 庚兌는 7赤金을 의미한다.

7과 6이 조합되면 金과 金의 조합이 되고, 금은 숙살지기(肅殺之氣)를 의미하고 合局이 되거나 득령을 할 때는 재물이 좋아지고 무관이나 검찰, 경찰, 감사원 등에 종사 할 수 있다.

겸하여 兌宮의 방향에 금형(金形)의 산[武曲峰]이 있으면 작용이 더 강해진다.

乾은 6白金을, 兌는 7赤金을 의미하고 가린지의(假鄰之誼)는 좋지 못한 이웃을 의미한다.

7과 6의 조합은 金과 金의 조합으로 숙살지기(肅殺之氣)가 강한 두 이웃이 서로 칼을 들고 싸우는 것과 같아서 不合局이나 실령시에는 교검살(交劍殺)이라고도 하며 싸움이나 강도 및 협박을 하거나 피를 보는 사고 등이 발생한다.

앞에서 설명한 대로 도둑이나 강도를 당하거나 도둑질이나 강도질에 연루되는 일이 발생하거나 혈광지재(血光之災)를 당하기도 한다.

天은 乾宮6을, 澤은 兌宮7을 의미한다. 7과 6이 조합되면 재물은 불어나지만 여자가 음란해진다.

6은 투자나 투기 등을 의미하고, 7은 현금을 의미하기 때문에 투자나 투기로 인한 이익이 생길 수 있다.

6은 나이 많은 남자를 의미하고, 7은 소녀와 유흥 및 환락을 의미하기 때문에 나이 많은 남자와 어린 여자 사이에 원조교제와 같은 이성문제가 발생 할 수 있다.

앞에서 설명한 <向星6+山星7>의 조합과 내용은 비슷하지만 다음과 같은 차이가 있다.

<向星6+山星7>은 나이가 어린 소녀나 유흥가의 여자에 해당하고, <向星7+山星6>의 경우에는 가장이나 나이 많은 남자에 해당한다.

토막상식

이러한 가축 건물의 주위에는 항상 강한 악취가 코를 찌르는데, 그것도 여름철에는 더욱 심하다. 쾌적한 주거지를 원한다면 피해야 할 곳이다.

7-7. 向星⑦과 山星７의 조합

向星 ⑦ 山星 ７	巨富得名, 武將, 興家, 盜賊橫死, 火災, 賤職	兌爲澤
	위와 같음	

九宮에서 向星의 位置

巽綠 ④	離紫 ⑨	坤黑 ②
震碧 ③	中黃 ⑤	兌赤 ⑦
艮白 ⑧	坎白 ①	乾白 ⑥

九宮에서 山星의 位置

巽綠 ４	離紫 ９	坤黑 ２
震碧 ３	中黃 ５	兌赤 ７
艮白 ８	坎白 １	乾白 ６

古書의 內容과 吉凶作用

古書秘訣

七有葫蘆之異, 醫卜興家(칠유호로지이, 의복흥가).
七逢刀盞之形, 屠沽居肆(칠봉도잔지형, 도고거사).
赤爲形曜, 那堪射脇水方(적위형요, 나감사협수방).
逢破軍而多虧身體(봉파군이다휴신체).

吉作用

연예계나 예술계에서 크게 명성을 날리는 사람이 나오게 됨.
주로 현금 재산이 늘어남.
의술이나 역술계통에 큰 인물이 나옴.

凶作用

화재가 발생함.
주색잡기(酒色雜技)로 패가망신(敗家亡身)함.
흉기에 다치거나 수술을 하게 됨.
구설시비로 괴로운 일이 발생함.

➡ 向星⑦과 山星⑦의 풀이

向星이나 山星7의 방향에 형기상으로 호리병 모양의 산이 있으면 의사(醫師)나 역술(易術) 및 풍수(風水) 계통에 큰 인물이 나온다.

兌卦 7은 칼과 같은 숙살지기와, 무괘(巫卦)에 해당하여 의술, 무속, 종교, 역술, 풍수 등을 의미하며 호리병 모양의 산은 五行으로 金山에 해당하기 때문에 7赤金의 작용이 더 강해진다.

7의 방향에 도잔지형(刀盞之形-칼을 눕히거나 세워둔 모양)의 산이 있으면 도살업(屠殺業)을 하거나, 주막집이나 술장사를 하는 사람이 나오고 또 구설(口舌)을 의미하므로 시끄러운 술집을 의미하기도 한다.

7赤金은 형벌과 살벌한 기운을 의미하는데, 7의 방향에 형기상으로 흉한 사협수(射脇水-혈의 옆구리를 찌르는 듯이 들어오는 물줄기)가 있으면 견디기 힘든 재앙이 생긴다.

득수법(得水法)에서 가장 흉한 것은 충심수(衝心水)와 사협수(射脇水)이다.

충심수(衝心水)는 물길이 혈장의 정면 부분에서 급하게 곧장 혈을 찔러 들어오는 것이고, 사협수(射脇水)는 물길이 혈장의 앞부분[정면에서 약간 옆 부분]에서 혈장(穴場)의 좌우 옆구리를 쏘듯이 들어오는 것을 말한다. 충심수(衝心水)와 사협수(射脇水)가 있는 곳에는 횡사(橫死), 살상(殺傷), 형벌(刑罰), 교통사고(交通事故) 등의 재앙이 발생한다.

파군(破軍)은 7赤金을 말하고, 7이 서로 만나면 휴신체(虧身體)라고 하며, 칼과 의사를 의미하고, 흉기로 해석을 할 수 있다.

그러므로 실령(失令)을 하거나 7의 방향에 형기상으로 나쁜 것이 있으면 수술을 하는 일이 생기거나 흉기에 상하는 일이 발생한다.

토막상식

바다를 막아서 간척지가 되면, 새로운 기운이 제방 둑을 타고 흐른다.

인조적인 용맥(龍脈)이라고 할 수 있다.

자연적인 것에 비할 바는 아니지만 흐름을 타게 되는 것이다.

환경적으로도 변화가 생기는데 대부분 이전보다 좋아지게 된다.

7-8. 向星⑦과 山星❽의 조합

向星 ⑦	巨富得名, 武將, 興家, 盜賊橫死, 火災, 賤職	☱☶	澤山咸
山星 ❽	富貴忠義, 長壽, 孝心, 少年損傷, 抱病, 瘡腫		

九宮에서 向星의 位置

巽綠 ④	離紫 ⑨	坤黑 ②
震碧 ③	中黃 ⑤	兌赤 ⑦
艮白 ⑧	坎白 ①	乾白 ⑥

九宮에서 山星의 位置

巽綠 ④	離紫 ⑨	坤黑 ②
震碧 ③	中黃 ⑤	兌赤 ⑦
艮白 ❽	坎白 ①	乾白 ⑥

古書의 內容과 吉凶作用

古書秘訣	金居艮位, 烏府求名(금거간위, 오부구명). 澤山爲咸, 少男之情屬少女(택산위함, 소남지정속소녀). 甘羅發早, 爻逢艮配兌延年(감라발조, 효봉간배태연년). 男女多情, 無媒妁則爲私約(남녀다정, 무매작칙위사약). 胃入斗牛, 積千箱玉帛(위입두우, 적천상옥백).
吉作用	법조계에 큰 인물이 나옴. 국가나 큰 단체에 자문을 하는 명예직에 진출함. 현금과 부동산이 늘어나 큰 부자가 됨.
凶作用	어린 사람이 방탕하여 본분을 망각하게 됨. 부동산이나 현금성 재산을 탕진하게 됨. 가족이나 형제간에 불화가 발생함. 다리나 관절을 다치거나 질병에 걸리게 됨.

➡ 向星⑦과 山星❽의 풀이

金은 7赤金을 艮은 8白土를 의미한다. 오부(烏府)는 법률을 맡은 관아인 어사대(御史臺)의 별칭이다.

7과 8이 조합되면 법조계[특히 검사]에 진출하며 명성도 높아진다. 또 명예박사나 국가나 단체의 자문위원 등 명예직으로 명성이 높아진다.

택산함(澤山咸)은 兌卦와 艮卦를 말하는 것으로 7과 8의 조합을 의미한다.

7은 소녀(少女)를 의미하고, 8은 소남(少男)을 의미하므로 7과 8의 조합은 활기차고 생기가 넘치는 어린 사람들의 만남을 뜻하는 것으로 길흉의 작용이 매우 빠르게 나타난다.

7과 8이 조합되면 감라(甘羅)와 같은 뛰어난 책사가 나오게 된다. 현대적인 의미로는 변호사나 특사(特使) 등 뛰어난 언변을 필요로 하는 직업에서 성공을 하게 된다.

여기에서 말하는 감라(甘羅)라는 인물은 전국시대 진나라의 유명한 책사(策士)를 말한다. 그는 조나라의 왕을 설득하여 5개의 성을 바치고 진나라를 섬기도록 한 인물이다.

7金과 8土의 만남은 어린사람들의 만남이고 土生金으로 相生이 되므로 정이 많아서 소개해 주는 중매인이 없어도 자기들끼리 사귄다. 뿐만 아니라, 헤어지는 것도 쉽게 생각해서 신혼부부는 불화가 생기거나 이별을 할 수도 있다.

위(胃)는 28수 중 서쪽의 별로 7을 의미하고, 두우(斗牛)는 북두칠성(北斗七星)과 견우성(牽牛星)의 8개 별로 8을 의미한다.

7은 현금(現金)에 해당하는 재산을 의미하고, 8은 부동산(不動産)을 의미하므로 7과 8이 조합이 되면 현금과 부동산이 많은 부자가 나오게 되는 원리가 나오게 된다.

토막상식

산자락에 절간이 자리를 잡았다.
골짜기가 협소한 까닭에 절의 규모도 또한 그 공간을 벗어나지 않고 있다. 이것이 자연이다.
인간이 발명한 기계를 이용하여 강제로 산을 깎지 않은 까닭이다. 지혜로운 사람은 자연에 순응(順應)한다.

7-9. 向星⑦과 山星 9 의 조합

向星 ⑦	巨富得名, 武將, 興家, 盜賊橫死, 火災, 賤職		澤火革
山星 9	科甲軍閥, 聰明, 功名, 火災吐血, 産厄, 盲人		

九宮에서 向星의 位置

巽綠 ④	離紫 ⑨	坤黑 ②
震碧 ③	中黃 ⑤	兌赤 ⑦
艮白 ⑧	坎白 ①	乾白 ⑥

九宮에서 山星의 位置

巽綠 4	離紫 9	坤黑 2
震碧 3	中黃 5	兌赤 7
艮白 8	坎白 1	乾白 6

古書의 內容과 吉凶作用

古書秘訣

午酉逢而江湖花酒(오유봉이강호화주).

赤紫兮, 致災有數(적자혜, 치재유수).

赤連碧紫, 聰明亦刻薄之萌(적연벽자, 총명역각박지맹).

七九合轍, 常招回祿之災(칠구합철, 상초회록지재).

紫黃毒藥, 臨宮兌口莫嘗(자황독약, 임궁태구막상).

虎遇炎蒸少女當(호우염증소녀당).

吉作用

사법고시에 합격하거나 법조인으로 출세하는 사람이 나옴.

좋은 사람과 결혼을 하게 됨.

재판에 승소하거나 누명을 벗게 됨.

凶作用

재판에 패하거나 소송을 당하게 됨.

이성과 이별을 하게 됨.

주색잡기(酒色雜技)로 패가망신(敗家亡身)함.

화재로 인하여 피해가 발생함.

➡ 向星⑦과 山星⑨의 풀이

午는 離宮9를, 酉는 兌宮7을 의미하며 7과 9가 조합되면 여자나 술로 인하여 패망하는 사람이 나온다.

7은 환락이나 유흥을 의미하고 9는 사치와 화려함을 의미하기 때문에 주색잡기로 패망하는 사람이 나오게 된다.

선천수(先天數) 7은 五行으로 火에 속하고, 후천수(後天數) 9는 五行으로 火에 속하기 때문에 火와 火의 만남이 되고, 7赤金은 화기를 머금고 있기 때문에 9紫火와 조합이 되면 화재가 자주 발생한다.

3木과 9火가 조합이 되면 목화통명(木火通明)이 되어 총명한 사람이 나오게 되는데, 여기에 7이 조합되면 7金이 3木을 金剋木하고, 9火가 7金을 火剋金하여 相剋의 작용이 강해져서 비록 총명은 하지만 잔인(殘忍)하고 인정이 없는 사람이 나오게 된다.

7과 9가 조합이 되면, 항상 불이 나거나 불로 인한 재앙(災殃)을 부르게 되어, 불의 신 회록(回祿)이라고도 한다.

9紫火로 약을 의미하고 5黃土는 독을 의미하므로 조합하면 독약이 되고 兌宮 7은 입을 의미한다.

이러한 관계의 구성으로 인해서 <7+9+5>가 조합되면 식중독(食中毒)이나 독성의 약에 중독되는 일이 발생하고, 자살을 시도하려고 스스로 독약을 마시는 경우도 생긴다.

7과 9가 만나면 7金이 9火의 열기에 손상이 되므로 7에 해당하는 어린소녀가 손상을 당한다.

토막상식

주거지 부근에는 이렇게 허물어진 폐가를 만나기도 한다. 이렇게 둔 것에는 나름대로 사정이 있을 수도 있겠지만 음기(陰氣)가 발생하는 나쁜 지역으로 변하게 되므로 없애는 것이 좋다. 백해무익의 존재이기 때문이다.

8-1. 向星⑧과 山星❶의 조합

向星 ⑧	富貴忠義, 長壽, 孝心, 少年損傷, 抱病, 瘡腫	䷃	山水蒙
山星 ❶	智慧聰明, 出世, 文筆, 家庭不和, 酒色, 放蕩		

九宮에서 向星의 位置

巽綠 ④	離紫 ⑨	坤黑 ②
震碧 ③	中黃 ⑤	兌赤 ⑦
艮白 **⑧**	坎白 ①	乾白 ⑥

九宮에서 山星의 位置

巽綠 4	離紫 9	坤黑 2
震碧 3	中黃 5	兌赤 7
艮白 8	坎白 **1**	乾白 6

古書의 內容과 吉凶作用

古書秘訣

坤艮動見坎, 中男絶滅不還鄕(곤간동견감, 중남절멸불환향).
土制水復生金, 定主田莊之富(토제수부생금, 정주전장지부).

吉作用

부동산으로 재산이 늘어남.
상속을 받을 수 있음.
승진이나 진급을 하게 됨.
수행자는 높은 경지에 이르게 됨.

凶作用

부동산 매매가 어렵거나 투자에 실패하게 됨.
형제나 친척들과의 불화가 발생함.
하는 일에 어려움이 생기고, 변화하려고 하지만 되지 않음.
수감되거나 중증 환자는 사망할 수 있음.
물에 빠지거나 물로 인한 피해를 당할 수 있음.

➡ 向星⑧과 山星❶의 풀이

坤2, 艮8, 坎1이 조합되면 중남(中男)이 외지에서 사망하여 고향으로 돌아 올 수 없다.

五行으로 1은 水에 해당하고 가족으로는 중남(中男)이 되고, 2와 8은 土에 해당한다. 따라서 五行의 生剋 법칙에 따라 1白水가 2와 8의 土에 土剋水로 剋을 당하여 1이 손상이 되어 중남(中男)에게 피해가 생긴다.

그러나 8과 1의 조합은 8운에는 길수(吉數)로써 대체로 좋은 작용을 하지만 현공법에서 不合局이 되면 둘째 아들에게 피해가 생기는 일이 생긴다.

8白土와 1白水가 조합되어 있는데 연운이나 운반에서 6金과 7金을 만나면 부동산으로 인한 부자가 된다.

<1+8>의 조합만으로도 부동산으로 인한 이득을 볼 수 있다.

다만 8土가 1水를 土剋水하기 때문에 조금의 결함은 있는데 연운이나 운반에서 6金이나 7金을 만나면 土生金하고 金生水하여 통관(通關)을 시키기 때문에 더 좋게 판단을 한다.

水가 土에게 剋을 당하고 있을 때는 6金으로 통관을 시키는 것이 7金으로 통관을 시키는 것보다 더 좋게 판단을 한다.

<1+8+6>은 현공의 3길수에 해당하고 또 큰 재물이 자연적으로 불어나고 투기나 투자나 확장을 하여 많은 재산을 축적할 수 있다고 본다. 그러나 <1+8+7>은 깨끗하고 맑게 재산을 늘려나간다.

앞에서 설명한 <向星1+山星8>의 조합과 내용은 비슷하지만 다음과 같은 차이가 있다.

<向星1+山星8>의 조합은 나이가 어린 소년이나 형제친척에 해당하고, <向星8+山星1>의 조합은 청년이나 차남(次男)이 된다.

8-2. 向星⑧과 山星❷의 조합

向星 ⑧	富貴忠義, 長壽, 孝心, 少年損傷, 抱病, 瘡腫	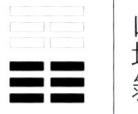	山地剝
山星 ❷	出將入相, 女權, 巨富, 靑霜寡婦, 短命, 惡瘡		

九宮에서 向星의 位置

巽綠 ④	離紫 ⑨	坤黑 ②
震碧 ③	中黃 ⑤	兌赤 ⑦
艮白 ⑧	坎白 ①	乾白 ⑥

九宮에서 山星의 位置

巽綠 4	離紫 9	坤黑 **2**
震碧 3	中黃 5	兌赤 7
艮白 8	坎白 1	乾白 6

古書의 內容과 吉凶作用

古書秘訣

丑未換局, 而出僧尼(축미환국, 이출승니).
巨入艮坤, 田連阡陌(거입간곤, 전연천맥).
坤艮通偶爾之情(곤간통우이지정).
地山年幼子孫勞(지산년유자손로).

吉作用

상속을 받게 됨.
수행자는 수행하는 마음이 강해지고 높은 경지에 오르게 됨.
부동산으로 큰 부자가 됨.

凶作用

가옥이나 전답 등의 매매나 이사 등이 힘겨움.
집안의 가족간의 불화가 발생함.
부동산 투자 실패로 큰 손실이 발생함.

▶ 向星⑧과 山星❷의 풀이

丑은 艮8을, 未는 坤2를, 환국(換局)은 上山下水를 의미한다.

즉 8과 2가 조합이 되고 배산임수(背山臨水)의 반대인 上山下水의 局이 되면 여승(女僧)이 나온다.

2는 여자를 의미하고 8은 산을 의미하니 여자가 산에 사는 경우가 되므로 즉 여승(女僧)이 되든지 아니면 산에서 수행하는 여자가 나온다는 내용이 된다.

거(巨)는 거문성(巨文星) 2를, 艮은 8을, 坤은 2를 의미한다.

2는 작은 규모의 전답이나 부동산을 의미하고, 8은 큰 규모의 산과 임야나 부동산을 의미하기 때문에, 7赤金과 9紫火가 조합이 되면 화재가 자주 발생한다.

8과 2는 둘 다 五行으로 土에 해당하고 서로 짝이 되는 정(情)을 가지고 있으므로 8과 2가 조합이 되면 서로 통하는 가까운 정이 생기게 된다.

이런 방위에 대문을 내면 재물이 풍부해지고 이 방위에 있는 방을 부부가 이용하면 금슬이 좋아 질 수 있다.

地는 坤2를, 山은 艮8을 의미한다. 즉 8과 2가 조합되면 어린자손 때문에 근심할 일이 생긴다.

2는 모친을, 8은 어린소년을 의미하는데 만약에 不合局이 되거나 실령(失令)을 하면 모자간에 불화가 생기거나 어린소년에게 좋지 못한 일이 발생한다.

앞에서 설명한 <向星2+山星8>의 조합과 내용은 비슷하지만 다음과 같은 차이가 있다.

<向星2+山星8>의 경우에는 山星에 해당되는 것으로 인물을 판단하게 되는 까닭에, 8은 소남(少男)이 되어서 사람으로 대입을 하게 되면 나이가 어린 소년이나 형제친척에 해당한다.

<向星8+山星2>의 경우에는 山星의 숫자인 2를 중점적으로 바라보게 되므로 여기에 해당하는 인물이 모친이나 나이가 많은 여자에 해당한다. 이렇게 순서가 바뀌게 되는 것만으로도 의미하는 인물이나 재물은 서로 반대가 되므로 정확하게 山星과 向星에 대한 의미를 알게 되면 어렵지 않게 의미하는 바를 파악하여 적용시킬 수가 있는 것이다.

8-3. 向星⑧과 山星❸의 조합

向星 ⑧	富貴忠義, 長壽, 孝心, 少年損傷, 抱病, 瘡腫	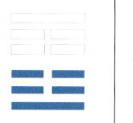	山雷頤
山星 ❸	長男巨富, 才能, 事業, 盜賊亂動, 剋妻, 爭訟		

九宮에서 向星의 位置	九宮에서 山星의 位置
巽綠 ④ / 離紫 ⑨ / 坤黑 ② 震碧 ③ / 中黃 ⑤ / 兌赤 ⑦ 艮白 **⑧** / 坎白 ① / 乾白 ⑥	巽綠 ④ / 離紫 ⑨ / 坤黑 ② **震碧 ❸** / 中黃 ⑤ / 兌赤 ⑦ 艮白 ⑧ / 坎白 ① / 乾白 ⑥

古書의 內容과 吉凶作用

古書秘訣

四綠固號文昌, 然八會四而小口殞生, 三八之逢更惡(사록고호문창, 연팔회사이소구운생, 삼팔지봉경악).
碧星入艮卦, 郭氏絕賈相之嗣(벽성입간괘, 곽씨절가상지사).
震配艮, 有斗粟尺布之譏(진배간, 유두속척포지기).
八逢三四, 損由小口(팔봉삼사, 손유소구).

吉作用

사상가나 문장가로 뛰어난 인물이 나옴.
분양 받기 어려운 아파트나 택지 등을 분양받아 큰 이익을 봄.
상속을 받게 됨.

凶作用

부동산 사기를 당하거나 부동산 문제로 큰 손실을 봄.
새로운 사업이나 변화가 전혀 되지 않음.
상속문제에 어려움이 발생함.

▶ 向星⑧과 山星❸의 풀이

4와 8이 조합이 되면 식구 중에서 어린이가 떨어져서 다치는 일이 생기는데 3과 8의 조합은 이 보다 더 나쁘다.

3은 갑자기 당하는 사고를 의미하고, 8은 어린아이와 산과 같이 높은 곳을 의미한다. 따라서 어린아이가 높은 곳에서 떨어지는 사고를 당할 수가 있다.

3碧木과 8白土의 조합이 되면 자식을 잃어버리는 일이 생긴다. 역시 사고로 어린아이가 죽어서 산에 묻는다는 의미가 된다.

3은 구설(口舌)로 인한 싸움을 의미하고 8은 친척형제[부부는 제외]를 의미한다. 그래서 8과 3이 조합되면 친척이나 형제간에 불화가 발생하여 서로 원망하는 일이 발생하게 된다.

8이 3이나 4와 조합되면 어린아이가 손상을 당한다.

이 부분은 3木과 4木이 8土를 木剋土를 하여 8이 剋을 당하여 8에 해당하는 어린아이가 손상을 당하게 되는 것이다.

앞에서 설명한 <向星3+山星8>의 조합과 내용은 비슷하지만 다음과 같은 차이가 있다.

<向星3+山星8>의 구조에서는 나이가 어린 소년(少年)이나 형제친척에 해당하고, <向星8+山星3>의 구조에서는 장남(長男)이나 장년의 남자에 해당한다는 것이다.

나들이한 사람에게는 멋진 풍경이 되겠지만 그 곳에서 살아가는 입장에서는 바람직하지 않다. 환경적으로 습기가 너무 과다하기 때문이다.

8-4. 向星⑧과 山星4의 조합

向星 ⑧	富貴忠義, 長壽, 孝心, 少年損傷, 抱病, 瘡腫		山風蠱
山星 4	科擧出世, 文豪, 美女, 淫蕩破産, 自殺, 中風		

九宮에서 向星의 位置

巽綠 ④	離紫 ⑨	坤黑 ②
震碧 ③	中黃 ⑤	兌赤 ⑦
艮白 ⑧	坎白 ①	乾白 ⑥

九宮에서 山星의 位置

巽綠 4	離紫 9	坤黑 2
震碧 3	中黃 5	兌赤 7
艮白 8	坎白 1	乾白 6

古書의 內容과 吉凶作用

古書秘訣

山風値而泉石膏肓(산풍치이천석고황).

山地被風, 還生風疾(산지피풍, 환생풍질).

風戶見鬼墮胎亡(풍호현귀타태망).

四綠固號文昌, 然八會四而小口殞生(사록고호문창, 연팔회사이소구운생).

吉作用

임야나 아파트 등 큰 규모의 부동산으로 부자가 됨.

많은 상속을 받게 됨.

세속을 떠나 은거하는 사람이 나옴.

원하는 변화나 변동사항이 모두 이루어짐.

凶作用

부동산으로 인하여 많은 재산의 손실이 발생함.

원하는 변화나 변동이 되지 않아서 어려움을 발생함.

형제간에 불화가 발생함.

아이들이 사고로 인하여 다치게 됨.

▶ 向星⑧과 山星❹의 풀이

風은 巽4를, 山은 艮8을 의미하고, 천석고황(泉石膏肓-산수를 사랑하는 것이 너무 지나쳐서 고칠 수 없는 지경의 경우)를 의미한다.

4는 풍류(風流)를 8은 山을 의미하므로 4와 8이 조합되면 세상을 등지고 산에서 자연을 벗 삼아 사는 사람이 나온다.

풍호(風戶)는 4巽風을, 귀(鬼)는 귀문(鬼門-艮方 즉 東北方)의 8白土를 의미하므로, 8과 4가 조합되면 중풍이나 신경쇠약자가 생길 수 있다.

艮8은 1년이 끝나고[丑] 새로운 해가 시작되는 곳[寅]이기 때문에 죽음[귀신이 출입할 수 있는 곳이라는 뜻에서 귀문이라고 함]과 탄생을 동시에 의미하는 곳이다.

따라서 8과 4가 조합되고 不合局이 되거나 형기상으로 흉하면 유산이 되거나 사산을 하게 되는 등 새 생명이 탄생하기가 어렵다.

4木이 8土를 木剋土로 剋하여 8土에 해당하는 어린아이[특히 사내아이]가 높은 곳[8은山]에서 떨어져 다치는 일이 생기고, 8이 손상되면 다리부분에 손상을 많이 당하게 된다.

앞에서 설명한 <向星4+山星8>의 조합과 내용은 비슷하지만 다음과 같은 차이가 있다.

<向星4+山星8>은 나이가 어린 소년이나 형제친척에 해당하고, <向星8+山星4>의 경우에는 장녀(長女)나 장년의 여자에 해당한다는 것이다.

토막상식

이러한 바위산에는 편안하게 휴식을 취할 에너지보다는 거칠게 활동하는 강한 기운이 넘친다. 여기는 머물 곳이 아니고 지나갈 곳이라는 의미가 된다. 물론 여기는 열매가 맺히지 않는 곳이기 때문에 산소를 쓸 곳도 찾기 어렵다.

8-5. 向星⑧과 山星5의 조합

向星 ⑧	富貴忠義, 長壽, 孝心, 少年損傷, 抱病, 瘡腫		山戊己
山星 5	奇人極貴, 禪師, 王侯, 淫亂官災, 昏迷, 傷人		

九宮에서 向星의 位置

巽綠 ④	離紫 ⑨	坤黑 ②
震碧 ③	中黃 ⑤	兌赤 ⑦
艮白 ⑧	坎白 ①	乾白 ⑥

九宮에서 山星의 位置

巽綠 4	離紫 9	坤黑 2
震碧 3	中黃 5	兌赤 7
艮白 8	坎白 1	乾白 6

古書의 內容과 吉凶作用

古書秘訣	艮非宜也, 筋傷骨折(간비의야, 근상골절). 家有少亡, 只爲沖殘子息卦(가유소망, 지위충잔자식괘). 艮傷殘而筋枯骨折(간상잔이근고골절).
吉作用	부동산 등으로 큰 부자가 됨. 수행자는 높은 경지에 이르게 됨.
凶作用	산이나 건물 등 큰 부동산으로 인하여 재산의 손해가 발생함. 변화나 변동으로 인하여 실패를 하게 됨. 귀신이나 잡신 등으로 인하여 고통을 당함. 형제나 친척으로 인하여 어려움을 당함.

▶ 向星⑧과 山星⑤의 풀이

8과 5가 조합되거나 8이 不合局일때, 인대를 다치거나 골절상(骨折傷)을 당한다. 8은 주로 뼈를 의미하므로 골절상을 당할 수 있고, 또 다리에 해당하므로 다리를 다칠 수도 있다.

소(少)는 소년(少年)을 의미하고 자식괘(子息卦)는 艮8을 의미한다. 8과 5가 조합이 되면 집안의 어린이에게 흉한 일이 생기는데, 그것은 5가 어린이에 해당하는 8을 해치기 때문이다.

8과 5가 조합되면 집안의 어린이 특히 소년에게 흉한 일이 발생한다.

艮8은 근육과 뼈를 의미하기 때문에 8과 5가 조합되거나 8의 방향에 형기상으로 나쁜 것이 있으면 근육과 뼈를 손상을 당하게 된다. 또 8은 높은 산을 의미하므로 높은 곳에서 떨어져 다치는 경우도 있다.

앞에서 설명한 <向星5+山星8>의 조합과 내용은 비슷하지만 다음과 같은 차이가 있다.

<向星5+山星8>은 나이가 어린 소년이나 형제친척에 해당하고, <向星8+山星5>의 구성에서는 집안의 웃어른이나 직장상사에 해당한다는 것이다.

토막상식

어느 집이나 전주 하나 정도는 가까이에 있기 마련이다. 그렇지만 풍수학에서 그 방향이 꺼리는 방향이면 결코 반갑지 않은 풍경이다. 특히 변압기라도 달린 굵은 전주라면 더욱 꺼리게 된다.

8-6. 向星⑧과 山星❻의 조합

向星 ⑧	富貴忠義, 長壽, 孝心, 少年損傷, 抱病, 瘡腫		山天大畜
山星 ❻	財山人海, 陰德, 功勳, 剋妻孤獨, 貧窮, 奢侈		

九宮에서 向星의 位置

巽綠 ④	離紫 ⑨	坤黑 ②
震碧 ③	中黃 ⑤	兌赤 ⑦
艮白 ⑧	坎白 ①	乾白 ⑥

九宮에서 山星의 位置

巽綠 4	離紫 9	坤黑 2
震碧 3	中黃 5	兌赤 7
艮白 8	坎白 1	乾白 ❻

古書의 內容과 吉凶作用

古書秘訣

武曲 喜逢左輔善曜(무곡 희봉좌보선요).

六八武科發跡, 否亦韜略榮身(육팔무과발적, 부역도약영신).

富近陶朱, 斷是堅金遇土(부근도주, 단시견금우토).

天臨山上家富貴(천임산상가부귀).

八六文士參軍或則異途擢用, 旺生一遇已吉, 死退雙臨乃佳(팔육문사삼군혹칙이도탁용, 왕생일우이길, 사퇴쌍임내가).

吉作用

수행자는 높은 경지에 이르게 됨.
부동산으로 큰 부자가 됨.
문무(文武)를 겸비한 큰 인물이 나옴.

凶作用

부동산으로 많은 손실이 발생함.
유산을 받지 못하거나 유산으로 받은 재산을 탕진하게 됨.
실종자나 자살자가 생김.

➡ 向星⑧과 山星❻의 풀이

무곡(武曲)은 6을 좌보(左輔)는 8을 의미한다. 6은 8을 만나는 것을 좋아한다. 8과 6의 조합이 되면 부동산투자로 거부가 되거나 많은 유산을 물려받은 큰 부자가 나오게 된다.

8과 6이 조합되면 무관[군인, 경찰 등]으로 출세하여 크게 이름을 떨치는 사람이 나온다.

8은 자신의 노력으로 한 단계씩 올라가는 것이고, 3은 벼락출세를 하는 것이다. 8과 6이 조합이 되면 土가 金을 생하여 도주(陶朱-중국의 부자 이름)와 같이 큰 부자가 된다.

6白金이 土에게 생을 받는 것은 2黑土, 5黃土, 8白土의 세 가지 경우에 해당한다. 이 중에서 8白土의 생을 받는 것이 큰 부동산이나 임야, 아파트 등의 투자로 인하여 가장 큰 재산을 모을 수 있다.

天은 6을, 山은 8을 의미하며, 6과 8의 조합이 되면 집안에 부귀(富貴)가 쌍전(雙全)한다.

8과 6의 조합이 되면 문무를 겸비하고, 특별한 방면에 뛰어난 사람이 나오는데, 득령을 할 때도 길하지만, 형기상으로 문제가 없으면 실령을 해도 좋다.

1, 6, 8은 九星紫白에서 3길수(吉數)에 해당하기 때문에 <1+6>, <6+8>의 조합은 형기상으로 문제가 없으면 실령(失令)을 해도 나쁘게 보지 않는다.

앞에서 설명한 <向星6+山星8>의 조합과 내용은 비슷하지만 다음과 같은 차이가 있다.

<向星6+山星8>의 인물은 나이가 어린 소년이나 형제친척에 해당하고, <向星8+山星6>은 부친이나 나이 많은 남자가 된다.

토막상식

환경적으로 아쉬운 부분을 보완하는 것을 비보(裨補)라고 한다. 이것은 부족한 부분을 보충하는 선현(先賢)의 지혜이다. 이것을 악용하여 맥을 끊기도 한다.

8-7. 向星⑧과 山星7의 조합

向星 ⑧	富貴忠義, 長壽, 孝心, 少年損傷, 抱病, 瘡腫		山澤損
山星 7	巨富得名, 武將, 興家, 盜賊橫死, 火災, 賤職		

九宮에서 向星의 位置

巽綠 ④	離紫 ⑨	坤黑 ②
震碧 ③	中黃 ⑤	兌赤 ⑦
艮白 ⑧	坎白 ①	乾白 ⑥

九宮에서 山星의 位置

巽綠 4	離紫 9	坤黑 2
震碧 3	中黃 5	兌赤 7
艮白 8	坎白 1	乾白 6

古書의 內容과 吉凶作用

古書秘訣

金居艮位, 烏府求名(금거간위, 오부구명).
澤山爲咸, 少男之情屬少女(택산위함, 소남지정속소녀).
甘羅發早, 爻逢艮配兌延年(감라발조, 효봉간배태연년).
男女多情, 無媒妁則爲私約(남녀다정, 무매작칙위사약).
胃入斗牛, 積千箱玉帛(위입두우, 적천상옥백).

吉作用

법조인으로 크게 성공하는 인물이 나옴.
부동산과 현금이 많은 재산가가 됨.
국가나 큰 단체에 자문을 하는 명예직에 진출함.

凶作用

어린 사람이 방탕하여 본분을 망각하게 됨.
부동산이나 현금성 재산을 탕진하게 됨.
형제간에 불화가 발생함.
사귀는 사람과 헤어지게 됨.

➡ 向星⑧과 山星❼의 풀이

兌은 7赤金을 艮은 8을 의미한다. 오부(烏府-법률을 맡은 관아인 어사대(御史臺)의 별칭)에 이름을 얻게 된다.

8과 7이 조합되면 법조계[특히 검사]에 진출하며 명성도 높아진다. 또 명예박사나 국가나 단체의 자문위원 등 명예직으로 명성이 높아진다.

택산함(澤山咸)은 兌卦와 艮卦가 만나게 되어 이뤄진 괘상(卦象)이다. 즉 7과 8의 조합을 의미한다.

7은 소녀(少女)를 의미하고, 8은 소남(少男)을 의미하므로 7과 8의 조합은 활기가 차고 생기가 넘치는 어린 사람들의 만남을 뜻하는 것으로 길흉의 작용이 매우 빠르게 나타난다.

8과 7이 조합되면 감라(甘羅: 전국시대의 유명한 책사)와 같은 뛰어난 책사나 나오게 된다. 현대적인 의미로는 변호사나 특사 등 뛰어난 언변을 필요로 하는 직업에 해당한다.

8土와 7金의 만남은 어린사람들의 만남이고 土生金으로 상생이 되므로 정이 많아서 소개해주는 중매인이 없어도 개인적으로 만나서 잘 사귀는데 그 정도가 너무 깊이 들어가서 문제가 생기게 될 수도 있다. 뿐만 아니라 헤어지는 것도 쉽게 생각해서 신혼부부는 불화가 생기거나 이별을 할 수도 있다.

위(胃)는 28수(數) 중 서쪽의 별로 7을 의미한다. 두우(斗牛)는 북두칠성(北斗七星)과 견우성(牽牛星)의 8개 별로 8을 의미하는데, 8과 7이 조합되면 큰 부자가 된다.

7은 현금성 재산을 의미하고, 8은 부동산을 의미하므로 현금과 부동산이 많은 부자가 나오게 된다.

앞에서 설명한 <向星7+山星8>의 조합과 내용은 비슷하지만 다음과 같은 차이가 있다.

<向星7+山星8>의 인물은 나이가 어린 소년이나 형제친척에 해당되고, <向星8+山星7>은 어린 소녀나 유흥가의 여자가 된다.

8-8. 向星⑧과 山星⑧의 조합

向星 ⑧ 山星 ⑧	富貴忠義, 長壽, 孝心, 少年損傷, 抱病, 瘡腫		艮爲山
	위와 같음		

九宮에서 向星의 位置

巽綠	離紫	坤黑
④	⑨	②
震碧	中黃	兌赤
③	⑤	⑦
艮白	坎白	乾白
⑧	①	⑥

九宮에서 山星의 位置

巽綠	離紫	坤黑
4	9	2
震碧	中黃	兌赤
3	5	7
艮白	坎白	乾白
8	1	6

古書의 內容과 吉凶作用

古書秘訣	離鄕砂見艮位, 定遭驛路之亡(이향사견간위, 정조역로지망). 土曜連珠(토요연주). 艮非宜也, 筋傷骨折(간비의야, 근상골절). 家有少亡, 隻爲沖殘子息卦(가유소망, 척위충잔자식괘). 艮傷殘而筋枯臂折(간상잔이근고비절).
吉作用	부동산으로 인하여 큰 부자가 됨. 많은 상속을 받게 됨. 사업이나 직장에서 좋은 변동이 있고 승진함.
凶作用	부동산 투자를 잘못하여 재산의 손실을 당함. 상속을 받지 못하거나 상속문제로 형제간에 문제가 발생함. 사업이나 직장에서 좋지 않은 변화나 변동이 발생함.

➡ 向星⑧과 山星⑧의 풀이

艮宮8은 태어난 고향을 의미하고, 이향사(離鄕砂-좌청룡 우백호가 혈을 감싸지 않고 등을 돌리고 달아나는 모양)는 보호하는 정이 없이 무정하게 달아나는 작용을 하기 때문에 艮宮의 방향이나 8의 방향에 이향사(離鄕砂)가 있으면, 고향을 떠나고, 타향에서 떠돌다가 사망하게 된다.

山星과 向星의 숫자가 모두 8로 조합이 되어 있어서 艮宮의 8白土 작용이 아주 강하게 작용하게 된다.

큰 임야나 아파트 등의 부동산에 관련된 문제나, 상속문제, 혹은 친척이나 형제간의 문제, 사업이나 직장의 변화 변동 등의 작용이 생기는데 合局이 되고 득령을 하면 길하게 작용을 하고, 不合局이 되거나 실령을 하게 되면 흉하게 작용을 하게 된다.

艮8은 인대와 근육, 뼈와 다리를 의미하므로, 8이 不合局이 되거나 실령을 했을 때는 인대를 다치거나 골절상을 당하며, 자식괘(子息卦)는 艮8을 의미하고 어린 소년에 해당하여, 8이 不合局이 되거나 실령을 하게 되어 형기상으로 흉하면 주로 집안의 어린이[특히 소년]에게 흉한 일이 발생한다.

또 8은 높은 산을 의미하므로 높은 곳에서 떨어져서 다치는 경우도 발생된다.

토막상식

조상님들을 한 자리에 모아놓고 관리하기는 좋을 것이다. 그러나 이렇게 해서 길하기 보다는 흉하다는 말이 더 많으니 함부로 자신의 편의를 위해서 이와 같이 하는 것은 결코 바람직하지 않다. 온 집안이 한꺼번에 망하게 될 수도 있다는 경각심을 갖고 신중하게 결행해야 할 것이다.

8-9. 向星⑧과 山星❾의 조합

向星 ⑧	富貴忠義, 長壽, 孝心, 少年損傷, 抱病, 瘡腫		山火賁
山星 ❾	科甲軍閥, 聰明, 功名, 火災吐血, 産厄, 盲人		

九宮에서 向星의 位置

巽綠 ④	離紫 ⑨	坤黑 ②
震碧 ③	中黃 ⑤	兌赤 ⑦
艮白 **⑧**	坎白 ①	乾白 ⑥

九宮에서 山星의 位置

巽綠 ④	**離紫 ❾**	坤黑 ②
震碧 ③	中黃 ⑤	兌赤 ⑦
艮白 ⑧	坎白 ①	乾白 ⑥

古書의 內容과 吉凶作用

古書秘訣
輔臨丙丁, 位列朝班(보림병정, 위열조반).
八逢紫曜, 婚喜重來(팔봉자요, 혼희중래).
天市合丙坤, 富堪敵國(천시합병곤, 부감적국).
鬼胎獨穴防絶嗣(귀태독혈방절사).

吉作用
직장에서 승진을 하게 됨.
좋은 사람과 결혼을 하게 됨.
재산이 늘어나고 명예가 높아지고, 경사스러운 일이 생김.
상속을 받거나 가업을 물려받게 됨.

凶作用
대지 임야 건물 등의 서류나 허가 상의 문제가 발생함.
비정상적인 생각으로 재산을 탕진하게 됨.
몸에 화상을 입거나 집에 화재가 발생함.
승진이 되지 않고 명예가 손상됨.
중증 환자는 사망할 수 있음.

➡ 向星⑧과 山星⑨의 풀이

보(輔)는 紫白의 九星으로 좌보(左輔)의 8을 의미하고, 丙丁은 남쪽의 離宮9를 의미한다. 즉 8과 9가 조합되면, 높은 벼슬자리에 오르게 된다.

8은 山을 오르듯이 한 단계 한 단계씩 열심히 노력을 하면서 위로 오르는 것이고, 9는 출세와 경사를 의미하기 때문에 8과 9의 조합은 자신의 노력으로 순차적으로 승진을 하여 출세를 하는 것이다.

참고로 3과 9의 조합은 벼락출세[낙하산 인사, 공천, 추첨, 당첨 등]에 해당한다.

8은 가족의 변화를 의미하며, 9는 결혼과 경사를 의미하기 때문에 8과 9가 조합되면, 결혼을 하는 경사스러운 일들이 생긴다.

천시(天市)는 艮8의 방위에 있는 문필봉[붓처럼 뾰족하게 생긴 모양의 산]을 말하며, 하늘의 별자리 중에서 재물의 복을 장악하고 주관하는 신이다.

丙은 9紫火를 의미하고, 坤은 坤宮2黑土를 의미한다.

즉 8과 9와 2가 조합되면, 적국(敵國-한 나라의 재산과 비슷한 만큼의 재산을 소유했던 거부의 이름)보다 더 나은 부자가 된다.

8과 2는 산이나 임야, 아파트 등의 부동산으로 큰 부자가 될 수 있는데 여기에 9가 조합되면 8과 2를 생하는 작용을 하여 더욱 발전하게 된다.

그리고 艮방향이나, <8+9>의 방향에 문필봉(文筆峰)이 있으면 더 큰 부자가 된다.

귀태(鬼胎)는 귀문(鬼門-艮방위를 귀문이라 한다)과 같은 의미로 8을 뜻하고 독혈(獨穴)은 독산(獨山)을 의미하며 독산은 저 혼자 있는 산으로 맥이 끊기고 주변의 산들이 감싸주지 않아서 기가 모이지 않기 때문에 이런 산에 장사를 지내면 재앙을 불러들이고 이미 있던 복도 소멸시킨다.

艮宮8은 상속자나 후손을 의미하고 가린다는 것은 유통이 되지 못하도록 차단시키는 의미로 해석되기 때문에, 艮宮8의 방향에 독산이 가리고 있으면 후손이 끊어진다.

9-1. 向星⑨와 山星➊의 조합

向星 ⑨	科甲軍閥, 聰明, 功名, 火災吐血, 産厄, 盲人	☲☵	火水未濟
山星 ➊	智慧聰明, 出世, 文筆, 家庭不和, 酒色, 放蕩		

九宮에서 向星의 位置

巽綠 ④	離紫 ⑨	坤黑 ②
震碧 ③	中黃 ⑤	兌赤 ⑦
艮白 ⑧	坎白 ①	乾白 ⑥

九宮에서 山星의 位置

巽綠 ④	離紫 ⑨	坤黑 ②
震碧 ③	中黃 ⑤	兌赤 ⑦
艮白 ⑧	坎白 ➊	乾白 ⑥

古書의 內容과 吉凶作用

古書秘訣

南離北坎, 位極中央(남리북감, 위극중앙).

離壬合子癸, 喜産多男(이임합자계, 희산다남).

坎離水火中天過, 龍池移帝座(감리수화중천과, 용지이제좌).

火暗而神智難淸(화암이신지난청).

水火破財主眼疾(수화파재주안질).

吉作用

특별 승진이나, 인사발령을 받게 되고, 명예를 얻게 됨.

학업성적이 향상되고 시험에 합격함.

임신을 하거나 자녀 출산의 경사가 생김.

凶作用

소송과 관재가 발생하여 재판을 하게 됨.

화재나 불의 피해를 당할 수 있음.

부부간에 불화가 있는 경우에는 이혼을 할 수 있음.

보증이나 문서로 인한 문제가 발생함.

자손으로 인하여 고통을 당하게 됨.

➡ 向星⑨와 山星❶의 풀이

남쪽의 離宮9와 북쪽의 坎宮1이 만나면 높은 지위에 오른다.

9와 1이 조합되면 1은 관직과 지혜를 의미하고, 9는 출세와 경사를 의미하기 때문에 두 개의 숫자가 합해지면 높은 지위에 올라 중심적인 인물이 된다는 내용이다. 9와 1이 조합되고 세운에서 1을 만나면 1은 임신을 의미하므로 자녀를 출산하는 경사가 생긴다.

坎1과 離9는 水火로 구궁팔괘도(九宮八卦圖)의 중심 수직선을 지나는 것으로 9와 1의 조합은 큰 출세를 하거나 특별 승진이나 벼락출세 등을 할 수 있다.

9와 1이 조합되면서 不合局이 되거나 형기상으로 나쁘면 지혜가 부족하고 약간 멍청한 사람이 된다.

1은 지혜를 9는 지성, 밝음과 총명을 의미하므로, 특히 학생은 총명하지 못하고 우둔하여 공부를 못하는 경우가 생긴다. 1과 9가 조합되면서 不合局이 되면 재산상의 손실이 생기고 안질[눈병, 시력 등]이 생긴다.

1은 水에 해당하고 9는 火에 해당하기 때문에 水剋火로 9火가 손상 받으므로 9火에 해당하는 눈병이나 시력약화 등이 발생한다.

앞에서 설명한 <向星1+山星9>의 조합과 내용은 비슷하지만 다음과 같은 차이가 있다.

<向星1+山星9>의 경우에는 중년의 여자에 해당하고, <向星9+山星1>의 경우에는 해당하는 인물은 중년의 남자나 자손이 된다.

토막상식

물이 굽이쳐서 흐르는 바깥쪽은 주거지로는 피하는 것이 옳다. 물리학적으로도 급류가 흐르게 되면 자꾸만 파여지게 되는 불리함도 그대로 존재한다.

9-2. 向星⑨와 山星❷의 조합

向星 ⑨	科甲軍閥, 聰明, 功名, 火災吐血, 産厄, 盲人		火地晋
山星 ❷	出將入相, 女權, 巨富, 靑霜寡婦, 短命, 惡瘡		

九宮에서 向星의 位置

巽綠	④	離紫	⑨	坤黑	②
震碧	③	中黃	⑤	兌赤	⑦
艮白	⑧	坎白	①	乾白	⑥

九宮에서 山星의 位置

巽綠	4	離紫	9	坤黑	❷
震碧	3	中黃	5	兌赤	7
艮白	8	坎白	1	乾白	6

古書의 內容과 吉凶作用

古書秘訣

二黑飛乾, 逢八白而財源大進. 遇九紫則瓜瓞綿綿(이흑비건, 봉팔백이재원대진. 우구자직과질면면).

火炎土燥, 艮坤不樂於南離(화염토조, 간곤불요어남리).

火暗而神志難淸(화암이신지난청).

火見土而出愚鈍頑夫(화견토이출우둔완부).

吉作用

집안에 총명한 사람이 나와서 출세를 함.

예술계통에 성공한 사람이 나옴.

억울한 누명이나 사건이 밝혀져서 해결됨.

凶作用

눈병이 생기거나 시력을 잃게 되며, 심장병이 발생됨.

이혼을 하거나 가정불화가 생기게 됨.

부동산 관련해서 문서가 잘못되어 재산상의 손실을 입게 됨.

집안의 문제가 소송으로 연결이 됨.

➡ 向星⑨와 山星❷의 풀이

<2+6+8>조합이면 재산이 크게 늘어나고 <2+6+9>조합이면 자식을 많이 생산한다.

과질면면(瓜瓞綿綿)은 오이가 주렁주렁 열리는 것과 같이 가정에 자녀들이 많다. 火의 뜨거운 기운이 土를 마르게 만들기 때문에, 8土나 2土는 9火를 좋아하지 않기 때문에, 재산을 태워버려서 손실이 발생하게 된다.

9火가 어두워지면 정신이 온전하지 못한 사람이 되고, 9와 2의 조합에서 화의 기운이 약하면 치매에 걸리는 사람이나, 우둔하고 완고한 사람이 나온다.

또 9火는 시력이나 눈을 의미하기 때문에 눈병이 걸리거나 시력에 문제가 생기는 일이 생길 수 있다.

앞에서 설명한 <向星2+山星9>의 조합과 내용은 비슷하지만 다음과 같은 차이가 있다.

<向星2+山星9>는 해당되는 인물이 山星의 숫자 9에 해당하므로 이것은 中女로 대입을 하는 까닭에 풀이를 하게 될 경우에도 중년의 여자에 해당한다.

<向星9+山星2>는 해당하는 인물은 2의 坤에 해당하여 어머니와 같은 정도의 연령을 의미하게 되므로 가정의 부인이나 나이 많은 여자가 된다. 이러한 것을 바탕으로 해서 어떤 원인을 풀이하게 될 경우에도 어머니와 같은 레벨에 해당하는 여성을 떠올리게 되므로 이모님이나 고모님과 같은 확대해석이 가능하게 된다.

토막상식

빨간 지붕의 건물의 뒤에 높은 건물이 들어서고 있다. 만약에 旺山旺向의 合局이라면 뒤의 건물은 도움이 될 수 있다. 그러나 上山下水라고 한다면? 그때는 환경이 흉하게 변한 것으로 봐야 하겠다.

9-3. 向星⑨와 山星❸의 조합

向星 ⑨	科甲軍閥, 聰明, 功名, 火災吐血, 産厄, 盲人
山星 ❸	長男巨富, 才能, 事業, 盜賊亂動, 剋妻, 爭訟

火雷噬嗑

九宮에서 向星의 位置

巽綠	離紫	坤黑
④	⑨	②
震碧	中黃	兌赤
③	⑤	⑦
艮白	坎白	乾白
⑧	①	⑥

九宮에서 山星의 位置

巽綠	離紫	坤黑
4	9	2
震碧	中黃	兌赤
❸	5	7
艮白	坎白	乾白
8	1	6

古書의 內容과 吉凶作用

古書秘訣

棟入南離, 驟見廳堂再煥. 木見火而生總明奇士(동입남리, 취견청당재환. 목견화이생총명기사).

雷火進財人口貴(뇌화진재인구귀).

赤連紫碧, 聰明亦刻薄之萌(적연자벽, 총명역각박지맹).

吉作用

시험에 합격하거나 선거에 당선이 되고, 공천을 받거나 승진이 됨.
새로운 영역에서 출세를 하거나 성공을 이룸.
누명에서 벗어나게 됨.

凶作用

불법 행위로 인하여 재판을 받게 됨.
문서나 인감에 관련된 사기를 당하거나 사기에 연루됨.
소송에서 패하게 됨.
선거나 공천에서 탈락하게 됨.

▶ 向星⑨와 山星❸의 풀이

동(棟)은 오동나무로 3碧木을 의미하고 南離는 9紫火를 의미한다.

9火와 3木이 조합되면 출세를 하거나 명성을 얻게 되고, 3木과 9火가 만나면 총명하고 뛰어난 재능을 가진 사람이 나온다.

3은 새로운 사업, 승진, 공천, 당선 등 명예가 향상되는 것을 의미하고, 9는 지성과 출세, 경사 등을 의미하기 때문에, 9와 3이 조합이 되면 재물이 늘어나고 사람도 귀해진다.

하지만, 9와 3의 조합에서 운반이나 세운에서 7을 만나게 되면, 총명하지만 잔인하고 인정이 없는 사람이 되고, 성급한 성격을 가질 수 있으며 자신의 출세와 이익을 위해서는 매우 이기적인 사람이 될 수 있다.

앞에서 설명한 <向星3+山星9>의 조합과 내용은 비슷하지만 다음과 같은 차이가 있다.

<向星3+山星9>의 경우에는 중년의 여자에 해당하지만, <向星9+山星3>은 해당하는 인물은 장년의 남자가 된다.

토막상식

뾰족한 것을 풍수학에서는 현침살이라고 부른다. 집에서 가까운 곳에 이러한 구조물이 있을 경우에는 주의해서 살펴야 하는 것이 현명하다.

전주와 첨탑을 같이 본다고 이해를 하면 처음 보는 사물이라고 하더라도 그 길흉의 정도를 참작하여 판단할 수 있을 것이다. 혹 자신이 보기에는 좋아 보이더라도 작용은 흉할 가능성이 높아진다. 여기에서 중립적인 마음이 필요할 수 있다. 객관적으로 바라보는 것이다.

9-4. 向星⑨와 山星4의 조합

向星 ⑨	科甲軍閥, 聰明, 功名, 火災吐血, 産厄, 盲人
山星 4	科擧出世, 文豪, 美女, 淫蕩破産, 自殺, 中風

火風鼎

九宮에서 向星의 位置

巽綠	④	離紫	⑨	坤黑	②
震碧	③	中黃	⑤	兌赤	⑦
艮白	⑧	坎白	①	乾白	⑥

九宮에서 山星의 位置

巽綠	4	離紫	9	坤黑	2
震碧	3	中黃	5	兌赤	7
艮白	8	坎白	1	乾白	6

古書의 內容과 吉凶作用

古書秘訣	木見火而生聰明奇士(목견화이생총명기사). 木見火兮, 定生聰明俊秀之子(목견화혜, 정생총명준수지자). 巽陰就離, 風散則火易熄(손음취리, 풍산칙화이식). 風火益財婦(풍화익재부). 開口筆揷離方, 必落孫山之外(개구필삽리방, 필락손산지외).
吉作用	사업에서 성공을 하게 됨. 좋은 사람과 결혼을 하게 됨. 재판이나 송사에서 이기게 됨. 직장에서 승진하고 학자로서 이름을 얻게 됨.
凶作用	재판에 휘말리거나 재판이나 소송에서 패하게 됨. 성급한 판단으로 사업상의 손해를 보거나 실패하게 됨. 특히 여성의 경우 방탕함과 사치로 인하여 문제가 발생함. 객사를 당하거나 흉사를 당하게 됨.

➡ 向星⑨와 山星④의 풀이

4는 문창(文昌)을 9는 지성과 출세를 의미하므로, 9와 4가 조합이 되고 合局이 되었을 경우에는 총명하여 관직이나 학문으로 뛰어난 사람이 나와서 출세를 할 수 있다.

9와 4가 조합되면, 4木은 陰木이라서 火를 생하기 어려워서 불이 쉽게 꺼질 수 있으므로, 不合局이 되어 좋지 못한 작용을 할 때를 우둔한 사람이 나오거나 공부를 못하는 자손이 나오게 된다.

4는 사업이나 발전을 의미하고 9는 번성을 의미하므로 9와 4가 조합이 되면 재산이 늘어나고 여자에게 유익한 일이 생긴다. 또 4와 9는 모두 여자에 해당하므로 특히 여자에게 좋은 일들이 발생하게 되고, 뛰어난 재주를 가진 여자가 나오게 된다.

개구필(開口筆)은 형기상으로 흡사 붓 두개를 꽂아놓은 듯한 날카로운 봉우리와 봉우리 사이가 있는 모습을 말한다.

이러한 형상이 離宮이나 9의 방향에 보이면 반드시 멀고 먼 타향으로 나가서 좋지 못하게 된다.

앞에서 설명한 <向星4+山星9>의 조합과 내용은 비슷하지만 다음과 같은 차이가 있다.

<向星4+山星9>의 경우에는 중년의 여자에 해당하고, <向星9+山星4>의 경우에는 장년의 여자나 부인에 해당한다.

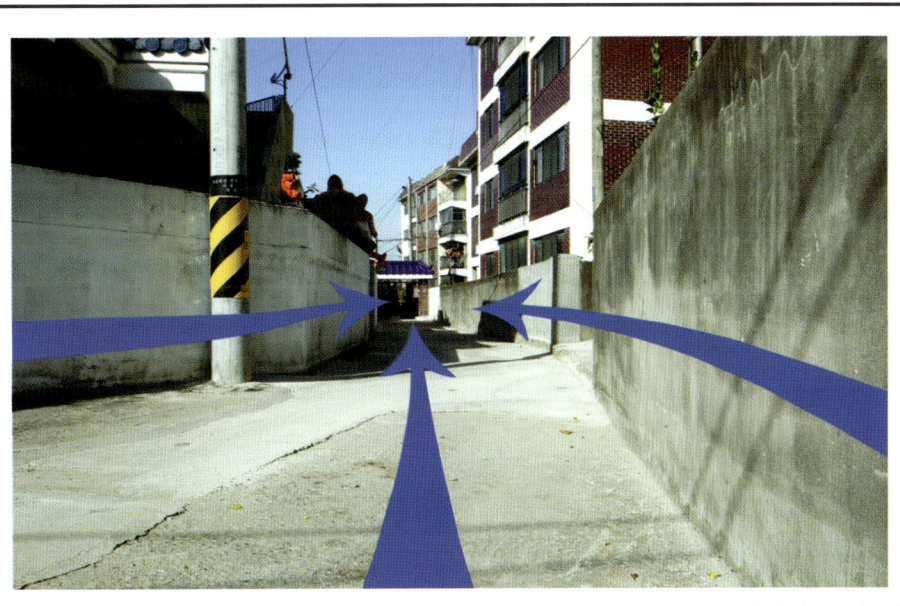

토막상식

같은 노충(路沖)이라도 골목의 폭이 넓으면 더 나쁘고, 주변 담장이 높으면 더욱 나빠진다고 이해를 하면 된다. 그만큼 몰아치는 힘이 강해지기 때문이다.

9-5. 向星⑨와 山星❺의 조합

向星 ⑨ 山星 ❺	科甲軍閥, 聰明, 功名, 火災吐血, 産厄, 盲人 奇人極貴, 禪師, 王侯, 淫亂官災, 昏迷, 傷人	 火戊己

九宮에서 向星의 位置

巽綠 ④	離紫 ⑨	坤黑 ②
震碧 ③	中黃 ⑤	兌赤 ⑦
艮白 ⑧	坎白 ①	乾白 ⑥

九宮에서 山星의 位置

巽綠 ④	離紫 ⑨	坤黑 ②
震碧 ③	中黃 ❺	兌赤 ⑦
艮白 ⑧	坎白 ①	乾白 ⑥

古書의 內容과 吉凶作用

古書秘訣	靑樓染疾, 隻因七弼同黃(청루염질, 척인칠필동황). 我生之而反被其災, 爲難産以致死(아생지이반피기재, 위난산이치사). 値廉貞而頓見火災(치염정이돈현화재). 火暗而神智難淸(화암이신지난청).
吉作用	크게 출세하거나 고위직에 오르게 됨. 학자로서 명성을 얻게 됨. 종교계에서 명성을 날리는 사람이 나옴. ※9운에 合局이 되었을 때에 해당됨.
凶作用	독약에 의한 피해를 당하게 됨 관재를 당하거나 소송을 당하고 재판에서 패하게 됨. 문서나 인감에 관련된 문제가 발생하게 됨. 학업성적이 떨어지고 각종 시험에 불합격 됨. 중풍이나 치매에 걸릴 수 있음.

➡ 向星⑨와 山星5의 풀이

9와 5가 조합되면 성병에 걸리게 된다. 운반이나 세운에서 7을 만나면 그 작용이 더 강해진다. 5는 변질과 독을 의미하고 9는 허례허식을 좋아하는 사치와 허영을 의미하고 7은 유흥을 의미하기 때문이다.

5는 부패와 변질을 의미하고 9는 자식을 생산하는 경사를 의미하기 때문에 자식을 생산할 수가 없다는 뜻이 되므로 9와 5가 조합이 되면 사산을 하거나 유산을 하게 된다.

9와 5가 조합이 되면 갑작스런 화재가 발생한다. 9는 불로서 화재를 의미하고, 5는 중앙에 있을 때는 토의 작용을 하지만 바깥으로 나왔을 때는 火의 성질을 동시에 가지게 된다. 특히 9와 같이 있을 때는 火의 성질이 더 강하다.

참고로 선천수(先天數)에서 火에 속하는 2와 7을 만날 때도 5는 火의 성질을 가진다. 이런 공간은 특별히 불조심을 해야 하고 안인수[소금물]를 배치하는 것이 좋다.

9와 5가 만나면 火에 속하는 9가 어두워져서 정신에 문제가 발생하는 사람이 발생하게 되고 학생 등 공부를 하는 사람이 이런 공간을 사용하면 성적이 떨어진다. 또 형기상으로 9의 방향이나 離宮에 나쁜 것이 있으면 비슷한 작용을 하게 된다.

앞에서 설명한 <向星5+山星9>의 조합과 내용은 비슷하지만 다음과 같은 차이가 있다.

<向星5+山星9>의 경우에는 중년의 여자에 해당하고, <向星9+山星5>는 집안에서 중심이 되는 사람이 된다.

토막상식

庭中高木 百害無益

지나는 길에 문득 눈에 들어온다. 이것은 옛 어른들의 말씀에도 나오는 이야기이다. 뜰의 높은 나무는 백해무익이라는 귀한 가르침이 떠올라서 여기에 소개하게 되었다. 특히 침엽수(針葉樹)라면 더욱 흉하다.

9-6. 向星⑨와 山星❻의 조합

向星 ⑨	科甲軍閥, 聰明, 功名, 火災吐血, 産厄, 盲人	☲☰	火天大有
山星 ❻	財山人海, 陰德, 功勳, 剋妻孤獨, 貧窮, 奢侈		

九宮에서 向星의 位置

巽綠 ④	離紫 ⑨	坤黑 ②
震碧 ③	中黃 ⑤	兌赤 ⑦
艮白 ⑧	坎白 ①	乾白 ⑥

九宮에서 山星의 位置

巽綠 4	離紫 9	坤黑 2
震碧 3	中黃 5	兌赤 7
艮白 8	坎白 1	乾白 ❻

古書의 內容과 吉凶作用

古書秘訣

車馬馳驅(거마치구).
火燒天而長牙相鬪, 家生罵父之兒(화소천이장아상투, 가생매부지아).
六九爲肺痿, 衰則血症, 盛必火災(육구위폐위, 쇠칙혈증, 성필화재).
天門見火翁嗽死(천문현화옹수사).
丁丙朝乾, 貴客而有耆耄之壽(정병조건, 귀객이유기모지수).

吉作用

부귀영화를 누리며 좋은 일들만 생김.
윗사람이나 직장상사의 도움을 받게 됨.
어려운 시험에 합격이 됨.

凶作用

송사나 관재로 재판을 받게 됨.
시험에 불합격 됨.
성급함으로 인하여 사고를 당함.
나이 드신 분들은 쇠약해지고 불효하는 자녀가 나옴.

▶ 向星⑨와 山星⑥의 풀이

6은 말과 먼 길을 의미하고 9는 태양과 떠남을 의미하는데, 6金이 9火에게 극을 당하여 더운 땡볕 아래서 말을 타고 힘들게 먼 길을 가는 것을 뜻한다. 즉, 떠돌이나 유랑자가 된다.

9火는 자녀가 되고, 6金은 아버지가 되는데 자녀가 아버지를 剋하는 형상으로 9와 6이 조합되면 9火가 6金을 녹이기 때문에 으르렁 거리며 서로 싸우게 되고, 집안에서 아버지를 욕하고 때리는 불효하는 자녀가 나오게 된다.

9와 6이 조합되면 폐에 병이 걸려서 쇠약해지고 객혈을 하고, 화재가 발생한다. 6은 폐에 해당하는데 9의 剋을 받아서 폐병이 발생하고, 세운이나 운반에서 2, 7, 9를 만나거나 형기상으로 火의 기운을 강하게 하는 경우에는 화재가 발생한다.

6은 하늘로 가는 것과 폐나 기관지계통에 해당하고, 9는 이별을 의미하므로, 9와 6이 조합이 되면 중병을 앓고 있던 사람은 9에게 剋을 당하여 나이가 많은 사람이 해수(咳嗽-기침병)로 죽는다.

丁丙은 9를, 乾은 6을 의미한다. 9와 6이 조합되면 귀하고 존경을 받으며 장수하는 노인이 된다. 合局이 되고 득령을 하게 되면 9는 경사와 출세를 의미하고 6은 존경을 의미하게 된다.

앞에서 설명한 <向星6+山星9>의 조합과 내용은 비슷하지만 다음과 같은 차이가 있다.

<向星6+山星9>의 경우에는 중년의 여자에 해당하고, <向星+山星6>의 경우에는 해당하는 인물은 부친이나 나이 많은 남자가 된다.

토막상식

고속열차가 통과하느라고 통행차량들이 기다리고 있는 철길건널목이다. 이러한 곳에서의 철길은 협곡(峽谷)의 급류(急流)와 같다. 자칫하면 큰 사고가 이어진다. 이러한 곳은 풍수적으로는 기가 통과하는 곳이지 머물 곳은 아니다.

9-7. 向星⑨와 山星❼의 조합

向星 ⑨ 山星 ❼	科甲軍閥, 聰明, 功名, 火災吐血, 産厄, 盲人 巨富得名, 武將, 興家, 盜賊橫死, 火災, 賤職	☲☱ 火澤睽

九宮에서 向星의 位置

巽綠 ④	離紫 ⑨	坤黑 ②
震碧 ③	中黃 ⑤	兌赤 ⑦
艮白 ⑧	坎白 ①	乾白 ⑥

九宮에서 山星의 位置

巽綠 4	離紫 9	坤黑 2
震碧 3	中黃 5	兌赤 ❼
艮白 8	坎白 1	乾白 6

古書의 內容과 吉凶作用

古書秘訣	午酉逢而江湖花酒(오유봉이강호화주). 赤紫兮, 致災有數(적자혜, 치재유수). 赤連碧紫, 聰明亦刻薄之萌(적연벽자, 총명역각박지맹). 七九合轍, 常招回祿之災(칠구합철, 상초회록지재). 紫黃毒藥, 臨宮兌口莫嘗(자황독약, 임궁태구막상). 虎遇炎蒸少女當(호우염증소녀당).
吉作用	사법고시에 합격하거나 법조인으로 출세하는 사람이 나옴. 좋은 사람과 결혼을 하게 됨. 재판에서 승소하거나 억울한 누명을 벗게 됨.
凶作用	재판에 패하거나 송사를 당하게 됨. 이성과 이별을 하게 됨. 주색잡기(酒色雜技)로 패가망신(敗家亡身)함. 화재로 인한 피해가 발생함. 약물에 의한 피해가 발생함.

➡ 向星⑨와 山星❼의 풀이

午는 離宮9를, 酉는 兌宮7을 의미하는데, 9와 7이 조합되면 여자나 술로 인하여 패망하는 사람이 나온다. 7은 환락이나 유흥을 의미하고 9는 사치와 화려함을 의미하기 때문에 주색잡기로 패망하는 사람이 나오게 된다.

7赤金과 9紫火가 조합이 되면 화재가 자주 발생한다. 선천수(先天數) 7은 五行으로 火에 속하고, 후천수(後天數) 9는 五行의 火에 속하기 때문에 火와 火의 만남이 되어 화기가 강해지므로 화재가 발생할 수 있다.

3木과 9火가 조합이 되면 목화통명(木火通明)이 되어 총명한 사람이 나오게 되는데, 여기에 7이 조합되면 7金이 3木을 金剋木하고, 9火가 7金을 火剋金하여 상극의 작용이 강해져서 비록 총명은 하지만 잔인하고 인정이 없는 사람이 나오게 된다.

9와 7이 조합이 되면, 항상 불이 나거나 불로 인한 재앙을 부르는데, 회록(回祿)은 불의 신이고, 결국은 화재로 큰 피해를 입게 된다는 의미로 해석이 되는 것이다.

9紫火는 약을 의미하고 5黃土는 독을 의미하므로 조합하면 독약(毒藥)이 되고 兌宮7은 입을 의미한다.

<7+9+5>가 조합되면 식중독이나 독성의 약에 중독되는 일이 발생하고, 자살을 시도하려고 스스로 독약을 마시는 경우도 생긴다.

9와 7이 만나면 7金이 9火의 열기에 손상이 되므로 7에 해당하는 어린소녀가 손상을 당한다.

앞에서 설명한 <向星7+山星9>의 조합과 내용은 비슷하지만 다음과 같은 차이가 있다.

<向星7+山星9>는 중년의 여자에 해당하고, <向星9+山星7>의 경우에는 소녀(少女)나 유흥가의 여자가 해당된다.

9-8. 向星⑨와 山星❽의 조합

向星 ⑨	科甲軍閥, 聰明, 功名, 火災吐血, 産厄, 盲人	☲☶	火山旅
山星 ❽	富貴忠義, 長壽, 孝心, 少年損傷, 抱病, 瘡腫		

九宮에서 向星의 位置

巽綠 ④	離紫 ⑨	坤黑 ②
震碧 ③	中黃 ⑤	兌赤 ⑦
艮白 ⑧	坎白 ①	乾白 ⑥

九宮에서 山星의 位置

巽綠 4	離紫 9	坤黑 2
震碧 3	中黃 5	兌赤 7
艮白 ❽	坎白 1	乾白 6

古書의 內容과 吉凶作用

古書秘訣
輔臨丙丁, 位列朝班(보림병정, 위열조반).
八逢紫曜, 婚喜重來(팔봉자요, 혼희중래).
天市合丙坤, 富堪敵國(천시합병곤, 부감적국).
鬼胎獨穴防絕嗣(귀태독혈방절사).

吉作用
직장에서 승진함.
좋은 사람과 결혼을 하게 됨.
재산이 늘어나고 명예가 높아지고, 경사스러운 일이 생김.
상속을 받거나 가업을 물려받게 됨.

凶作用
대지, 임야, 건물 등에 서류나 허가상의 문제가 발생함.
비정상적인 생각으로 재산을 탕진하게 됨.
몸에 화상을 입거나 집에 화재가 발생함.
승진이 되지 않고 명예가 손상됨.
중증 환자는 사망할 수 있음.

➡ 向星⑨와 山星❽의 풀이

보(輔)는 紫白의 九星으로 좌보(左輔)의 8을 의미하고, 丙丁은 남쪽의 離宮9를 의미한다. 즉 9와 8이 조합되면, 높은 벼슬자리에 오르게 된다.

8은 산을 오르듯이 한 단계 한 단계씩 열심히 노력을 하면서 위로 오르는 것이고 9는 출세와 경사를 의미하기 때문에 8과 9의 조합은 자신의 노력으로 순차적으로 승진을 하여 출세를 하는 것이다. 참고로 3과 9의 조합은 벼락출세[낙하산 인사, 공천, 추첨, 당첨 등]에 해당한다.

8은 가족의 변화를 의미하며, 9는 결혼과 경사를 의미하기 때문에 9와 8이 조합되면, 결혼을 하는 경사스러운 일이 생긴다.

천시(天市)는 艮 방위에 있는 문필봉[붓처럼 뾰족하게 생긴 모양의 산]을 말하는데, 하늘의 별자리 중에서 재복(財福)을 장악하고 주관하는 신이다.

丙은 9紫火를 의미하고, 坤은 坤宮2黑土를 의미한다. 즉 8과 9, 2가 조합되면, 적국(敵國-한 나라의 재산과 비슷한 만큼의 재산을 소유했던 거부의 이름)보다 더 나은 부자가 된다.

8과 2는 산이나 임야, 아파트 등의 부동산으로 큰 부자가 될 수 있는데 여기에 9가 조합되면 8과 2를 생하는 작용을 하여 더욱 발전하게 된다.

그리고 艮방향이나, <8+9>의 방향에 문필봉(文筆峰)이 있으면 더 큰 부자가 된다.

귀태(鬼胎)는 귀문(鬼門-艮방위를 귀문이라 한다)과 같은 말인데 8을 의미하고 독혈(獨穴)은 독산(獨山)을 의미하는데, 혼자 있는 산으로 맥이 끊기고 주변의 산들이 감싸주지 않아서 기가 모이지 않기 때문에 이런 산에 장사를 지내면 재앙을 불러들이고 이미 있던 복도 소멸시킨다.

艮宮8은 상속자나 후손을 의미하기 때문에 독산이 가리고 있으면 후손이 끊어진다.

앞에서 설명한 <向星8+山星9>의 조합과 내용은 비슷하지만 다음과 같은 차이가 있다.

<向星8+山星9>의 경우에는 중년의 여자에 해당하지만, <向星9+山星8>의 경우에는 어린 소년이나 가족에 해당한다.

9-9. 向星⑨와 山星⑨의 조합

向星 ⑨	科甲軍閥, 聰明, 功名, 火災吐血, 産厄, 盲人	☲	離爲火
山星 ⑨	위와 같음		

九宮에서 向星의 位置	九宮에서 山星의 位置
巽綠 ④ / 離紫 ⑨ / 坤黑 ② 震碧 ③ / 中黃 ⑤ / 兌赤 ⑦ 艮白 ⑧ / 坎白 ① / 乾白 ⑥	巽綠 4 / 離紫 9 / 坤黑 2 震碧 3 / 中黃 5 / 兌赤 7 艮白 8 / 坎白 1 / 乾白 6

古書의 內容과 吉凶作用

古書秘訣	離位巖嶢而損目(이위암참이손목). 火暗而神智難淸(화암이신지난청). 火曜連珠相値, 靑雲路相自逍遙(화요연주상치, 청운로상자소요). 欲求嗣續, 紫白惟取生神, 至論孥藏, 飛星宜得旺氣(욕구사속, 자백유취생신, 지론노장, 비성의득왕기).
吉作用	종교계나 기타 선도(仙道) 계통에서 큰 인물이 나옴. 명품이나 사치품관련 업종으로 큰 부자가 될 수 있음. 집안에 경사가 계속 이어짐.
凶作用	화상이나 화재를 당하게 됨. 젊어서 상처(喪妻)하게 됨. 소송이나 재판에 패소하고 형벌을 받게 됨.

➡ 向星⑨와 山星⑨의 풀이

離宮9의 방향에 있는 산의 모습이 암참(巖巉-험악하고 가파른 모양)하면 눈을 상하게 된다.

9는 火에 속하며 신체에서는 눈이나 심장을 의미한다. 따라서 離宮9의 방향에 험악하게 생긴 바위나 돌이 있거나 가파르고 험악한 모양의 산이 있을 때는 눈을 다치거나 또는 시력이 나빠지거나 눈이나 심장에 질병이 발생한다. 철탑이나 전봇대, 큰 나무 등 형기상으로 흉한 것이 있을 때도 나쁘다.

9는 총명함을 나타내는데 9가 실령을 하거나 9의 방향에 형기상으로 나쁜 것이 있으면 총명함이 아니라 오히려 우둔한 사람이 생기게 된다.

특히 학생 등 공부를 하는 사람이 이런 방향에 있는 공간을 사용하면 성적이 떨어진다.

화요연주(火曜連珠)는 9와 9가 함께 있음을 의미하고, 상치(相值)는 두 가지 일이 공교롭게 마주치는 것을 의미한다.

청운(靑雲)이라는 말은 입신출세(立身出世)를 의미하는데, 벼슬을 하러 가다가는 마음이 변하여 속세를 떠나 은둔생활을 하며 자유롭게 걸림 없이 살아간다. 그래서 9와 9가 조합이 되면 속세를 떠나서 홀로 유유자적(悠悠自適)하게 지낸다.

9紫火는 자녀를 출산해서 후계를 이어주는 것인데, 9가 득령을 하면 임신을 하게 되어 후사를 이을 수 있게 된다.

토막상식

건물의 출입문 앞에 또 건물이 있는 것은 도시에서 당연하다고 해야 할 정도로 흔한 풍경이다. 그렇지만 현공에서 向星의 방향이라고 할 경우에는 다시 살펴봐야 한다. 재물이 들어오지 않는 자리에서 오래 버티기는 힘들 것이기 때문이다.

토막상식

시골마을의 식당이다. 뒤는 높고 앞은 낮은 자리에서 영업을 잘 하였던 곳인데, 4차선으로 확장이 된 길이 바로 앞을 가르고 지나가면서 집 앞에는 높은 장벽이 생기게 되었다.

만약 습국(濕局)이라고 할 경우에 과연 재물의 상황은 어떻게 되겠는가?

도로가 생기고 실제로 손님이 뚝 끊어졌다고 하는데, 도로계획이 나오게 되었다는 것을 알았다면 바로 식당을 옮길 계획을 했어야 옳았을 것이다.

물론 낭월이 그 당시에는 현공을 몰라서 미리 안내를 하지 못한 것이 아직도 마음이 아프다. 아무리 간단한 이치라도 모르면 어쩔 수가 없는 것이다.

270 놀라운 현공풍수

제6장 임상(臨床)의 준비사항

음택(陰宅)과 양택(陽宅)을 살피기 위해서 준비 할 사항

원리(原理)는 원리이고, 임상(臨床)은 임상이다. 원리를 터득한 다음에는 현실적으로 적용을 시킬 줄 알아야 비로소 살아있는 지식(知識)이 되고, 지혜(智慧)가 되는 것은 당연한 것이다.

무슨 학문이나 다 그렇겠지만 이론적으로만 배우고 실제로 확인하면서 익히지 않는다면 확실한 배움으로 자리를 잡기 어려운 것은 당연하다. 그러므로 현공풍수의 이론을 배운 다음에 구체적으로 확인을 하면서 정리가 된다면 언제라도 때와 장소에 맞춰서 지혜로운 도구가 되어서 삶의 질을 윤택하게 해 줄 것이다.

이제 그 동안의 관찰을 통해서 이치적으로 대입을 하도록 살펴야 하는 단계에서 다시 마음가짐을 새롭게 정리하고자 하는 것은 막연한 이론을 실질적인 상황에 접목시키는 과정에서 자칫하면 오류를 일으킬 수도 있음에 대해서 조심스러운 마음이 들기 때문이리라고 본다.

여기에 선별된 자료들은 자명스님께서 직접 현장에서 확인을 하고 관련 자료를 제공한 본인에게 들은 이야기나, 혹은 매우 가까운 사람들을 통해서 확인을 한 내용들을 바탕으로 수집이 된 것을 낭월이 상황을 다시 살펴서 정리를 한 것이다.

그리고 당연한 이야기가 되겠지만 실제의 상황을 살피는 과정에서 좋은 결과물에 대해서는 실제의 위치를 밝히는 것이 문제가 없을 것이다.

그런데 대부분이 좋은 결과보다는 나쁜 결과에 의해서 일이 전개되는 것이 보통이다. 그러한 연유로 인해서 실제적인 위치나 해당되는 사람의 이름을 밝힐 수가 없다는 것이 아쉽다면 아쉬운 장면이다.

그렇지만 이미 신나는 현공풍수의 독자들께서는 그 장면이 어디에 있는 것이냐에 대해서는 의문을 갖지 않을 것으로 생각한다. 중요한 것은 실제상황이라는 점이다. 나의 주변에서도 그러한 장면을 목격했을 적에 바로 적용을 해 볼 수가 있도록 안내하는 것이 최우선이기 때문이다.

이러한 의미로 해서 벗님께서도 어느 곳에 있는 집이나 묘지냐는 생각은 아예 하지 말라는 말씀을 드린다. 그리고 여기에 공개하는 자료들은 본인들께 공개 여부를 사전에 승인받지 못했다. 물론 몇 군데는 허락을 받기도 했지만, 그렇다고 하더라도 구태여 필요가 없는 것을 밝혀서 괜히 자료를 제공하신 본인에게 부담이라도 가게 된다면, 또한 원하는 바가 아니기 때문에 여기에서는 모두 허위의 위치를 표기할 것이다. 이점 미리 양해를 구한다.

혹시라도 반드시 현장에 가서 확인을 해 보고 싶은 독자께서는 자명스님께 연락을 하셔서 그럴만한 이유를 말씀해 주시면 안내를 해드릴 수도 있겠지만 그냥 단순히 호기심으로 의뢰를 한다면 정중한 거절을 할 것이므로 잘 생각해 보시라는 말씀을 미리 드린다.

그리고 본론으로 들어가기 전에 미리 몇 가지의 용어에 대한 준비를 해 두는 것이 좋을 것 같아서 꼭 필요하다고 생각이 되는 몇 가지의 용어를 정리하도록 한다.

토막상식

하천을 복개하게 되면 물의 흐름이 지하에 묻히게 된다. 이때에 풍수의 관점으로 본다면 하천의 작용이 감소하는 것으로 판단하게 된다. 길한 것도 감소하고 흉한 것도 감소한다. 물이 오염되었다면 오히려 복개를 하는 것이 더 좋을 것이고, 맑은 물이라면 그대로 흐르도록 두는 것이 좋을 것이다. 자연을 잘 가꿔서 맑은 물이 흐르게 한다면 보기에도 아름다울 것이다.

1. 중요한 용어의 이해

비성반을 보는 과정에서 간혹 특이한 구성이 나타나는 경우가 있는데, 이러한 것은 일반적인 해석으로 사용하지 않고 특별하게 취급을 하게 된다. 이제 그러한 부분에 대해서 중요하다고 생각되는 것을 정리하도록 한다. 미리 알아두고 있는 것이 좋겠다고 봐서이다.

九宮八卦圖 [기본형]

이 표는 八卦를 포함하고 있는 九宮의 원단반이다. 九宮의 기본도가 된다.

下卦나 替卦의 비성반중에서 九宮의 숫자가 기묘하게 조합이 되어 특별한 작용을 하는 경우가 있는데, 이를 기국(奇局)이라고 한다. 물론 의외로 좋은 작용을 하게 되는 것을 의미한다. 이렇게 좋은 작용을 하는 경우는 合十局, 연주삼반괘(聯珠三盤卦), 부모삼반괘(父母三盤卦)의 3가지가 있다.

반대로 특히 나쁜 경우는 복음(伏吟)과 반음(反吟)의 두 가지가 있으니까 잘 살펴서 판단을 하는 것이 중요하다. 이해를 돕기 위해서 좀 더 자세하게 설명을 한다.

1) 복음(伏吟)

복음은 九宮에서 中宮에 山星이나 向星의 숫자가 5가 되고 순행을 하는 것을 말한다. 山星의 숫자가 5가 되면 山星복음이 되고, 向星의 숫자가 5가 되면 向星복음이 된다.

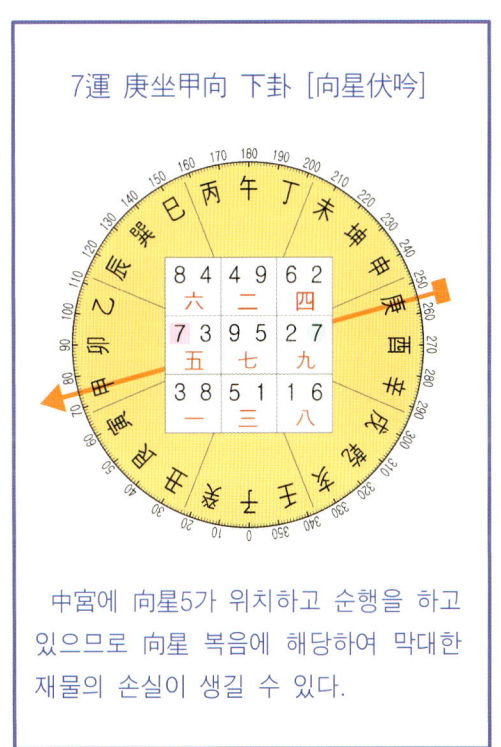

7運 庚坐甲向 下卦 [向星伏吟]

中宮에 向星5가 위치하고 순행을 하고 있으므로 向星 복음에 해당하여 막대한 재물의 손실이 생길 수 있다.

낙서와 후천팔괘의 종합도인 구궁팔괘도의 원단반은 中宮의 숫자가 5가 되며 순행을 하는데, 中宮의 山星이나 向星의 숫자가 5가 되면서 순행을 하면 구궁팔

패도의 원단반과 동일하게 되어 변화와 움직임이 없는 상태가 되어 나쁘게 판단하는 것이라고 생각된다.

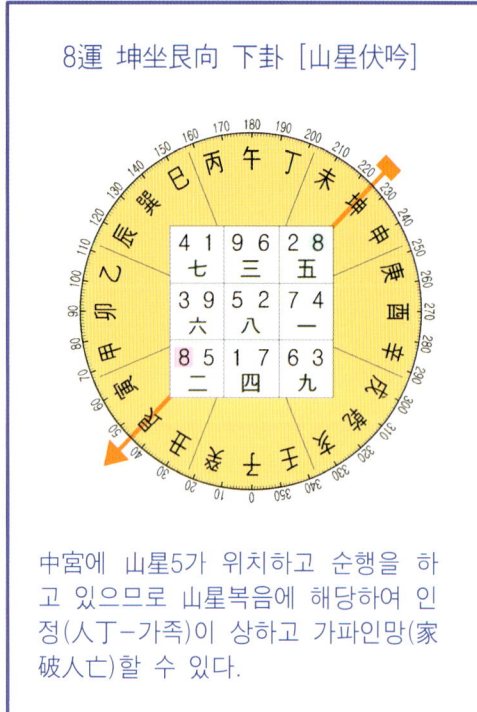

中宮에 山星 5가 위치하고 순행을 하고 있으므로 山星복음에 해당하여 인정(人丁-가족)이 상하고 가파인망(家破人亡)할 수 있다.

흉한 작용 중에서도 복음은 한마디로 표현해서 가파인망(家破人亡)이니 가족이나 집안의 사람들이 죽거나 흩어지게 되는 흉한 작용으로 풀이가 되므로 각별히 조심을 해야 한다.

2) 반음(反吟)

반음은 九宮에서 中宮에 山星이나 向星의 숫자가 5가 되고 역행을 하는 것을 말한다.

山星의 숫자가 5가 되면 山星 반음이 되고, 向星의 숫자가 5가 되면 向星 반음이 된다.

中宮의 숫자 5가 역행을 하면 각 宮의 숫자와 九宮 원단반의 숫자는 서로 상반된 성질의 기운이 대치하고 충돌하므로 반복음(反伏吟)이라고도 하며 매우 흉하게 판단을 한다.

반음은 원단반과 반대방향의 宮에 있는 각각의 숫자가 위치하고 있으며, 서로의 기운이 충돌하고 대치하는 현상이 발생하고 있음을 알 수 있다.

참고로 비성반의 각 宮에 5가 들어 있으면 해당되는 宮을 단궁반음(單宮反吟-5가 위치하고 있는 宮)이라고 하며 不合局이 되었을 때는 매우 흉하게 판단한다.

3) 合十局

九宮 전체의 각 宮에 운반과 山星의 숫자의 합이 10이 되거나 운반과 向星의 숫자 합이 10이 되는 경우를 말하며, 하나의 宮에서만 합이 10이 될 때는 해당되지 않으며, 山星과 向星의 합이 10이 될 때도 해당되지 않는다.

10은 완성된 수를 의미하기도 하고,

또 각 宮의 합이 10이 되므로 모든 宮의 기운이 서로 소통되는 의미를 가진다.

山星과 向星이 주변 형세와 合局이 되면서 합 10이 되면 길한 작용이 더욱 강해질 뿐만 아니라, 귀인의 도움을 받게 되고, 나쁜 일도 좋은 일로 변하게 된다.

그러나 山星과 向星이 주변 형세와 不合局이 될 때에는 합 10의 길한 작용이 발생하지 않는다.

合十局이 되는 경우는 向星合十과 山星合十의 두 가지가 있다.

하므로 向星合十이 되면 재물이 풍족해지고 부자가 된다.

(2) 山星合十局

비성반에서 각각의 宮에 위치한 山星의 수와 운반의 수를 합하여 10(十)이 되는 경우를 말하며 山星은 인물을 주관하므로 山星合十이 되면 출세를 하는 큰 인물이 나오는 등 인정(人丁)이 크게 좋아진다.

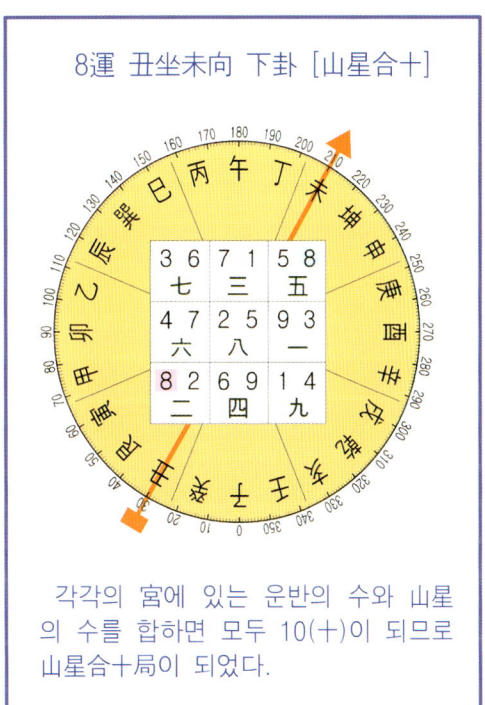

각각의 宮에 있는 운반의 수와 山星의 수를 합하면 모두 10(十)이 되므로 山星合十局이 되었다.

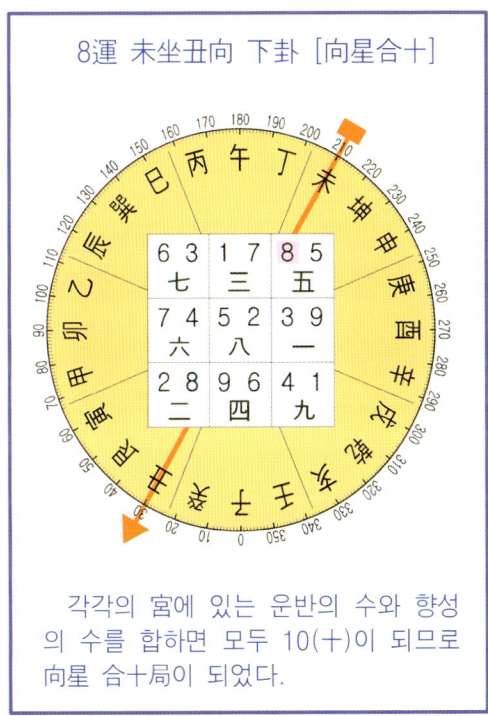

각각의 宮에 있는 운반의 수와 향성의 수를 합하면 모두 10(十)이 되므로 向星 合十局이 되었다.

(1) 向星合十局

비성반에서 각각의 宮에 위치한 向星의 수와 운반의 수를 합하여 10(十)이 되는 경우를 말하며 向星은 재물을 주관

4) 연주삼반괘(聯珠三盤卦)

九宮의 각 宮에 있는 向星, 山星, 運盤의 3개의 숫자가 123, 234, 345, 456, 567, 678, 789, 891, 912와 같이 연속적으로 되어 있는 것을 말한다.

연주삼반괘의 작용은 숫자가 나란히 있으므로 화합과 융화, 소통 등을 의미

하므로 주로 가족과 대인관계를 포함한 사람들과의 관계가 원활해지고, 귀인의 도움을 많이 받을 수 있는 등 인간관계가 좋아진다.

연주삼반괘는 下卦에 16곳이 있는데, 모두 上山下水로 되어 있으므로 上山下水局에 合局이 되는 경우에는 길한 작용이 발생하지만 不合局이 되는 경우에는 해당되지 않는다.

연주삼반괘는 合局이 될 경우에는 복음과 반복음에 해당하더라도 흉한 작용을 풀어줄 뿐만 아니라 오히려 길한 작용으로 바꾸는 좋은 역할을 한다.

8運 辰坐戌向 下卦 [連珠三盤卦]

上山下水의 局으로 각 宮의 숫자 3개가 모두 연속되어 있으므로 연주삼반괘에 속한다. 주변의 지형과 合局이 되는 경우에는 연주삼반괘의 좋은 작용을 얻을 수 있다.

陰宅은 上山下水局으로 사용하는 경우가 거의 없으므로, 陽宅의 경우에만 주변의 지형과 合局이 될 때 쓸 수 있다.

5) 부모삼반괘(父母三盤卦)

九宮의 각 宮에 있는 山星, 向星, 운반의 3개의 숫자가 147, 258, 369의 조합이 되어 있는 경우를 말한다.

부모삼반괘는 천지의 동일한 기운을 가진 숫자가 한 宮에 모여 있는 것을 뜻하는 것 같다. 1운부터 9운까지 매운은 20년을 주기로 변화를 하는데 동일한 기운은 다음과 같다.

1, 4, 7운은 甲子年부터 癸未年까지 20년이 되며, 2, 5, 8운은 甲申年부터 癸卯年까지 20년이 되며, 3, 6, 9운은 甲辰年부터 癸亥年까지 20년이 된다.

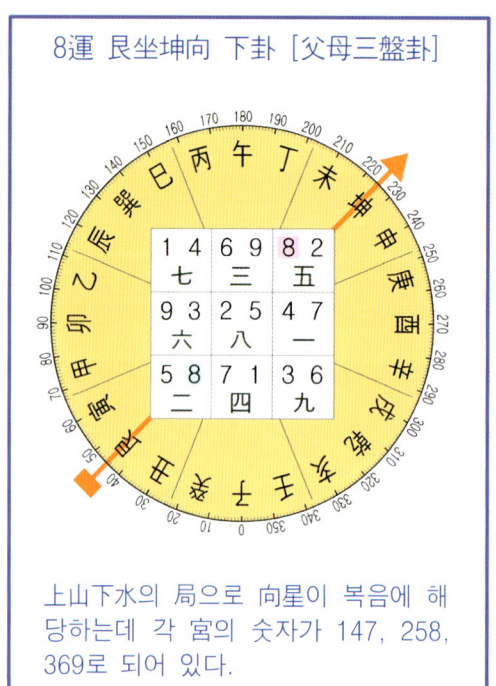

8運 艮坐坤向 下卦 [父母三盤卦]

上山下水의 局으로 向星이 복음에 해당하는데 각 宮의 숫자가 147, 258, 369로 되어 있다.

부모삼반괘는 비성반에서 16국이 있는데, 모두 上山下水의 局으로 되어 있기 때문에 陰宅을 조성하기는 어렵고 陽宅에 적용을 할 수 있는데, 주변의 지형과 일치가 되는 合局이 될 때만 연주삼반괘와 같은 길한 작용을 하게 된다.

주변의 지형과 일치하는 合局이 된 경우에는 부모삼반괘가 되어 복음의 흉한 기운이 길한 작용으로 변하게 된다. 그러나 不合局이 된 경우에는 복음의 흉한 작용을 벗어나지 못한다.

6) 부모삼반괘의 응용
[一名: 七星打劫法]

칠성타겁법(七星打劫法)은 함부로 누설하면 천견(天譴-하늘의 꾸지람)을 당한다고 할 만큼 현공풍수에서도 쉽게 전수를 하지 않은 내용이다.

심씨현공학에 나와 있는 이궁상합(離宮相合-진타겁 24국)과 감궁상합(坎宮相合-가타겁 24국)을 간단하게 소개하기로 한다.

부모삼반괘는 하나의 宮에 山星, 向星, 운반의 3개의 숫자가 147, 258, 369의 조합이 되어 있는 경우를 말하지만 칠성타겁법은 앞의 삼반괘 숫자가 <離宮, 震宮, 乾宮>이나 <坎宮, 巽宮, 兌宮>에 각각의 宮에 하나 씩 있는 경우를 말한다.

雙星會向의 局이나 雙星會坐의 局에만 해당하고, 坐宮이나 向宮에 있는 山星과 向星의 숫자가 같고, 삼반괘에 해당하는 숫자가 각각의 宮에 있어야 한다.

陽宅에서 주로 사업장이나 가게 같은 곳에서 적용을 할 수 있으며, 재물을 주관하는 向星의 기운을 한 방향에서만 받을 것이 아니라 같은 기운을 가진 다른 두 방향의 기운을 추가로 받을 수 있도록 3방향에 출입문이나 창문 등으로 氣의 출입처를 만들어 向星의 작용을 극대화 할 수 있는 방법이다.

단, 주변의 지형과 비성반이 合局이 될 때만 해당이 되고 不合局이 되면 해당이 되지 않는다.

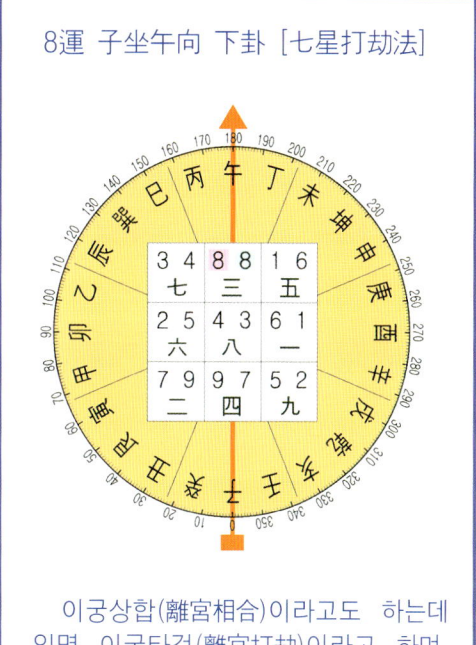

이궁상합(離宮相合)이라고도 하는데 일명 이궁타겁(離宮打劫)이라고 하며, 또는 진타겁(眞打劫)이라고도 한다.

도표를 좀 더 설명하자면, 雙星會向의 局으로 離宮에 있는 山星과 向星의 수가 8로 같으며 삼반괘의 나머지 2, 5의 조합이 震宮과 乾宮의 방위에 있으므로 2, 5, 8의 삼반괘가 된다.

向星8의 방향인 離宮의 방위에 대문이나 출입문을 만들고, 8과 같은 삼반괘가 위치하고 있는 乾宮과 震宮의 방위에 창문이 있으면 삼반괘가 서로 소통을 할 수 있기 때문에 向星8의 작용을 더 강하게 할 수 있다.

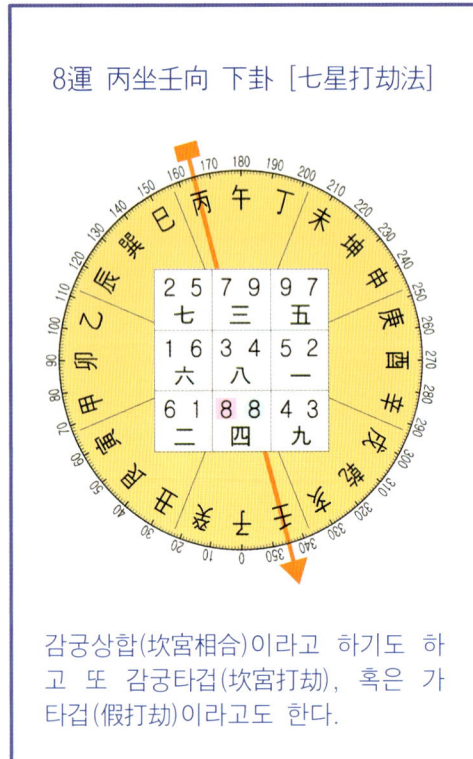

8運 丙坐壬向 下卦 [七星打劫法]

감궁상합(坎宮相合)이라고 하기도 하고 또 감궁타겁(坎宮打劫), 혹은 가타겁(假打劫)이라고도 한다.

도표를 부연하여 설명하자면, 雙星會向의 局으로 坎宮에 있는 山星과 向星의 수가 8로 같으며 삼반괘의 나머지 2와 5의 조합이 巽宮과 兌宮의 방위에 있으므로 2, 5, 8의 삼반괘가 된다.

向星8의 있는 坎宮의 방위에 대문이나 출입문을 만들고, 8과 같은 삼반괘가 위치하고 있는 巽宮과 兌宮의 방위에 창문이 있으면 삼반괘가 서로 소통을 할 수 있기 때문에 向星8의 작용을 더 강하게 할 수 있다.

7) 지운(地運-땅의 운)

현공풍수의 특성이자 장점 중의 하나가 터에 기운이 머무는 기간인 지원(地運)을 알 수 있다는 것이다.

陰宅이나 陽宅을 막론하고 조성이 된 순간부터 지운의 작용을 받다가 일정한 기간이 경과되고 나면 유지되던 지운이 길하거나 흉하거나 상관이 없이 소멸되어 끝나게 된다.

지운이 지속되는 시기가 끝나게 되면 생명이 끝난 것과 마찬가지로 나쁘게 되므로, 재물이 풍족하고 출세를 하던 집안이 갑자기 풍비박산(風靡雹散)이 되면 해당되는 陰陽宅의 지운을 잘 살펴볼 필요가 있다.

(1) 지운(地運)의 계산법

陰陽宅의 조성시기와 坐向으로 작성된 비성반[宅命盤]을 참고하면 지운이 지속되는 기간을 간단명료하게 알 수 있다.

旺山旺向, 上山下水, 雙星會坐 局의 지운 계산법은 비성반 中宮의 운반의 숫자와 向星의 숫자를 살펴보면 된다.

中宮에 있는 운반의 숫자가 순행을 하여 向星의 숫자 이전까지의 운이 지운의 기간이 된다. 이 기간이 지나면 向星의 숫자가 中宮에 입수가 되므로 기가 쇠퇴해진다.

그러나 雙星會向에 해당할 때는 지운을 계산하는 방법이 다르기 때문에 주의를 해야 한다.

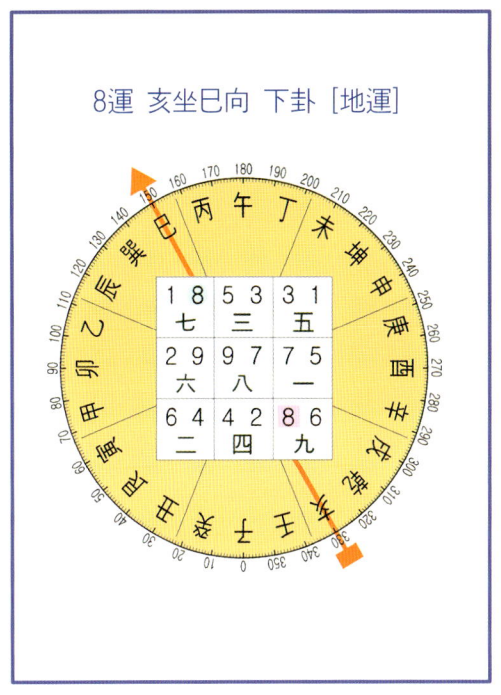
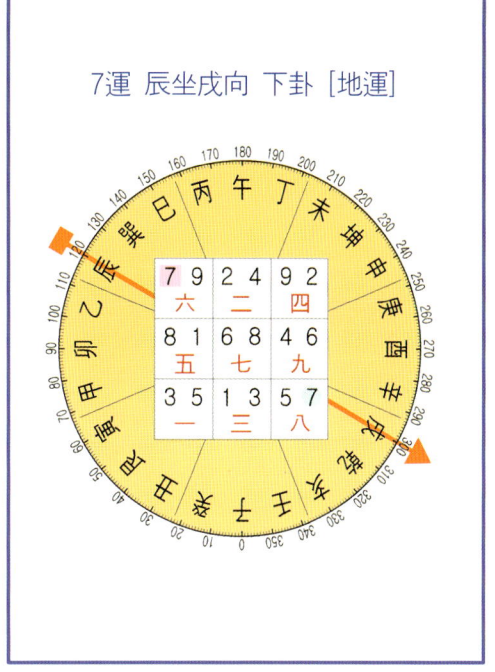

예를 들어, 8운의 亥坐巳向 下卦의 비성반을 살펴보면, 中宮에 운반 八이 있고 向星7이 있으므로 운반의 숫자 八이 7운 전까지 진행을 하면 [8운-9-1-2-3-4-5-6운]으로 여덟 운을 거치게 된다. 지운은 20년을 주기로 변화가 되고 하나의 운은 20년이 되므로 8개운×20년=160년 동안 지운이 지속되는 기간이 된다.

또 다른 예로 7운의 辰坐戌向 下卦를 놓고 생각해 보도록 한다. 이 경우에는 7운의 辰坐戌向 下卦의 비성반으로 旺山旺向의 局이다.

中宮에 운반 七이 있고 向星8이 있으므로 8운이 오기 전까지만 지운을 받을 수 있으므로 陰陽宅이 조성된 7운에 한해서만 지운을 받을 수 있게 된다.

7운은 1984년부터 2003년까지 해당되고 8운은 2004년부터 시작이 되므로 7운초에 조성이 된 경우는 약 20년 가까이 지운이 지속되겠지만 7운 말에 조성이 되었으면 旺山旺向에 合局이 되었더라도 불과 몇 년 만에 지운이 끝나게 되어 허망하게 되므로 陰陽宅을 조성할 때에는 반드시 지운을 잘 살펴야 한다.

(2) 雙星會向의 지운 계산법

이번에는 또 다른 예로 雙星會向의 경우에는 어떻게 지운이 계산되는지를 살펴보도록 한다. 이 경우에는 비성반의 向宮에 있는 向星 숫자와 坐宮의 向星 숫자를 살피면 된다.

向宮에 있는 向星의 숫자가 순행을 하여 坐宮에 있는 向星의 숫자 이전까지의 운이 지운이 지속되는 기간이 된다.

8운의 庚坐甲向 下卦의 예를 들어 보도록 한다.

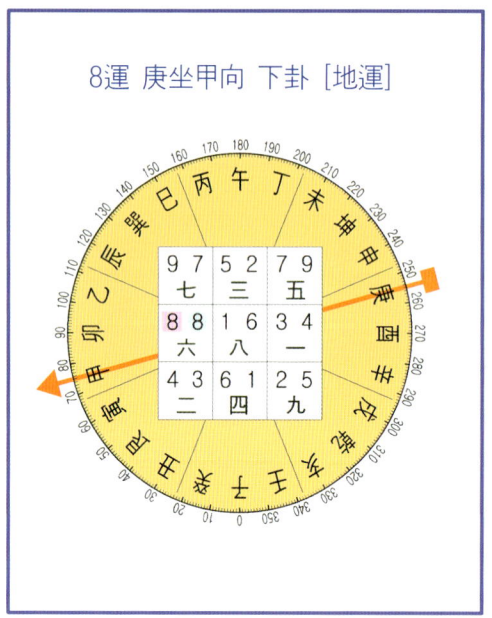

向宮에 있는 向星의 숫자가 8이고 坐宮에 있는 向星의 숫자는 4이므로, 4운 전 까지 진행을 하면 [8운-9-1-2-3운]으로 다섯 운을 거치게 되어 100년으로 지운이 지속되는 기간이 된다.

(3) 참고

위와 같은 계산을 해 보면 지운이 지속되는 기간은 짧게는 수년에서부터 길어봐야 160년을 넘길 수가 없다. 그러므로 160년 이상이 지난 묘지는 기운이 쇠하여 후손에게 미치는 작용이 약하다는 것을 알아야 하고, 오래된 고택에 사는 것도 한번 쯤 고려해 봐야 할 문제이다.

그러나 용맥(龍脈)이 유정하고 형기상

으로 뛰어나게 좋은 대지의 경우나, 삼반괘나 合十局이 되는 경우에는 지운이 더 오래 갈 수가 있다고 생각한다.

8) 空亡의 비성반

임상사례에서 空亡에 대한 진단이 나왔을 경우에 참고로 알아둬야 할 지식이 있다. 나경의 바늘이 정확하게 空亡의 한 가운데를 가리키고 있을 적에는 좌우의 비성반에 있는 숫자를 적용시켜서 흉작용을 참고하게 된다.

그렇지만 「입문편」에서도 설명을 했듯이 大空亡은 宮과 宮사이의 6°에 해당하고, 이것을 하나의 宮에서 본다면 3°가 된다는 것을 의미한다.

이러한 경우에 한 쪽의 宮에 해당하는 위치의 大空亡에 해당할 경우가 되는데, 이때에는 해당 宮의 비성반을 참고하여 살필 수가 있는 것이다. 다만, 미세하기 때문에 옆의 宮도 함께 보는 것은 좋겠지만 더 비중을 둔다는 의미에서는 알아두면 유익할 것이다. 그리고 이것은 小空亡도 같은 의미가 된다.

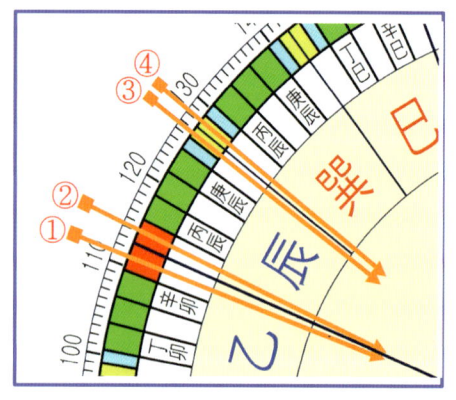

①번의 大空亡은 乙坐辛向의 비성반에

있는 영향을 더 받게 되고, ②번의 大空亡은 같은 乙辰大空亡이지만 특히 辰坐戌向의 비성반에 나타난 숫자의 영향을 더 받게 되는 것이다.

③번과 ④번은 같은 小空亡이지만, ③번은 辰坐戌向의 비성반에 나타난 흉작용이 더 크고, ④번은 巽坐乾向의 비성반 영향을 더 받는다는 것을 알 수 있을 것이다.

다른 경우에도 이에 준해서 대입한다면 보다 정확한 작용을 살피는데 도움이 될 것이다.

다만, 이렇게 보는 것은 참고일 뿐이고 실제로 空亡에 해당한다면 어느 방향에 있더라도 흉함이 극심하므로 구분을 둘 의미는 없다고 봐야 할 것이다.

참고로 이 책의 사례에서는 구분을 두지 않고 함께 관찰을 하는 것으로 설명을 했는데, 만약에 비성반의 숫자가 같이 나타날 경우라고 한다면 어느 쪽이라도 결과는 같게 나타나니까 신경을 쓰지 않아도 무방하다.

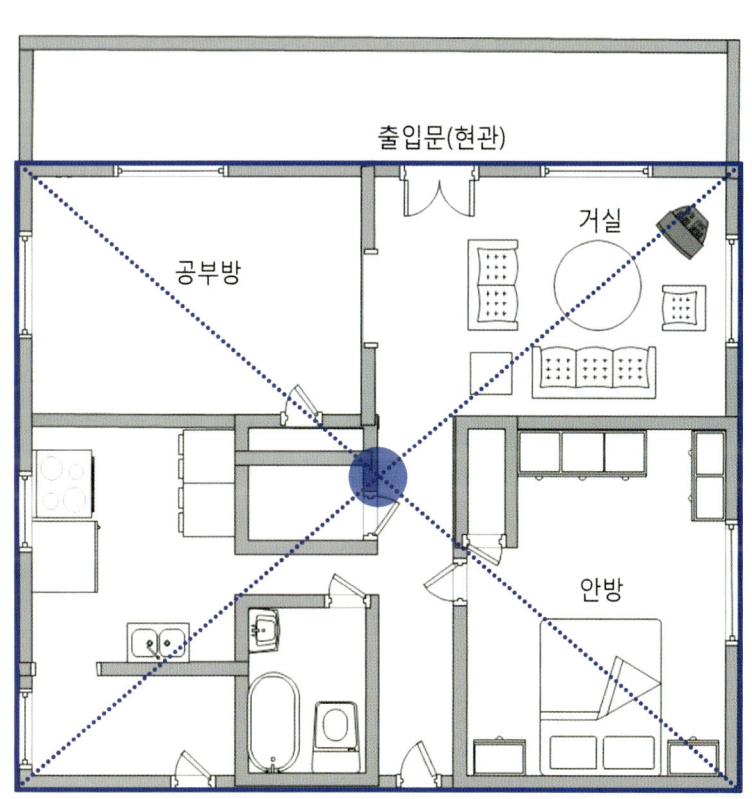

陽宅에서 중심을 잡는 기본형이다. 그리고 나경(羅經)을 이 중심점에 놓고서 주변의 길흉을 살피게 되는 것이다. 다양한 집의 형태가 있어서 일일이 예를 들 수는 없으므로 이렇게 기본적인 형태를 바탕으로 삼고 응용하는 법을 생각해야 한다.

9) 陽宅의 중심점 찾기

택명반(宅命盤)을 참고하면 건물 내의 8방위에서 미치는 길흉의 작용을 알 수가 있으며 좋은 방위는 침실이나 아이들의 방으로 사용하고 나쁜 방위는 창고 등으로 사용하면 좋다.

건물을 8방위로 나누려면 반드시 중심점을 알아야만 8방위를 정확하게 구분할 수가 있으므로 陽宅에서 중심점을 찾는 법은 반드시 알아두어야 한다.

참고로 대문이나 출입문의 방위를 정할 때도 건물의 중심점에서 방위를 측정해야 한다.

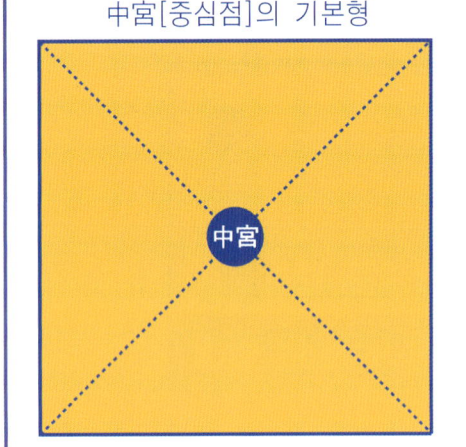

中宮[중심점]의 기본형

대부분의 주택은 정사각형이나 직사각형이므로 이러한 형태를 기준하여 中宮을 찾으면 된다. 건물에 따라서 사각의 선을 기준으로 약간 밖으로 돌출이 되거나 안으로 함몰이 되었더라도 중심선을 그어서 정한다.

기본적인 형태에 대한 이해를 하게 되었으면 정확한 중심을 잡기 위해서 몇 가지의 경우를 살펴보도록 한다.

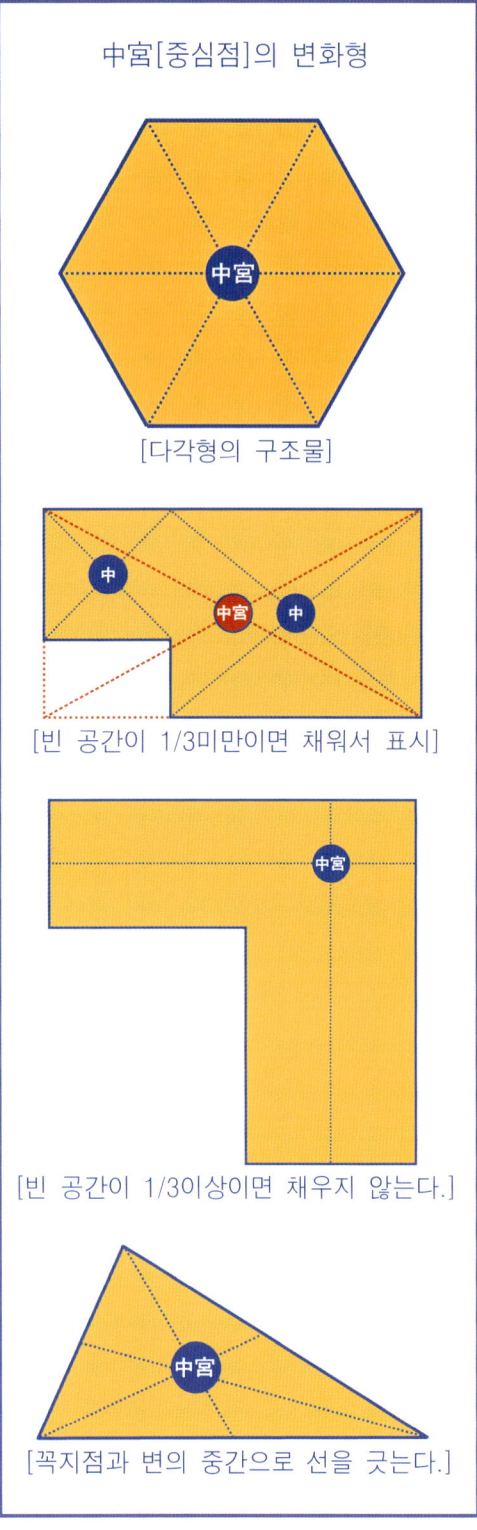

中宮[중심점]의 변화형

[다각형의 구조물]

[빈 공간이 1/3미만이면 채워서 표시]

[빈 공간이 1/3이상이면 채우지 않는다.]

[꼭지점과 변의 중간으로 선을 긋는다.]

실제 건물의 옥상에서 中宮을 찾는 예

　다양한 건물의 형태를 봐서 최대한 중앙점에서 방향을 측정하도록 하는 것이 중요하다. 사진으로 표시하느라고 어느 정도의 왜곡이 생긴 것에 대해서 감안하고 中宮을 나타내는 방법에 대해서 이해하기 바란다.

10) 坐向 측정법

陰陽宅의 건물을 측정하는 방법은 여러 가지가 있다.

陰宅의 坐向을 측정하는 방법은 비교적 단순하지만, 陽宅의 경우는 복잡한 구조의 다양한 형태의 건물들이 있으므로 坐向을 측정하는데 상당한 주의를 요하는 경우가 많다.

坐向을 정확하게 측정하지 못하면 현공풍수만이 가지고 있는 장점을 십분 응용하기가 어려우므로 여러 가지 상황을 심사숙고하여 종합적으로 판단해야한다.

(1) 陰宅의 坐向

새로 묘를 쓸 경우에는 먼저 혈처를 정한 다음에 혈처의 중앙에서 坐向을 측정하여 여러 가지 상황을 판단하면 되고, 이미 조성이 되어 있는 묘의 坐向을 측정할 때는 가급적이면 묘의 전면이나 후면으로 가까이 붙어서 측정하도록 한다.

양해를 구할 수 있는 상황이면 봉분에 올라가서 측정을 하는 것도 좋다.

(2) 陽宅의 坐向

陽宅의 坐向을 측정하는 방법은 여러 가지가 있지만 다음의 3가지 방법을 참고하면 된다.

① 옥향의 형태

건물지붕의 형태를 보고 向을 판단하는 방법으로 일반적인 주택에서는 쉽게 구분을 할 수 있다. 그렇지만 천태만상(千態萬象)의 건물들이 많으므로 항상 주의하는 마음이 필요하다.

② 출입문의 형태

옥향으로는 坐向의 판단이 불가능할 때 대문이나 출입문으로 향을 판단하는 방법이다.

《심씨현공학(沈氏玄空學)》의 「陽宅 30칙」에 이르기를 '주택에서는 옥향과 문향이 모두 중요하다. 먼저 옥향으로 득실을 판단하여 보고 증험이 되지 않으면, 문향으로 판단을 해 보아야 한다.' 라고 하였듯이 옥향으로 증험이 되지 않으면 문향을 다시 보아서 판단을 해야 한다.

③ 여러 개의 출입구

아파트와 같이 한 동의 건물 내에 많은 가구가 사는 경우에는 건물의 주요 출입구를 향으로 삼는 방법이다. 출입구가 많이 있을 때는 사람들이 가장 많이 출입을 하는 문을 기준으로 한다.

한 동의 건물 내에 있는 여러 가구가 살고 있어도 모두 건물의 坐向을 기준으로 한다.

요즘의 주택을 보게 되면 대문과 현관문이 따로 되어있는 경우가 대부분이다. 특히 아파트의 경우에는 대부분이 그러한데, 이렇게 시대에 따라서 건물의 구조는 달라지는데 풍수 책은 그대로여서 후학들이 기준을 삼는데 난감한 경우도 허다하다.

주택 내부에서 다시 방향을 정하여 길흉을 판단하는 기준

건물의 중심점을 찾았으면 그 중심점에서 다시 八方을 살피게 된다. 표에서 보면 공부방은 巽宮이 되고, 안방은 乾宮이 된다. 또 거실은 坤宮이 되고 주방은 艮宮이 되는 것을 알 수가 있다. 여기에서 각 宮의 向星과 山星의 숫자와 운반의 숫자를 참고하여 각 방위의 길흉작용을 판단하면 된다. 아울러서 지맥(地脈)이 통하는 곳도 살피면 더욱 좋다.

11) 운(運)의 적용법

1운부터 9운까지 각각의 운에 따라 氣가 달라지므로 陰陽宅의 길흉을 판단하고자 할 때는, 반드시 몇 운에 조성이 되었으며 현재는 무슨 운의 작용을 받고 있는가를 알아야 한다.

여러 가지의 이론이 있지만 다음 3가지의 방법을 참고하면 된다.

(1) 건물과 묘를 조성한 시기

陽宅은 건물을 신축한 때를 기준으로 하고, 陰宅을 묘를 조성한 시점을 기준으로 하는 방법이다. 8운에 조성한 건물이면 8운에 속하는 건물이 되고, 8운에 조성된 묘는 8운에 해당하는 陰宅으로 보고, 종합적인 상황을 판단할 때는 8운의 비성반(飛星盤)으로 한다.

(2) 입주(入住)의 시기

陽宅이 7운에 조성이 되었더라도 7운에는 사람이 살지 않다가 8운부터 사람이 입주를 하여 살고 있다면 8운을 적용하는 방법으로, 천지인(天地人)의 기운이 교통(交通)되는 시점을 기준으로 삼는 방법으로 타당성이 있다고 본다.

(3) 거주하는 사람을 기준

陽宅에만 해당되는 방법으로 건물이 조성된 시기와 상관없이 입주를 한 시기를 기준으로 하는 방법이다.

7운에 조성된 건물에서 7운부터 살기 시작하여 현재[8운]까지 계속 살고 있다면 7운의 건물로 삼고, 7운에 조성된 건물이지만 8운에 건물을 사서 이사를 하거나 전세나 월세 등으로 새로 입주를 하였다면 8운의 작용을 받는다고 판단하는 방법이다.

3가지의 방법이 모두 타당성이 있어 보이며 여러 가지의 상황을 종합해서 최종적으로 판단하는 것이 좋다.

12) 환천심(換天心)

주로 陰宅에서 활용을 할 수 있는 방법으로 運을 바뀌게 하는 방법이다.

陰宅에서는 파묘(破墓)를 하여 다시 묘를 조성하게 되면 천광하림(天光下臨)이 되어 새로이 조성된 시기의 운을 받게 되므로, 不合局이 된 운에 조성된 묘를 合局이 되는 운에 다시 조성하는 방법이다.

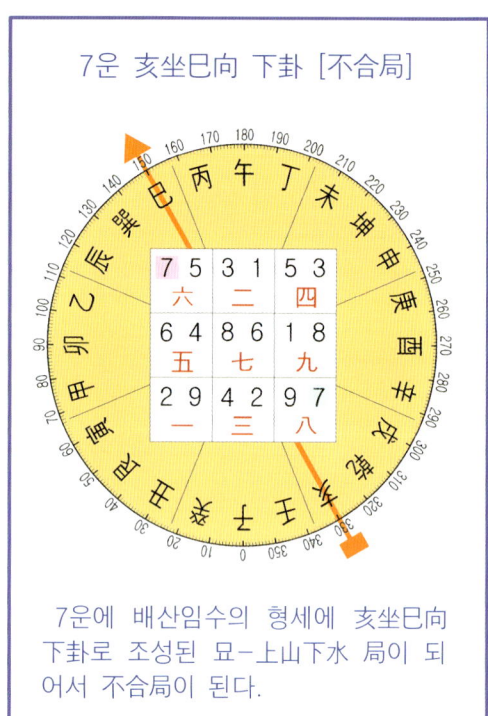

7운에 배산임수의 형세에 亥坐巳向 下卦로 조성된 묘－上山下水 局이 되어서 不合局이 된다.

7운에 亥坐巳向은 上山下水가 되어 7운의 기간 동안 丁財가 쇠약하게 되어 사람이나 재물이 모두 나쁘게 된다.

8운이 되면 山星8은 中宮에 입수를 하게 되고, 向星8의 방위도 不合局이 된다면 8운의 시기에도 역시 흉하게 된다.

위의 묘를 파묘하여 8운 원래의 자리에 다시 조성하면 8운의 작용을 받게 된다.

8운의 亥坐巳向 下卦는 旺山旺向의 局이 되어 정재(丁財)가 모두 왕성하게 된다.

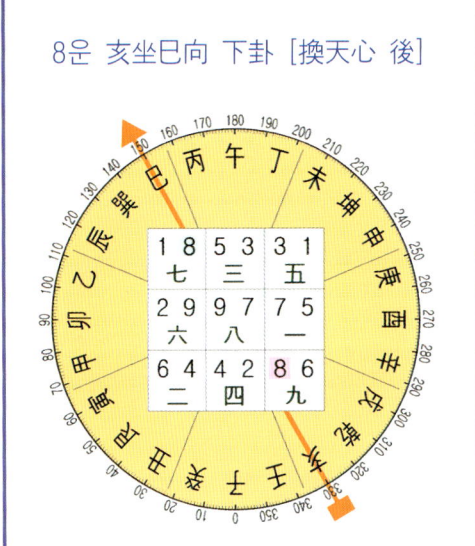

그 자리에서 산소를 열어서 다시 수습하여 안장하게 되면 8운의 적용을 받게 되는 것은 헌 집을 헐고 새로운 집을 지어서 사는 것과 같은 개념이다. 현공에서만 통용하는 비법이다.

참고로 파묘를 한 자리에는 지기(地氣)가 날아가 버려서 기(氣)가 없다는 말이 있지만 땅의 기운은 샘솟듯이 항상 있으며, 다만 천기(天氣)의 작용만이 변화될 뿐이다.

그러므로 파묘를 한 자리에 새로 묘를 조성해도 좋지만, 다만 지기(地氣)가 응결되는 곳을 잘 찾아서 정확하게 재혈을 해야 하고 주변의 지형과 合局이 되는 坐向을 선택해야 한다.

다만, 이렇게 하기 위해서는 또 적지 않은 비용이 들어가게 된다는 것은 현실적인 문제이다. 이러한 것도 애초에 정확하게 하지 않은 까닭이므로 처음부터 잘 알아서 정확하게 조성을 하게 된다면 쓸데없는 비용과 고통을 겪지 않고 행복한 삶이 될 수가 있는 것이니 알고 살아가야 할 것이 이렇게도 많다.

현공을 잘 모르는 풍수사의 경우에는 이러한 방법을 이야기하게 되면 말도 되지 않는다는 놀라움을 나타내게 되는 것이 보통인데, 이것도 어쩌면 당연한 것이다. 언젠가 현공법이 일상의 방법이 된다면 이러한 고민은 하지 않아도 될 것이며 개척자의 몫으로 남을 뿐이다.

2. 지맥(地脈)과 수맥(水脈)

이쯤에서 반드시 정리를 하고 진행해야 할 부분이 있어서 항목을 하나 할애하도록 한다. 그것은 바로 땅 속에 흐르는 기운에 대한 문제이다. 앞으로 임상을 하는 과정에서 항상 접하게 되는 문제이므로 최대한 이해의 정도를 높이고 들어가지 않으면 또 의문에 싸일 수도 있을 것으로 봐서이다. 지맥(地脈)은 취하고 수맥(水脈)은 피한다는 것은 다 알고 있지만 어디가 지맥이고 어디가 수맥인지에 대해서는 통일이 되지 않는 모양이다.

1) 논리성의 한계

사실 합리적으로 본다면 해당 지점에 수맥(水脈)이 흐르는지, 혹은 지맥(地脈)이 흐르는지에 대해서는 아무도 장담을 할 수가 없다. 엘로드나 지맥봉, 혹은 나뭇가지라도 결과는 같은데, 이것은 단지 어떤 힘에 의해서 반응을 보인다는 것까지만 이성적으로 판단이 될 뿐이고 실제로 그 위치가 수맥인지 지맥인지는 눈으로 봐서 확인하기는 불가능하기 때문이다.

이러한 것에 대해서 언급을 할 수가 있는 것은, 낭월은 지맥이나 수맥 감지가 잘 되지 않기 때문에 직접 책임을 질 일은 하지 않는다. 그러므로 객관적으로 종합을 할 수도 있을 것으로 생각이 된다. 그리고 원래 의심이 많은 천성이어서 확실하지 않으면 믿으려고 들지 않는 것도 객관성을 유지하는데 도움이 될 수 있을 것이다.

물론 이성적으로는 납득이 되지 않더라도 실제로 작용을 하고 있는 것으로밖에 볼 수가 없다면 그것은 인정을 하고 있다. 그것은 스스로 할 말이 없어서 따라가는 것이 아니다. 뭔가 작용이 있는 것은 확실한데 현재까지 알려진 이성적인 도구에 의해서는 규명이 어려울 뿐이라고 생각하기 때문인 것이다. 이러한 것을 문헌에서 알아보니까 '현상학(現象學)'이라는 말로 표현하는 것 같다.

현상은 있는데 그것이 어떤 원리로 움직이는지를 몰라서 연구하는 것이라고 정리를 할 수가 있겠는데, 그렇게 하는 과정에서 인체에 흐르고 있는 경락을 찾아내는 것도 같은 맥락에서 연구되어지는 것이라고 할 수가 있을 것이다. 이점이 오로지 모든 물질의 작용을 구명할 수 있어야 한다는 물리론적인 관점과 다른 차이라고 할 수 있을 것이다.

그래서 영혼의 존재도 인정을 하는 것이다. 뭐라고 말을 할 수는 없지만 현상으로 봐서는 분명히 작용하는 것이 틀림없다고 하는 것을 경험했기 때문이다.

그리고 물리학자들이 언젠가는 증명을 해 줄 것이라고 생각하고, 또 증명이 되지 않아도 답답할 것은 없다. 다만, 논리적으로 설명이 될 수 없을까에 대한 생각으로 궁금할 뿐이다.

2) 내 지맥은 남 수맥?

내가 잡은 지맥(地脈)이 남에게는 수맥(水脈)이 되는 현상이 발생하게 되면 물리적인 확신으로 접근하는 경우에는 황당무계(荒唐無稽)로 결정을 내리기 십상이다. 그리고 실제로 그러한 일들이 다반사(茶飯事)로 일어나고 있다는 것이 더욱 큰 문제이다.

지맥이나 수맥을 찾는 것도 같은 맥락에서 현상학으로 봐야 할 것이라는 점에 대해서는 동의를 한다. 그럼에도 문제가 매우 크게 도사리고 있는데, 그것은 바로 甲이 잡은 지맥을 乙이 보면 수맥이라고 하고, 乙이 잡은 지맥을 甲이 보면 또 수맥이라고 하는 경우가 생긴다는 점이다.

물론 서로 상통하는 결과도 많이 나타난다. 그럼에도 불구하고 이렇게 서로 상반된 견해가 나온다는 것은 반드시 풀지 않으면 안 될 큰 문제라고 해야 하겠다. 그래서 이번에 답산을 다니면서 자명스님께도 이 문제에 대해서 의견을 구했다.

심지어 어떤 기감풍수가의 점혈(點穴)로 산소를 조성한 대부분의 것이 모두 수맥에 자리를 잡고 있다는 설도 있고 보니 이것은 참으로 중대한 문제라고 해야 할 것이다. 가볍게 볼 일이 아니라는 것은 분명한데, 문제는 모두가 자신의 견해가 옳으니 남을 인정하려 들지 않는다는 것이 문제인 것이다.

물론 고의는 아니다. 누가 자신에게 의뢰를 한 사람에게 수맥(水脈)을 알려 줄 마음이 있는지는 조금만 생각을 해 보면 알 수가 있는 일이다. 그럼에도 실제로 이러한 논쟁은 꼬리를 물고 일어나고 있는 것도 현실이다. 참으로 답답하다.

자명스님께서도 그러한 경험이 있으셨다고 한다. 집안에 어려움만 닥치고 되는 것이 없어서 산소를 좀 감정해 달라는 의뢰를 받고 찾아갔는데, 그 자리는 여지없이 수맥의 한 가운데에 고인이 모셔져있더라는 것이다.

그래서 도대체 누가 이러한 곳에 점혈(點穴)을 했느냐고 했더니 이미 고인이 되신 김경보선생이 잡은 터라는 것이다. 그 말을 듣고 자명스님도 놀랐다는데, 자명스님의 이야기를 들으면서 낭월도 놀랐다. 그렇게 거꾸로 잡을 정도로 기감이 둔한 사람이 아니라는 것은 이미 경험을 통해서 충분히 신뢰감을 쌓을 만큼 되었기 때문이다.

그리고 감로사의 터를 잡은 과정을 검증하면서 자명스님께서도 김경보선생의 능력에 탄복을 하신 바가 있으니 놀랐던 것도 무리는 아닌 것이다. 문제는 탁월한 기감파도 착오를 일으킬 수가 있다는 것인데, 경험자들의 이야기를 종합해보면 '평소에 감각이 뛰어난 풍수가도 술을 마시게 되면 흐려진다.'고 하는데 일리가 있는 것 같다.

3) 수맥을 증명할 근거

이렇게 되면 서로 분쟁을 야기할 수도 있는 확실한 자료가 구비되는 상황으로 이어지게 될 수도 있다.

그냥 우스갯소리로 나눈 이야기라면 그러려니 하겠지만 모든 가운(家運)을 한 풍수가의 판단에 걸고 수천만원의 비용을 들여서 좋은 땅이라고 조상을 모셨는데, 결과적으로 망하게 되었다고 한다면 아마도 웬만한 사람은 그 책임을 묻고 싶어질 것이다.

물론 참으로 지혜로운 사람이라고 한다면, 자신의 과욕(過慾)이 부른 결과라는 것을 생각하고 자숙을 할 수도 있을 것이지만, 그 정도의 수양이 된 사람이라고 한다면 조상의 뼈를 빌어서 자신이 잘 살아보겠다는 허욕(虛慾)을 부리지도 않을 것이라고 짐작을 해 본다.

그렇다면 나름대로 부귀공명(富貴功

名)을 얻어 보려고 비싼 비용을 들여서 명당을 찾아내고 또 이장을 하여 일은 더욱 커지는데, 그렇게 힘든 일들을 다 견디는 것은 잘 살아보겠다는 염원이라고 할 수 있을 것이다. 그런데 나중에 다른 풍수가가 지나가다가 보고서 수맥에 조상을 모셔서 물구덩이에서 수영을 하고 계신다는 이야기를 듣는다면 아마도 100명이면 99명은 피가 거꾸로 솟을 일이다. 그렇지 않겠는가?

이러한 부분들이 문제를 일으키게 되었을 적에 뭔가 객관적으로 증명이 될 만한 것이 있었으면 좋겠는데 사실은 그것이 어렵다는 것이 문제이다. 조상의 산소가 수맥으로 인하여 피해를 입었다고 항의를 한다고 가정을 해보자.

해당 풍수가는 다시 말을 할 것이다. '모르는 소리 말아라. 그것 때문이 아니라 식물을 해서 그렇다. 처음에는 아무런 문제가 없었지 않은가?' 이렇게 말을 하면 또 자손들은 그것을 규명할 길이 막연해진다.

이것은 마치 병원에 건강검진을 하러 가서 주사 한 대를 맞았을 뿐인데 갑자기 죽어버린 가족의 의료사고를 본인들이 증명해야 하는 것과 조금도 다르지 않은 것 같다. 안타깝지만 달리 배상을 받을 방법은 요원하다고 보는 것이 아마도 현재로써는 정답일 것이다.

여하튼 눈에 보이지 않는다고 해도 나름대로 견해를 밝힐 수는 있을 것이다. 그러나 실제로 작용이 있다고 한다면 그 결과는 또한 본인이 책임을 져야 할 것이 아닌가 싶은 것은 인과법이 있기 때문에 해보는 생각이다.

4) 기감(氣感)은 있다.

그렇다면 지맥이든 수맥이든 그것을 인정할 만한 객관적인 흔적은 있을까? 벗님의 생각은 어떠실까? 이 부분에 대해서 어떤 견해와 경험을 갖고 계신지 궁금하다.

항상 우리는 '과학적'이라는 말에 위축이 되어있는지도 모른다. 객관적인 증명을 요구하는 것에 대해서 증명을 하지 못하면, 믿을 수 없다거나 심하면 미신이라고 하는 경우도 흔하다. 그럼에도 불구하고 존재하는 현상을 '현상학'이라고 한다는 것을 알고 나서 비로소 증명을 할 수 없는 영역도 엄연히 존재한다는 것을 확인하게 되었다.

우선 제일 가까이에 있는 화인(和印)을 지켜본 지가 벌써 7년이 넘었다. 화인은 낭월의 제자이면서 풍수에서는 기감이 상당히 뛰어나다. 그래서 감로사 신도님들의 집에 참고를 할 일이 있으면 동행한다.

그렇게 하는 과정에서 처음에는 엘로드나 지맥봉을 이용해서 지기를 감지했는데, 그것도 한 3년이 지나고 나니까 연장을 별로 챙기려고 하지 않는다는 것을 발견했다. 그래서 왜 그러느냐고 했더니 대략 느낌이 온다는 것이다.

한번은 신도(信徒)의 아들이 자취를 하는데 자꾸 가위에 눌리고 편안하지 않다고 하는 말을 듣고는 화인에게 아무

지맥(地脈)을 찾아달라고 부탁하면 이렇게 봉이 아래로 축 처진다. 마치 땅 속에서 끌어당기는 것처럼. 이러한 현상을 어떻게 설명할 것인지는 고민할 필요가 없다. 다만 자신의 반응이 정확하지 못할까 두려워하는 것이 중요할 뿐이다. 그러기 위해서는 기(氣)를 믿고 무심(無心)으로 탐색을 하는 것이다.

말도 하지 않고 한 번 가보자고 하면서 동행하여 점검을 요청했다.

그랬더니 문 앞에서 들어가려고 하지를 않는 것이다. 망설이는 기색이 역력하게 나타나는 것이다. 왜 그러느냐고 했더니 기운이 너무 나쁘다는 것이다.

그래도 혹시나 싶어서 낭월 같은 몸치는 엘로드가 가위 표시로 되는 것을 보기라도 해야 뭔가 믿음이 가기 때문에 강요하다시피 들어가 보라고 했다. 과연 침대는 수맥의 자리에 반듯하게 놓여있는 것을 나타내고 있었다.

자명스님을 따라가서 봐도 마찬가지이다. 강의를 하시는 중에 자꾸 중단이 되어서 왜 그런가했더니 수맥이 강하게 흘러가는 지점에 서서 이야기를 했으면 좋겠다는 카메라감독의 말을 듣고 그 자리에서 하시는 과정에서 힘이 빠졌던 것 같다.

그래서 NG를 내고는 다시 지기가 흐르는 자리에서 이야기를 하자 다른 사람이 말을 하는 것처럼 순조롭게 이야기를 잘 진행하는 경우도 보게 되었다. 이렇게 주변에서 직접 보게 되면서 지맥과 수맥의 존재에 대해서 분명한 인식이 되는 것은 당연할 것이다.

제6장 임상의 준비사항

그래서 또 낭월은 생각에 잠긴다. 만약 모든 기감풍수가들이 이와 같은 느낌이 분명하다면 어째서 수맥에 시신을 모시는 일이 발생할 수가 있느냐는 것이다. 특히 그러한 경우에는 몇 번이고 반복해서 확인을 하고 또 하는 것이 보통인데도 말이다. 납득이 되지 않는다.

5) 지맥을 반대로 측정

이 이야기는 낭월이 직접 본 것이 아니고 전해들은 내용이다. 그러므로 확인은 하지 못했지만 근거가 없는 이야기를 전해 줄 사람이 아니라고 믿어지는 곳에서 들은 이야기이므로 소개를 해 드려도 되지 싶다.

어느 풍수학인이 있었다. 그가 모시는 스승님은 이미 기풍수의 대가라고 자타가 인정하는 유명한 분이셨다고 한다. 그리고 풍수공부에서 백미(白眉)라고 할 수가 있는 점혈법(點穴法)을 배우는 과정에서 큰 문제가 발생하게 되었다.

다른 제자들은 지맥을 잘 잡는데, 유독 그 학인이 잡는 자리는 모두 수맥이라는 것이다. 그것도 한두 번이면 모르겠는데, 수년을 두고 매번 그렇게 되자 누구라도 자신감이 없어질 수밖에.

그래서 그 학인은 자신에게는 점혈의 인연은 없는가 보다는 생각을 하고 좌절하던 차에 또 다른 기감풍수가와 인연이 되었다. 이번에도 자신은 잘 되지 않을 것이라는 생각을 하면서 그 풍수가의 이야기만 듣고는 나중에 혼자서 다시 현장을 찾았다.

그리고 확인을 해보고는 놀라서 기겁을 할 일이 생긴 것이다. 자신의 잡는 것과 그 기감풍수가의 위치가 정확하게 일치되어 있는 것이었다. 그래서 일부러 거마비(車馬費: 교통비+수고비)를 준비하여 몇 군데의 산소를 좀 봐 주십사하는 부탁을 올리게 되었고, 약속이 된 날짜에 서로 만나서 과거의 스승이 잡은 자리를 몇 군데 살펴보게 되었다.

특히 자신이 잡았을 적에는 수맥이었는데 스승께서 지맥이라고 한 지점들을 위주로 10여 군데를 살펴보게 되었다. 그 과정에서 분명하게 드러나는 한 가지의 공식이 있었다.

스승이 수맥을 지맥이라고 거꾸로 잡는다는 것이다. 물론 두 사람이 서로 같았다고 해서 다른 한 사람의 결과물을 공격하는 것은 옳지 못할 것이다. 문제는 그렇게 해서 모셔진 산소에서 좋은 일이 생기지 못했다는 것이다.

다만, 이것은 이론의 여지가 많으므로 언급은 생략하겠거니와, 문제는 이렇게 서로 다른 지점을 놓고 지맥이니 수맥이니 하면서 분쟁을 할 수도 있다는 것이 충분히 가능하다는 점이다.

자, 이쯤에서 벗님께 물을 것이다. 벗님이 풍수가라면, 그리고 조상을 모시려고 하는 상주(喪主)의 입장이라면 어떤 마음이 될 것인지를 가만히 생각해 보시라는 말씀을 드리고자 한다. 신중히 생각해야 할 것이며, 서로 신뢰를 할 만한 사람들과 의견을 교류하는 것도 좋지 않을까 싶기조차 하다.

낭월은 주변의 믿을만하다고 생각되는 사람의 판단에 따를 뿐이다. 왜냐하면 그 동안 봐오면서 한두 해도 아니고 적어도 《신나는 현공풍수 입문편》이후로 5년여의 시간동안 지켜보면서 대체로 무리가 없는 사람들의 실력을 목격하게 되었다.

그 중에는 형세(形勢)에 대해서는 많이 부족하다고 생각이 되는 기감풍수가도 있는데, 그의 점혈법(點穴法)은 믿어도 좋을 만큼 정확했다고 생각이 든다. 물론 눈으로 보이지는 않지만 감로사에는 다양한 풍수가들이 지나다가 들려서 귀한 말씀들을 들려주기 때문에 조금만 신경을 쓰면 그들의 실력을 가늠할 수도 있다.

6) 그것도 인연

어쩔 수가 없는 것도 있기 마련이다. 원래 사주공부를 하는 사람도 처음에는 남들에게 질문을 하러 다니다가 하도 여러 이야기들이 난무하는 것을 겪게 되면서 급기야 스스로 배워 보겠다는 마음을 일으키게 되는 경우도 많은 것이다. 그것도 또 하나의 인연이 되는 것으로 봐야 하겠다.

그러므로 낭월의 소견으로는 벗님이 직접 연마를 하여서 올바른 기감을 얻을 수가 있도록 하라는 말씀을 드리고 싶다. 적어도 이 책을 손에 들었다고 하면 그냥 지나가는 마음으로 읽고 있는 것은 분명히 아닐 것으로 본다.

그렇다면 자신은 안 될 것이라는 생각을 하지 말고 열심히 정진해서 힘을 얻으시라고 하는 권유가 가장 좋을 것으로 보기 때문에 이렇게 여러 정황들을 말씀 드리면서 스스로 알아내는 것이 최상이라는 점을 강조하고자 하는 것이다.

그야말로 세상에서 아무도 믿어서는 안 된다는 말이 나와야 할 장면일 수도 있겠다. 특히 풍수공부를 해서 조상님들을 편안하게 모시겠다는 생각으로 책을 보신다면 이러한 문제는 더욱 중요하다고 하겠다.

이 정도로 정리를 한다. 낭월의 소견을 전해드리는 것은 여기까지이다. 그 이상은 스스로의 노력에 맡기는 것이 옳다고 보기 때문이다.

7) 풍수가의 책임?

풍수가는 할 말이 많다. 그러므로 말로 그들을 이긴다는 것은 거의 불가능에 가깝다고 봐야 할 것이다. 그래서 다른 풍수가에게 의뢰를 하게 되는 것이 보통인데, 다시 모든 조상을 다른 자리로 옮기라고 한다면? 앓느니 죽는다는 말이 이런 경우에 쓰라고 있는 것일까?

사주팔자가 인생의 삶에서 100% 모든 것을 감당하지 못하듯이 풍수지리 또한 마찬가지이다. 그렇지만, 어느 부분에서든 감당을 한다는 것은 매우 중요하다. 그러므로 예로부터 전해지는 이야기를 눈여겨 볼 필요가 있으니 그 말은 바로, '일명(一命), 이운(二運), 삼풍수(三風水), 사적음공(四積陰功), 오독서(五讀書)'라는 말이다.

첫째가 사주팔자를 잘 타고나야 하고, 둘째는 시절을 잘 만나야 하며, 셋째는 좋은 터를 만나야 한다는 것이다. 그 다음으로 음덕을 쌓아서 공덕을 만들어야 하고, 마지막으로 글을 많이 읽고 열심히 공부를 하여 자신의 자질을 높이는 것이라고 풀이를 해 본다.

여기에서 2운을 팔자의 운이라고 해도 무관하겠지만 팔자에는 이미 운이 따라다닌다는 것을 알게 되면 오히려 환경의 흐름을 의미한다는 것으로 봐야 자연스럽다는 것을 알게 된다.

즉, 아무리 팔자를 잘 타고나도 북한과 같은 곳에 태어나서는 별로 발휘를 할 환경이 되지 못하게 되므로, 이러한 것이 바로 운이 나쁜 것이라고 할 수 있는 것이다. 아무리 권투를 잘 해도 무하마드 알리(Cassius Marcellus Clay)가 활동하던 시대에 태어난다면 챔피언이 되기는 무척 어려울 것이다. 이러한 의미가 운이라고 생각한다.

그래서 팔자를 해석하는 학자의 영역이 따로 있고, 또 풍수가의 영역이 따로 있다고 보는 것이 중요하다. 그리고 풍수가의 몫에 대해서는 당당하게 책임을 지는 것은 당연할 것이다.

그러니까 풍수학적으로 봤을 경우에 이러저러한 일이 일어날 수 있다는 의미로 판단을 할 수는 있지만 자칫 자만심으로 모든 일이 풍수의 영향이라고 단언을 하는 순간 자신도 그 함정에서 자유롭지 못하다는 것을 잊지 말아야 할 것이다.

3. 영신법(零神法)

영신법은 《도천보조경(都天寶照經-양균송 저)》에 나오는 내용으로, 5黃은 중앙에 위치하면서 八方을 통제하는데 5운을 제외한 나머지 운에는 中宮에 있던 5가 바깥으로 나가서 여덟 개의 宮에 위치하게 되는데, 이때에 각 운마다 운반(運盤: 天盤) 5가 위치하는 방위가 영신(零神)의 방위가 된다.

영신(零神)의 방위에 물이 있으면 진(眞) 영신수라고 하며 재물이 신속하고 크게 불어난다고 한다.

영신수가 되는 조건에는 세 가지의 경우가 있는데, 첫째는 向宮에 운반5가 위치 할 것[8운에는 坤宮만 해당], 둘째는 向宮의 향성수가 왕기에 해당 할 것[8운이면 向星8], 셋째는 영신의 방위에 물이 있으면 영신수가 되는데 영신의 방위는 陰에 해당하는 向에만 적용이 된다. 각 운별로 정해지는 영신수의 방위는 표를 참고하기 바란다.

참고로 매 운마다 변하는 24坐向의 陰陽에 대한 공부는 대문 내는 법을 참고하여 이해할 수 있다.

그리고 5는 中宮을 벗어나 바깥의 宮으로 나가면 살기(殺氣)를 가지게 되므로 이 방위에 움직임이 많은 動하는 것이 있으면 흉하고, 암석이나 큰 나무, 전신주, 철탑, 시끄러운 소리가 나는 물 등의 형기 상으로 나쁜 것이 있어도 화(禍)를 당할 수 있으므로 주의를 해야 한다.

운별	5의 자리	영신수 방위	해당좌향
1운	離宮	午丁	子坐午向・癸坐丁向
2운	艮宮	丑	未坐丑向
3운	兌宮	酉辛	卯坐酉向・乙坐辛向
4운	乾宮	戌	辰坐戌向
5운	中宮	전반기 10년 동안: 未坐丑向 후반기 10년 동안: 丑坐未向	
6운	巽宮	辰	戌坐辰向
7운	震宮	乙卯	酉坐卯向・辛坐乙向
8운	坤宮	未	丑坐未向
9운	坎宮	子癸	午坐子向・丁坐癸向

4. 방분법(房分法)

陰宅이나 陽宅을 조성한 다음에 발생하는 길흉의 작용이 가족 각각에게 어떤 영향을 미치는가를 알아보는 것이 방분법이다.

陰宅이나 陽宅이 좋으면 가족들 전체에게 좋고, 나쁘면 가족들 전체에게 나쁘겠지만, 특정한 사람에게 특별히 길흉의 작용이 강하게 나타나기도 한다. 이것을 알아보는 방법을 방분법이라고 하는데 학파별로 이론이 다른 경우가 많으므로 앞으로도 연구를 해봐야 할 분야이다.

일반적으로 많이 적용하는 방분법에 대해서 알아보도록 한다. 여기에서는 두 가지로 구분을 하게 되니 그 하나는 형기법에서 논하는 방법이 있고, 또 하나는 현공법에서 논하는 것이니 이 둘을 함께 살펴서 적용하는 것이 중요하므로 겸해서 알아두기 바란다.

1) 형기풍수의 방분법

맹방(孟房)인 1방[첫째], 4방[네째], 7방[일곱째]은 청룡과 向의 좌변(左邊)을 기준으로 하여 살펴보는 방법이고, 중방(中房)인 2방[둘째], 5방[다섯째], 8방[여덟째]은 좌산과 조안산(朝案山)

으로 중간을 기준하여 판단하며, 계방(季房)은 3방[세째], 6방[여섯째], 9방[일곱째]은 백호와 向의 우변(右邊)을 기준으로 한다.

형기상으로 山水를 보고 길흉을 판단할 때는 주로 위의 방법을 많이 사용한다.

陰陽宅의 山水가 흉하여 살기(殺氣)를 가지고 있거나, 도로의 직충(直沖), 전신주, 철탑, 굴뚝, 십자가, 큰 나무, 큰 건물 모서리의 충사(沖射) 등이 있을 때, 상기 중에서 해당 방위에 속하는 사람이 화(禍)를 당한다고 본다.

2) 현공풍수의 방분법

현공으로 보는 법에는 두 가지가 있는데, 하나는 비성반의 向宮과 坐宮으로 판단하는 방법이다.

4 長女	9 中女	2 母
3 長男	5	7 少女
8 少男	1 中男	6 父

4국의 合局과 不合局이 판단하여 旺山旺向과 雙星會向은 비성반의 向宮[산성수, 향성수, 운반수]을, 上山下水와 雙星會坐의 경우는 비성반의 坐宮[산성수, 향성수, 운반수]을 중심으로 하여 가족 개개인의 길흉을 판단하는 것이 좋다.

예를 들어 3이 不合局이 된 상황에서 극을 당하거나 5와 같이 있거나, 손상이 되어 있으면 3은 장남(長男)에 해당하니 장남에게 나쁜 작용이 미친다.

또 다른 하나는 坐宮과 向宮의 干支로 판단하는 방법이다.

旺山旺向과 雙星會向은 向宮[산성수, 향성수, 운반수]을 중심으로, 上山下水와 雙星會坐의 경우는 坐宮[산성수, 향성수, 운반수]을 중심으로 하여 坐宮이나 向宮에 있는 천반(天盤: 運盤)과 지반(地盤: 山星과 向星)의 수에 해당하는 干支를 조합하여 판단한다.

8 8 三 向宮		
	坐宮	

예를 들어, 8운의 子坐午向은 雙星會向에 해당하니 向宮을 중심으로 보는데, 向宮에 山星8과 向星8, 運盤3이 있다. 해당되는 干支는 다음과 같다.

8=艮宮[丑艮寅] 3=震宮[甲卯乙]

이것을 판단하게 되면, 子坐午向[向이 午]이므로 말띠에게 강한 영향을 미친다. 또 向宮의 숫자인 8과 3으로 干支를 조합한다. 8은 丑艮寅방이며 3은 甲卯乙에 속한다. 따라서 甲寅생과 乙丑생과 乙卯생에게 강한 영향이 미치는 것으로 판단하여 해석을 하게 된다.

5. 발응시기 (發應時期)

陰宅이나 陽宅을 조성하고 나면 각 운에 해당되는 길흉의 작용[20년 주기]이 가장 강한 영향력을 미치지만, 매년[1년 주기]의 기운도 어느 정도 작용을 하게 된다.

가령 雙星會坐나 上山下水의 局은 坐宮을 기준으로 하여 길흉작용을 판단하는데, 형기에 부합되지 않은 不合局의 상태에서 좌궁에 年紫白의 凶星[2, 5, 7 등]이 이르면 집안에 병자가 생기거나, 강도나 도둑을 맞거나, 사고로 사람이 다치는 등의 화를 당하게 된다.

매년월일시의 기운을 파악하는 자백법에 사용되는 구성 조건표는 만세력이나 책력을 참고하면 된다.

참고로 《이택실험(二宅實驗)》에 있는 사례를 예를 들어 보도록 한다.

二宅實驗의 사례 중에서

3운의 甲坐庚向 下卦		
9 4 二	5 9 七	7 2 九
8 3 一	1 5 三	3 7 五
4 8 六	6 1 八	2 6 四

1921년 年紫白 [中宮7]		
6	2	4
5	7	9
1	3	8

3운[1904-1923]에 甲坐庚向 下卦[上山下水+복음]로 用事한 묘로 上山下水에 복음을 범하여 정재양쇠(丁財兩衰)하였다.

辛酉年(1921년)에 中宮에 7이 入宮하여 順行을 하면 向宮인 兌宮에 9가 이르게 된다. 원래의 택명반에서 〈7金이 3木을 金剋木〉하고 있는데, 年紫白에서 〈9火가 7金을 火剋金〉하니 중중(重重)으로 相剋을 하였기 때문에 이 해에 어린 남자가 죽었다.

강도나 도둑을 맞거나, 사고로 사람이 다치는 등의 화를 당하게 된다.

이택실험에서는 상기와 같은 내용으로 설명이 되어 있지만 뭔가 찜찜하고 석연치 않아서 필자 나름대로 다르게 해석을 해 보도록 한다. 왜냐하면 정확하게 이해를 하지 않으면 실제적인 상황에서 활용할 경우에도 혼란이 발생할 수가 있기 때문이다.

내용은 어렵지 않으므로 조금만 풀어서 이해하기 쉽게 정리를 한다면 어려움 없이 잘 활용을 할 수 있을 것이다.

二宅實驗의 사례를 응용한 필자의 해석

3운의 甲坐庚向 下卦		
9 4 二	5 9 七	7 2 九
8 3 一	1 5 三	3 7 五
4 8 六	6 1 八	2 6 四

1921년 年紫白 [中宮 7]		
6	2	4
5	7	9
1	3	8

앞에서 설명한 방분법에서 雙星會坐나 上山下水의 局은 坐宮을 기준으로 하여 길흉판단을 하는 것이 좋다고 하였다.

택명반의 坐宮인 震宮을 살펴보면 <8土가 3木에게 木剋土>를 당하고 있는데, 3에게 剋을 당하여 쇠약해져 있는 8이 年紫白에서 들어오는 5의 살기(殺氣)를 감당하지 못하여 이 해에 8에 해당하는 소남(少男) 즉 어린 남자가 죽었다.

이와 같이 年紫白이나 月紫白 등 자백법을 이용하면 매년월일시의 기운이 陽宅이나 陰宅에 미치는 작용을 알 수가 있다.

6. 성문결(城門訣)

성문결(城門訣)은 현공풍수의 고전인 《청랑오어(靑囊奧語)-양균송 저》에 나오는 내용으로, 向방위의 성문에 해당하는 위치에 수구(水口-물이 들어오는 곳)가 있거나 합수(合水-물이 모이는 곳)가 되는 곳이 있으면 발복(發福)이 빠르고, 또 발복이 되는 기간이 더 오래 지속되며 발복의 작용이 더 강하게 발생된다.

旺山旺向이나 雙星會向의 局에서 向星이 合局이 되면 재물이 넉넉해지는 작용이 발생되는데, 여기에 성문까지 일치된다면 금상첨화라고 하겠으며 일종의 특별 보너스를 받는 형태라고 보면 된다.

1) 성문의 형태

向宮의 좌우에 있는 宮의 방위에 물이 들어오거나 나가는 곳이 있거나 연못이나 저수지 등의 물이 모이는 곳이 성문의 형태가 되며, 도시에서는 도로나 특히 삼거리나 사거리 그리고 사람의 왕래가 많은 곳 등이 해당된다.

2) 성문의 방위

현장에서 실제로 적용을 할 때는 다음에 있는 도표를 이용하면 되겠지만, 성문의 방위가 정해지는 논리가 궁금하신 독자들을 위해서 알아보기로 한다.

① 성문의 위치

성문의 위치는 向宮의 좌우에 있는 양쪽 宮에 있으며 정성문(正城門)과 부성문(副城門)이 있다.

구성도(九星圖)를 보면서 하도(河圖)의 수[3·8=木, 4·9=火, 2·7=金, 1·6=水]를 참고하면 정성문과 부성문의 위치를 알 수 있다.

예를 들어서 8운에 亥坐巳向 下卦의 성문 위치를 보기로 한다.

4 巳向	9 城門	2
3 城門	5	7
8	1	6 亥坐

向宮인 巽宮의 좌우에 있는 宮인 震宮과 離宮에 성문이 위치하는데, 向宮의 숫자인 4와 離宮의 숫자 9는 하도의 生數인 4와 成數인 9가 되고 五行으로는 같은 火에 해당하므로 離宮의 9가 정성문이 있는 자리가 되고, 震宮의 3이 부성문이 있는 자리가 된다.

② 세 개의 향 중에서 하나를 찾음

하나의 宮에는 3개의 坐向이 三元龍[地元龍, 天元龍, 人元龍]으로 구성되어 있는데, 坐向의 삼원룡과 동일한 기운을 가지고 있는 곳이 성문에 해당이 된다.

즉, 向이 지원룡으로 입향이 되었으면 좌우의 宮에 있는 지원룡이 성문에 해당하고, 천원룡으로 입향이 되었으면 천원룡이, 인원룡으로 입향이 되었으면 인원룡을 성문으로 삼는다는 뜻이다.

가령 8운에 亥坐巳向의 삼원룡으로 성문의 위치를 찾는다면 다음의 표와 같이 나타낼 수 있다.

4 巳向	9 城門	2
3 城門	5	7
8	1	6 亥坐

向宮인 巽宮의 삼원룡은 辰-지원룡, 巽-천원룡, 巳-인원룡이 되는데 向이 되는 巳는 인원룡에 해당하므로, 離宮[丙-지원룡, 午-천원룡, 丁-인원룡]의 인원룡에 해당하는 丁의 방위가 정성문이 되고, 震宮[甲-지원룡, 卯-천원룡, 乙-인원룡]의 인원룡에 해당하는 乙의 방위가 부성문이 된다.

다만, 주의를 해야 할 것은 정성문과 부성문의 작용이 해당될 때와 해당되지 않은 때가 있다.

해당 운의 기(氣)가 정성문이나 부성문이 있는 宮과 서로 교통(交通)이 되는 경우에만 성문의 작용이 발생할 수 있는데 좌우의 宮이 모두 교통이 되는 경우가 있고, 하나의 宮만 교통이 되는 경우가 있고, 두 개의 宮이 모두 교통이 되지 않는 경우가 있다.

성문이 해당 운과 교통이 되는가의 여부는 운반(運盤)의 숫자와 성문에 해당하는 向의 陰陽을 알면 간단하게 알 수가 있다. 표를 통해서 보충설명을 한다.

(1) 8운의 亥坐巳向에서 삼원룡(三元龍)의 위치 찾아보기

8운의 亥坐巳向 下卦		
1 8 七	5 3 三	3 1 五
2 9 六	9 7 八	7 5 一
6 4 二	4 2 四	2 6 九

4	8-8	6
5	3	1
9	7	2

  8운의 기운과 정성문(正城門)[離宮에서 丁의 방위]이 서로 교통이 되는지 살펴보도록 한다.

  8운 亥坐巳向 下卦의 택명반으로 亥와 巳는 인원룡이다. 정성문의 宮인 離宮은 운반수가 三이고 三은 震宮이며 震宮의 인원룡은 乙이 된다.

  乙은 陰이므로 3을 中宮에 입궁시켜서 역비를 시켜서 정성문이 위치하고 있는 離宮에 운반 8과 같은 숫자인 8이 들어오는지 확인해 보면 된다.[陽=순비(順飛). 陰=역비(逆飛)]

  離宮의 정성문과 8운의 기(氣)가 일치하여 서로 교통(交通)이 되므로 정성문의 역할을 할 수 있다.

(2) 8운의 기운과 부성문(副城門)의 위치 살펴보기

8운의 亥坐巳向 下卦		
1 8 七	5 3 三	3 1 五
2 9 六	9 7 八	7 5 一
6 4 二	4 2 四	2 6 九

5	1	4
4-8	6	8
9	2	7

  8운의 氣와 震宮의 부성문(副城門)의 기(氣)가 일치하지 못하여 서로 교통(交通)이 되지 않으므로 부성문의 역할을 할 수 없다.

  결론적으로 8운의 亥坐巳向 下卦에서는 정성문의 방위에 성문(城門)에 해당하는 형기(形氣)가 있으면 성문의 길한 작용이 발생하지만, 부성문의 방위는 형기상으로 좋아도 길한 작용이 약하다.

참고로 성문의 작용은 당운의 기운과 교통(交通)이 되는 방위를 선택하기 때문에, 당운에만 작용을 하고 다음 운으로 바뀌면 작용을 하지 않는다는 것을 알아야 한다.

지금까지 성문에 해당하는 방위를 찾는 법에 대하여 공부를 해 보았지만, 현장에서 실제로 적용을 할 때는 가급적으로 다음에 있는 도표를 이용하는 것이 실수를 줄이는 방법이다.

방향(方向)에 따른 성문(城門: 정성문·부성문)을 찾는 法

向	城門 正	城門 副	各 運別 城門의 方向								
			1運	2運	3運	4運	5運	6運	7運	8運	9運
丙	辰	未		未	辰		辰未		辰未	未	辰未
午	巽	坤	巽坤		坤	巽坤		坤		巽	
丁	巳	申	巳申	巳	申	巳申		申	巳	巳	
未	庚	丙		庚丙		庚丙		庚	丙		庚丙
坤	酉	午	酉午		酉		酉午	午	酉	酉午	
申	辛	丁	辛丁		辛丁		辛丁	丁	辛	辛丁	
庚	未	戌	戌	未	戌	戌	未戌		未戌	未	未
酉	坤	乾	坤	乾	坤	坤	坤乾			乾	乾
辛	申	亥	申	亥	申	申	申亥			亥	亥
戌	壬	庚	壬	庚	壬	庚	壬庚			壬	庚
乾	子	酉	酉	子	酉	子	子酉		子酉	酉	子
亥	癸	辛	辛	癸	辛	癸	癸辛		癸辛	辛	癸
壬	戌	丑	戌丑	丑	戌丑	戌	戌丑		戌	丑	
子	乾	艮		乾		艮		乾艮	艮	乾	乾艮
癸	亥	寅		亥		寅		亥寅	寅	亥	亥寅
丑	甲	壬	甲壬		壬	甲		甲壬		甲壬	
艮	卯	子		卯子	卯	子		卯子		卯子	
寅	乙	癸		乙癸	乙	癸		乙癸		乙癸	
甲	丑	辰	丑	丑	丑辰		丑辰	辰	辰	丑	辰
卯	艮	巽	巽	巽		艮巽		艮	艮	巽	艮
乙	寅	巳	巳	巳		寅巳		寅	寅	巳	寅
辰	丙	甲	甲	丙		丙甲		甲	丙	甲	丙
巽	午	卯	午	卯	午卯		午卯		午	卯	午	卯
巳	丁	乙	丁	乙	丁乙		丁乙		丁	乙	丁	乙

7. 임상(臨床)의 순서

모든 일에는 그 일 나름대로의 순서가 있기 마련이다. 陽宅이나 陰宅이나 모두 같이 현장에서 살펴보는 과정에서 순서를 정해서 관찰을 할 경우에 덤벙대는 성질이 있는 벗님이라면 중요한 것을 빼먹지 않고 질서정연하게 처리를 할 수가 있을 것이다.

1) 陽宅의 임상순서

① 형기상으로 건물의 주변 상황을 판단한다.
② 경사가 급할 경우에는 건물의 坐向과 지기(地氣)의 흐름이 일치하는지 판단한다.
③ 건물의 坐向을 측정한다.
④ 건물의 坐向과 조성시기를 참고하여 비성반을 만든다.
⑤ 건물 주변의 형세와 비성반을 참고하여 4局의 合局여부를 판단한다.
⑥ 合局과 不合局을 살피고 向星, 山星, 中宮의 여러 작용을 분석한다.
⑦ 대문과 출입문이 있는 방위를 참고하여 길흉의 작용을 분석한다.
⑧ 건물의 8방위를 분석하여 침실, 공부방, 거실, 화장실 등의 용도별로 알맞게 사용하고 있는지를 살핀다.
⑨ 건물의 주변에 형기상으로 특별한 것이 있는가를 살펴서 비성반으로 해당 방위의 작용을 판단한다.
⑩ 추길피흉(趨吉避凶)의 개선의 방법을 알려준다.

2) 陰宅의 임상순서

① 형기상으로 용혈사수(龍穴砂水)를 판단한다.
② 생기(生氣)가 응결된 곳에 재혈이 되었는지 판단한다.
③ 산소의 坐向과 지기(地氣)의 흐름이 일치하는지 판단한다.
④ 산소의 坐向을 측정한다.
⑤ 산소의 坐向과 조성시기를 참고하여 비성반을 만든다.
⑥ 산소 주변의 형세와 비성반을 참고하여 4局의 合局여부를 판단한다.
⑦ 合局과 不合局의 여부로 비성반을 참고하여 向星과 山星의 길흉작용을 판단한다.
⑧ 산소의 주변에 형기상으로 특별한 것이 있는가를 살펴서 비성반으로 해당 방위의 작용을 판단한다.
⑨ 추길피흉(趨吉避凶)을 할 수 있는 적당한 개선의 방법을 알려준다.

제7장 임상사례(臨床事例)

현장(現場)에서 현공의 위력을 접한다.

 이제부터는 실제로 경험을 하고 상황에 대해서 알게 된 자료를 통해서 현공의 적용방법을 설명한다.

 책을 통해서 풍수공부를 하는 입장에서 본다면 임상사례는 많을수록 좋을 것이다. 다만 그 모두를 작은 지면에 담을 수가 없다는 것이 아쉬울 뿐이다. 그래서 선별한 자료를 갖고서 많은 자료를 대신하고자 하는 것이니 이러한 점을 참고하셔서 지혜로운 활용이 되기 바란다.

 임상자료는 陽宅과 陰宅으로 구분하여 정리하고자 한다. 원래 열 가지의 자료를 준비했는데, 하나가 추가되어서 열하나의 사례가 되었다.

 그리고 현공풍수의 탁월한 영역을 발휘하기 위해서는 陰宅도 중요하지만 陽宅에서의 장점은 독보적이라고 해도 좋을 정도로 뛰어난 판단을 얻을 수가 있다.

 항상 그렇듯이 사례는 좋은 경우보다는 나쁜 경우가 더 쉽게 나타나는 것이 특징이다. 그 이유는 문제가 생기지 않으면 의뢰를 할 이유가 없으므로 그냥 생활하기 때문에 인연이 닿지 않는 것이라고 보면 될 것이다.

 복잡다단하게 살아가다가 뭔가 납득하기 어려운 사건들로 곤란해지면서 혹시 풍수지리의 영향으로 인해서 그런 것은 아닐까 싶은 생각을 하면서 흉한 일들을 통해서만이 풍수의 인연이 싹튼다고 할 수 있을 것이다.

 그리고 낭월의 바람은 남의 집안에 일어나는 고통을 해결해주는 것도 중요하지만 그보다 더 중요한 것은 자신과 연관 되어있는 문제에 대해서 잘 진단을 하고 해결책을 강구하는 과정에서 보다 행복한 내일을 준비할 수 있는 도구로 삼아줬으면 싶은 것이다.

1. 사찰(寺刹)과 현공(玄空)

처음의 자료로 사찰의 경우를 선택했다. 그것은 당연히 자명스님과 인연이 되는 것이 스님들과 많이 맺어지는 과정에서 자연스럽게 얻어진 자료이기도 하고, 또 스님들께서는 자연의 이치를 궁구하는 과정에서 풍수의 의미도 상당히 관심을 두기 때문에 이러한 자료로 인해서 불도량(佛道場)을 잘 가꿔주시기 바라는 마음도 크게 작용했다.

절은 종교기관으로 많은 중생(衆生)들이 마음을 달래는 쉼터가 되어야 하는데 혹시라도 현공풍수의 원리를 알지 못해서 불편한 자리를 만들어서 거주하는 스님들도 고통스럽고, 또 찾아오는 속가(俗家)의 인연들도 힘들어 진다면 이것은 개인적인 가정의 문제보다도 더 큰 작용이 될 것으로 봐서이다.

무엇보다도 중생을 구제한다는 스님 자신이 불편한 환경이나 건강으로 인해서 고통을 받게 된다면 그것은 큰 뜻을 품고 속세를 떠난 결심에 비해서 너무나 손실이 큰 결과라고 볼 수 있을 것이기 때문이다. 그래서 먼저 사찰의 경우를 선택했는데, 비록 사찰이라고 하더라도 사람이 살아가는 공간임에는 다를 바가 없으므로 원리는 같은 것이다.

두 스님이 처음 살았던 절이다. 1번은 대웅전이고 2번은 요사채인데. 멀리서 바라다 봤을 적에 풍경은 나무랄 것이 없는 장면이다. 현공풍수를 적용하지 않았다면 어째서 이해를 하지 못할 일이 발생하였는지에 대해서 납득을 하기 어려웠을 것이다.

1) 대웅전(大雄殿)

절 이름을 구태여 공개할 필요는 없지 싶어서 그냥 내용에 대해서만 소개를 하도록 한다. 다만 내용은 실제상황 그대로의 경험담과 결과적인 이야기임을 밝혀 둔다.

이 절은 한적해 보이는 시골의 논과 산이 인접한 기슭에 자리를 잡고 있었다. 평범하고 아담해 보이는 사찰로 이 절을 관리하게 된 사연을 접한 것에 대해서 우선 설명을 한다.

자명스님께 의뢰를 한 두 여승의 이야기를 들어보니까, 이미 그 스님들은 다른 풍수전문가의 조언을 구하여 이 절에 머물 인연을 지었다고 한다. 그러니까 풍수에 대해서 조언을 구한다고 하더라도 누구에게 조언을 구하느냐는 점이 더욱 중요해 진다는 것도 참고를 해야 하겠다.

그 정도의 정보만 듣고서 절로 찾아가서 나경(羅經)을 펼치고 점검에 들어가기 시작했다. 우선 대웅전(大雄殿)부터 살피는 것이 순서이다. 坐向을 잡아보고는 대략 짐작을 한대로 兌宮과 坤宮의 사이에 있는 大空亡으로 조성이 되어 있다는 것을 확인할 수가 있었기 때문이다.

혹 대웅전은 사람이 기거하는 공간이 아니기 때문에 무슨 영향이 있을까를 생각해 볼 수도 있지만 그 곳은 모든 염원을 담고 기도를 하는 공간이기에 그냥 회의실과 같은 의미로 생각을 해서는 안 될 것이다.

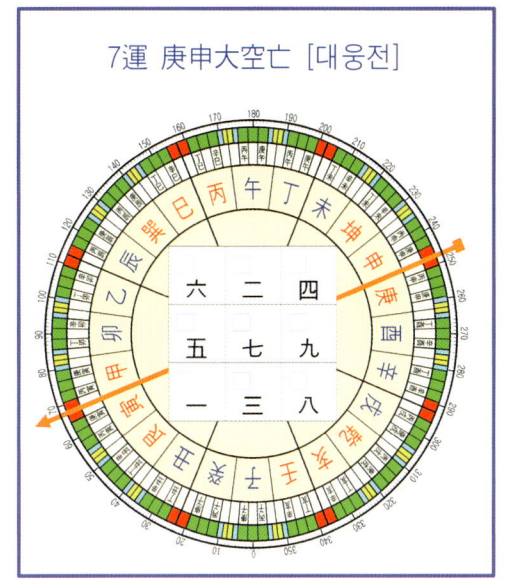

庚申大空亡이 되면 어느 宮에도 해당이 되지 않기 때문에 向星과 山星을 표시 할 수도 없다. 그래서 양 옆에 있는 두 개의 비성반을 놓고 관찰을 해 보는 수밖에 없다.

만약 어느 한 쪽의 宮으로 기울어서 나타난다면 해당 비성반을 위주로 해서 흉한 작용을 살펴보는 것이 타당하다. 그러나 실은 어느 局을 보더라도 흉한 작용만 일어나게 되어 있다는 것을 알고 나면 두려운 마음이 들어서 가슴부터 답답해진다.

대웅전의 坐向은 大空亡이었다. 그리고 大空亡에는 비성반도 주어지지 않는다. 그래서 원칙적으로는 비성반의 성요(星耀)로는 해석을 할 수가 없다. 다만 참고적으로 좌우의 宮에 있는 비성반을 의지하여 풀이하게 된다.

아마도 당연하겠지만 현공풍수 입문편을 보신 벗님이라면 空亡의 위력을 실감

날 정도로 담아서 임상자료를 찾은 경우를 충분히 보았을 것이다. 물론 결과는 대단히 어렵게 진행이 될 것이라는 것을 알 수 있을 것이다. 이것도 공부를 한 효과라고 할 수 있겠다.

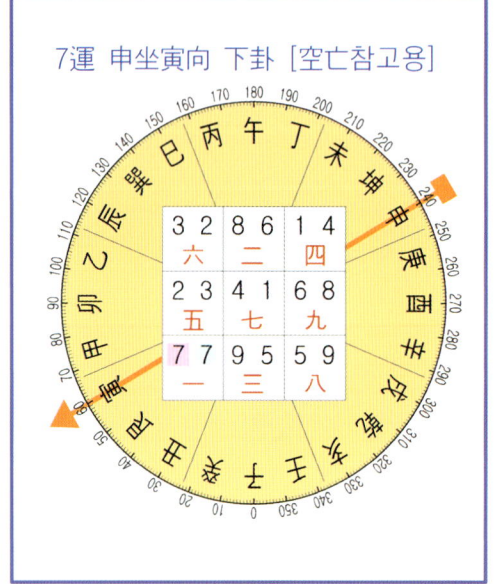

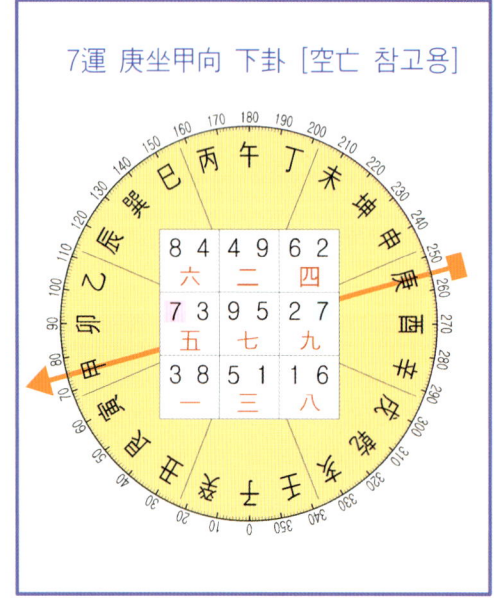

"대웅전의 건물이 大空亡에 들어있네

요. 이것은 아마도 이 절의 창건주가 잘못 되었거나 건강이 많이 나빠서 힘들었을 가능성이 높습니다."

"예, 사실은 창건주 스님께서 재를 지내려고 법당에서 사다리를 놓고 번(幡-글자를 쓴 종이를 주렁주렁 다는 것)을 달다가 떨어졌는데 뇌진탕으로 바로 돌아가셨습니다."

● 성요조합의 해석

[坐宮] 兌宮의 山星2와 向星7과 運盤9의 조합으로 흉작용이 되면 河圖의 숫자로는 火에 속하고, 9는 낙서의 숫자로 火에 속하므로 전체가 火의 작용이 강하다.

[向宮] 巽宮은 山星7과 向星3으로 인한 흉작용과 中宮의 山星9와 向星5와 運盤7의 흉작용으로 9와 7의 火작용이 그대로 나타나게 되고 5도 火의 기가 강한 세력과 같이 있을 적에는 火의 작용을 하여 흉한 작용을 빠르고 강하게 한다.

그러한 이야기를 들으면서 다시 大空亡의 무서운 위력에 대해서 새삼 떠올랐다. 낭월이 현장답사를 위해서 자명스님을 따라가서 그 법당을 살펴봤지만 그냥 봐서는 아무런 손색이 없는 아담한 법당일 뿐이었고, 그러한 무시무시한 위력을 숨기고 있다는 생각을 할 수가 없었는데, 이야기를 들으면서 다시 한 번 大空亡의 위력이 참으로 무섭다는 생각이 들었다.

空亡에서는 현기증을 느낀다는 이야기

를 가끔 들었는데, 이렇게 위태로운 사다리와 같은 곳에서 어지럽게 된다면 혼자서 일을 하다가 떨어져서 심하게 다치더라도 응급처치도 못해 보고 숨을 거둘 수도 있겠다는 생각을 해 봤다.

2) 요사채(寮舍寨)

다음에는 스님들이 기거하는 숙소를 살펴봤다. 나경을 놓고 坐向을 잡아 본 결과 7운에 庚坐甲向으로 조성이 된 건물이었는데, 배산임수의 형국에 上山下水의 局으로 지어졌다. 아마도 대웅전의 坐向과 비슷하게 지어진 것으로 판단이 된다. 비성반은 앞의 대웅전에 있는 것을 참고하기 바란다.

이러한 구조에서 나오는 길흉작용의 판단은 아마도 벗님도 풀이를 하실 수 있을 것이다. 어디 다음의 내용을 읽어보기 전에 미리 판단을 해 보시라는 말씀을 드리는 것은, 이 글이 이야기책이 아니고 현공풍수를 공부하는 학습서이기 때문이다.

上山下水의 不合局에다가 또 설상가상(雪上加霜)으로 복음(伏吟)까지 겹쳐있는 형국이었으므로 이러한 장면에서 판단을 해 볼 적에 대략 짐작이 되는 내용이 있었다. 자명스님께서 물었다.

"낭월스님께서 생각하시기에 이러한 장면이 되면 어떤 결과가 떠오릅니까?"

"낭월이 보기에 上山下水라고 하니까 山星도 不合格이고 向星도 不合格이라는 말이잖아요. 이것은 向星이 의미하는 재물에 대해서 매우 어려운 곤경에 처하게 될 암시가 크다고 하겠고, 또 山星이 의미하는 대로 사람들도 건강이나 기타의 이유로 무척 어려운 나날을 보낼 수가 있다고 하겠는데, 복음의 의미는 어떻게 읽어야 하나요?"

"그것은 남들에게 말도 못하고 고민을 한다는 의미로 해석을 해도 됩니다."

"그렇다면 이렇게 어려운 상황임에도 불구하고 남에게 이야기를 하여 해결을 구할 상황도 되지 못한다는 것을 의미하겠군요. 그래서 결과는 어땠는지요?"

"예상한 그대로입니다. 우선 창건주 스님께서 그렇게 허무하게 입적(入寂)하시고, 사찰의 운영을 맡은 다른 스님이 들어왔는데, 역시 운영의 어려움과 건강상의 이유로 해서 떠나가고 절만 남게 되었답니다. 그러한 상황에서 이 스님들이 들어오게 된 것이지요."

원래 개인적으로 땅을 구입해서 마련한 사찰은 공찰(公刹)과 달리 서로 재산권을 인정하고 양도를 할 수가 있도록 법이 허용하고 있다. 그리고 나이가 들어가면서 남의 눈치를 보지 않고 마음 편안하게 수행을 하거나 쉴 수가 있는 공간이 필요했던 두 여승에게 이 자리는 참 좋아보였던 것이다.

그럼에도 혹시 풍수지리로 봐서 어떤 문제는 없을까 싶어서 친분이 있던 전문가에게 의뢰를 해 본 결과 매우 좋은 자리라는 평가를 받아보고서야 마음 놓고 둥지를 틀게 되었다는 것이다.

이야기를 들어봐서 그 풍수가는 현공

법에 대해서는 아는 바가 부족했을 가능성이 크다는 점을 생각하게 했다. 만약 현공을 알고 있는 경우였다고 하면 이렇게 기본 중에서도 왕 기본에 해당하는 上山下水도 몰랐을 리가 없었을 것이기 때문이다. 이미 벗님도 알고 있는 것이니 말이다.

하물며 대웅전이 大空亡에 들어있다고 하는 것을 알고서야 어찌 자신을 믿고 의뢰한 스님들에게 권할 수가 있었겠는가를 생각해 보면 능히 모른다는 것이 얼마나 용감하며 또 두려운 것인지를 짐작 하고도 남음이 있겠다는 생각이 들었다. 그래서 가능하면 최대한 많이 알아야 한다는 것을 또 생각하지 않을 수 없는 것이고, 그래서 이렇게 현공풍수를 이해하기 위해서 정진하는 독자님의 열성에 감동하는 낭월이기도 하다.

"현재 살고 있는 스님들도 건강이 나쁘다고 봐야 하겠는데, 어쩌면 시력에 큰 손상이 일어 날 수도 있을 것으로 봅니다."

자명스님의 진단결과에 의한 판단을 여승들께 들려드린 이야기이다. 특히 심장(心臟)이나 시력(視力)에 문제가 생길 수 있다고 한다면 벗님은 얼른 九紫火가 떠오르셨기 바란다. 앞의 성요조합에서 매번 나온 이야기이기 때문이다. 안질(眼疾)이 생길 수 있는 숫자가 들어있기 때문에 판단을 할 수가 있는 것이기도 하다.

그 중에 한 스님께서 이야기를 했다.

"맞아요. 제가 여기에 오기 전에는 그런 문제를 전혀 느끼지 못했는데, 여기에서 생활하면서 심장이 나빠지고 시력도 급격히 떨어져서 병원에 자주 다니게 되었는데, 그것이 터로 인해서 생긴 것이라고는 생각을 하지 못했네요."

또 한 스님은 다른 이야기를 했다.

"이곳에 저의 모친을 모셔서 함께 기거하게 되었는데, 멀쩡하던 모친께서 중풍에 걸려서 병원에서 고생을 하다가 돌아가시고, 또 여동생은 건강이 나빠서 이 절에 와서 요양하라고 해서 왔는데, 얼마 후에 건강이 더욱 나빠져서는 사망을 하게 되었어요. 사실은 이렇게 납득이 되지 않는 일들이 반복해서 생기게 되자, 이것은 뭔가 우리가 모르고 있는 일이 진행되고 있는 것이 아닌가 싶어서 수소문을 한 끝에 자명스님께 연결이 되었던 것이지요."

"그렇습니다. 현공풍수에서 풀이를 하게 되는 내용을 설명해 드렸을 뿐인데 이렇게 동의를 하시니까 달리 생각을 해 볼 필요도 없다고 하겠습니다."

3) 유일한 해결책

"그럼 어떻게 해야 하나요?"

"이사를 가시는 것이 상책입니다. 그것은 이 지형을 봤을 적에 다시 건물을 짓는다고 해도 좋아질 구조가 아닙니다. 그리고 법당을 짓는다는 것이 한두 푼이 드는 것도 아니고, 우선 돈이 있어야 하는데 이 상황에서 무슨 돈으로 공사를 할 수가 있을까 싶네요. 그럴 바에는 얼른 손을 털고 다른 곳으로 옮기는 것이 최선이라고 할 수 있겠습니다."

"그런데……"

"뭔가 걱정이 되는 것이 있습니까?"

"그러니까 말이지요. 우리가 살지 못하는 곳을 다른 스님이 와서 살라고 넘겨준다는 것이 마음에 내키지를 않아서 그래도 되겠는가 싶은 마음에 많이 걸리네요……"

그렇다. 세상 모두가 다 잘 살게 된다면 얼마나 좋은 일이겠는가? 그렇지만 그것이 마음대로 되지 않으니 이것이 안타까운 일이면서 또한 어쩔 수가 없는 일이기도 하다.

그러기에 알면 피하고 모르면 당하는 것이다. 누군가 이 자리에 들어오겠지만 그가 첫째로는 현공풍수를 몰랐다는 것이 죄가 될 것이고, 둘째는 얼른 피하지 못하면 지혜롭지 못한 자신의 탓이며, 그대로 앉아서 당하게 된다면 또한 의문도 갖지 못한 어리석음의 결과일 뿐이니 누구를 탓할 수 없을 것이다.

그 이야기를 듣고서 자명스님께서는 《신나는 현공풍수 입문편》에 실린 '호랑이 다리 넘겨주기'에 대한 이야기를 해 주셨다고 한다. 그냥 잡고 있다가 탈진이 되어서 호랑이 밥이 되거나, 아니면 지나가는 길손에게 넘겨주고 꽁지가 빠지게 도망을 치거나 둘 중에 하나뿐이라는 이야기이다.

사실 두 여승들도 재정적으로 있는 것을 모두 털어서 마련한 곳이기 때문에 그대로 나간다는 것은 다시 고달픈 바랑생활을 해야 한다는 것을 의미한다. 처음에 구입을 할 적에 들어간 비용이 있으므로 다소 저렴하게만 내어 놔도 다른 곳의 오막살이라도 마련 할 정도의 비용은 되겠기에 참으로 알지만 별다른 방법이 없는 것이다. 이것이 현실이다.

이러한 장면에서 벗님이라면 어떤 선택을 하실 것인가? 상대의 입장에서도 생각을 해 보는 것이 중요하다. 그래야 그의 입장을 이해하게 어떤 처방을 내려 줄 수가 있는 것이기 때문이다.

이렇게 해서 단 한 번의 만남이었지만 그 여승들은 자명스님을 신뢰하게 되었고, 그래서 해결책을 강구하게 되었던 것이다.

"여기를 나간 다음에는 어떻게 해야 하나요?"

"우선 여기는 가만히 두고, 맘에 드는 지역에 가서 둘러보고 적당한 곳이 서너 군데 나오거든 소승에게 연락을 하세요. 그러면 둘러보고 좋은 자리로 선정을 해 드리겠습니다."

그렇게 해서 인연이 된 다음에 몇 개월 후에 연락이 다시 왔다. 맘에 드는 장소로 세 곳을 봤는데, 판단이 서지 않으니 와서 살펴봐 달라는 연락이 왔던 것이다. 새로운 인연의 터를 만나는 것도 인연이 있어야 가능하다는 말들을 하는데, 틀린 말이 아니라고 생각한다. 그래서 소중한 인연이리라.

4) 새롭게 마련된 인연

연락을 받고 약속한 장소로 찾아가보니까 지리산의 자락이었는데, 사찰의 규모로 봐서는 먼저 머물던 곳과는 비교도 되지 않을 정도로 초라한 가정집이었다. 그 중에서 방 한 칸에 법당을 꾸미고서 질로 등록을 한 곳이었는데, 흡사 무속인의 집과 같은 분위기이기도 한 것을 보면서 그 여승들이 먼저 머물던 곳에서 얼마나 질렸는지를 이해하고도 남음이 있었다.

누가 봐도 객관적으로는 도저히 이와 같은 교환을 하기는 어려울 것이라는 판단을 하기에 어렵지 않을 것이다. 시가로 따져보지 않더라도 분위기만 봐도 대략 어느 정도의 차이가 날 것인지를 짐작하는데 어렵지 않을 것이기 때문이다. 그럼에도 불구하고 흔쾌히 이와 같은 결정을 한 것을 보면 그 여승들의 겪은 것이 몸서리가 쳐질 것이고, 또 이렇게 결정을 할 정도로 지혜로웠다는 것에서 대단하다고 해야 하겠다.

그리고 재정적인 형편에 맞춰서 장소를 알아보다가 보니까 한계가 있어서 여러 가지로 부합이 되는 자리를 찾아서 여기로 결정을 하게 되었다는 이야기를 들으면서 미리 봐 둔 다른 곳도 둘러 본 다음에 이곳으로 결정을 하라고 권하게 되었다.

낭월이 활용편의 저술을 위해서 자명 스님과 현장에 동행하게 되었다. 그리고 현장을 살펴보면서 이야기를 들으니 더

주인은 외출하고 집을 지키는 진돗개가 객을 반긴다. 구조로만 본다면 본래 살던 곳과 비교를 할 수가 없는 장면이다. 그렇지만 그렇게 결정을 하고 이사를 한 것이다.

살림집의 위쪽에는 대웅전을 지을 수가 있는 아담한 텃밭이 풀 더미 속에 휴식을 취하고 있었다. 우리 일행은 자명스님의 설명을 들으면서 앞으로 어떻게 건물을 조성하는 것이 최선이 될 것인지를 생각해 봤다.

욱 실감이 나기도 했다.

이 자리는 어떻게 얻게 되었느냐고 물어봤더니 이곳도 다른 주인을 맞이하려고 부동산에 내어 놓은 지가 5년이 흐른 다음이었고 처음에 나온 가액에서 많이 감소를 한 상황이었다.

마음에 있어서 와 보면, 변변한 대웅전도 없고 그냥 민가와 비슷한 분위기의 건물에 그것도 관리가 되지 않아서 허름하게 보이니 누가 마음을 내기도 쉽지 않았을 것이라는 상황이 공감되는 부분이었다. 그런데 자세히 살펴본 자명스님께서 적극적으로 이 자리를 권하게 된 이유를 설명하셨다.

"현재의 집들은 자리를 잡을 때까지 기다리는 용도로만 생각하면 됩니다. 왜냐하면 법당을 지을 자리는 지금 저 위쪽의 잡초만 무성한 밭이거든요. 사람들이 이러한 자리를 알았다면 탐을 냈겠지만 우선 당장 보이는 것만 생각하게 되면 이러한 풀 더미는 보이지 않는 법이거든요."

"이 자리에 집을 지을 경우에 坐向은 어떻게 나옵니까?"

낭월은 독자의 입장에서 궁금해 할 만한 내용들을 몇 가지 질문하게 되었다.

"이 자리에서 대웅전을 세우게 된다면 적당한 坐向은 8운의 庚坐甲向이 됩니다. 그렇게 되면 雙星會向이 됩니다. 그런데 앞에 제법 큰 개울이 있고 다시 맞은편으로 산의 능선이 있으므로 合局이 되는 것으로 보면 되겠습니다."

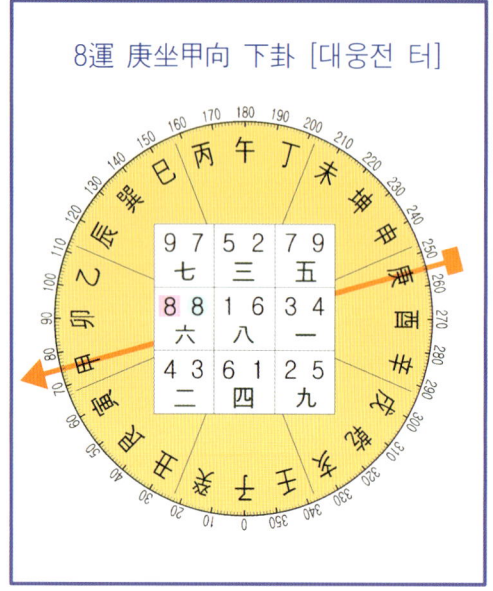

"여기 사는 스님들은 언제 이곳으로 이사를 한 겁니까?"

"벌써 2년이 되었지요. 그렇잖아도 현공풍수 2권을 준비하기 위해서 자료가 될 것 같아서 주의 깊게 살펴보고 나서야 비로소 자료로 정리가 되었지요."

"그러셨군요. 잘하셨습니다. 그러면 지금은 생활하시기에 편안하신가요? 스님들은 뭐라고 하시는지요?"

"당연히 편안하다면서 고마워합니다. 그리고 보시다시피 집도 깔끔하게 다듬어 놓았고, 또 황토방까지 만들어서 건강을 관리하고 있는데 많이 좋아졌다고 합니다. 만약 경과가 좋지 않았다면 자명이 여기에 와서 쉬어 갈 수가 있었겠는지 생각해 보면 바로 알 수가 있는 일 아닙니까?"

"그것도 그렇군요. 그렇다면 이 자리에 대웅전을 마련하고 자리를 잡았을 적에 아쉬운 점은 전혀 없을까요?"

"세상에 흠이 없는 터는 없는 것 같습니다. 저 앞에 송전탑이 지나가는데, 이것이 참으로 아쉽네요. 그래도 위로가 되는 것은 거리가 좀 멀어서 크게 흉한 작용을 할 것 같지는 않습니다만 그것도 흠이라면 흠이 되겠습니다."

결함이 없는 곳이 어디 있겠는가. 이 자리에서도 멀리 바라다 보이는 좌 전방에는 지나가는 철탑이 넌지시 넘겨다보고 있는 장면이 거슬린다. 모르는 사람은 그냥 넘어가겠지만 아는 사람에게는 이러한 것도 주의사항으로 기록이 된다.

"그러한 것도 없다면 더욱 좋겠군요. 그래도 옆의 봉우리가 예쁜 것으로 상쇄가 되지는 않을까요? 최소한 흉하지만 않으면 좋을 텐데 말이지요."

"그렇지는 않은 것 같습니다. 길한 것은 길한 작용을 하고, 흉한 것은 흉한 작용을 하는 것으로 보는 것이 타당할 것으로 임상하고 있습니다."

"그렇다면 어떤 흉한 작용을 예상 할 수 있을까요?"

"철탑의 위치가 艮宮의 방위에 있으므로 비성반에서와 같이 山星4와 向星3의 조합에서 발생하는 흉한 작용이 생길 수 있으리라고 판단을 합니다만 중요한 것은 집으로부터 멀리 있기 때문에 작용은 미미할 것으로 생각이 됩니다."

"그렇다면 앞으로 형편이 좋아져서 요사채를 지을 경우에는 어떻게 자리를 잡는 것이 좋겠습니까?"

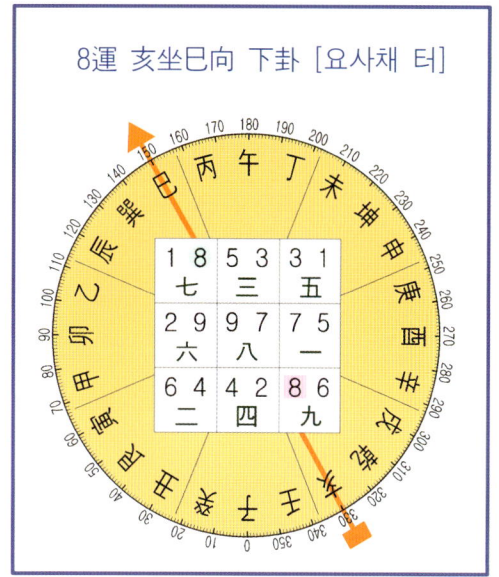

8運 亥坐巳向 下卦 [요사채 터]

장독대의 뒷쪽으로 사람들이 서 있는 자리는 앞으로 요사채를 지어야 할 공간이 된다. 그렇게 되면 合局으로 건강하고 수행이 잘 되는 작용이 가능하다.

"요사채는 亥坐巳向으로 구성이 되면 合局으로 旺山旺向의 멋진 배합이 가능하게 됩니다. 법당과는 다른 각도로 조성이 되기 때문이지요. 그렇게 되면 절로 올라오는 입구의 방향으로 향을 잡게 되어서 재물의 인연도 좋아지기 때문에 아마도 내년 중으로라도 요사채를 먼저 조성하게 될 것으로 봅니다."

"과연 그렇군요. 살펴보니까 뒤는 높고 앞은 낮으므로 合局이 가능한 구조로 지을 수가 있겠네요. 법당의 자리보다도 요사채의 재물인연이 더 좋은 것으로 봐야 하겠네요."

"그렇습니다. 보시는 대로 미리 건물의 용도에 맞춰서 구상을 한 다음에 시공을 하게 되면 시행착오가 없지요."

"그런데 공사를 하다가 8운의 세월이 다 지나가게 되면 다음에 들어올 9운의 작용도 고려를 해봐야 하겠네요. 벌써 8운이 들어 온지도 5년이 지났으니 말이지요."

"그렇지요. 9운의 亥坐巳向은 雙星會坐가 되는데, 그렇게 되면 명예는 合局이 되지만 재물에 대해서는 어려운 장면에 접하게 된다는 것이 나오지 않을까요?"

그러니까 건물은 8운에 조성을 해야 한다는 것이 중요하다고 하겠는데, 8운에 지어서 9운이 되면 中宮에 山星9가 들어오게 되면서 山星이 입수가 되는 형국이다.

이렇게 되면 지운의 변화를 살펴서 미래에 대해서도 생각을 해 봐야 할 것이라는 점도 중요한데, 山星은 입수가 되어 인정(人丁)은 발전을 기대하기 어렵지만 向星9의 방위는 合局이 되므로 재정적으로는 풍족해진다고 판단할 수 있다.

자명스님의 이어지는 말씀은 또한 많은 생각을 하게 되는 의미가 가득 담겨 있었다.

"주변형세와 合局이 된 상태로 지운(地運)이 오래도록 가는 자리에서 살게 된다면 그것은 전생에 더욱 많은 복을 지어야 할지도 모릅니다.

우선 당장 오늘 하루를 편안하게 쉴 수 있는 공간이 더욱 중요하다고 생각을 합니다. 그러므로 다음의 9운에 대한 상황은 또 그 무렵에 가서 다시 점검을 해 보는 것이 좋지 않을까 싶습니다. 너무 멀리 내다보게 되면 자칫 '망건 쓰다가 파장한다.'는 속담을 떠올리게 될 수도 있지 않을까 싶습니다."

"그것이 옳은 말씀이라고 하겠습니다. 그러니까 영원한 부자도 없고, 영원한 거지도 없는 것이라고 하겠네요. 내일이 어떻게 될지도 모르면서 백년을 준비하느라고 삶을 힘들게 하는 사람들도 너무 많지요. 지운(地運)이 돌고 도는 것이 어쩌면 극히 자연스러운 영고성쇠(榮枯盛衰)인데 우리 인간이 너무 이기적으로 생각하고 있는 것인지도 모르겠습니다."

"그렇지요. 그러니까 우선 흉한 자리를 피해서 살다가 또 그 자리에 비가 새거나 물이 나면 옮겨 앉으면 되는 것이라고 생각을 하는 것이 편할 겁니다. 그래서 한 곳에 너무 오래도록 집착을 하지 말라는 성현의 말씀이 있는 것인지도 모르겠습니다."

"자명도 그렇게 생각합니다. 운문(雲門)선사의 말씀대로 '일일시호일(日日是好日)'이라고 하겠습니다."

"그렇다면 대부분 20여년 정도의 시간이 흐르고 나면 흥망에 변화가 생길 수 있는 것도 우연이 아니겠습니다."

"그렇겠네요. 잘 알겠습니다."

이렇게 답사를 하면서 나누는 이야기 속에서 또 다른 생각을 해 볼 수가 있는 실마리를 얻을 수가 있는 것도 철학자의 길을 가는 과정에서는 새로운 기회가 아닐까라는 생각을 해 봤다.

오늘이 중요하다는 것에 대해서 벗님의 생각은 이러한 정황에서 어떻게 판단되실까?

무엇보다도 중요한 것은 선한 마음과 지혜로운 판단력이 필요한 것이 아닌가 싶은 생각을 자주 하게 되는 낭월이다.

2. 명상(瞑想)의 공간

　정신세계에서 지혜를 연마하는 수행자들은 이론이나 현실적인 것을 크게 개의치 않고 지고지순(至高至純)한 영적(靈的)인 경지에 대해서만 높은 비중을 두고 있는 경우가 많다.

　신외무물(身外無物)이라는 생각만으로 오로지 자신이 부처라는 마음속에서 외부의 모든 존재에 대해서는 별 관심이 없고 자신의 정신세계에서 영적인 경지가 높아지는 것에 대해서만 목적을 삼기 때문에 그러한 정도의 자부심이 없다면 오히려 견디기 어려울 수도 있을 것이다.

　이번에 살펴 볼 자료의 경우도 이와 같이 수행의 공간으로 마련한 집인데, 이 집을 짓고 나서 뭔가 마음대로 되지 않는 것 같고, 또 주인이 자주 바뀌는 것으로 전해 들어서 확인을 해 보고 싶어진 것이다.

　흔히 수행자들 간에는 토굴이라고 부른다. 지리산의 한적한 자락에 마련한 공간은 멋진 주변의 풍경과 잘 어울리는 집을 보고 누구라도 수행공간이라는 것을 짐작하는데 어렵지 않을 정도이다.

　앞에서 사찰에 대한 사연을 살펴봤는데 이번에는 수행자의 공간을 살펴보는 것도 전혀 우연은 아닌 것 같다. 왜냐하면 우선 마음을 다스리는 공간에서 풍수의 영향은 어떻게 발휘가 될 것인지에 대한 관심도 적지 않은 까닭이다.

　소위 말하는 마음이면 모두 다 해결이 된다고 생각하는 수련자들이기에 그들에게 땅의 기운과 하늘의 운이 어떻게 작용을 하게 될 것인지에 대해서 살펴보는 것도 재미있는 일이겠기 때문이다.

　그리고 이미 앞의 경우에서 살펴봤지만 사찰의 경우에는 여지없이 풍수의 영향권에서 자유롭지 못했다. 그것은 마치 태풍이 불어오면 누구라도 온전히 버티기 힘들다는 의미로 이해를 해도 무방하

지 않을까 싶은 생각을 갖게 만든다.

그리고 더욱 중요한 것은, 도를 닦는 사람들의 공간도 그와 같다고 하면 일반인의 거주공간은 더 말해서 뭘 하겠느냐는 연결도 되는 것이다. 당연히 신경을 써서 살펴야 하지 않겠느냐는 현실적인 문제가 바로 드러나게 되는 것이다.

그러면 하나하나 살펴보면서 내막을 살펴보도록 하자.

1) 子癸小空亡의 건물

절에는 사람들이 기거하는 공간과 신들이 기거하는 공간이 따로 있는 것이 보통이지만 이 건물은 모두가 사람이 기거하는 공간이다. 그래서 본 건물과 부속 건물이 두 동으로 조성이 되어 있었는데 우선 본 건물부터 살펴보기로 하고 비어있는 집의 뜰에서 나경을 펼쳤다.

건물의 외형부터 본다면 비싼 목재로 뼈대를 삼고, 건강에 좋은 황토로 벽을 삼았으며, 전통기와로 지붕을 덮었으니, 이만하면 수행자의 공간으로 순수한 자연소재를 사용했다는 것을 누가 봐도 알 수 있는 재료이다.

주변의 산세(山勢)를 살펴보면 연화부수형을 떠올리게 할 정도로 아늑한 분위기가 느껴진다. 물론 형기(形氣)에 대한 명칭은 그리 중요하지 않다. 연화부수(蓮花浮水)라는 말이 주는 느낌을 생각하면 되는 것이다. 연꽃이 물 위에 떠있는 모습을 연상하게 된다.

중심의 터를 놓고 주변의 산들이 연꽃의 잎처럼 둘러져있는 장면을 떠올리면

되는 것이다. 만약에 장군대좌형(將軍大坐形)이라고 한다면 이번에는 위엄이 서려있고 지세는 높아서 우뚝한 장면을 떠올릴 수도 있는 것이다.

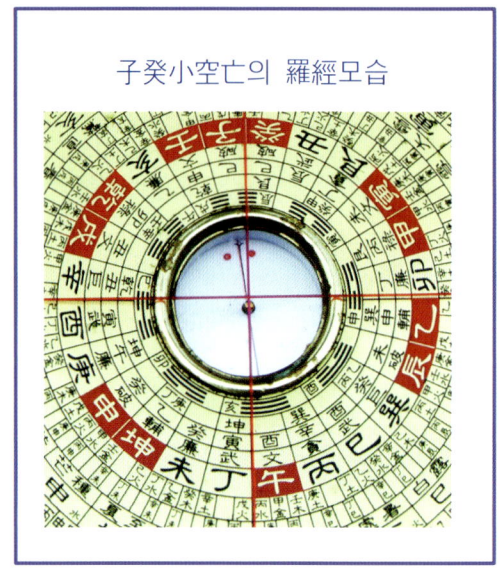

子癸小空亡의 羅經모습

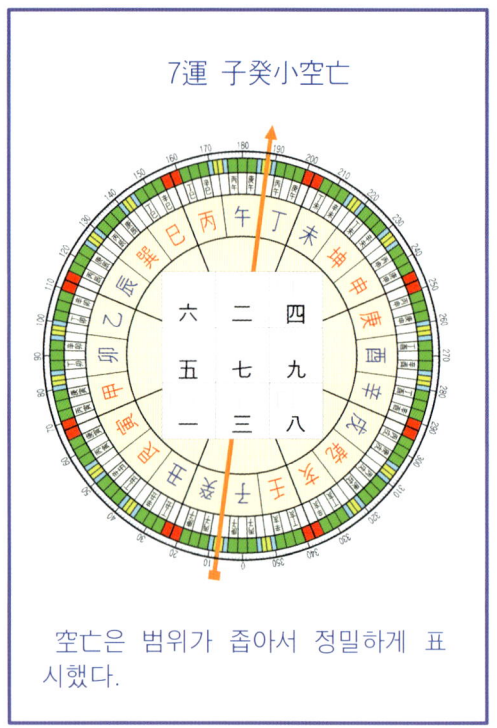

7運 子癸小空亡

空亡은 범위가 좁아서 정밀하게 표시했다.

살펴본 결과, 건물은 7운에 조성이 되었는데 子癸小空亡에 해당하는 것을 확인 할 수 있었다. 혹시라도 나경의 측정에 오류가 있을까 싶어서 다섯 차례나 건물을 돌면서 측정을 했지만 나경의 바늘이 가리키는 곳은 子癸小空亡이었다.

물론 空亡에 걸리게 되면 몇 운에 지었더라도 의미가 없이 그냥 흉하다고만 판단을 하면 된다. 그래서 운도 살펴볼 필요가 없는 이러한 상황이 되지 않도록 노력을 해야 할 필요가 있는 것이다.

그렇지만 小空亡의 각도(角度)는 불과 3°이다. 그러므로 자칫하면 子坐午向이 될 수도 있고, 또 癸坐丁向이 될 수도 있는 여지가 있다고 봐야 할 것이다. 이렇게 만에 하나라도 약간의 坐向으로 인해서 일어날 수가 있는 가능성도 고려하는 것이 중요하다. 그냥 단정하지 말고 옆을 볼 필요도 있다는 것이다.

물론 그러한 것을 모두 감안하고 살펴본다고 하더라도 子癸空亡에 해당할 가능성이 매우 유력하다는 것을 생각하여 결국은 小空亡의 경우를 중심에 놓고 판단을 하게 되는 것이다.

결과물을 놓고 추정을 해 본다면, 분명히 나경을 사용한 것은 틀림이 없다. 정확하게 子癸에 맞춰진 것을 보면 대략했다고는 생각하기 어렵기 때문이다. 그리고 왜 空亡이 될 것인지를 살펴보면 아마도 천반(天盤)으로 子坐午向을 삼은 것이 아닐까 싶은 추측을 해 볼 수 있는 것이다.

7運 子坐午向 下卦 [空亡 참고용]　　　　7運 癸坐丁向 下卦 [空亡 참고용]

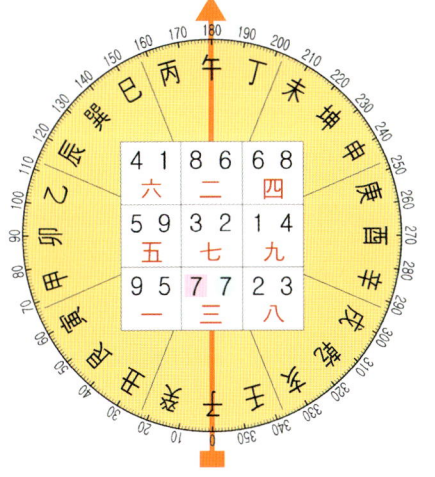 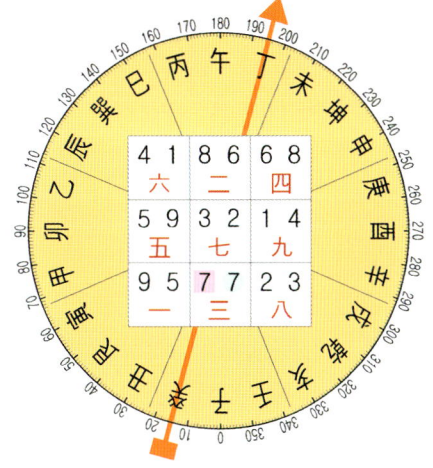

원칙적으로 空亡에서는 비성반이 없다. 그래서 이렇게 空亡이 걸린 좌우의 비성반을 빌려서 흉한 암시를 살펴보게 된다. 만약 空亡이 어느 한쪽의 坐向에 명료하게 해당이 되었다면 그 쪽으로 비중을 두고 해석을 하게 된다.

이러한 경우에는 「입문편」에서 자료로 살펴 본 어느 대학의 폐교건물에서도 생각을 해 본 부분이다. 혹자는 정신세계를 추구하는 사람들은 천기(天氣)를 많이 받아야 하기 때문에 천반으로 坐向을 삼는다는 말도 있는데, 혹 그러한 이유로 인해서 이렇게 되었을 가능성도 생각을 해 볼 수 있지 않을까 싶다.

부속건물은 볼 것도 없다고 하겠다. 이렇게 본 건물에서 문제가 생겼다면 주인에게 영향이 갈 것이므로 부속 건물이 좋다고 한들 그 작용은 미미하다고 하겠으니 예를 들면, 주인이 정신을 못 차리고 혼란 속에 있다면 아랫사람들도 정신이 없기는 마찬가지라고 볼 수 있을 것이기 때문이다.

2) 현재의 상황

자세한 경과는 모르겠지만, 전해 들리는 말에 의하면 이곳은 원래 수련을 하는 도장(道場)으로 삼으려고 여러 사람들이 뜻을 모아서 자금을 확보하여 공사를 하였다.

도심에서 직장이나 사업 등으로 사회생활을 하면서 수련을 하는 사람들이 주말이라도 활용하여 산수경관이 좋은 곳에서 명상을 하고 싶다는 열망을 갖고 있다가 적당한 터를 마련하여 조성을 하게 된 것이니 참으로 의미 있는 공간이라고 해도 되지 않을까 싶다.

그렇게 처음의 뜻이 좋아서 열심히 공사를 하는 과정에서 좋은 재료를 구하여 편안한 수행처가 되도록 공사를 잘 마쳤는데, 그 공간에서 몇 년을 생활하지 못하고 건물이 자주 비었다고 한다.

유지가 되지 않았다고 해도 되지 않을까 싶었던 것은 우선 건물을 관리하는 주인에게 생활할 수 있는 비용이 들어와야 하는데 그것이 여의치 못하고 밖에서 하는 일들은 장애가 생겨서 마음대로 풀리지 않아서, 결국은 건물만 지키고 있을 수가 없는 상황이 발생하였던 것이다.

급기야 건물은 매각설이 나돌게 되었고, 주인이 바뀌었다는 말도 있었는데, 현재는 사람이 살고 있지 않으니 물어볼 수도 없는 상황이다. 여하튼 잘 풀린 공간이 아니라는 것은 현재의 모습을 봐서 확실하게 알 수가 있는 장면이라고 하겠다.

3) 해결의 방안(方案)

이렇게 멋진 터에 좋은 재료를 사용하여 건물을 지었으니 잘 되었으면 좋을 텐데 그것이 여의치 못하게 되었다면 뭔가 해결책을 찾아야 하는데, 현공에서는 이러한 상황에서는 우선 空亡을 벗어나도록 권유를 할 수 있을 것이다.

조금만 坐向을 바꾸면 丑坐未向이 가능하다. 지금은 8운이므로 丑坐未向에 旺山旺向을 적용시키게 되면 나무랄 것이 없는 멋진 지운(地運)을 맞이하게 될 것으로 풀이가 가능하기 때문이다.

주변의 형세를 봐도 그렇게 한다고 해

서 억지로 坐向을 돌렸다고 하지 않아도 될 정도의 흐름을 갖고 있으니 금상첨화(錦上添花)이다. 그래서 목조건물을 헐어서 다시 고치는 것에 대한 방법을 제시할 수도 있겠다는 처방을 내리게 된다.

땅은 지운(地運)이므로 나경의 지반(地盤)으로 坐向을 측정한다는 현공의 이론은 타당성이 높아 보인다. 여하튼 이 건물을 空亡으로 부터 끌어내어서 원래의 뜻대로 수행처가 될 수 있도록 만들고자 한다면 건물을 살짝만 돌리는 것이 가장 탁월한 선택이라고 할 수 있는 것은 지세가 넓어서 충분히 공간마련이 되기 때문이다.

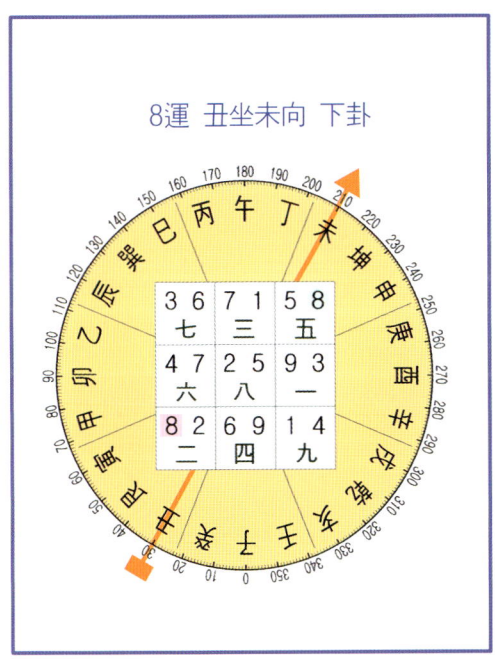

반면에 앞에서 살펴본 사찰의 경우는 방향을 돌릴 수가 없을 정도로 지형(地形)이 협소하였던 것을 생각해 보면 그래도 넓은 땅에 살아야 어떻게 해 볼 수도 있다는 말이 나올 수 있겠다.

이렇게 최선책이 있다면 차선책은 고려할 필요가 없다. 해체하고 복원할 수 있는 것은 전통가옥의 특징이다. 지을 적에 들어간 비용과는 비교가 되지 않을 정도로 재활용이 모두 가능하기 때문이다. 그렇다면 최악의 경우처럼 '팔고 튀는' 작전은 전혀 고려를 할 필요가 없는 것이다. 호랑이 다리가 아니라는 이야기이다.

그럼에도 그렇게 되기 어려운 것이 바로 운명이라고 할 수 있지 않을까 싶기도 하다. 왜냐하면 주인이 그러한 방면, 즉 현공풍수의 조언을 들을 인연이 되지 못하면 어쩔 수가 없는 것이기 때문이다. 이것도 인연이라고 해야 할 것이다.

그러니 벗님은 이미 현공에 대한 관심을 두신 것은 물론이고, 직접 활용을 할 수가 있는 단계까지 도달을 하셨으니까 무엇보다도 든든한 해결책을 갖고 있는 셈이다. 자신만 구제를 하는 것이 아니라 이웃에서 집으로 인해서 고민하고 고통 받는 사람들에게 현공의 이치를 적용시켜서 조언을 해 줄 수도 있기 때문이다. 물론 조언을 듣고 말고는 또 그들의 인연에 맡기면 되는 일이다. 그것까지 안타까워할 필요는 없다.

어쩌면 조상의 산소는 뒷전이 될 수도 있을 것이다. 당장 살아가는 공간에서 전개되는 일만으로도 이러한 현상이 생긴다고 하면 멀리 돌아가신 조상의 산소를 찾으려고 애를 쓸 필요가 있겠느냐는 것도 오히려 설득력이 있는 말이다.

그래서 대만이나 홍콩에서도 陰宅보다는 陽宅에 대한 관심도가 폭발적으로 커질 수 있는 이유가 될 것으로 본다.

그리고 중요한 것 한 가지는 수행자거나 일반인이거나 모두 공통적으로 지운의 영향을 피할 수 없다는 것이다. 그러므로 누구라도 좋은 기운이 흐르는 자리에서 하늘의 운을 타고 있는 건물을 지어서 생활을 할 수가 있다면 그것으로 자연이 주는 혜택을 누리는 것이다.

어쩌면 마음은 하늘을 날고 있더라도 몸은 이 땅을 벗어 날 수가 없다는 것을 의미하는 경우도 되지 않을까 싶다. 그것은 현실적인 부분에 대해서 우선 관심을 둬야하겠다는 생각을 하게 되는 것이기도 하다.

땅을 가려서 머무른다는 의미는 이래서 중요한 것이며, 아무 곳에서나 머무는 것은 하루 저녁이라면 충분하겠지만 사흘 저녁을 머물기는 어렵다는 의미로 생각을 할 수 있는 것이다.

신중히 생각하고 깊이 헤아려서 판단을 해야 할 것이라는 여운을 자꾸만 남기게 되는 것은 이러한 좋은 뜻의 결정책임에도 불구하고 약간의 착오로 인해서 막대한 손실을 가져올 수 있는 경우를 접하였기 때문일 것이다. 알고 시작하는 것과 모르고 시작하는 것의 차이로 인한 결과물은 이렇게 정신적으로나 물질적으로 큰 영향을 끼친다.

토막상식

두 길이 갈라지는 중간에 자리를 잡고 있는 건물도 흔하게 보인다. 이러한 경우에는 불안정한 형태가 되는데, 어느 한쪽이라도 不合局이 될 것이며, 특히 장사는 된다고 하더라도 사람은 어려움이 따를 가능성이 많으니 주의해야 한다.

3. 전원주택(田園住宅)

이 건물은 임상을 위한 자료라기보다는 사람의 인연이라는 것을 생각해 보는 것이 더 타당할 것이다. 왜냐하면 앞의 수도장에서 원래 구입을 한 대지(垈地)였는데, 운영이 여의치 못해서 일부를 떼어서 팔게 되었던 것이기 때문이다.

그 땅을 구입해서 전원주택을 마련하게 되었는데, 여기에 사는 주인의 인연이 자명스님과 연결이 되었기 때문에 앞의 건물에 대해서도 알게 되었던 것이니 어떤 터를 잡았는지에 대해서 살펴본다고 해도 좋을 것이라고 판단이 되어서 정리를 하게 되었다.

인연이 있던 사람이 자명스님께 연락을 했다. 누가 땅을 사라고 하는데 그만한 가치가 있는지를 좀 봐 달라는 전화가 와서 시간을 약속하고 방문을 하여 보니까 상당히 괜찮은 자리였다.

터를 의뢰받게 되면 우선 살펴봐야 할 것이 있는데, 기본적으로 주변의 형세가 편안하게 구성이 되어있는지를 보는 것이 무엇보다 중요하다. 앉은 자리가 아무리 좋다고 해도 주변에서 불편하게 한다면 그만큼 스트레스를 받을 요인이 생기기 때문이다.

예를 들어 주변에 기계소리가 크게 들리는 공장이 있다고 생각을 해 보면 짐작이 될 것이다. 밤마다 그 소리로 인해

地氣의 폭은 15m 정도

서 숙면을 취하지 못하고 짜증이 날로 늘어날 것이 분명하므로 이것은 지기가 아무리 좋아도 인기(人氣)의 영향을 무시 할 수 없다는 것을 증명하는 것이다.

그렇다면 천기(天氣)와 지기(地氣)가 편안하고 인기(人氣)가 부합이 되는 곳이 명당이라고 해야 할 모양이다.

1) 사감반(四感盤)이란

사감(四感)이 무슨 뜻인지 의아하실 수도 있겠다. 이것은 자명스님의 말씀을 듣고 낭월이 지어 붙인 이름이다. 사람의 감각기관에서 귀, 코, 눈, 몸에 대해서 말하는 것인데, 이것이 풍수지리에서 매우 중요하다는 것에 대해서 이야기 할 참이다.

그렇다면 이것이 무엇이고 왜 중요한지에 대해서 설명을 해 드리겠는데 아마도 읽으시면서 바로 동의를 하실 것이라고 생각된다.

(1) 이감(耳感)

이감은 귀로 느끼는 것을 말한다. 아무리 좋은 자리에서 생활을 한다고 하더라도 소음이 일어난다면 깊은 잠을 자기 어려울 것이고 그래서 신경은 날카로워지게 된다면 이것은 습국의 여부를 떠나서 좋은 터라고 보기 어려운 것이다. 물론 그 소음은 인간이 만든 소음을 말한다.

자연의 소리는 동물들이 내는 소리나 바람소리 정도가 되겠는데, 그것은 탓을 할 것이 아니다. 오히려 그러한 소리를 듣노라면 마음에 평정을 얻을 수가 있을 것이니 그러한 소리를 못 들어서 문제가 생긴다고 해야 할 것이다.

그런데 어떤가? 자동차 소음이며, 기계소리며, 취객들이 주정을 부리는 소리까지도 숙면을 방해한다. 더구나 아파트에 생활하는 경우에는 아래층에서 들리는 오디오 소음까지도 소리지옥을 방불케 하는 것이니 능히 짐작을 하고도 남을 만큼 소음에 의한 주거지의 환경이 갖는 비중은 가장 큰 것으로 봐야 할 것이다.

그래서 소음의 정도를 판단하려면 낮에 잠시 볼 것이 아니라 밤의 상황도 함께 고려해 봐야 한다는 것을 주의시키는 자명스님이다. 특히 사무실과 같은 공간이라면 낮과 저녁의 풍경이 사뭇 달라질 수도 있으므로 이러한 것을 모두 안배하여 감정을 해야 한다는 것이다.

(2) 비감(鼻感)

벗님이 길을 가다가 악취(惡臭) 때문에 자신도 모르게 코를 막아 본 경험이 있으시기 바란다. 그래야 이러한 대목에서 '맞아~!' 라는 말이 절로 나올 것이기 때문이다.

낭월이 예전에 울주군의 어느 사찰에 기거를 하고 있을 적에 겪은 일이 생각난다. 울산에 볼일이 있어서 나들이를 하게 되면 중간에 온산공단[아마도 기억이 틀림없다면]을 지나치게 되는데, 여지없이 코를 막고 싶은 충동을 느꼈다.

드넓은 벌판에 벼가 영글어 가고 있는 풍경은 보는 이의 마음도 즐겁게 한다. 그렇지만 그 자리에서 살아가는 사람에게는 반드시 그렇지만도 않을 수 있다.

지금은 좋아졌다고 하는 말을 전해 들었는데, 그 당시에 그 악취는 참으로 싫었다. 오죽하면 아직까지도 그때 생각을 하면 그 냄새가 풍겨오는 것 같을까.

물론 꽃냄새는 냄새라고 하지 않고 향기(香氣)라고 하는 것이 타당할 것이다. 그래서 좋은 냄새는 향기가 되고 거북한 냄새는 악취가 되는 것인 모양이다.

예전에 자명스님께 토굴 터를 의뢰한 스님이 있었다. 잘 알고 있는 사이라서 분주한 가운데 잠시 짬을 내어서 살펴보러 갔는데, 넓은 벌판 한 가운데 볼록한 동산에다가 토굴을 짓고 공부를 하고 싶다고 하면서 땅 값도 매우 싸다고 좋아하였다.

그것을 보면서 농약의 냄새를 이야기하고 공부하는 자리로는 적당하지 않다는 것을 설명해줬는데, 이렇게 한적한 시골에서 공기도 좋기만 한데 그런 것은 괜한 걱정이라고 말을 하는데 달리 뭐라고 강요를 할 수가 없어서 알아서 하라는 말을 해 주고 돌아왔다.

그리고 얼마의 시간이 흘러간 다음에 자명스님을 찾아왔더란다. 무슨 일이냐고 하니까 정말 한적하고 좋았는데, 봄부터 가을까지 웬 놈의 농약을 그렇게도 쳐대는지 창문을 열어 놓을 수도 없고, 또 닫고 있어도 그 독한 냄새는 파고 들어와서 다른 지역에 피신을 나갔다가 늦가을에 추수가 다 끝나야 들어갈 수가 있어서 팔려고 내어 놓고 나왔다면서 다른 곳을 좀 알아 봐 달라 하더란다.

모르고 살면 이렇게 당한다. 그래서 냄새가 환경에 미치는 영향은 지극히 당

제7장 임상사례 323

연하다는 것을 실제로 체험을 하였던 셈이다. 그래도 그냥 금전적인 액수에 맞춰서 땅을 구입할 것인지는 다시 생각해 보면 알 일이다.

사례는 또 있다. 시골마을에서 전원생활을 하겠다고 노부부가 퇴직금을 털어서 조그만 터를 구입하여 아담한 주택을 짓고 이사를 했다. 그런데 그 주변에 돼지농장이 있었는데, 그 곳에서 나는 냄새가 얼마나 지독한지를 미처 몰랐던 것이다.

하절기가 되자 그 끝없는 냄새는 몸에 배일 정도였다. 시골에 가면 돼지농장도 있고, 닭 농장도 있다는 말은 그냥 낭만적인 이야기로 할 것이 아니라 이렇게 악취가 진동을 한다는 것도 반드시 알아두지 않으면 노년에 스트레스를 받아서 오히려 수명이 단축될 수도 있다는 것을 생각해야 할 것이다.

반면에 향기로운 곳에서 살아가는 사람은 마음도 안정이 될 것이고, 그러한 효과를 노리고 건강을 추구하는 방법이 향수요법이라고 하던가? 여하튼 냄새는 사람에게 엄청 큰 영향을 미치는 것이므로 모쪼록 염색공장 옆으로 이사는 가지 않도록 하는 것이 중요하다.

(3) 안감(眼感)

눈은 다행히 감을 수가 있다. 네온이 반짝거리더라도 커튼을 치고 눈을 감으면 큰 문제는 아니다. 그럼에도 불구하고 스트레스를 받아야 하는 것은 항상 커튼을 쳐야 한다는 부담감으로 인해서라고 할 수 있을 것이다.

과도한 빛은 숙면에 큰 방해가 되는 것은 틀림이 없는 것이다. 그래서 논두렁에 가로등이 있으면 그 부근의 벼는 수확이 줄어든다는 말을 한다. 이것은 과학적으로 증명이 되는 결과이기 때문에 고속도로 진입로 부근의 밝은 가로등은 운전자에게는 필요한 것이지만 농부에게는 스트레스를 가득 주는 존재들인 것이다.

이상과 같은 이유로 인해서 아무리 형세가 아름답고, 현공에 合局이 되더라도 이러한 조건이 주어진다면 일단 거부해야 한다는 것을 미리 알려드리는 것이다. 하늘과 땅만 볼 것이 아니라 사람의 존재도 의식해야 하는 것이 올바른 풍수가라고 보면 타당할 것이다.

엄청난 권력을 갖고 있다면 주변의 모든 사람들을 이동시켜버릴 수가 있을지는 모르겠다. 그렇게 된다면 가능하겠지만 대부분은 불가능한 일이다.

그러므로 그러한 곳에 들어가서 스트레스를 받으면서 힘들어하기 보다는 미리 피하는 것이 최선이라는 말씀은 아무리 생각해봐도 묘수(妙手)라고 하겠다. 모르면 일생의 전 재산에 해당하는 소중하게 모은 재물을 갖고서도 자신의 마음대로 사용하지 못하게 된다면 이보다 더 안타까운 일도 없을 것이다.

(4) 신감(身感)

사실은 촉감(觸感)이라고 해야 할 것이다. 원래 이 항목은 생각하지 않았는데, 갑자기 떠오른 생각이 있어서 지나는 길에 한 말씀 해 둔다.

몸이 느낀다고 하기는 좀 어색하지만 그래도 다른 곳에 포함시키기는 어중간해서 여기에 언급을 하고자 한다.

이전에 어느 집에 들른 적이 있었는데, 무지막지한 파리 떼가 정신을 못 차릴 정도로 달려들었다. 그 파리들의 진원지는 이웃의 육우농장이었다. 농장에서 풍겨오는 냄새도 만만치 않은데, 당장에 밥상이고, 제사상이고, 가리지 않고 달려드는 그 파리 떼의 공격은 참으로 생각지도 못한 또 하나의 환경장애물이었다.

전에 머물던 절에서는 지네들로 인해서 살던 사람들이 가끔 물리곤 했다. 지네에 물려서 생명의 위태로움까지는 없다고 하더라도 잠을 자다가도 바스락거리는 소리가 나면 초긴장 상태가 되는 것은 분명히 숙면을 취해야 되는 몸에겐 좋을 이유가 없다는 것은 당연하다.

퇴치법을 알아 본 결과 주변에 밤나무가 있으면 지네들이 들끓는다는 말을 듣고는 주변 100m이내에 있는 밤나무를 베어버린 적도 있었는데, 그럼에도 불구하고 지네는 여전히 나와서 속을 썩였다. 여하튼 이러한 자리는 피하는 것이 상책이라고 해야 할 모양이다.

이 외에도 안락하고 쾌적한 환경에서 거주하는 것이 목적이라면 땅을 구입할 적에는 그냥 땅값만 생각하지 말고 이러한 주변의 정황들에 대해서 깊이 생각을 해 보지 않으면 반드시 후회를 할 일이 생길 가능성이 있다는 것을 미리 알아두는 것도 풍수를 공부한 사람으로서는 당연하다고 해야 하겠다.

집 앞의 뜰을 벗어나자마자 지기의 폭이 갑자기 좁아지는 형태가 감지되었다. 그리고 집이 앉은 자리에는 좋은 기운이 모여 있음을 보여주고 있는 것도 감지가 되었다.

氣가 강하게뭉친 부분(평면)

지기(地氣)의 감응이 되는 경우에는 이렇게 기운의 핵심자리에 터를 잡을 수가 있는데, 이것은 陰宅의 경우에도 그대로 통용이 되니 이른바 혈자리가 되는 것이다.

광산주변, 농장주변, 논밭주변, 공장주변, (오염된)하천주변, 유흥가주변, 뱀과 지네가 나오는 주변 등 살펴야 할 곳은 한두 가지가 아니라는 것을 생각하는 것만으로도 이미 좋아지게 된다.

2) 지기(地氣)의 폭 15m

기왕에 자리를 잡을 바에는 지기가 넓게 자리 잡고 흐르는 곳이 더 좋은 것은 말할 나위도 없다. 그래서 기본적으로 형기와 이기법(理氣法-즉 현공법)에 문제가 없다면 다음으로 구체적인 자리를 정하게 되는 것이 지맥(地脈)이 어떻게 흐르고 있느냐는 것이다.

8운에 丑坐未向의 旺山旺向을 쓸 수가 있다면 합격인데, 이 터는 그것이 가능했다. 그래서 合局이 되었으므로 지기의 흐름을 살펴보게 되는데, 폭이 15m나 된다는 것은 일반적으로 본다면 대단히 좋은 기운이다.

다만 이것은 이론적으로 설명을 할 방법이 없기 때문에 벗님도 기감(氣感)이 발달하여 감지를 할 수 있기만 바랄 뿐이다. 엘로드를 사용하든 버들가지를 이용하든 관계없이 올바른 지맥을 얻을 수

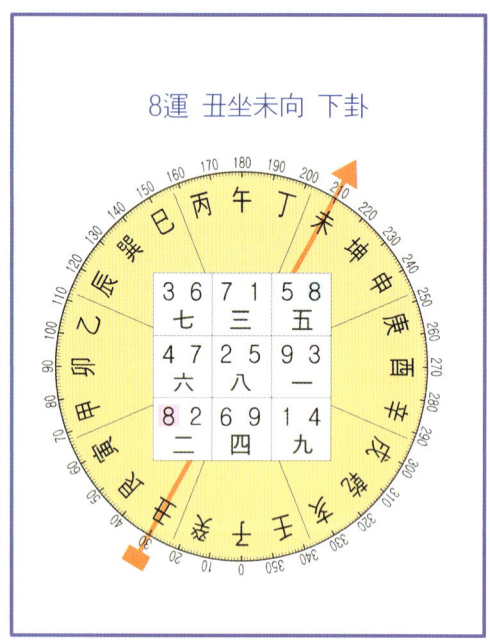

8運 丑坐未向 下卦

만 있다면 그것으로 남다른 재능을 발휘하게 될 것이다. 그리고 이 터에서 재미있는 것은 지맥이 흐르다가 방향을 바꾼다는 것이다. 그냥 눈으로 보이지 않아서 무심하게 주변만 살피게 되지만 이러한 것이 감지되는 경우에는 또 새로운 경지가 드러나는 셈이다. 그러니까 노력을 해 볼만 한 부분이다.

현재 이 건물에 살고 있는 사람은 편안하게 잘 지내고 있다고 한다. 오히려 편안하지 않으면 그것이 이상할 것이라는 생각이 들기도 한다. 그야말로 전원주택으로 손색이 없는 한적한 자리에서 자연의 소리만 들리는 곳은 분명 명당이라고 할 만하겠다. 그리고 그것도 복이라고 해야 할 것이다.

토막상식

　동양사상의 핵심은 균형(均衡)과 조화(調和)이다. 아무리 아름다운 풍경이라고 하더라도 조화를 얻지 못하면 머물고자 하는 공간에서 제외시킨다. 이것이 바로 환경을 의미하는 장풍(藏風)과 생존을 의미하는 득수(得水)가 된다.
　멋진 풍경에 넋을 잃고 감탄을 할 수도 있지만, 그 곳에서 3년을 살아야 한다면 이렇게 풍경에 취해 있을 일이 아니다. 잠시 지나가다가 쉬어가는 것과 오래도록 머물러서 살아야 하는 것은 전혀 다른 이야기가 되기 때문이다.
　풍수학은 환경의 작용을 최대한 활용하고 수용을 할 것은 지혜롭게 받아들이고 위험하거나 주의가 요망되는 것은 경계하는 것을 가르치고 있다. 아울러서 눈에는 보이지 않지만 엄연히 움직이고 있는 운의 흐름까지도 관찰을 하도록 안내하고 있으니 이러한 것을 모두 알아서 삶의 지혜로 삼는다면 비로소 자연을 이해한다고 할 수 있을 것이다.

4. 강변의 식당

 이번의 자료는 비교적 좋은 경우에 해당이 되어서 설명 드리기에도 좀 편안한 마음이 든다. 그리고 주인을 만나서 직접 소개를 해도 좋겠느냐고 하여 허락을 받기도 했는데, 이렇게 구체적인 자료를 제공하고 싶은 것이 저자의 마음이다. 그렇지만 항상 그렇듯이 측정을 하여 좋지 않은 결과가 나오게 되면 소개를 하기도 민망하여 마음속에서 갈등이 많이 일어난다.

 다만, 이 경우에는 그래도 좋은 방향으로 결과가 나왔기 때문에 주인의 허락을 받고서 소개하므로 마음도 편안하게 정리를 할 수가 있는 자료이다.

1) 특이한 조건

 이 건물의 인연은 부근에 살고 있는 풍수애호가로부터 특이한 사례로 소개를 받고서 알게 되었다. 그리고 이론(異論)의 여지가 있을 가능성도 함께 생각을 해 보자는 의미도 포함되었다. 그래서 이 자료를 채택하게 되었으므로 참고하고 살펴보기 바란다.

 첫째의 특이한 조건은 7운에 巽坐乾向의 替卦로 조성이 된 단층건물이었다.

 여기에서 替卦라는 말이 등장하는 것에도 참고를 해야 하겠다. 이것은 정밀하게 따지지 않고 대충으로 보게 되면 자칫 다른 방향으로 나올 가능성이 많다는 것을 의미하기 때문이다.

 巽坐乾向 替卦의 비성반을 보면, 中宮

특이한 구조를 하고 있는 이 식당은 아래층은 길 쪽을 향하고 있는데, 위층은 반대로 뒤를 향하고 있는 모습이다. 그리고 위층을 짓고서 번창하게 되었다고 전한다.

에 向星7이 입수되어 있어서 건물을 조성함과 동시에 건물의 운이 끝나버리게 되는 매우 특이한 경우가 된다.

그래서인지 몰라도 이 건물을 지은 사람이 식당을 하려고 했던 것인데, 운영의 어려움으로 경매로 넘어가게 된 상황에서 두 번째의 주인이 헐값에 구입하다시피 하였다. 물론 헐값이라고 하는 것은 원래의 호가(呼價)에 비해서 그렇다는 이야기이다.

새로 건물을 구입한 주인은 8운이었고, 이 건물의 옥상에다가 다시 하나의 건물을 지었다. 그런데 이 건물이 반대의 向을 갖게 되었다는 것이 또 재미있다.

보통은 아래층과 같이 구성을 하는 것이 일반적인데 이 건물주는 무슨 생각에서인지 위층의 향을 반대로 조성하였던 것이다. 그래서 坐向은 다시 乾坐巽向의 替卦가 된 경우이다.

이때에는 旺山旺向으로 合局이 되는 구조가 된다. 그렇다면 문제는 무엇인가? 그것은 바로 아래층의 운과 위층의 운이 어떻게 작용을 할 것인가 이다.

윗층에 올라가서 뒤를 보니까 이렇게 풍부한 물이 흐르고 있는 풍경이다. 이것은 旺山旺向의 구조라면 合局이 되는 형태로 봐야 한다.

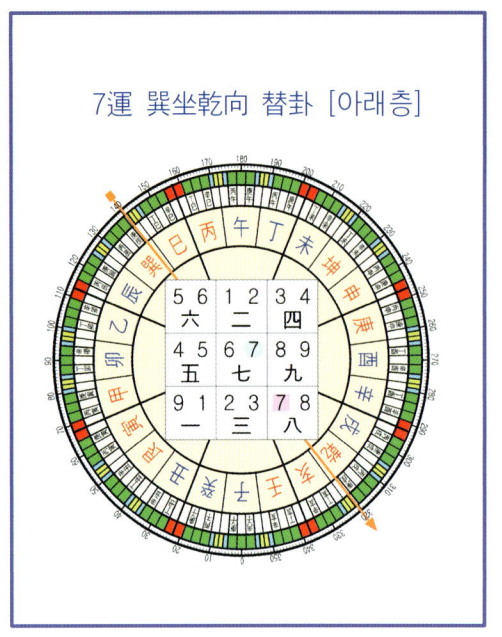

7運 巽坐乾向 替卦 [아래층]

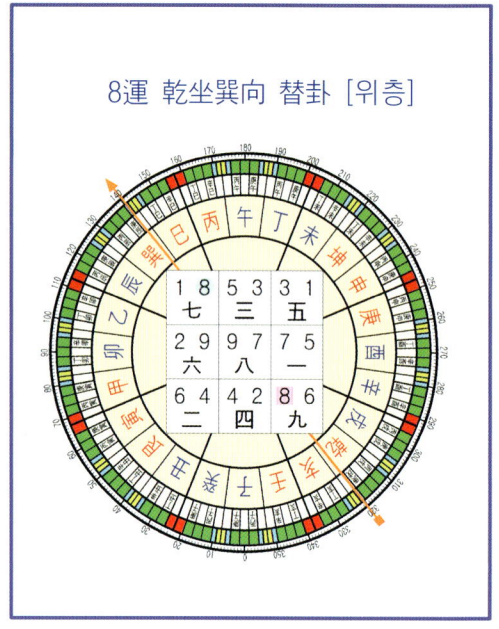

8運 乾坐巽向 替卦 [위층]

이것은 아마도 쉽사리 답이 나오기 어려울 것이다. 낭월도 이 부분에 대해서 자명스님과 토론을 했지만 명확한 결과를 내리기 보다는 후학의 경험으로 남겨두는 것이 좋겠다는 의견을 나눴을 정도로 쉽지 않은 부분이다.

이렇게 위층을 조성하고서 갈비집을 운영하였는데, 장사가 매우 잘 되었고, 그래서 돈도 많이 벌었다고 한다. 물론 운영방식이나 음식의 맛도 중요하겠지만 풍수가의 시각으로 볼 때에는 아무래도 위층의 건물이 어떤 형태로건 영향을 미쳤을 것으로 보인다는 것이다.

또 坐宮인 山星8과 向星6의 관계를 조합하여 볼 수 있으므로 앞의 성요표에서 해당 항목을 찾아보기 바란다. 그렇게 하면서 공부를 익혀가는 것이다. 이러한 구성의 건물이 흔한 것은 아니겠지만 만날 가능성은 항상 있는 것이다.

2) 남겨진 숙제

이 사례에서 남겨진 것은 7운의 운이 끝난 건물의 옥상에 다시 8운의 왕기(旺氣)를 받을 수 있는 건물을 지었을 경우에 그 영향은 어떻게 미치게 될 것이냐는 점이다.

그리고 운이 끝났다는 것에 대해서도 달리 생각을 해 보면, 길함도 없고 흉함도 없다고 해야 할 것인지 길함은 없어지고 흉함만 남는다고 해야 할 것인지에 대해서도 조금은 생각을 해 볼 필요가 있을 것이다.

다만, 경매로 넘어간 것을 보면 적어도 유지가 되지 않았던 것은 사실이라고 하겠으니까 길하지 않으면 흉하다고 판단을 하는 것이 일반적인 생각이라고 한다면 길함이 없어졌다고 하기보다는 흉하게 되었다고 보는 것이 더 타당할 수 있지 않을까 싶은 생각이 든다.

옆에서 바라 본 전경이다. 이미 많은 손님들이 자리를 메우고 있었는데, 건물의 영향인지 주인의 운인지는 단언을 할 수 없겠지만 적어도 변수를 갖고 있는 위층의 구조물이 어떤 답을 보여 주고 있는 것은 아닐까?

그리고 이 건물은 보기에 따라서 여전히 전면을 1층의 향을 기준하여 판단할 수가 있다는 것이다. 그러나 내부적으로 통하는 길도 없는 것을 보면서 따로 떼어놓고 봐야 할 것이 아닌가 싶고, 그렇다면 두 개의 층으로 된 다세대주택에 준하여 판단하면 되지 않을까 싶은 해석도 가능하다.

또 하나는 위층의 운이 작용하는 힘에 의해서 아래층의 나쁜 영향이 완전히 해소 되었다고 볼 것이냐는 점이다. 그렇게 봐야 할 것이 아니냐고 생각할 수 있는 것은 일단 손님이 없어서 망했던 식당이 손님으로 들끓는다는 것으로 증명을 할 수가 있을 것이기 때문이다.

그럼에도 불구하고 뭔가 석연치 않은 것은, 보이는 그대로라면 분명히 1층은 향이 결정되어 있는데 2층의 건물로 인해서 坐向이 바뀌었다고 본다는 것도 무리가 아닐까 싶은 부분이다.

만약에 이러한 것이 사실로 판명이 된다면 일반적인 주거지에서도 새로운 대안을 모색할 수가 있다는 것을 생각하면서 간단하게 답을 서둘러서 구할 일이 아니라고 하는 의견을 모았던 것이다.

그것은 바로 운이 다 한 건물을 헐어 버릴 것이 아니라 그 위에 새로운 운에 맞춰서 집을 추가하면 된다는 것이 대안으로 활용을 할 수가 있는 방법이라는 점이다.

그리고 또 중요한 것은 기존의 건물 옥상에 임시가건물로 조립식 방을 만들기도 하는데, 자칫하면 이러한 구조물로 인해서 전체적인 건물에 악영향을 미칠 수도 있을 것이기 때문에 신중히 살펴서 판단을 해야 할 것이라는 점이 숙제로 남겨지게 되었다.

그리고 替卦의 활용성에 대해서도 다시 생각을 해봐야 할 부분이다. 정밀도에서 위험하기 때문에 사용을 하기 어렵기는 하지만, 부득이하게 여건이 되지 않는다면 替卦의 사용에 대해서도 고려를 할 수 있겠다는 점이다.

사실 현공의 下卦에 부합이 되는 지형이면 좋지만 그렇지 못한 경우가 더 많기 때문에 替卦의 사용법에 대해서도 생각을 해 봐야 할 부분이 분명히 있는 것이다.

替卦를 알게 된 것은 강요선생이 장대홍선생에게 거금을 희사하여 터를 구입해 드린 공로로 얻게 된 것이라고 전해지는 것을 보면서 그만큼 조심스럽기는 하지만 알지 않으면 고수가 되지 못한다는 것에 대해서도 이제는 생각을 해 봐도 좋을 때가 되지 않았을까 싶다.

또 하나의 중요한 문제는 같은 주인이 아니었다는 것이다. 정확한 자료를 얻기 위해서는 주인과 음식솜씨가 같은 상황에서 저울질을 하는 것이 보다 합리적인 임상이 될 것이라는 점은 누구라도 공감을 하게 될 것이다.

그런데 이 경우에는 주인이 바뀐 상황이었기 때문에 이전의 주인이 어떻게 운영을 하였는지에 대해서는 알 길이 없다. 그러므로 단지 풍수의 변화에 대해서만 논의를 할 수밖에 없다는 것은 좀 안타까운 일이라고 해야 하겠다.

다만, 그럼에도 불구하고 과거의 경험을 미뤄서 생각을 해 본다면, 지운이 좋은 상황에서는 그러한 솜씨를 발휘하게 되는 것이라고 하는 점이다.

즉, 아무리 솜씨가 좋아도 손님이 오지 않으면 솜씨는 녹슬기 마련이고, 오늘 아침에 구입해 온 재료로 만든 음식과 보름 전에 구해놓은 재료로 만든 음식은 차이가 클 수밖에 없는 것이다.

이렇게 쓸데없는 걱정까지 하는 것은 벗님도 승백당[신나는 현공풍수 입문편 참고]처럼 의심이 든다면 한 번 생각을 해 보시자는 의미이다. 적어도 낭월은 자료를 수집하면서 이러한 부분에 대해서도 의심을 하면서 정리하였다는 이야기도 된다. 여하튼 연구에 참고가 되는 좋은 자료가 되었기 바란다.

5. 섬진강가의 펜션

이번의 경우에도 또 사연이 있으니 어느 것이라도 내면에는 나름대로의 사연을 간직하고 있는 것이 사실인 모양이다. 여기에서는 또 이러한 이야기가 담겨져 있다.

1) 운영이 어려워 의뢰

강변에서 펜션을 마련하였으니 경치는 묻지 않아도 좋은 것은 당연할 것인데, 어쩐 일인지 손님이 들지 않아서 운영에 어려움을 당한 주인이 인연법에 따라서 자명스님께 의뢰를 하게 되어서 현장 답사를 가 보게 되었던 것으로 이야기는 시작이 된다.

현장에 가서 보니까 과연 멋진 산봉우리를 뒤로 하고 앞에는 비단 같은 강물이 흘러가는 풍경인지라 누가 봐도 자리를 잘 잡았다고 할 만 한 지형이었다.

이렇게 되면 뭔가 곡절이 있기 마련이라는 경험으로 나경을 꺼내어서 坐向부터 살펴보게 되었다. 그리고 나온 결론은 8운의 戌坐辰向으로 배산임수의 형세에다가 上山下水의 局으로 건물이 조성되어 있었다.

向星8이 건물의 뒤쪽 높은 산이 있는 乾宮[山星1+向星8]에 위치하여 재물의

제법 넓은 강변을 끼고서 펜션이 그림처럼 자리를 잡고 있는 풍경이다. 강물이 맑아서 다슬기를 잡는 사람들도 보였다.

손실이 예상되고 山星8이 건물의 앞쪽 큰 강이 있는 巽宮[山星8+向星6]에 위치하여 사람에게도 피해가 발생할 수 있는 장면이었다.

큰 산을 뒤로 하고 아늑하게 자리를 잡았는데, 세파(世波)에 지친 나그네가 며칠 쉬어갈 마음이 생길 수 있는 공간이다.

감정을 마치고 이러한 정황에 대해서 설명을 해 주자 주인은 어떻게 해결방법이 없겠는지를 물었고, 자명스님께서는 이미 지어진 큰 규모의 건물은 어쩔 수가 없으니까 그대로 두고, 앞쪽에 어차피 땅이 있으니까 마당의 끝부분에 두 개의 건물을 지어서 보완을 하면 좋겠다는 조언을 해주게 되었다.

그러니까 본 건물을 보고 지으면 자연스럽게 辰坐戌向으로 上山下水로 주변의 형세와 合局이 되는 셈이므로 그러한 예방법도 효과가 있을 것이기 때문에 조언을 하게 되었다.

그리고 만약에 새로운 건물을 지을 계획이 되어서 공사를 하게 된다면 미리 연락을 주면 다시 와서 정확한 坐向을 잡아주겠노라고 약속을 하였는데, 어쩐 일로 연락이 되지 않았는지, 아니면 깜빡 잊어버렸는지 그냥 지나갔다.

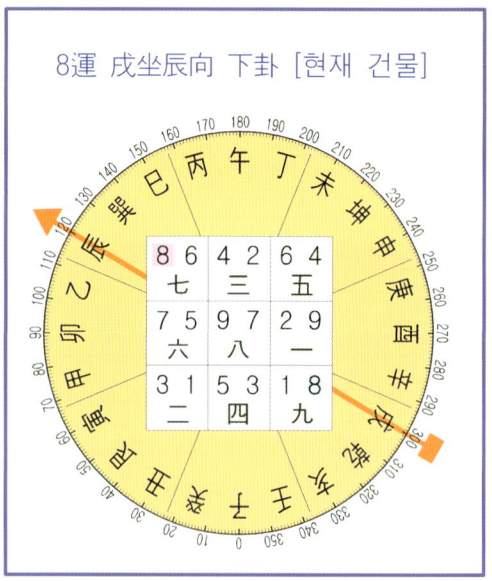

2) 새로 추가된 건물

작년[2008]에 우연히 지나는 길에 인연이 있었던 곳이라서 강을 건너다 바라보니까 전에 없는 건물 두 동이 새로 생겨나 있는 것이 보였다. 그래서 문득 생각하기를 먼저 이야기를 해 줄 적에 대략적으로 앞에 건물을 지을 적에는 한 동은 본 건물을 마주보면서 辰坐戌向의 上山下水로 조성을 하고 나머지 한 동은

未坐丑向으로 조성하라고 해준 것이 생각났다.

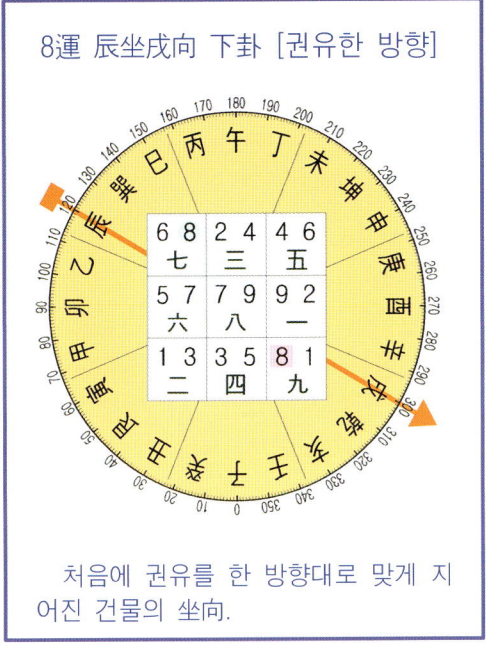

8運 辰坐戌向 下卦 [권유한 방향]

처음에 권유를 한 방향대로 맞게 지어진 건물의 坐向.

그래서 혹시 그렇게 지었나 싶어서 조용히 나경을 꺼내어 坐向을 살펴봤더니 새로 지은 건물의 한 동은 맞게 지었는데, 나머지 한 동은 辛坐乙向으로 잘못 조성이 되어있던 것이다.

아마도 연락이 되지 않자 기억을 떠올려서 공사를 한 것이 잘못 시공을 한 것은 아닐까 싶은 혼자의 생각을 했지만, 이미 조성이 된 마당에 뭐라고 할 수도 없어서 그냥 조용히 자리를 떴다.

合局이 된 건물은 向星8이 건물이 뒤쪽에 큰 강이 있는 巽宮[山星6+向星8]에 위치하므로 재물이 늘어나게 되고, 다시 山星8이 乾宮[山星8+向星1]에 위치하므로 사람에게도 좋은 일이 생기게 된다.

3) 착각(錯覺)의 결과

물론 주인을 만나서 자세한 것을 물어봐야 하겠지만 나름대로 사정이 있었을 것으로 짐작만 하고 이렇게 된 결과의 상황을 예측이라도 해 보고자 하여 운반을 살펴보도록 한다.

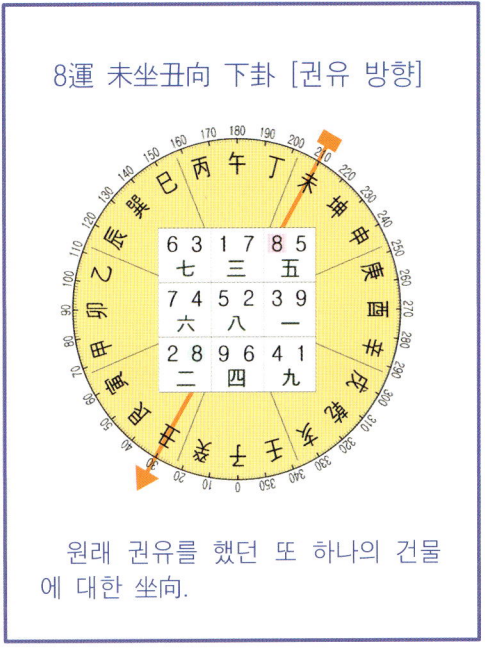

8運 未坐丑向 下卦 [권유 방향]

원래 권유를 했던 또 하나의 건물에 대한 坐向.

우선 권유했던 坐向으로 구성이 되었을 경우에 예상되는 상황에 대한 설명을 먼저 한다. 전면에 두 개의 강줄기가 유정(有情)한 형상을 하고 있어서 未坐丑向으로 조성을 하라고 했던 것이다.

그런데 辛坐乙向으로 되었을 경우에 예상되는 조짐은, 雙星會坐로 주변 지형과 合局은 된다. 그런데 형기상으로 본다면 向星8의 방향으로 물이 빠져나간다는 것이 걸린다.

이러한 것은 현공의 이전에 지형적으로 봐서 재물이 새어나가는 것을 의미하기 때문에 초보풍수가들도 그 흉함을 알고 꺼리게 되는 것이다.

현공으로 봐도 이러한 구성은 山星8과 向星8이 있는 兌宮의 방향으로 물이 급하게 달아나고 있어서 재산이 늘어나기는 고사하고 자꾸만 손실이 일어나게 되고, 사람간의 관계에서도 가까운 사람들과 자꾸만 마찰이 생기고 가족 중에서는 이별을 하거나 가출을 하는 사람이 생겨나게 된다.

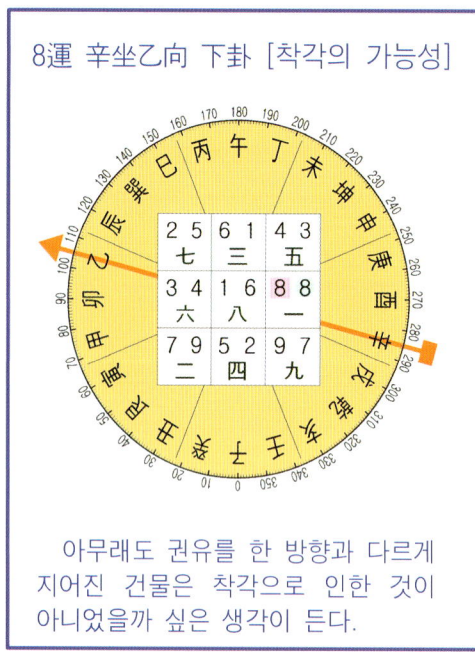

8運 辛坐乙向 下卦 [착각의 가능성]

아무래도 권유를 한 방향과 다르게 지어진 건물은 착각으로 인한 것이 아니었을까 싶은 생각이 든다.

4) 아차차! 그게 아닌데…

적어도 큰 건물의 오류를 바로잡기 위해서 지은 작은 건물이므로 올바르게 습局이 되었으면 좋으련만 그것도 인연이 닿지 않아서 이렇게 되고 보니까, 혹시라도 운영이 잘 되었으면 좋겠지만 그렇지 못하다고 하면, 괜히 지나가는 말로 잘못 흘려듣고서 坐向을 잡은 결과가 되니 자신의 허물도 없다고 못하겠기에 괜히 마음에 걸리는 것이다.

그리고 또 한 가지 걱정스러운 것은, 이렇게 조성을 한 다음에 좋은 일보다는 궂은 일이 자꾸만 발생하게 된다면 자칫 현공풍수에 대해서도 불신하는 마음이 일어나게 되지는 않을까 싶은 마음도 적지 않다.

본의 아니게 현공의 조사(祖師)님들께도 누를 끼친 꼴이 될 것이므로 함부로 말을 하면 안 된다는 경구(警句)를 소홀하게 생각할 것이 아니라는 것을 다시 되새기는 계기가 되기도 했다.

그래서 앞으로는 누가 물어도 함부로 지나가는 말로 坐向에 대해서 말을 하지 않는 것이 중요하겠다는 것을 새삼 깨닫게 된 것도 중요한 점이다.

친절함이 친절이 되지 않고 오히려 나쁜 결과로 연결이 될 수도 있음을 생각하게 되었기에 여기에서 이러한 말씀을 해 드릴 수가 있었겠지만, 더욱 중요한 것은 바로 벗님이다. 그야말로 조심하지 않으면 참으로 후회를 할 일이 생길 수도 있음을 잘 생각하고 함부로 말하지 않는 지혜로움을 간직하시기 바란다.

이것이 이 순간에 해 드리고 싶은 간곡한 당부의 말씀이다. 그리고 앞의 경우를 참고하면 왜 그래야 하는지를 백번 짐작하고도 남을 것이다. 확실하게 시공하지 않을 것이면 미리 말을 해주는 것은 오산(誤算)을 일으킬 수도 있다.

6. 임대문의가 붙은 모텔

대략 책에 들어갈 자료들을 마무리했다고 생각되는 즈음에서 자명스님의 전화가 왔다. 어제 지나가다가 비어있는 모텔을 봤는데, 참고자료로 싣고 싶다는 것이었다. 대략 초안이 잡힌 상황에서 약간 아쉬운 면이 있던 참이라서 그렇게 하자는 약속을 하고 현장으로 달려가서 살펴보게 된 자료이다. 이렇게 불시에 들어오는 자료도 또한 현공풍수 2권과 인연이 되었기 때문이라고 생각이 된다.

1) 유원지 주변의 모텔

모텔의 앞에 붙여놓은 안내문에는 임대문의와 전화번호가 쓰여 있었다. 이것은 이미 마음대로 운영이 되지 않아서 비어있는 상황이므로 측정을 해 봐야 알겠지만 뭔가 문제점이 있는 것으로 드러날 가능성이 매우 높다는 것을 의미한다. 우선 반궁수(反弓水)에 대해서 이해를 해야 하겠다.

그림을 보면, 중간에 물이 흘러가는 상황에서 1번 집은 반궁수의 영향을 받

유원지를 끼고 자리를 잡은 모텔은 안타깝게도 새로운 주인을 기다리고 있는 입장이 되어있는데, 이 원인은 乙辰大空亡의 부작용이 아닐까 싶은 마음에 결국은 헐려야 할 운명이 아닐까 싶은 생각을 해보게 된다.

는 것이고 2번 집은 그렇지 않은 상황이다. 즉, 2번 집은 나쁘다고 하지 않지만, 1번 집은 흉한 상황으로 보게 되는 것이 형기법의 기본적인 원칙이다.

그리고 자연적으로 시간이 흘러가면 1번의 집은 자꾸만 물살로 인해서 깎이게 되어서 흉하다고 하게 되는 반면에 2번의 집은 퇴적작용에 의해서 자꾸만 토양이 쌓이게 되는 효과가 일어나게 되어서 이것도 또한 좋은 징조 중에 하나로 보기도 한다.

화살표를 보면 이해가 되겠지만 이 건물의 위치가 바로 반궁수에 해당한다. 이러한 형세를 보면서 만약에 坐向이 合局이 되었음에도 사업이 마음대로 되지 않았다면 이것은 반궁수의 영향에 대해서 연구를 해 볼 수가 있는 좋은 자료가 되겠다는 생각으로 살펴보게 된 것이라고 한다.

2) 주변의 풍경

坐向을 측정하는 자명스님이 시간을 많이 사용할 경우에는 대체로 空亡에 해당하는 눈금이 나타날 경우이다. 이러한 상황은 종종 나타나는데, 空亡에서는 나경의 바늘도 방향을 잃어버리는지 그렇게 정확한 측정을 위해서 시간이 많이 걸리는 것을 항상 접하면서 이 집에 대해서도 얼른 坐向을 말씀하지 않으시는 것은 空亡과 연관이 있지 않을까 싶은 짐작을 하면서 주변의 상황을 살펴봤다.

건물 앞으로 치고 지나가는 하천은 주변의 대도시로 흘러들어가게 되는 상류에 해당하는데, 화살표의 끝 부분에는 물도 상당히 있어서 다슬기를 잡는 주민들의 한가로운 모습도 볼 수가 있었다. 낭월이 반궁수의 흐름이 정확한지를 살펴보려고 주변을 돌아다녀 봤더니 하천 유원지로 되어있었다.

아마도 짐작을 하기에 유원지 부근에 적당한 터가 있어서 모텔을 지어놓으면 연인들이 놀러 와서 휴식도 취하지 않을까 싶어서 조성을 한 것으로 생각이 되었다. 그리고 도로의 차량 통행도 적지 않았고, 멀지 않은 곳에 큰 도시도 있으므로 데이트를 하기에 좋은 코스가 될 수도 있을 것도 같다.

3) 坐向은 乙辰大空亡

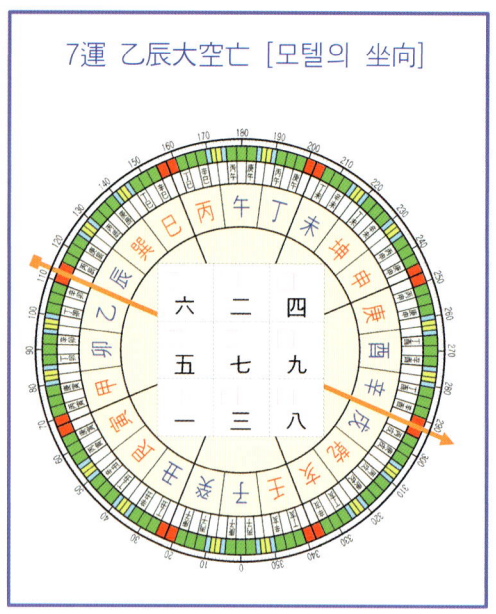

大空亡이 총 여덟 개가 되는데, 그 중에서도 측정을 하고 또 다시 측정을 한

다음에 내린 결론은 乙辰大空亡이었다. 이제 낭월도 눈치도사가 되어가는 모양이다. 空亡의 나경 각도는 미세하기 때문에 자칫하면 잘못 판단을 할 수가 있어서 더욱 공을 들이는 것을 하도 많이 봤던 까닭에 대략 표정을 봐도 짐작을 할 수가 있는 정도의 눈치가 생겼던 모양이다.

震宮과 巽宮의 사이를 가로지르는 나경의 침은 大空亡에 빠졌음을 안내하고 있는 것이다. 이러한 점을 참고하면서 집이 비게 되는 원인은 반궁수의 영향도 있었겠지만, 그보다도 大空亡의 조건이 더 급하게 적용되었을 것이라는 짐작을 하게 된다.

반궁수의 의미는 재산이 깎여나간다고 보면 무난하다. 즉, 재물이 자꾸만 줄어들게 된다는 것이다. 그리고 활의 각도에 따라서 그 정도의 차이가 나타난다고 해석을 하게 된다. 각도가 급하면 급할수록 재물이 빨리 달아난다고 볼 수 있는 것이다.

그렇지만 大空亡에 자리를 잡은 경우에는 반궁수로 논하기도 어려운 상황이다. 그보다도 사람의 생사(生死)를 논하는 것이 空亡이고 보면, 알 수는 없는 일이지만 뭔가 더욱 어려운 정황들이 함께 내재하지 않았을까 싶은 짐작을 해보게 된다.

측정을 마친 자명스님의 평으로는 이 건물을 조성하는 과정에서 풍수가의 조언은 받지 않았던 것으로 짐작이 된다는 의견이었다. 그것은 반궁수가 정면으로 들이치는 자리에 영업장을 지으라고 조언을 할 풍수가는 없기 때문이다.

이것은 현공과도 아무런 상관이 없는

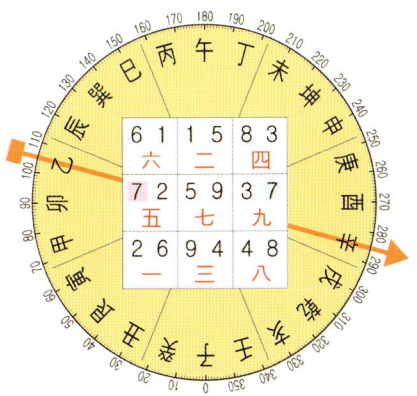
7運 乙坐辛向 下卦 [空亡 참고용]

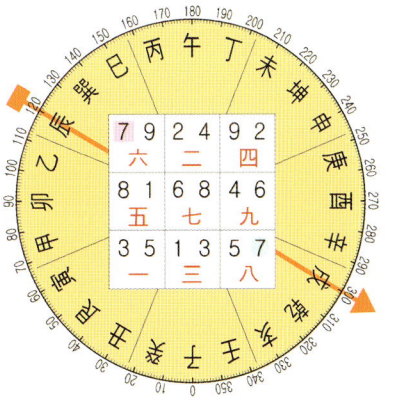
7運 辰坐戌向 下卦 [空亡 참고용]

두 가지의 비성반을 놓고 함께 살펴봐야 할 이유가 있는 것은 워낙 미세하여 나경의 침만 갖고서 어느 쪽으로 보기가 어려운 면도 있다. 그래서 안전하게 전제로 놓고 겸하게 되지만 실은 이미 나쁜 결과가 나왔으므로 의미는 없다.

그야말로 기본적인 문제이며, 설령 풍수에 대해서는 전혀 모른다고 하더라도 상식의 수준에서라도 고려가 되어야 할 상황이라는 점을 생각해야 한다는 것이다.

이러한 점을 고려한다면 그야말로 운이 나쁜 사람이 이러한 자리에 모텔을 지을 생각을 하게 될 수 있겠다. 여하튼 현재의 건물이 처한 상황과 나경이 알려주는 결과에 대해서는 서로 일치된 결과가 나왔기 때문에 달리 뭐라고 이유를 붙일 수도 없겠다.

그래서 실제상황은 전혀 알 수가 없지만 비성반에 나타난 성요조합의 의미를 살펴서 해석이나 해 보도록 하자.

大空亡으로 陰陽宅이 조성되었을 경우에는 大空亡과 가장 가까이 있는 坐向의 비성반으로 흉한 작용을 판단한다.

乙辰大空亡과 가장 가까운 坐向은 乙坐辛向과 辰坐戌向이 되므로 앞의 空亡을 참고하는 도표의 두 가지를 참고하여 판단하게 된다.

먼저 乙坐辛向의 비성반을 보면 向宮에 3과 7의 조합이 있으므로 갑작스럽게 재물의 손실을 당할 수가 있겠고, 다음으로 辰坐戌向의 비성반을 보면 向宮에 5와 7의 조합이 있으므로 재산이 죽고 부패된다는 원리가 되므로 임상을 하여 설명을 할 경우에는 재물의 손실이 많겠다고 풀이를 한다.

그리고 모텔은 영업을 하는 건물이기도 하므로 재물과 관련이 되는 부분에 대해서만 참고를 하였지만, 坐宮의 숫자들도 모두 불길하고 사람들에 대해서도 좋지 못한 일들이 발생할 수 있다는 것을 짐작할 수 있다. 이러한 경우는 현장에 나가보면 허다하다.

토막상식

야산에서 흔히 만나게 되는 보통의 산소이다. 용맥의 흐름도 볼품이 없고, 좌우나 앞의 호사(護砂)도 내세울 만 한 것은 없다. 이러한 자리에는 지맥(地脈)이라도 하나 얻어야 하겠는데, 형세(形勢)만 봐서는 그것도 찾아보기 어렵다. 수맥과 지맥의 사이는 지척이니 지기(地氣)를 모르고서는 나경을 꺼내기 어려운 것이다.

7. 독자(讀者)의 전화

어느 날인가 풍수를 공부하고 있다는 학인으로부터 한 통의 감동적인 전화를 받게 되었는데…… 사연은 이러했다.

자신은 사업이 잘 되지 않아서 경제적으로 무척 어려운 지경에 처해 있는데, 앞으로는 그나마도 더 어려워 질 것으로 판단이 되어서 그나마 아버님의 산소를 이장할 비용이라도 있을 적에 좋은 곳으로 모셔드리고 싶다는 것이다.

부친은 돌아가시기 전에 '나는 죽으면 반드시 명당에 들어갈 것이다' 라는 말을 자주 하셨는데, 그 유언과도 같은 말씀을 지켜서 좋은 자리에 모시고자 백방으로 알아보고 나름대로 풍수에 대한 지식도 쌓아가면서 열심히 공부를 하였다고 한다.

그리고 부친께서 별세를 하시자 풍수를 가르쳐 주신 스승님께 의뢰를 하여 가장 좋다고 판단을 하는 자리에 모시게 되었다는 것이다. 그런데 자신의 일이 급속도로 기울기 시작하면서 40개월 여 만에 전 재산을 다 날려버리고 겨우 2~

최대한으로 노력을 하여 편안하게 모셨건만 겉보기와는 달리 현공법에서 금하는 것을 몰랐던 결과로 전 재산을 잃고 나서야 비로소 깨닫게 되었으니 비싼 수업료를 낸 샘이다. 그러나 이제라도 바로 잡을 계기를 찾았다면 결코 늦었다고 할 수 없는 것이다.
장남(長男)을 의미하는 좌청룡(左靑龍)의 모습이 들어온다. 화살표의 방향을 보면서 형기법에서 꺼리는 의미를 떠올려 보는 것도 좋은 공부가 될 것이다.
[흔쾌히 책에 실어도 좋다는 허락을 해 주신 학구적인 자세에 깊은 감사를 드린다.]

300만원 정도만 남게 되었는데, 그나마도 곧 나가야 할 것 같아지자 급박하게 전화를 한 것이라고 한다.

그래서 어떻게 알고 전화를 했느냐고 물어봤더니, 바로《신나는 현공풍수 입문편》을 보고서 아버님의 산소가 잘못되었다는 것을 알았다는 것이다.

형편이 어려워서 폐백비[수고비용]는 넉넉하게 드릴 수가 없지만 후에라도 반드시 잊지 않을 것이니까 헛일 삼아서 수고를 좀 부탁드린다고 하는데, 그 말이 어찌나 간곡하였던지 그만 자신도 모르게 감동을 하여 그러마고 약속을 하게 되었다.

이러한 정황을 들으면서 과연《沈氏玄空學》을 지은 심소훈(沈紹勳)선생이 모든 풍수가들이 침이 마르도록 좋은 자리라고 칭찬을 한 명당에 자신의 부친을 모시고자 했다가 돈 많은 사람이 새치기로 들어와서 묘를 쓴 다음에 갑자기 망한 정황을 보고서 놀라워서 연구를 한 끝에 현공풍수를 알게 되었다는 이야기가 먼 중국의 과거지사가 아니라 항상 우리 주변에서 일어나고 있는 현재진행형이라는 것을 생각하지 않을 수 없었다.

1) 현장 방문

장소는 경남 진주의 모처였다. 구체적인 위치까지 밝혀도 좋다고 본인은 말하였지만 그래도 혹시 몰라서 이 정도만 밝혀둔다는 점을 참고하기 바란다.

7운의 말에 해당하는 2003년에 亥坐巳向의 上山下水의 不合局으로 모시게 되었다. 습관적으로 지맥을 측정하여 보니까 지맥의 흐름은 亥坐巳向으로 약 2걸음 정도의 폭을 이루고 있었다. 그나마도 지맥에 자리를 잡을 수 있어서 다행이라고 해야 하겠는데, 문제는 현공에서 꺼리는 不合局의 형상이 되어있으니 안타까운 부분이라고 판단을 했다.

2) 주변의 형세(形勢)

재혈을 한 곳은 암반이어서 2m정도를 깨어내고 체백(體魄)을 모셨다고 하는데, 애를 써서 작업을 한 것은 노력을 하였다고 하더라도 좌청룡(左靑龍)에 해당하는 형세는 협조를 하는 분위기가 아닌 것으로 판단이 되었다.

좌청룡이 산소를 감싸는 듯이 있어야 하는데 한참 아래에서 그것도 등을 돌리고 딴 전을 피우는 듯한 형세는 아쉬움이 큰 모습이라고 해야 할 구조였다.

산소의 주변에 구성되어 있는 석물의 형태로는 離宮에 망주석(望柱石)과 坤宮에 비석이 있었다.

3) 현공으로 분석

현공이 주목적이 되었으니 당연히 현공으로 상세하게 살펴보도록 한다.

坐宮의 山星9와 向星7, 向宮에 있는 山星7과 向星5의 흉한 작용을 참고하게 되는데, 여기에서 길한 작용을 보지 않는 것은 이미 不合局이 되었기 때문에 길한 일은 생길 수가 없다고 판단을 하기 때문이다.

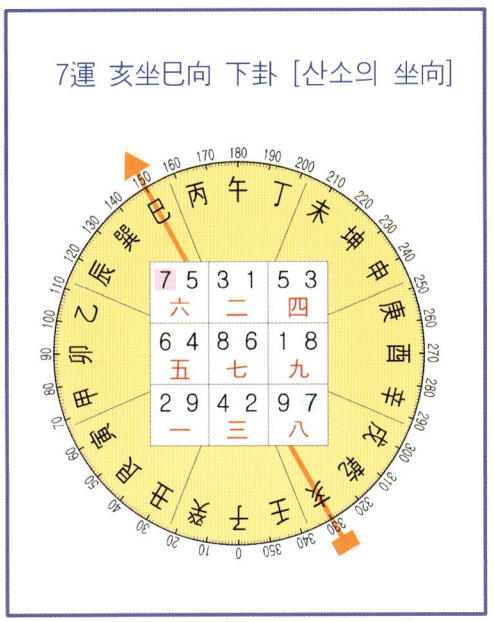

7運 亥坐巳向 下卦 [산소의 坐向]

다음으로 망주석이 있는 離宮의 山星 3과 向星1도 참고하고, 비석이 있는 坤宮의 山星5와 向星3을 추가로 참고한다.

이와 같은 관찰로 얻을 수 있는 해석법은 앞의 성요 보기에서 살펴보면 알 수가 있을 것이다. 실제로 이 산소를 쓰고 난 다음에 가정에 나타난 현상으로는 다음과 같다.

첫째로 사업부진을 넘어서 실패로 이어졌으니 금전적으로 매우 곤란한 지경에 도달했다는 것을 알 수가 있었다.

다음으로 아들의 부적절한 이성교재로 인하여 문제가 발생되었으며 가족들 간에도 불화가 발생하였는데, 구체적으로 본다면 고부간의 갈등이 가장 큰 문제로 대두되었고, 모자간의 갈등도 또한 심하게 일어났다고 한다.

이렇게 하나하나를 살피면서 공부를 한 풍수학인과 대화를 나눠가면서 그가 품고 있었던 궁금한 점까지도 모두 설명을 해 주면 상황에 대해 서로 공통적인 이해의 단계에 도달하게 되었다. 그리고 나서 최종적인 결론은 물론 이장(移葬)이다.

이 자리에서는 희망이 없다고 하는 것을 고인의 아들과 자명스님이 함께 생각을 하고 의논을 마쳤다. 그 다음에 최선책을 강구하는 데에는 이장이 떠올랐다. 만약에 이장이 여의치 못하다면 화장이라도 생각을 해볼 수 있었겠지만 적어도 그대로 둔다는 것은 불가능했다.

4) 이장을 할 장소

일단 이야기를 나누면서 이장으로 결론을 맺게 되자 다음에는 어디를 찾아야 할 것인지에 대해서 고민을 해야 할 순서가 기다리고 있었다.

기존 산소가 있는 구역에서 약 150m 정도 이동을 하면서 살펴보니까 꽤 괜찮은 자리가 하나 있었다. 주변의 임야 중에서는 모두가 암반이어서 토양이 있는 자리를 찾기가 어렵다는 것이다.

그렇게 말을 하는 학인의 말을 뒤로하고 몇 바퀴를 순회하면서 찾아 낸 자리는 지기(地氣)가 넓고 강하게 응결되어 있으면서 형세도 먼저보다는 좀 나은 편이어서 그 자리로 결정하고 조금 파들어 가니까 영롱한 오색토(五色土)가 나타났다.

지맥을 살펴보면 흐름은 亥坐巳向으로 되어있으면서 폭은 약 16보 정도가 되었다. 이 정도라면 대단히 강한 지맥이라고 봐야 할 것이다. 아마도 아들의 효심으로 산신령님께서 이러한 땅을 주신 것이 아닐까 싶었다.

형세를 보면 전면의 안산(案山)과 조산(朝山)이 훨씬 안정감이 있어 보이지만 기본적으로 비슷한 기슭이다 보니까 확연히 다르다고는 하기 어렵겠다. 그래도 안정감이 드는 것은 사실이고, 특히 청룡이 훨씬 부드럽게 다가오는 분위기가 좋았다.

그럼에도 조금 아쉬운 부분은 주변의 토양을 정리하여 어느 정도 꾸몄는데, 이것은 여성이 화장을 하는 것과 같아서 대단히 큰 효과를 본다는 것은 아니지만 그래도 어느 정도 보완의 작용은 있으므로 구태여 피할 것은 아니다.

5) 다시 亥坐巳向으로 이장

7운에 亥坐巳向으로 모셨던 부친을 다시 8운의 亥坐巳向으로 옮겨 모시게 되었다. 택명반은 旺山旺向으로 合局이 되었으니 그 아드님이 기뻐한 것은 더 말을 할 나위도 없는 일이다.

坐宮의 山星8과 向星6이 이번에는 길한 작용으로 나타나게 될 것이므로 해당 항목을 찾아서 풀이를 보기 바란다.

또한 向宮의 山星1과 向星8의 길작용에 대해서도 찾아 볼 수가 있을 것이다. 이렇게 하여 또 하나의 인연을 짓게 되었다. 물론 그렇게 어려운 환경에서도 이러한 일을 추진한 아들의 정성으로 지금은 가정이 안정되었고, 이전보다도 더욱 화목한 가정이 된 것을 볼 때마다 현공을 알게 된 인연으로 맺은 좋은 벗이라는 생각이 들게 된다. 더구나 책으로 인연이 된 독자라는 것이 더욱더 감사하기도 하다.

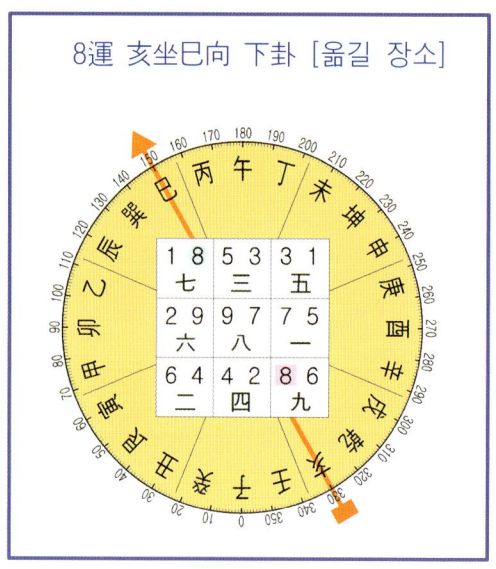

이러한 정황을 소상하게 알고 나서는 현공풍수 2권에 대한 자료집에 이 사례를 넣어도 좋겠느냐고 이야기를 하여 흔쾌히 그렇게 하시라는 승낙을 받고 현장조사를 나가기 위해서 자명스님과 동행을 했다. 날씨는 무지하게 더웠지만 시종일관 즐거운 모습으로 우리 일행들을 구석구석 안내하면서 알고 있는 대로 설명을 해 주는 것을 보면서 복을 받아도 될 사람이라는 생각이 들었다.

그리고 더욱 중요한 것은 조상님을 잘 모시려고 애를 쓴 결과로 이제는 스스로 남의 가정에 행복을 나눠주는 역할을 하게 되었다는 것이다. 이렇게 인연의 법칙은 알 수 없는 결과를 가져오기도 한다.

잘못 된 곳인 줄을 알면 새로운 곳을 찾게 된다. 또 찾으면 보이고 보이게 되면 그 다음에는 순조롭게 추진을 할 수가 있는 것이다. 스스로 비싼 수업료를 지불했기에 그 의미하는 바는 또 다른 깨달음으로 이어지게 된다.
새롭게 찾아서 편안하게 모신 다음부터는 온 가족이 화평하고 자신도 행복이 충만한 삶을 살고 있다고 하면서 현공풍수의 의미를 전해 준다.

6) 이장의 후기(後記)

그 학인은 현공풍수에 대해서 더욱 열심히 정진하여 본격적으로 내제자가 되어서 이미 한 분야의 전문가로 활동을 하면서 자신의 경험을 살려 남들의 고통을 건져주는 일익을 담당하고 있다.

또 명당토를 활용하여 나쁜 기운을 차단시키는 방법에 대해서도 연구를 하면서 활용하고 있으며 앞으로도 계속해서 현공풍수의 보급에 앞장을 서게 될 것은 틀림이 없다고 하겠다.

낭월이 그 학자를 만나서 문득 이장을 한 다음에 뭐가 달라진 것이 있는지 궁금해서 질문을 해봤다. 이장을 한지는 대략 3년 정도가 되었으니까 변화가 생길 수도 있었겠다는 생각이 들어서였다.

당연히 변화가 있었다고 한다. 그렇게도 못마땅해 하시던 모친과 아내의 사이가 더 이상 좋을 수가 없을 정도로 변화를 한 것이 가장 큰 것이었는데, 이것으로 인해서 가정이 화목해졌으니 더 바랄 것이 뭐가 있겠느냐는 말을 한다.

또 어머님이 재정적으로도 큰 힘이 되어주시겠다는 말씀을 하고 계신데 그 동안 실패하여 잃었던 삶의 의욕을 다시 회복할 기회가 새롭게 주어지는 것만 같아서 하루하루가 신명나고 즐거워서 너무 행복하시다는 말씀을 주셨다.

그 바람에 자료를 더욱 구체적으로 잘 확보할 수 있었으니 작은 인연이 큰 결실로 이어지는 것을 느낄 수가 있었다고 하겠다. 그리고 열심히 정진하시는 것을 보면서 과연 노력을 하는 자만이 도달을 할 수가 있다는 것을 또 생각하게 되기도 했다.

8. 산소의 석물(石物)

그 동안 많이 들어 본 말 중에 하나가 바로 이번에 다룰 석물의 피해에 대한 이야기였다. 동네의 노인들께서 모여앉아서 흔히 나누는 이야기 가운데에서도 아랫마을 아무것이가 아버지 산소에 석물을 하고 사업을 망했다는 등의 이야기를 어려서부터 들어와서 당연히 그러한 피해가 있는가보다 싶었다.

그런데 현공풍수를 인연으로 해서 지학(地學)에 관심을 두면서, 이 문제에 대해서 좀 더 생각을 해 보게 되었는데, 그 중에서도 아무리 생각을 해도 납득이 되지 않는 부분이 있었으니 그것은 과연 그 피해가 있겠느냐는 부분이다.

왜냐하면 낭월이 이해를 할 수가 없는 부분은 바로 지상에 세워놓은 석물들이 어떻게 지하에 잠들어 있는 고인의 유해에 영향을 미칠 수가 있느냐는 것이다.

벗님은 이러한 상황을 논리적으로 설명할 수 있을지 모르겠지만 낭월의 우둔한 머리로는 아무리 생각을 해봐도 납득이 되지 않는 상황이었기 때문이다.

생각을 해 보시라. 한 예로 비석이 살기를 묘지에 잠든 고인에게 영향을 미친다고 하는 말을 분석해 본다면 과연 이 말이 타당성이 있을까?

각도(角度)로 따져 보아도 전혀 해당이 없다. 구조로 봐서는 더욱 더 그렇다.

배산임수(背山臨水)로 아늑한 산기슭에 편안하게 한 곳으로 이장을 하여 모신 조상님들의 선영이다. 그리고 더욱 잘 하려고 석물(石物)을 배치하는 경우도 흔하다. 그런데 이것이 문제를 일으키는 경우가 있다고 하니 안타까움이 앞선다. 과연 석물로 인한 피해인지는 단언할 수 없지만 풍수가들 사이에서는 당연히 주의를 해야 하는 것이라고 한다.

시신은 이미 흙과 관으로 다져진 상황에서 그 위에 무엇이 있다고 하든 아무런 상관이 없을 것이 아닌가?

이러한 것에 대해서 의문이 없으셨던가? 그렇다면 낭월이 정말 말도 되지 않는 의문을 갖고 있는 것일까? 이성적으로는 아무리 생각을 해봐도 비석이나 상석으로 인해서 고인에게 피해를 준다는 것에 대해서는 도무지 납득이 되지 않는 것을 어쩌겠는가 말이다.

석물로 인해서 피해를 입는 자가 있다면 그것은 산소를 방문한 사람의 시야일 뿐이다. 사람의 눈에 그것이 피해를 주는 것으로 보이는 것이지 실제로 고인에게 어떤 영향을 준다는 것은 생각하기 어려워서 나름대로 판단하기에 인간의 기준으로 평가를 하여 길흉을 이야기 하는 가운데 석물의 피해가 등장을 한 것은 아닐까 싶은 결론을 내려 본다.

나아가서 전주(電柱)나 철탑도 같은 맥락에서 생각을 해 보게 된다. 즉, 사람이 보기에 그렇게 보일 뿐이지 실제로 터 속에 주무시는 고인에게는 철탑이 세워지는지 건물이 지어지는지 알 바도 없고 알고 싶지도 않을 것이며 그로 인해서 어떤 영향을 받는다고도 생각하기 어렵다는 것이다.

어쩌면 이러한 것이 자평명리학(子平命理學)에 들어와서 주인노릇을 하고 있는 온갖 신살(神殺)과 같은 존재들은 아닐까 싶은 생각도 해 보는 것이다.

그렇게 된다면 이제 형기론(形氣論)에 대해서도 부정적인 생각이 점점 커지게 되는 것은 어쩔 수가 없는 것이다. 그러니까 밖에서 바람이 불거나 말거나 속에 들어있는 시신의 입장에서는 전혀 상관이 없는 일이라고 주장을 한다면 이것이 또 반박하기에 좀 곤란하지 않을까 싶은 생각을 해보게 되는 것이다.

1) 여하튼 석물피해

그렇게 생각을 하고 있던 낭월에게 자명스님께서 또 이러한 자료를 들이미셨다. 그래서 기회다 싶어서 아예 이번 사례를 물고 늘어져서 석물과 무관하게 어떤 원인이 있을 수 있지 않겠느냐는 생각을 해 보게 되었던 것이다. 이렇게 이야기를 풀어 가면 벗님께서도 흥미가 동하실 수 있을지 모르겠다.

그리고 정말로 석물의 피해라고밖에는 달리 해석을 할 수가 없다면 뭔가 이성적으로는 받아들일 수가 없겠지만 불가항력의 어떤 영향력이 있다는 것을 생각해야 할 것으로 마음먹고 안내를 하시는 대로 따라 나섰다.

위치는 경북의 모처였고, 멀리서 바라다보니까 무난한 산기슭에 가족묘가 조성되어 있었다. 물론 석물들이 화려하게 장식되어 있는 것이 눈에 들어왔다. 짐작컨대 이 석물들로 인해서 자손들이 피해를 입었다고 하는 결론을 내린 것이라는 추측을 했다.

그러면 자명스님께서 조사를 한 자료를 따라가면서 반박의 허점이 있는지를 함께 추적해 보도록 하자. 그리고 허점이 없다면 의심을 여기에서 끝내기로 작정을 하는 것도 나쁘지 않을 것이다.

풍수의 관점에서 바라다 본 주변의 풍경은 별로 흠을 잡을 것이 없어보였다. 그야말로 배산임수(背山臨水)의 평범한 지형에 아늑하게 자리를 잡은 것은 누가 봐도 편안해 보이는 가족 공동묘지였다.

2) 경과된 피해사례

이 장소의 주인은 지방의 유명인사로 상당한 재력을 갖고 있었다고 한다. 이름난 지관을 초빙하여 도처에 흩어져있던 조상들의 산소를 한 곳으로 옮겨서 가족묘지로 조성을 하게 된 것이다.

그리고 있는 재력을 살려서 묘지마다 석물로 멋지게[혹은 있어보이게] 장식을 하였는데 이렇게 석물을 사용하여 묘지를 장식한 다음에 젊은 아들이 갑작스럽게 죽었으며, 자신도 아들이 죽은 다음 2년 만에 환갑을 넘기지 못하고 사망하였으며, 가산도 심하게 기울었다.

그리고 풍수가들 사이에서는 석물로 인해서 그러한 피해를 당하게 되었다는 것이 정설(定說)로 되다시피 하였던 것이다. 그리고 낭월은 과연 이러한 설이 타당성이 있을 정도로 믿어야 할 것인지에 대해서 의심을 하면서 살펴보기로 한다. 벗님은 어느 쪽이실까?

3) 현공의 자료 분석

조성을 한 시기는 6운 말에 乙坐辛向으로 조성했는데 上山下水의 不合局이 된 사례이다. 여기에서 上山下水의 不合局이라는 말에 오히려 마음에 쏙 와서

닿는다. 그러면 그렇지 뭔가 다른 곳에서 이유가 있었을 것이라는 느낌이 들었는데, 좀 더 지켜보도록 하자.

지맥을 측정해 본 결과로는 과히 큰 맥은 나타나지 않고 있었다. 여러 개의 묘지를 한 공간에 조성하는 과정에서 일부의 산소는 수맥에 자리를 잡기도 하였고, 또 일부는 지맥에 잡게 되는 등의 불규칙한 장소의 안배가 되어 있었다.

지맥의 흐름과 산소의 坐向은 서로 일치하는 상황이었다.

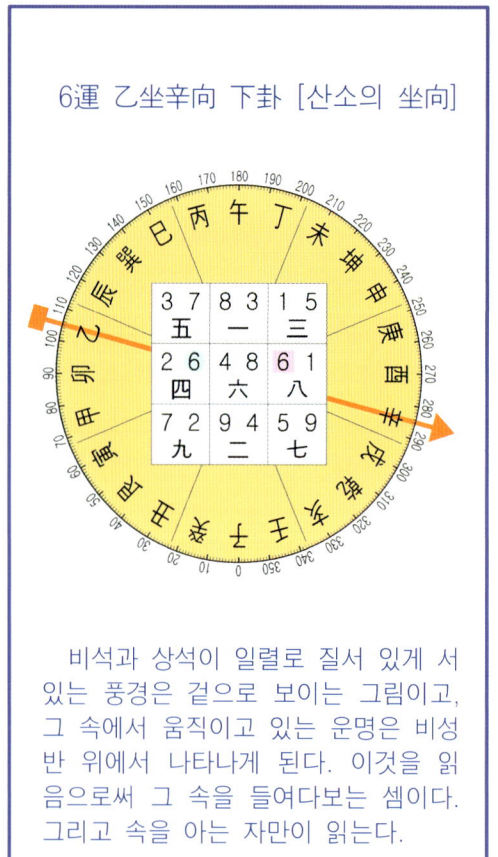

6運 乙坐辛向 下卦 [산소의 坐向]

비석과 상석이 일렬로 질서 있게 서 있는 풍경은 겉으로 보이는 그림이고, 그 속에서 움직이고 있는 운명은 비성반 위에서 나타나게 된다. 이것을 읽음으로써 그 속을 들여다보는 셈이다. 그리고 속을 아는 자만이 읽는다.

일단 上山下水의 不合局이므로 길작용은 논하지 않고 흉작용에 대해서만 거론

을 하면 된다.

坐向인 震宮의 山星2와 向星6의 흉작용과, 向宮인 兌宮의 山星6과 向星1의 조합에 대한 숫자의 흉한 작용을 찾아보면 답이 될 것이다. 그리고 이러한 공식이 나오게 되면 해답의 풀이는 직접 성요의 표를 찾아서 읽어보기 바란다.

4) 문제의 석물 분석

이제 석물(石物)에 대해서 살펴봐야 할 순서이다. 우선 석물들이 세워져 있는 방위를 살펴보면 공교롭게도 坤宮에는 山星1과 向星5가 해당하고, 乾宮에는 山星5와 向星9의 조합수가 배당되어 있다는 것이다. 그리고 山星5의 숫자나 向星5의 숫자가 있는 방위에는 형기상으로 특별한 것이 있으면 매우 흉한 작용을 하게 된다는 풀이가 되어있다.

참고로 숫자 5는 죽음, 변질, 부패, 실패 등을 의미하는 작용이 강하므로 不合局이 되거나 형기상으로 특이하거나 흉한 것이 있을 때에는 흉한 작용이 강하고 빠르게 발생한다. 특히, 인공적으로 조성하는 석물의 경우에는 숫자 5가 있는 宮의 방위는 반드시 피하는 것이 좋은 것으로 현공은 풀이하고 있다.

5) 석물피해가 맞을까?

이렇게 결론을 내린 것이 현공의 의미로 봐서 찾을 수가 있는 답이다. 그렇다면 다른 방면에서 그러한 작용을 읽을 수는 없는 것인지에 대해서 살펴봐야 할 필요가 있겠는데, 비성반을 보면서 석물에 의한 피해라고 생각되는 것 이외의 해석이 가능한 부분이 있을 것인지를 살펴보는 것이 의미가 있겠다.

우선 上山下水의 不合局이라고 하는 최대의 관심사가 등장을 했다는 것이 매우 흥미롭다. 이렇게 되면 向星이 不合局이므로 재물에 대해서 큰 손실이 예상되는데, 고인이 모두 이러한 장애를 받을 것이므로 상승효과에 의해서 더욱 큰 손실이 발생할 수가 있을 것으로 보는 것이 크게 무리라고 보이지는 않는다.

다음으로 山星도 不合局이므로 이번에는 사람이 상하게 되는데, 이것도 같은 의미로 상승효과를 발휘하게 되어서 최악의 상황으로 이어진다고 하더라도 크게 이상하다는 생각이 들지 않을 것이다. 이러한 정황만으로 사람이 죽을 수 있겠느냐고 한다면 이미 다른 경우에서도 그와 같은 경우는 항상 나타나고 있으므로 이상하게 생각을 하지 않아도 되지 않을까 싶다.

다시 向星과 山星의 숫자조합을 살펴보면서 어떤 의미로 해석이 되는지를 살펴보도록 하자. 이미 살펴봤을 것으로 생각이 된다.

[坐宮의 不合局]

震宮의 상황은 벼락과 같이 급속하게 길흉의 작용이 나타나는 것을 특징으로 한다. 그래서 순식간에 진행되는 작용을 고려한다면 이 가문에서 겪은 상황들이 그냥 진행이 된 것만은 아니라고 하는 점을 생각하게 된다.

<6+2>나 <2+6>의 흉작용을 살펴보게 되면, 확장, 투기, 투자 등으로 인하여 재산상의 손실과 이로 인하여 관재로 발전되고, 직장에 문제가 생기거나 상사와 불화가 생기며, 사고가 생기거나 머리 부분에 질병이 발생한다.

[向宮의 不合局]

兌宮의 상황이 흉하게 작용하는 경우에는 즐기면서 논다는 의미로 작용하고 그로 인해서 발생할 수 있는 흉한 작용들이 일어나게 된다.

<6+1>이나, <1+6>의 흉작용은 색정 문제나 도둑질로 인하여 관재가 발생 발생하며, 머리나 뇌 쪽에 이상이 생긴다.

투기나 투자, 또는 사업 확장을 하여 큰 손실을 보기도 하며, 큰 사고가 발생하거나 싸움이 일어나기도 한다. 이렇게 나쁘게 작용을 하기도 하지만 이것만으로 봐서는 온 가족이 전멸하다시피 흉하게 나타난다는 정도의 의미로는 보지 않는다. 그렇다면, 비석의 작용이 추가되어야만 그러한 의미가 나타나게 되는 것인가 싶어서 다시 비석의 방향에 해당하는 의미를 살펴보도록 한다.

[坤宮의 비석의 풀이]

坤宮의 상황은 山星1과 向星5의 조합이 되고, 이것이 갖는 의미는 1은 임신, 지혜, 자식, 도둑, 은밀함 등을 의미하고, 5는 파괴, 손상, 죽음, 임신과 관련된 불임, 낙태, 유산, 사산 등과 일체의 하초 질병을 의미한다.

이러한 의미를 대입하게 되면, 음란한 행위로 인하여 어려움을 당하기도 하며, 도둑을 당하거나 도둑질에 연루되기도 하고, 자식에게도 문제가 발생한다. 또한, 음성적으로 진행하던 일에도 큰 어려움이 발생하고, 중증 환자의 경우에는 사망할 수도 있다.

[乾宮의 비석 풀이]

乾宮의 상황을 살펴보면, 山星5와 向星9의 조합이 되어 있다.

흉작용을 살펴보면, 독약에 의한 피해를 당하게 되고, 관재를 당하거나 소송을 당하고 재판에서 패하게 되며, 문서나 인감을 잘못 사용해서 큰 피해를 당한다.

내용을 보면 특히 坤宮의 숫자 조합이 매우 나쁘다는 것을 알 수가 있는데, 여기에서 죽음이라는 말이 등장을 한다. 물론, 그것은 급격하게 일어나는 일들이지만, 이러한 모든 원인은 上山下水의 不合局으로 인해서 일어나는 것이므로 책임은 凶局에 있을 것이다.

9. 석물 후 급성백혈병

여기 또 하나의 석물에 의한 피해를 당했다고 알려진 자료가 있다. 이 자료에서도 앞의 경우와 마찬가지로 달리 해석을 할 방법이 없고 석물에 의한 흉작용이라고 밖에 볼 수 없다면 일단 이성적으로 납득이 되지 않더라도 인정을 해야 할 수밖에 없다고 하겠다.

다만, 여기에서는 석물이 아니라도 어떤 풀이가 나올 수 있다면 석물과는 무관하게 일들이 일어난다고 할 수도 있을 것이며, 낭월도 은근히 그러한 마음이 가지고 있다. 그렇지만 자료를 왜곡할 수는 없는 일이다. 그래서 주어진 것에서 답을 찾아보도록 최선을 다 할 뿐이라는 점은 밝혀 드린다.

1) 자료 제공자

우선 어떤 일이 생기고 나서야 관심을 두게 되는 것이 보통이다. 특히 산소에 대해서 보통 감기가 걸리듯이 관심을 두

또 하나의 석물로 인한 피해라고 보는 사례이다. 뒤는 높고 앞은 낮은 형태로만 봐서는 산소를 조성하기에 무리가 없는 것으로 보겠는데, 지기도 약하고 수맥(水脈)에 조성이 된 것은 좋은 작용을 기대하기 어려울 것이다. 그럼에도 더욱 안타까운 것은 손자의 친구가 현공법으로 감정을 해 줬음에도 수용할 인연이 되지 않는다는 것이다.

지는 않는다는 이야기가 되기도 한다.

올해 찾아간 같은 곳인데 풀과 나무가 무성하여 알아보지도 못할 지경이다. 앞의 사진은 1년 전에 찍은 것이니 그 짧은 시간에 이렇게도 분위기가 달라진 형상이다. 적어도 관리가 전혀 이뤄지지 않고 있다는 것을 의미하는 것은 분명하다.

이 산소와 연관해서 전해지는 이야기는 손자가 되는 사람과 한 동네에서 절친하게 지내던 그야말로 죽마고우(竹馬故友)에게서 전해들은 이야기가 되므로 사실적인 문제에 있어서는 틀림이 없다고 봐도 된다.

하물며 그 이야기를 전해 준 사람은 앞에서 풍수학인으로 소개해 드린 사례 7번의 주인공이기도 하므로 있는 그대로를 소개해 주었다고 보는 것은 믿어도 좋겠다.

특히, 이러한 임상자료는 떠도는 소문 등을 잘못 기록하게 되면 공부하는 입장에서는 상상도 하지 못할 결과가 일어날 수도 있기 때문에 특히 자료의 선택에 주의를 기울이게 되는 것이다.

2) 발생한 흉작용

산소에 석물을 조성한 후에 3개월 만에 아들이 급성백혈병으로 사망하고, 며느리와 큰 손자가 사망하였다는 실세상황을 전해 준다.

어느 풍수가의 이야기로는 이 자리의 형태가 물개의 꼬리에 해당하는데, 그 자리에 무거운 석물을 세우는 바람에 물개가 물에서 나오지 못하여 익사한 것과 같다는 풀이를 하였다고 한다.

그리고 풍수학인에게 전해들은 이야기는 사고가 발생하기 전에 어느 무속인이 산소를 건드리게 되면 물개꼬리를 누르는 형국이어서 세 사람이 죽어야 한다는 말을 했다고 한다.

무속인의 이야기에 흥미가 동해서 다시 물어봤는데, 사고가 생기기 전에 석물을 하려고 구상을 하고 있을 적에 인연이 된 무속인이 한 말임이 확인되었으니 영(靈)으로 보는 사람도 인연이 닿으면 제대로 안다는 말을 할 수 있을 것이라는 생각을 할 수 있겠다.

원래 무속인의 말이라고 해서 그냥 하는 말이겠거니 하다가 이렇게 일이 커지고 나면 비로소 그 말들이 다시 되새김질이 되는 것이 특징이라고 할 수 있을 것 같다.

결과는 이러하니 과정을 살펴서 진단을 해 봐야 하겠다. 어차피 풍수는 결과를 보고 진단에 들어가는 것이 공부하는 사람에게는 중요하다. 왜냐하면 미리 예측을 하는 것은 그야말로 맞을 수도 있고 그렇지 않을 수도 있기 때문이다.

그런데 문제는 여기에 있다. 결과적인 상황에 과정을 꿰어 맞추기가 쉽다는 것이다. 이로 인해서 지혜로운 사람은 자신의 학설의 우수한 점과 부족한 점을 찾아서 연마하고 보완할 것이다.

그렇지만, 그렇지 못한 술객은 장점만 광고하고 단점은 숨기면서 풀리지 않으면 아전인수(我田引水)로 억지해석을 하여 어리석은 사람들을 현혹시키기도 딱 좋은 것이므로 이러한 점에 대해서는 많은 주의가 필요하다. 사실은 석물의 피해라는 말도 이러한 과정에서 등장을 한 것이 아닌가 싶은 심증을 두고 있는 것이기도 하다.

3) 산소의 坐向과 구성

이 산소의 연대를 보면, 7운에 乾坐巽向의 上山下水에 해당하여 不合局으로 조성이 된 것이 드러난다. 다시 上山下水의 문제가 나오는 것을 보면 산소에서는 가장 범하기 쉬운 것이 上山下水가 아닌가 싶다.

주변의 형세(形勢)를 살펴보면 평범한 산자락에 위치하고 있으나 전면 약 100m정도의 지점에 도로개설을 위한 절개지가 흉한 모습을 보이고 있다.

지맥의 흐름은 乾坐巽向으로 흐르고 있는데, 실제로 대부분의 지맥은 지세를 따라서 지맥은 흐르는 것이 보통이다. 지기(地氣)의 폭은 약 2걸음 정도로 가늘고 기운도 약하다.

그나마도 산소의 양 옆으로 지맥이 흐르고 정작 산소의 중심부로는 수맥이 흐르고 있는 상황에서 강하게 응결된 수맥의 자리에 고인이 모셔져 있는 상황으로 판단이 된다. 물론 흉하다고 판단을 할 수 있는 조건에 해당하는 것이다.

4) 현공으로 분석

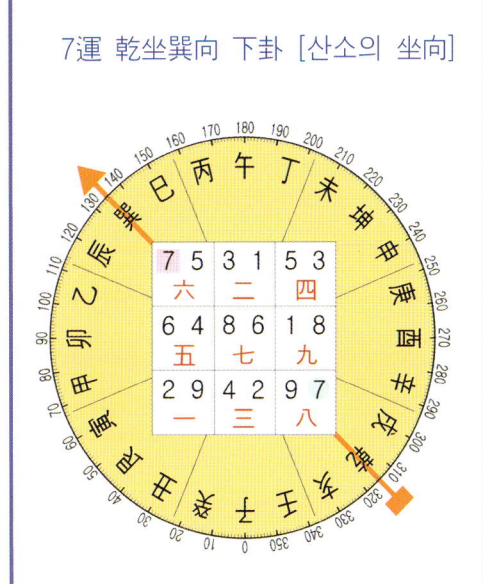

7運 乾坐巽向 下卦 [산소의 坐向]

나경의 바늘은 인정도 없다. 냉정하게 자신이 할 일만 할 뿐이다. 上山下水의 不合局을 이렇게 보여주고 있으니 말이다.

현공법에 의하면 이러한 구성은 上山下水의 不合局에 해당이 된다는 것을 판단하는데 과히 많은 시간이 필요치 않다. 표를 보면 바로 알 수가 있기 때문이다. 이것이 지식이다. 알면 활용이 되는 것인데 알지 못하면 활용은 생각을 할 수도 없는 것이므로 지식의 힘은 참으로 중요하다. 그리고 그렇게 알게 된

지식을 실제의 상황에 맞춰서 활용하는 것은 지혜에 해당한다고 하겠다.

坐宮인 乾宮은 山星9와 向星7이 자리를 잡고 있으며, 向宮인 巽宮에는 山星7과 向星5가 함께 하고 있으니 이러한 구성에서 흉한 작용을 살펴보면 된다.

〈向星7+山星9〉의 흉작용

재판에 패하거나 소송을 당하게 되고, 이성과는 이별을 하게 된다.

〈向星5+山星7〉의 흉작용

주색잡기(酒色雜技)로 패가망신(敗家亡身)하고, 사고를 당하거나 수술을 하는 일이 발생한다.

이와 같은 구성을 본다면 흉하기는 하지만, 세 사람이나 죽어야 한다는 무시무시한 답은 보이지 않는다. 그렇다면 여기에서도 석물의 피해를 논해야만 답이 나온단 말인가? 여하튼 살펴보도록 하자.

5) 석물의 위치

묘의 앞으로 좌우에 세워져있는 망주석의 위치는 離宮의 山星3과 向星1에 해당하므로 이와 같은 숫자의 조합에서 흉작용을 본다면 어떻게 나타나는지를 살피게 된다.

震宮의 向星4와 山星6의 작용도 함께 고려를 해야 하는 것은 망주석이 양쪽으로 세워져 있기 때문이다. 그리고 運盤5의 의미도 함께 고려가 된다면 해석은 더욱 흉하게 나타날 것으로 판단이 된다.

산소의 정면에 있는 절개지(切開地)이다. 이러한 것이 주변에 있을 경우에 안 좋은 작용을 하는 것에서 제1순위를 차지한다는 것이다.
그야말로 가만히 있다가 벼락을 맞는 셈이라고 할 수 있으니 주의해서 살펴야 하는 이유이다.

〈向星1+山星3〉의 흉작용

예기치 못한 불의의 사고를 당하거나, 본인이나 자녀가 사기를 당하게 되며, 아랫사람이나 자녀들로 인한 어려움이 발생하며, 은밀한 관계의 이성교제가 밝혀지거나, 비밀이 폭로되어 곤란한 경우를 당하게 되고, 본인이나 자녀가 공천이나 진급에서 떨어져 명예에 손상을 당하는 일이 발생한다.

〈向星4+山星6+運盤5〉의 흉작용

관재를 당하거나 사고를 당하기도 하며, 투자나 투기로 인하여 큰 손실이 발생한다.

이러한 내용이 나타나있는데, 실제로 겪게 되는 이 집안의 상황은 아무리 살펴봐도 앞의 不合局에서 나온 정도의 흉함은 있지만 그 이상의 조짐은 설명되지 않고 있어서 단언을 하기는 어렵지만, 반드시 석물의 피해라고만 하기는 어려울 것으로 보는 것은 타당할 것이다.

그래도 갑작스런 사고가 발생한다는 말이 있지 않느냐고 한다면 그렇기는 하다. 그래서 사고라는 것도 어느 정도의 범위를 말하는 것인지에 대한 해석까지 하기는 어려울 것으로 봐서 일리는 있다고 해야 하겠는데, 가장 중요한 것은 기본적으로 上山下水의 不合局이 된 자리에 모신 것이 불찰이었다고 한다면, 그 후에 다시 석물을 세운 것으로 인해서 흉한 일이 추가로 발생했다고 하는 정도의 해석은 무난할 것으로 보인다.

현장답사를 가봤을 적에 산소에서 앞으로 바라다 보이는 곳에 새로운 길을 내기 위해서 산자락을 깎아놓은 형태가 흉하게 보였다. 처음에는 더욱 흉했는데 지금은 그나마 정리가 되어서 이 정도라고 한다. 그래서 그러한 것이야말로 흉작용을 부채질하게 되는 영향이 있지 않았을까 싶은 생각도 들었다.

6) 조언(助言) 불가(不可)

이러한 장면에서 해석이 될 내용들이 분명 흉한 것은 사실인데, 어째서 그렇게 친한 친구에게 조언을 하지 않았느냐고 풍수학인께 질문을 던졌다.

현공을 배우는 것은 추길피흉(趨吉避凶)인데, 이러한 장면을 보면서 그냥 두고 있는 것은 넓은 의미에서는 직무유기(職務遺棄)라고 생각을 할 수도 있을 것이기 때문이다.

"왜 이야기를 하지 않았겠습니까? 당연히 이러한 형태에 대해서 주의를 주고 변화를 모색해 보자고 하면서 이미 일어난 일들에 대해서도 사전에 그러한 조짐이 있었다는 이야기까지 세세하게 전해 줬지요."

"그러셨군요. 그랬더니 어떤 답변이 나왔던가요?"

"그냥 무관심한 형태로 건성으로 듣는데 자꾸 강조를 하는 것도 친구지간에 무슨 품값이라도 바라고 하는 것처럼 생각이 되기도 해서 더 이상 말을 하지 못했습니다. 만약 제가 한 말에 귀를 기울이고 관심을 보였더라면 좀 더 상세한 이야기를 할 수가 있었을 텐데 그럴 수가 없어서 안타깝지만 그냥 지켜보면서 이렇게 타산지석(他山之石)으로 삼고 있을 뿐이랍니다. 이러한 마음을 이해할 수 있으실지요?"

"아, 그러셨군요. 능히 이해를 하고도 남겠습니다. 사실 듣지 않는 것은 어쩔 도리가 없고, 집 안에 도둑이 들려고 하면 개도 짖지 않는다는 말이 그냥 생긴 것은 아니라고 봅니다. 괜한 것을 질문 드렸네요. 미안합니다."

사실이 이렇다. 알고 있다고 해서 모든 것을 해결할 수가 있는 것도 아니고, 또 알려 준다고 해서 모든 것을 수용하는 것도 아니다. 물론 본인들도 그러한 것에 대해서 처음에는 관심을 보였겠지만 이런저런 이유로 해서 귀를 틀어막게 된 사연은 있으리라고 본다. 사실 풍수가의 말이 일사불란(一絲不亂)하게 공통이 된다면 좋으련만 보는 사람마다 다른 이야기를 한다면 차라리 아무 말도 듣고 싶지 않을 수도 있을 것이다.

7) 그래서 석물(石物)은?

결론이라고 할 것은 없지만, 석물로 인해서 적어도 더 나빠질 수는 있어도 더 좋아지기는 어렵겠다는 정도로 해답을 삼고자 한다.

이론적으로 밀어붙이기에는 나타난 정황들이 너무 참혹하기 때문에 '아무런 영향이 없으므로 해놓는다고 해도 무방하다'는 말을 할 정도로 웃어넘길 수만은 없는 상황이기 때문이다. 더 많은 사례를 봐야 할 것이다.

이것은 벗님도 함께 생각을 해 봤으면 짐작을 하였겠지만, 석물이나 이러한 것에 대해서 단언하지 말고 조심스럽게 살펴서 조언을 해주는 것으로 해답을 삼는 것이 좋을 것으로 본다.

세상의 모든 일에 명쾌한 답변이 마련되어 있는 것은 아니다. 상당부분은 답이 분명하지만, 또 그만큼의 상당부분은 여전히 답을 보류한 채로 그렇게 답을 찾아가고 있는 과정이라고 보는 것이 합당할 것이다. 이것이 석물에 대한 당분간의 결론이다.

그런데 자연환경으로 논한다면 석물을 하지 않는 것이 좋다는 말을 한다. 왜냐하면 그냥 봉분으로만 산소를 쓰게 되면 나중에 오랜 세월이 흐른 다음에 자손이 끊어지게 되면 자연으로 돌아가서 산소가 없어지게 되는데, 이렇게 석물을 해놓으면 오랜 세월이 흘러가도 없어지지 않아서 새로운 환경오염이 된다는 말을 하는 사람도 있다.

풍수학에서도 석물을 해서 좋아지는 경우는 없고, 이렇게 예상치 못한 일들로 인해서 가족에게 크게 흉한 암시만 존재하는 것을 보면서 여러 가지로 판단을 해 보건대, 남들에게 보여주기 위해서 전시하는 것처럼 적지 않은 돈을 들여서 조성한 것이 결국은 흉하게 작용한다면, 이것은 현명한 처사라고 보기 어려울 것이다.

모쪼록 1%라도 흉할 가능성이 있는 것이라고 한다면 주의해서 관찰을 해야할 것이라는 점은 명료하다. 앞에서 언급이 된 일련의 사건들이 반드시 석물로 인해서라고 단언을 하기는 어렵더라도 여하튼 그러한 것을 하지 않았더라면 또 이런 고통을 겪지 않았을 수도 있지 않겠느냐는 정도의 생각은 상식으로도 능히 할 수 있는 것이다.

10. 고뇌하는 노인장

이번 이야기는 풍수가에게 경종(警鍾)이 될 자료가 될 수도 있겠다. 이러한 자료는 일부러 마련하려고 하지 않아도 답산을 다니는 도중에 산신령님이 시키는 것인지는 몰라도 우연처럼 얻어지는 자료인데 생각을 많이 하게 만든다.

충남의 모처에서 자료를 수집하기 위해서 답산을 하던 중에 산소를 찾아가는 길에 그 동네의 한 노인장이 슬금슬금 현장을 찾아와서 행동을 주시하다가는 조심스럽게 말을 건넨다.

"좋은 일을 하러 다니시는 양반이시구만요. 지나시는 길에 잠시 이 늙은이가 부탁을 하나 드리고 싶어서 찾아왔습니다만, 좀 들어 주실 수 있겠소?"

1) 마음의 짐

노인의 표정이 그냥 호기심으로 하는 말이 아니라 나름대로 심각한 느낌이 전해져서 바쁘다는 핑계로 물리치기에는

어느 곳이나 나름대로 한 풍수 하는 지사(地師)들은 계시기 마련이다. 그렇게 부락에서 지관 대접을 받으면서 행술(行術)을 하다가 뭔가 가문에 문제가 생기게 되면 의혹의 눈초리를 피할 길이 없다. 이 자리에 잠든 고인은 자리를 잘 얻었음에도 불구하고 지운(地運)이 바뀌는 관계로 해서 흉하게 된 것으로 판단이 된다.

좀 부담스러운 구석이 있어서 그렇게 하자고 약속을 하게 되었다.

그러자 노인은 조금 위로 올라가서는 하나의 초라한 묘지를 보여줬다. 그러면서 사연을 이야기했는데 그 내용을 정리하자면 대략 이렇다.

"이 산소는 내가 잡은 것이라오. 주인공은 손아래의 처남인데 몇 년 전에 죽어서 어딘가 묘를 쓰기는 해야 하겠고, 누이가 그래도 풍수 책이라도 좀 봤다는 이유로 나에게 그것을 맡아서 해달라는 부탁을 하는데 거절을 할 수가 없어서 나름대로 쇠를 놓고 장소를 찾아서 여기에다가 장사를 지냈던 것이오.

그런데 문제는 그 다음에 일어났으니 산소를 쓰고 얼마 지나지 않아서 고인의 아들이 갑자기 죽어버리게 되자 내 스스로 생각하기를 산소 자리를 잘못 알려줘서 그러한 일이 생긴 것이 아닌가 싶어서 마음속에 커다란 돌을 하나 매달아 놓은 것처럼 묵지근~하여 도무지 편안하지가 않소이다.

물론 누이야 그런 생각을 하지 않겠지만 주변에서 사람들은 제 아비의 산소 자리가 잘못 잡혀서 그렇다는 말도 있는 모양이라서 더욱 볼 낯이 없으니 내가 뭘 잘못했는지 알기라도 한다면 고치라는 말이라도 하겠는데, 나도 그러한 것을 알 정도의 공부도 없으니 그냥 귀동냥으로 앞을 바라보고 무난하겠다 싶어서 썼는데, 이러한 일이 생기자 참으로 무섭다는 생각이 들었소이다.

그래서 적당한 기회가 오면 여기에 대한 이야기를 들어봤으면 좋겠다고 생각하고 기회만 보고 있었는데, 마침 풍수하시는 양반들이 이렇게 연구를 하는 것을 보고서야 염치없는 부탁을 드리게 되었으니 꼭 좀 봐주셔서 내가 뭘 잘못했는지 알려주시면 오늘 저녁부터라도 발을 뻗고 잠들까 싶구려."

이렇게 말을 하는데, 과연 땅을 공부하는 사람으로 태어나서 이렇게 가슴을 때리는 이야기를 들어보지 못한 것 같아서 오히려 나경을 들고 서 있는 것이 민망할 지경이었다. 그래서 아는 것을 적용시켜서 감정을 해 드리는 것이 노인장의 마음을 편안하게 해 주는 것이라고 생각을 하고 나경을 꺼내들었다.

2) 상황의 판단

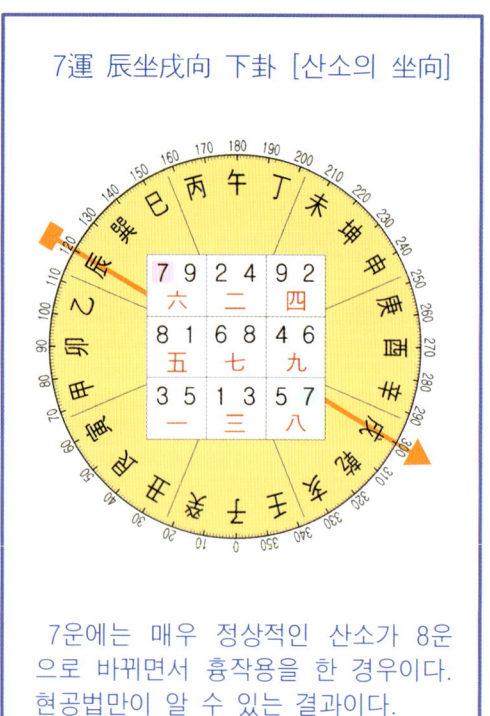

7운에는 매우 정상적인 산소가 8운으로 바뀌면서 흉작용을 한 경우이다. 현공법만이 알 수 있는 결과이다.

지맥은 巽坐乾向으로 진행하고 있는데 지기의 폭은 약 네 걸음 정도로 제법 넓은 편이었다. 지맥의 흐름이 다소 坐向과 엇갈리기는 했지만 지형의 경사도가 완만해서 크게 문제를 삼을 정도는 아니었다.

참고로 해 드리는 말씀은 만약에 경사가 심했다고 하면 이렇게 흐름이 생겨난 상황에서는 거슬러서 용사(用事)를 할 수가 없다는 것도 알아야 한다. 그것은 마치 물결의 흐름이 심한데 배를 옆으로 대어 놓는 것과 같아서 전복되기 쉬운 것이다.

혈처는 정확하게 지기가 응결된 지점에 위치하고 있었던 것으로 봐서 이 노인장의 수준도 상당한 수준이었다는 것을 짐작할 수가 있었다.

이렇게 수준이 있으면서 자신의 누이가 원하는 대로 처남의 산소자리를 조심스럽게 잡았는데 난데없는 자식사망이라는 비보를 접하고 도대체 뭘 잘못했는지에 대해서 큰 혼란에 사로잡혔을 것을 생각하니 현공을 몰랐기 때문이라는 이유를 알 것도 같았다.

7운에 辰坐戌向으로 조성이 되어서 旺山旺向으로 合局이 되었다. 이렇게 당운에는 合局이 되었다고 하더라도 운이 바뀌어서 8운이 되었을 경우에는 또 비성반을 살펴서 판단을 해야 하는 것이 현공에서 항상 주의하는 부분이 된다.

8운에는 向星이 中宮에 입수(入囚)가 되어서 지운이 끝나게 되는데 지운이 끝나게 되면 大空亡과 거의 동일한 흉작용이 발생한다.

이렇게 7운에 쓴 辰坐戌向의 경우와 巽坐, 巳坐의 경우에는 모두 같이 8운으로 바뀌면서 向星이 中宮게 갇히게 되어서 지운이 완전히 끝나게 되는 특이한 사항이 있음을 알아야 한다는 점이 이 사례에서 배워야 할 중요한 점이다.

그러므로 당장의 상황만 살필 것이 아니라 다음의 운이 들어올 경우에는 어떻게 변화가 일어나게 되는 것인지도 살펴서 판단을 해야 근시안적(近視眼的)인 짧은 판단으로 당장은 좋다고 하더라도 미래에는 흉하게 될 수 있는 일을 태연하게 전개할 수도 있음을 알아야 한다.

3) 해결책은 환천심(換天心)

"아이구! 노인장께서는 상당한 풍수지리의 실력을 갖추고 있으셨네요. 몰라뵈어 죄송합니다."

"무슨~ 그런데 내가 처음에 쓰기는 잘 썼던 것이오?"

"당연하지요. 자리를 잘 잡아서 요처에 고인을 모셨네요. 그래서 묘를 쓰고 바로는 무척 좋았고 전혀 문제가 없었을 것으로 보입니다. 그러셨지요?"

"그렇소. 처음에는 아무런 문제도 없고 잘 지내기에 그래도 내가 엉뚱한 자리를 잡은 것은 아닌가보다 했지요. 그런데 누가 이런 일이 생길 줄 알았나 말이오."

"아마도 그 일은 2004년 이후에 생긴 것이 아닌가 싶습니다……."

"그래요.. 한 3년 되었으니 그쯤일게

요. 그것이 무슨 이치요?"

"현공풍수라는 말을 못 들어보셨을 겁니다. 이 방법에 의하면 2004년에 이 자리의 지운이 끝남과 동시에 흉한 일들이 빈번하게 발생한다고 되어 있습니다. 그래서……."

"그래요? 그런 것이 있었다는 말은 어디선가 들어 본 것 같소이다만 촌구석에 살다보니까 실제로 경험을 할 기회는 없었던 셈이오."

"그러실 겁니다. 최근에 서서히 활기를 띠고 있는 풍수법입니다."

"그래서 해결책은 있소이까?"

"예, 현공법에서는 환천심(換天心)이라고 하는 하늘의 마음을 바꾸도록 한다는 방법을 씁니다."

"그게 무슨 말이오?"

"그러니까 이 자리는 그래도 좋은 자리이므로 유통기한이 지난 집을 부수고서 재개발을 하게 되는데, 다음에는 巽坐乾向으로 집을 지으면 또 발복하게 됩니다. 그러니까 제자리 이장법이지요."

"아, 그런 법이 있소? 듣느니 처음이오만 지금 혼자 사는 누이가 그러한 것을 할 마음이 있을지는 잘 모르겠소이다. 그렇다고 내가 잘못 했으니 그렇게 하자고 말을 하기도 그렇고 참 난처하구려. 음, 어쩐다……."

"만약에 자녀도 없다면 화장을 하는 것도 어떨까 싶습니다. 차라리 그것이 더 좋을 수도 있겠습니다."

"그렇긴 하오만 그것을 권하기는 어렵겠구료."

"그렇겠지요. 알고도 어찌 할 수 없는 경우도 많습니다. 안타까운 일이지요."

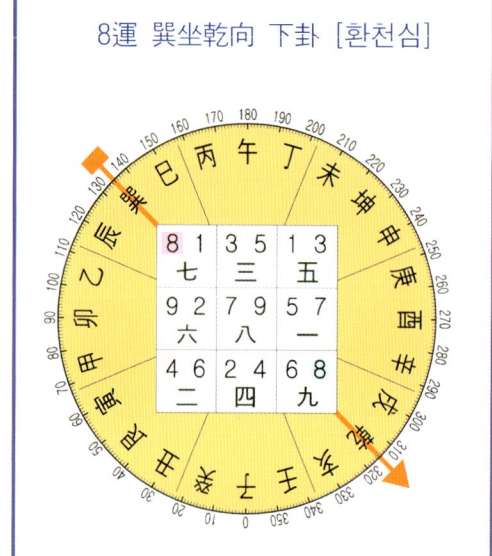

8運 巽坐乾向 下卦 [환천심]

기존 풍수법에서는 납득이 되지 않는 것이 환천심(換天心)이다. 어렵게 생각하면 또한 쉬운 일이 아닐 것이다. 다만 고인들의 오랜 연구에 의한 발명품이라고 생각해도 좋을 것이다. 이것이야말로 신발명이 될 것이기 때문이다.

"오늘 새로운 이야기를 듣게 된 것은 참으로 다행한 일이오. 내가 나이만 좀 젊었어도 그 현공법인가를 좀 배워볼 마음을 내겠소만 이제 늙어서 엄두도 나지 않으니 앞으로는 지관 노릇을 그만 둘까 하오."

노인장의 뒷말이 길게 여운을 남겼던 것은 남의 일이 아니기 때문이리라.

11. 陰陽宅이 모두 空亡

마지막으로 살펴 볼 자료는 陰宅과 陽宅을 겸해서 살펴보도록 할 것이다. 즉, 본인의 부친에 대한 산소도 살펴보고, 또 그가 살았던 집에 대해서도 참고를 하고자 하는 것이다. 이렇게 살펴보는 것이 어쩌면 매우 합당한 관찰이 될 것으로 판단이 된다.

그 이유는 산소는 좋은데 집터가 나쁜 경우도 있을 것이고, 그 반대의 경우도 있을 것인데 이러한 것으로 인해서 판단에 어떤 혼란을 일으킬 수도 있기 때문이다. 물론 그러한 경우에도 해결을 할 방법을 강구해야 하는 것은 당연하겠지만 이번의 경우처럼 陰宅이나 陽宅이 모

큰 봉우리라서 다 흉한 것은 아니다. 문제는 생긴 형상이다. 바위가 삐죽삐죽 나오면서 위압적인 분위기를 조성하는 것이 흉한 판단을 하게 되는 대표적인 경우이다. 이 자리처럼 좌전방에서 위압적인 형태로 묘를 노려보고 있는 느낌의 산은 객이 주인을 깔보는 형태를 넘어서 묘의 주인공이 스스로 죄인이 되는 것과 같은 의미를 생각해 봐야 한다. 사진으로는 실감이 나지 않겠지만 실제로 현장에서 느낀 것은 상당히 강하였다. 이 화살표는 살기가 치고 들어오는 것을 의미한다.

두 쏟는에 처하게 되는 경우에는 나쁜 것이 더욱 가중이 될 것을 참고하고 살펴 볼 수 있으리라고 본다.

1) 답산의 연기(緣起)

모든 것에는 그만한 연결고리의 인연이 있기 마련이다. 이 경우에도 마찬가지로 평소에 자명스님의 제자로 열심히 공부하고 있는 여성이 있었는데, 그 여성에게는 수양부모가 있었고, 여기에 해당하는 주인공이 바로 그 수양아버지가 된다.

수양부친이 되는 주인공은 경남의 어느 지역에 부군수를 역임한 사람이다. 시골에서 면장을 하더라도 큰 인물이라고 하는 것이 보통인데, 하물며 부군수라고 한다면 더욱 출세를 했다고 할 만하기에 지역유지가 되는 것은 당연하다고 하겠다. 그리고 부군수를 하시면서 그 여성 제자에게 많은 보살핌을 주셨기 때문에 더욱 고마운 인연이 된 것도 사실이라고 하겠고, 그래서 자명스님께 의뢰를 하여 도움을 요청하게 되었던 것도 우연이 아니라고 하겠다.

우선 나타난 작용으로는 부군수로 임명이 된지 불과 2~3년 후에 아들이 사업을 한다고 벌려놓은 일이 망해서 빚더미에 앉게 되자 봉급의 차압이 들어왔고, 그래서 퇴직금을 받아서 빚을 청산하려고 옷을 벗었다.

그리고 퇴직을 했음에도 빚은 다 갚지도 못하고 여전히 아들은 속을 차리지 못하고 부친의 지원금에 의지하는 상황으로 진행되고 있는데, 그로부터 얼마 후에 부인이 갑자기 뇌출혈로 사망하여 홀아비가 되었다.

더구나 설상가상으로 자신은 풍을 맞아서 건강이 나빠졌는데, 그래도 몸져눕지는 않고 거동은 하는 상황이지만 아무 것도 할 수가 없는 지경에 처하게 되었으니 이 정도면 산소의 흉작용이라고 할 만하여 감정을 의뢰했던 것이다.

2) 부군수로 발복한 명당?

부친의 산소를 이장하고 나서 1년 후에 부군수로 승진을 하였으니 발복(發福)을 한 명당이라고 본인은 철석같이 믿고 있다고 한다. 그리고 다른 사람이 터가 나쁘다고 해도 절대로 이장을 하면 안 된다는 담당 풍수가의 조언도 쉽게 변경하기 어려운 인연이라고 볼 수 있겠다.

눈에 보이는 대로 느끼는 것이다. 허물어지고 잔디가 생명을 유지할 수 없는 자리에서 명당을 논하는 것은 어울리지 않는 것으로 봐도 되지 않을까?

이러한 정황을 참작하여 여 제자는 자명스님께 산소를 감정해 주시기를 의뢰했던 것이다. 날을 잡아서 산소를 방문해 본 결과 6운에 酉辛小空亡으로 조성이 되었고 더 정밀하게 살펴보기로 했는데, 감정에 대한 상황을 정리한다.

형세(形勢)를 보면 혹 탐이 나는 면이 있으려나 하고 주변을 둘러보지만 어느 것 하나도 탐나는 것이 없다. 우선 뒤에서 흘러들어온 용맥(龍脈)이 없으니 이미 이 땅은 쓸모가 없는 땅이라고 하는 점을 생각하지 않을 수 없는 상황이다.

용맥이 없음은 그만두고 지맥도 미미하게 흐르고 있는데, 그것도 산소의 봉분을 중앙에 두고 양 옆으로 비껴가고 있는데, 그 폭은 매우 미미하다.

정확하게 小空亡에 걸렸더라도 좌우로 1.5° 이기는 하지만 약간의 폭이 있으므로 어느 한 쪽으로 치우쳐서 나타나게 된다면 비성반도 그 방향을 위주로 살펴보면 된다.

다만 그렇게 뚜렷한 경우는 어려우므로 부득이 양 쪽의 비성반 즉 酉坐卯向과 辛坐乙向을 함께 놓고 궁리하는 것이 가장 정확하므로 이러한 점을 참고하여 관찰하게 된다.

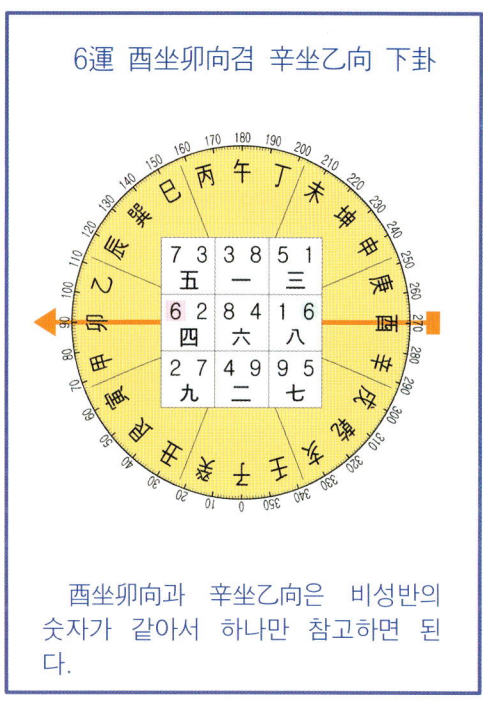

6運 酉坐卯向겸 辛坐乙向 下卦

酉坐卯向과 辛坐乙向은 비성반의 숫자가 같아서 하나만 참고하면 된다.

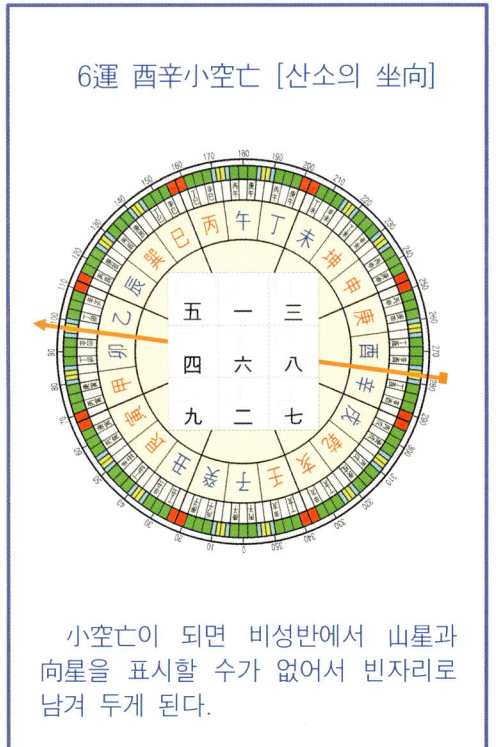

6運 酉辛小空亡 [산소의 坐向]

小空亡이 되면 비성반에서 山星과 向星을 표시할 수가 없어서 빈자리로 남겨 두게 된다.

결과적으로 酉坐와 辛坐의 비성반은 모두 같은 구성에 해당하므로 하나만 보면 되는 결론이다. 다만 중요한 것은 비성반을 볼 것도 없이 小空亡이면 가파인망(家破人亡)이니 더 볼 것이 없다고 하는 것이다. 다만 大空亡에 비해서 약간 약하다고는 하겠지만 그럼에도 小空亡의 위력은 여전히 강력하게 흉작용을 하게 된다는 점을 생각하면 하루가 급하게 이장을 고려해야 하는 상황인 것은 분명히 변하지 않는다.

다시 구체적으로 성요를 대입하여 흉작용의 상황을 살펴봐야 하는 것은 현공풍수를 대입하는 과정에서 피할 수 없는 수순이다. 이미 벗님은 그 동안의 임상자료를 통해서 비성반을 접하는 순간 坐宮과 向宮의 상황을 찾아서 길흉작용을 앞의 성요조합 풀이에서 찾아볼 수 있는 실력자가 되었다. 그렇게 찾아보면서 공부를 다지는 것이다.

3) 성요의 대입

坐宮의 向星6과 山星1을 참고하고 向宮의 向星2와 山星6을 풀이하여 길흉의 작용을 참작하게 되는데, 여기에서는 또한 空亡으로 不合局이기 때문에 흉작용에 대해서만 살펴보게 된다.

그리고 酉坐卯向은 上山下水의 不合局이기도 하다. 이렇게 되어도 흉한 작용은 그대로 나타난다고 해석을 하게 된다. 이에 대해서 성요를 살펴보도록 한다.

〈向星6+山星1〉의 흉작용

색정문제나 도둑에 연루되어 관재가 발생 발생하고, 머리나 뇌 쪽에 이상이 생긴다.

투기나 투자 또는 사업 확장을 하여 큰 손실을 보게 되고, 큰 사고나 싸움이 일어난다.

〈向星2+山星6〉의 흉작용

확장, 투기, 투자 등으로 인하여 손실이 발생하고, 이로 인하여 관재로까지 발전된다.

상사와의 불화나 직장에서 업무상의 문제가 발생하고, 뜻하지 않은 사고를 당하거나 머리 부분에 질병이 생긴다.

직장에 문제가 생기거나 상사와 불화가 생긴다. 사고가 생기거나 머리 부분에 질병이 생긴다.

다음으로 주변의 형세(形勢)에서 특히 주목을 끄는 장면이 있다면 그것이 있는 위치를 살펴서 흉한 작용을 대입하게 되는데, 이 자리에서 바라보게 되면 전방의 좌측 艮宮의 방위에 있는 우람한 산세의 암석들이 곱지 않은 기운을 발산시키고 있는 것으로 보이므로 이것의 작용을 살펴 볼 필요가 있다.

비록 거리는 좀 떨어져 있다고 하더라도 워낙 규모가 커서 영향력이 있을 것으로 판단이 되어서이다. 물론 이러한 형세가 가까이 있다면 더욱 흉하고 멀리 떨어졌다면 덜 흉하다고 하는 정도는 미뤄서 짐작을 할 수 있을 것이다.

〈向星7+山星2〉의 흉작용-艮宮의 작용

가정불화가 발생하거나, 지나친 유흥이나 환락에 빠져서 생업에 충실하지 못하고 재산을 탕진해버리게 된다.

수술을 하게 되거나 식중독이나 위장병에 걸리게 된다. 그 밖에 칼 등의 흉기에 의한 사고가 발생할 수 있다.

여하튼 여러 가지의 흉작용을 포함하고 있다는 것을 알 수가 있겠는데, 전방에 이러한 형세가 있을 경우에는 매우 경계를 해야 할 것으로 판단이 된다. 주의해야 할 것은 주의하는 것이 좋다.

흔히 말하듯이 좋은 것은 맞지 않아도 나쁜 것은 꼭 맞는다는 말을 하면서 주의하고 경계했던 선인들의 지혜를 말이다.

4) 해결의 방법

이쯤에서 답을 얻는 것은 이제 식은 죽 먹기보다 쉬울 것이다. 여러 가지의 정황을 종합하여 판단한 결과는 이장으로 결론을 내려야 할 것이기 때문이다.

그런데 참으로 신기하다. 이렇게 흉한 일이 끊이지 않고 일어나고 있건만 그 부군수의 생각 속에 자리하고 있는 발복처는 이 산소라고 하는 생각은 조금도 고쳐지지 않고 있다는 것이 그렇게 신기할 수 없는 장면이다. 어쩌면 그럴 수가 있을까 말이다.

그래서 이장에 대해서는 말도 꺼내보지 못하고 넘어가야 했다. 다만, 이장에 대해서 넌지시 이야기를 꺼내다가 도저히 바늘도 들어가지 않으면 그만 두는 것이 또한 풍수가의 일에서 넘어가지 못할 영역이라는 것을 생각하게 된다. 물론 앞으로도 어떤 일이 나타날 지는 다 알지 못하더라도 적어도 이 정도의 조짐이라면 충분히 空亡에 의한 작용이라는 것을 알 수가 있겠는데, 정작 주인이 그 말을 받아들일 준비가 되지 않았다면 그냥 조용히 나경을 거두고 잘 계시라는 말만 남긴 채로 길을 떠나야 하는 것이다. 이것은 하늘의 뜻이기 때문이다.

5) 주거지의 풍경

어디에서나 발견 할 수 있을 것 같은 평범한 주택이다. 그런데 공교롭게도 산소와 같이 이 건물도 空亡으로 坐向을 잡고 있어서 혹 천반으로 잡은 것은 아닐까 싶은 의구심이 든다.

주거지는 망한 다음에 집을 팔고 나가서 빈 집이 된 후에 다른 일로 지나다가 소개를 받고서 나경을 들고 살펴보게 된 경우이다. 그리고 놀랐던 것은 부친을 空亡의 산소에 모시고 난 다음에 1년여의 시간이 경과 한 다음에 지은 집이라고 하는데, 묘하게도 집도 空亡에 자리를 잡게 되었다는 것이다. 문득 '空亡이 空亡을 부른다.' 는 말이 떠오른다. 무협지에서 보면 복수가 복수를 부른다고 하는데 空亡을 보면서 문득 그런 쓸데없는 생각을 해 보게 되었다.

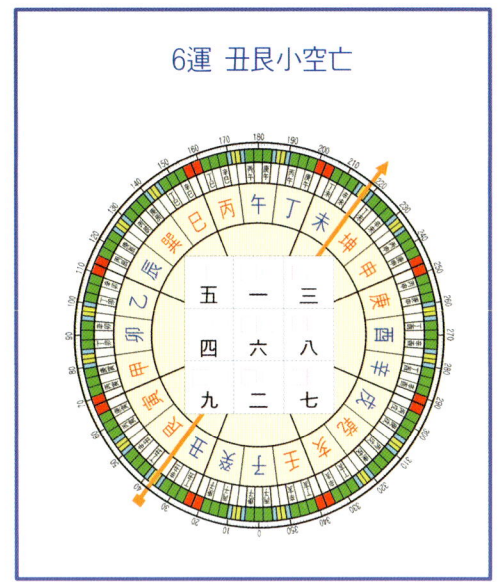

6運 丑艮小空亡

丑坐와 艮坐는 서로 비성반이 달라서 따로 확인을 해 봐야 한다. 그리고 어떤 판단이 나올 것인지 살펴서 판단을 해 보는 것이다.

6) 空亡이 많은 이유

여기에서 다시 생각을 해 볼 것은 왜 이렇게도 空亡으로 坐向을 잡은 陽宅이나 陰宅이 많으냐는 것이다. 여러 가지 이유가 있겠지만 분명히 생각을 해 볼 수가 있는 것은 어떤 원인이 그 안에 들어있다는 것이다. 그냥 우연히 그렇게 되었다고 한다면 물론 뒤로 넘어져도 코가 깨지는 경우라고 해야 할 모양이다.

그렇다면 원인은 어디에 있었던 것일까? 이것은 《신나는 현공풍수 입문편》에서 대학건물을 설명하면서 언급을 했던 내용이기도 한데, 그것은 바로 천반설(天盤說)이다. 아무래도 천반으로 坐向을

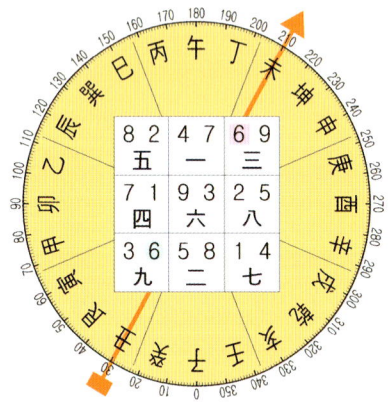

6運 丑坐未向 下卦 [空亡 참고용]

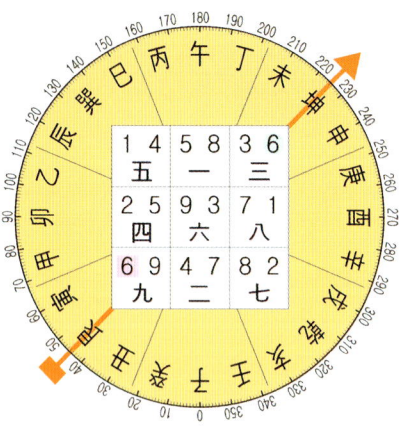

6運 艮坐坤向 下卦 [空亡 참고용]

丑艮小空亡은 丑坐未向과 艮坐坤向이 서로 다른 비성반을 의미하므로 두 가지를 함께 참고하여 살펴보게 된다. 다만 해석을 할 적에는 좋은 작용은 모두 사라지고 나쁜 작용만 나타나게 되므로 나빠지는 의미가 더욱 증가할 뿐이다.

잡았을 가능성에 대해서 생각을 해 보는 것이 가장 근접한 원인이 될 것이다.

나경을 살펴봤으면 알겠지만 천반은 정확하게 지반과의 경계선에 위치하고 있었다는 것을 생각하게 되면 이러한 혐의는 쉽게 발생할 수 있는 것이다.

그리고 풍수가들 중에서는 이렇게 천반으로 자리를 잡는 경우도 있는 것 같다. 만약 그렇게 되었다면 그러한 방법으로 잡는 자리는 거의 空亡에 들어간다는 것을 두려워해야 할 것이다. 물론 고의는 아니다. 그렇지만 결과가 그로 인해서 가파인망(家破人亡)의 상황에 처한다면 그야말로 오비이락(烏飛梨落)이라고 해야 할 모양인데, 이렇게 악연을 만들게 된다면 풍수가의 미래는 암담할 수밖에 없다. 그야말로 하지 않느니만 못하다는 말을 해야 할 것이기 때문이다.

토막상식

　육지와 바다가 조화롭게 얼기설기 어우러져 있는 풍경은 멀리서 바라보면 한 폭의 그림 같은 풍경이다. 지나가는 행인의 관점에서 본다면 이렇게 아름다운 곳에서 살아간다면 행복할 것이라고 생각을 하면서 이런 곳에서 살아가고 있는 사람들이 부럽다는 말을 하기도 한다.
　그러나 풍수가의 안목으로는 그 위에 또 하나의 통찰력을 필요로 한다. 평화로운 풍경에서는 긍정적인 방향으로 판단할 수가 있으므로 앞의 생각도 일리가 있지만 거센 눈보라와 태평양에서 몰아치는 파도, 그리고 시도 때도 없이 불어대는 태풍을 맞이하게 될 적에는 그림 같은 풍경이라고 좋아했던 이미지는 다 어디로 가고 삶의 고통에서 생존자가 되어야 한다는 현실적인 문제가 또 다가오기도 한다.
　이것이 모든 세상의 만물은 양면성(兩面性)을 갖고 있다는 것을 생각해야 하는 것이니 생존이라고 하는 삶의 터전에서 견뎌야 하는 현실이라고 할 수 있을 것이다. 이러한 것을 직접 경험하기 이전에 바로 직관적인 통찰을 해야 하는 것이다.

12. 답사 후 한 말씀

자료를 정리하고 나서 문득 한 생각이 들었으니, 지난번에 출간된 《신나는 현공풍수 입문편》을 준비하면서도 그랬지만 이번에도 여전히 느끼는 것은 각자 자신의 복(福)에 해당하는 만큼의 공간을 소유하고 있는 것이 아닌가 싶은 생각을 하게 되는 낭월이다.

사주를 보면서 길한 것은 살리고 흉한 것은 피한다는 목적이 있다고 하지만 실제로는 실현이 거의 불가능하다는 것을 깨닫고 나서부터는 조언(助言)만 있을 뿐이고 개선(改善)은 참으로 어렵다는 것을 생각해 봤었다.

터라는 것은 도대체 무엇인가? 왜 어떤 사람은 지기(地氣)가 용솟음치는 공간에서 행복한 웃음을 머금고 살아가고, 또 누구는 냉기(冷氣)가 씽씽 풍겨나는 곳에서 고통을 받으면서 힘들게 삶을 꾸려가려고 있는 것인가?

더욱 놀라운 것은 해 준다고 해도 수용을 할 수가 없다는 것이다. 이 자리에 이장[혹은 이사]을 하면 발복(發福)하여 부자가 된다고 하더라도 그렇게 할 여건이 되지 않거나, 혹은 여건이 된다고 하더라도 다른 조건에 의해서 실현은 쉽지 않은 것을 항상 발견하게 된다.

또 한 가지 아이러니 한 것은 정작 그러한 조언을 해 주면서 땅 속을 손바닥처럼 들여다보고 살아간다는 풍수가들이 살고 있는 공간을 보게 되면 또 천차만별이라는 것이다. 그래서 혹 앉은자리가 불편하지 않으냐고 질문을 해보면 알기는 알지만 여건이 되지 않아서 못 움직인다는 것이다.

모르는 사람은 몰라서나 그렇다고 하겠는데, 그것을 알고 있는 사람도 그 자리를 면치 못하는 것을 보면서 과연 행복(幸福)을 부른다는 것이 얼마나 어려운 일인지를 생각해 보지 않을 수가 없는 것이다.

"낭월스님은 왜 풍수공부를 하십니까? 그리고 풍수로 개운(開運)이 됩니까?"

어느 길손이 방문하여 이렇게 뜬금없이 질문을 던졌다. 그 말을 듣고 잠시 생각을 한 다음에 조심스럽게 낭월의 소견을 말했다.

"운명이 그렇게 쉽게 바뀌는 것이라고 생각되지는 않네요. 그리고 풍수를 알고 있다고 해도 마음대로 되는 것도 아닌 것 같습니다."

"그렇다면 공부를 하여 무엇을 하겠습니까? 차라리 마음을 닦고 있는 것이 더 나은 것이 아닙니까?"

"그렇기도 합니다. 그렇지만 알고 있으면 '기회를 기다리는 사람'은 될 수 있지 않을까요? 그렇게 기다리다가 일단 기회가 주어진다면 좋은 자리로 옮겨 갈 수도 있는 것이고, 또 그로 인해서 운명이 개선될 수도 있으리라고 봅니다."

"그 말씀은 그래도 모르고 있는 것보다는 알고 있는 것이 더 낫다는 말로 이해를 해도 되겠습니까?"

"그렇습니다. 낭월의 소견으로는 각

자 자신이 지어놓은 금생(今生)이나 전생(前生)의 업연(業緣)들로 인해서 자유롭지 못하다고 생각됩니다. 그렇기에 현재의 곤경에서 쉽게 벗어나지 못하는 것이겠지요. 그렇지만 노력하고 공부를 한 사람은 언젠가 틈새를 바라보는 순간 튀어나올 것입니다."

"좀 쉽게 설명을 해 주실 수 있습니까? 뭔가 애매모호한 느낌이 들어서 말입니다."

"예전에 읽은 책 중에서 오쇼 라즈니쉬라고 하는 사람이 쓴 글이 생각납니다. 명상에 대해서 말하는 것이었는데, 사념(思念)으로 인해서 명상을 하지만, 삼매로 들어가기가 참으로 어렵다고 하소연을 하는 제자를 향해서 해 주는 이야기였던 것으로 생각이 됩니다."

'수행자야, 조바심을 내지 말라. 오랜 과거로부터 익혀 온 업습(業習)이 그렇게 순식간에 녹아질 리가 있겠느냐. 망상(妄想)이 생긴다고도 조바심을 내지 말거라. 망상이 없다면 수행(修行)을 할 목적도 없어지는 것이며 이미 그는 자유인이다. 일을 마친 사람이라는 말이다.

그렇다면 수행을 포기해야 할 것이냐? 물론 그렇게 할 수도 있을 것이다. 그렇지만 그에게는 다시 오랜 시간동안 변화는 일어나지 않을 것임을 내가 보증할 수 있을 것이다.

지금 네가 괴로워하는 것은 이미 변화가 시작되고 있음을 의미하는 것이다. 그리고 그것만으로도 이미 윤회(輪廻)를 벗어날 씨앗이 되는 것이니 그것만으로도 축하를 해도 좋을 것이다.

그러나 그것은 큰 산을 불태울 조그만 성냥불에 불과한 것이다. 그 후로도 해야 할 일들은 첩첩산중(疊疊山中)이 될 것이다. 그렇지만 분명히 변화는 일어나고 있는 것이다.

사념(思念)이 일어나면 그냥 바라다보기만 하고 있어라. 물론 처음에는 그 사념을 쫓아서 동서남북으로 헤매게 될 것이지만 그것조차도 수행의 과정이라고 생각하여라.

그렇게 바라다보고 있노라면 어느 순간인가 그 사념이 너의 본체와 분리가 되는 느낌이 들 것이다. 그 순간을 놓치지 말고 계속 잡고 몰입하여라. 마치 먹구름이 가득한 사념의 하늘에 그 구름들의 틈사이로 푸른 하늘이 잠깐, 아주 잠깐 보였다가 사라지는 것과 같다.

그러나 이미 그 순간은 너에게 있어서 엄청난 변화의 소용돌이를 가져다 줄 것이다. 이미 그 구름 뒤편에는 참으로 밝은 그 무엇이 있다는 것을 깨달았기 때문이다.'

낭월의 기억에 남아있는 그 글의 요지는 이와 같았지만 여기에서 문득 느낌이 확~ 오는 것은 알고 있다는 것에 대해서 어떤 변화가 생길 것이냐는 점이 아닐까 싶다.

풍수를 알고 있다고 해도 바로 좋아지지는 않는다. 그리고 자신의 운명의 나쁜 결함을 알고 있다고 해도 바로 고쳐지지도 않는다. 그렇지만 포기를 하는 사람에게는 그 변화의 기회조차도 주어지지 않는다는 것이다. 낭월에게 다시 그 길손이 물었다.

"그래서 말씀의 요지는 공부를 하는

것이 하지 않는 것보다 나은 것이라는 말씀인가요?"

"그렇습니다. 낭월은 그렇게 생각하고 있습니다. 안다고 해도 당장 변하지는 않지만 알고서 살아가는 과정에서 어느 순간 그 변화의 시기가 다가 왔을 적에 그는 탁월한 선택을 하게 될 것입니다. 가령 이사를 갈 경우와 같은 것이겠지요."

"어떤 변화가 일어납니까?"

"이사를 갈 일이 생겼을 적에 현공풍수을 알고 있는 학인과, 그렇지 않은 학인이 선택하는 결과는 같을까요?"

낭월이 되물었습니다. 그 길손의 진지함에 대해서 낭월도 덩달아 진지해지기 때문이지요. 소리에 메아리가 따르는 것처럼 말입니다.

"그것은 마치 이사를 갈 곳이 도시계획의 구역이거나, 혹은 도로가 날 곳인지를 미리 알아보고 준비하는 것과 같을 것입니다. 그리고 도로가 날 계획이 되어 있는 곳이라면 절대로 이사를 가지 않겠지요. 현공을 알고 있는 사람도 그와 같을 것으로 봅니다."

"그래도 자신의 운명대로 가지 않을까요? 왜냐하면 그것이 하늘의 섭리이기 때문이지요."

"그럴 수도 있겠지요. 그렇지만 운명이 100% 만들어진 것은 아닙니다. 아마도 90% 정도는 만들어졌다고 하더라도 변화의 여지는 조금이라도 남아 있으니 그것을 활용하고 말고는 본인의 지혜에 달렸다고 봐도 좋을 것입니다."

"이제 조금 이해가 될 것 같습니다. 그러니까 배우는 것이 그렇지 않은 것과는 비교가 되지 않는다는 말이군요."

이러한 이야기를 나눴던 적이 있었다. 그리고 앞의 임상사례의 7번에 해당하는 풍수학인을 보면서 그러한 생각을 더욱 많이 하게 되었다. 그가 풍수공부를 하지 않고 그냥 운명이려니 했다면 오늘 그가 느끼는 행복감은 없었을 것이 확실하기 때문이다.

그래서 이렇게 만난 인연에 대해서 감사드리고 또 기대를 하게 된다. 벗님의 오늘이 비록 힘들더라도 내일은 변화의 씨앗을 심었으니까 반드시 좋은 방향으로 개선이 될 것은 틀림이 없기 때문이다. 그래서 풍수를 배워야 한다는 생각을 하게 되는 것이기도 하다.

제8장 현공택일법(玄空擇日法)

장소가 결정되면, 택일이 필요하다.

1. 택일(擇日)이란

우선 택일법(擇日法)이 무엇을 하는 것인지를 설명을 하는 것이 순서가 되겠다. 택일법은 陰宅이나 陽宅을 조성할 때에 조성의 시기를 결정하는 중요한 내용이므로 꼭 알아두어야 한다. 특히 陽宅보다는 陰宅에서 택일을 더 중요시한다. 陰宅에서 하관을 하는 시간을 陽宅에서는 지붕이 덮이는 시간으로 이해를 하면 된다.

장경(葬經)에서 강조하기를 '매장(埋葬)을 할 때는 혈의 방향에 따라 좋은 日時가 있으니, 좋은 날[日]과 時를 택해서 매장을 해야만 지리와 조화를 이루어 길한 현상이 나타나지만, 매장을 하는 시기가 지리와 조화를 이루지 못하면 아무리 좋은 명당자리라도 길한 영향을 받을 수 없다'고 하였다.

또한, 청오경(靑烏經)에 이르기를 '혈(穴)이 아무리 좋아도 장사를 지내는 날이 나쁘면 시체를 아무렇게나 버리는 것과 같다.' 라고 택일의 중요성을 강조하고 있다.

택일법에 대한 이론은 그 종류가 다양해서 도대체 어느 장단에 맞추어 춤을 추어야 할 지 모를 정도로 복잡다단하지만, 현공풍수에서는 4국 중에서 지형과 일치되는 坐向을 먼저 결정하고 난 다음에 年月日時의 九星에 의한 紫白을 참고하여 택일을 한다.

이미 九星이나 紫白에 대해서는 충분히 이해가 되었을 것으로 봐서 어렵지 않게 원리를 이해하여 적용시킬 수 있을 것으로 본다. 그리고 반드시 알아야 하는 방법이기도 하다.

2. 양택(陽宅)의 택일법

陽宅은 조성을 하는 기간이 오래 소요되기 때문에 주로 年을 기준으로 하여 택일을 하는 방법이 좋다.

택명반(宅命盤)과 주변의 형세가 일치되는 坐向을 먼저 결정하고 나서, 구성의 연반(年盤)을 작성하여 坐宮과 向宮에 왕기(旺氣), 생기(生氣), 진기(進氣)의 숫자가 있는 경우를 선택하면 된다. 그 중에서도 특히 向宮에 위치한 숫자의 길흉 작용을 살피는 것이 중요하다.

1) 참고자료-陽宅

8운에 亥坐巳向 下卦의 旺山旺向으로 전원주택을 2009년이나 2010년에 신축하려고 할 때 어느 해가 좋은지 한번 살펴보도록 한다.

8 向宮	4	6
7	9 己丑年	2
3	5	1 坐宮

2009년의 연반(年盤)을 살펴보면 中宮은 9가 되는데, 向宮이 왕기(旺氣) 8의 방위가 되고 좌궁은 진기(進氣) 1의 방위가 되므로 주택을 신축하기에 아주 좋은 경우가 된다.

그러므로 2009년에 亥坐巳向이라고 하면 건축을 하기에 좋은 해가 된다는 것을 알 수가 있으므로 이 해에는 관련 공사를 하는 것이 길하다고 판단하게 된다.

7 向宮	3	5
6	8 庚寅年	1
2	4	9 坐宮

2010년의 연반(年盤)을 살펴보면, 中宮의 수는 8이 되고 坐宮은 생기(生氣) 9의 방위가 되지만, 向宮이 퇴기(退氣) 7의 방위가 되므로 주택을 신축하기에는 2009년 보다 못하다.

다만, 부득이한 사정에 의하여 조성할 건물의 向宮기운이 왕기(旺氣), 생기(生氣), 진기(進氣)에 해당이 되지 않더라도 흉한 수에 해당하는 2나 5가 向宮에 위치하는 年은 가급적 피하는 것이 좋다.

3. 陰宅의 택일법

陰宅의 경우는 사람이 막 사망을 한 경우에 조성하는 묘와 이미 조성이 되어 있는 묘를 이장하는 경우의 두 가지 상황이 있을 수 있다.

1) 산소를 이장할 경우

이장을 하는 경우에는 시간적인 여유를 가질 수 있으므로 坐向을 참고하여 坐向에 맞는 年月日時를 택일하여 이장을 할 수 있다.

이해를 돕기 위해서 순서대로 정리를 한다면 다음과 같은 방식으로 적용을 시

年盤 早見表 [九星學의 本命星과 같음]									
年度	1924	1925	1926	1927	1928	1929	1930	1931	1932	1933
中宮	4	3	2	1	9	8	7	6	5	4
干支	甲子	乙丑	丙寅	丁卯	戊辰	己巳	庚午	辛未	壬申	癸酉
年度	1934	1935	1936	1937	1938	1939	1940	1941	1942	1943
中宮	3	2	1	9	8	7	6	5	4	3
干支	甲戌	乙亥	丙子	丁丑	戊寅	己卯	庚辰	辛巳	壬午	癸未
年度	1944	1945	1946	1947	1948	1949	1950	1951	1952	1953
中宮	2	1	9	8	7	6	5	4	3	2
干支	甲申	乙酉	丙戌	丁亥	戊子	己丑	庚寅	辛卯	壬辰	癸巳
年度	1954	1955	1956	1957	1958	1959	1960	1961	1962	1963
中宮	1	9	8	7	6	5	4	3	2	1
干支	甲午	乙未	丙申	丁酉	戊戌	己亥	庚子	辛丑	壬寅	癸卯
年度	1964	1965	1966	1967	1968	1969	1970	1971	1972	1973
中宮	9	8	7	6	5	4	3	2	1	9
干支	甲辰	乙巳	丙午	丁未	戊申	己酉	庚戌	辛亥	壬子	癸丑
年度	1974	1975	1976	1977	1978	1979	1980	1981	1982	1983
中宮	8	7	6	5	4	3	2	1	9	8
干支	甲寅	乙卯	丙辰	丁巳	戊午	己未	庚申	辛酉	壬戌	癸亥
年度	1984	1985	1986	1987	1988	1989	1990	1991	1992	1993
中宮	7	6	5	4	3	2	1	9	8	7
干支	甲子	乙丑	丙寅	丁卯	戊辰	己巳	庚午	辛未	壬申	癸酉
年度	1994	1995	1996	1997	1998	1999	2000	2001	2002	2003
中宮	6	5	4	3	2	1	9	8	7	6
干支	甲戌	乙亥	丙子	丁丑	戊寅	己卯	庚辰	辛巳	壬午	癸未
年度	2004	2005	2006	2007	2008	2009	2010	2011	2012	2013
中宮	5	4	3	2	1	9	8	7	6	5
干支	甲申	乙酉	丙戌	丁亥	戊子	己丑	庚寅	辛卯	壬辰	癸巳
年度	2014	2015	2016	2017	2018	2019	2020	2021	2022	2023
中宮	4	3	2	1	9	8	7	6	5	4
干支	甲午	乙未	丙申	丁酉	戊戌	己亥	庚子	辛丑	壬寅	癸卯

킬 수 있다.

① 이장할 산소의 坐向을 먼저 알아야 한다.

② 어느 해[年]가 좋은지 연반(年盤)으로 坐宮과 向宮의 기운(氣運)을 판단한다.

③ 조성을 할 해[年]가 결정되었으면 무슨 달이 좋은지 월반(月盤)을 살펴서 月을 결정한다.

④ 月이 결정되었으면 무슨 날이 좋은지 일반(日盤)을 살펴서 결정한다.

⑤ 날[日]이 결정되었으면 무슨 시가 좋은지 시반(時盤)을 살펴서 하관(下官)할 時를 결정한다.

예를 들어 8운 亥坐巳向의 下卦로 合局이 되는 곳으로 이장을 할 경우라고 한다면 다음과 같은 상황으로 대입을 하여 택일을 하게 된다.

(1) 연반(年盤)의 길흉

우선 어느 해[年]가 좋은지 연반으로 坐宮과 向宮의 기운을 판단한다. 2009년의 경우부터 살펴보자.

8 向宮	4	6
7	9 己丑年	2
3	5	1 坐宮

연반(年盤)의 상황은 앞에서 陽宅의 경우와 같으므로 그대로 적용을 해도 된다. 이렇게 배합이 되면 산소를 옮기기에 좋은 해가 되는 것으로 판단한다.

그리고 庚寅年의 2010년은 어떤가를 보면 앞에서와 마찬가지로 연반(年盤)의 경우에는 같은 결과이다.

7 向宮	3	5
6	8 庚寅年	1
2	4	9 坐宮

이렇게 나타나는 상황을 참작하게 되면 2010년은 주택을 건설하거나 조상의 산소를 이장하거나 亥坐巳向의 경우에는 진행하지 않는 것이 좋다고 판단을 하게 된다.

6 向宮	2	4
5	7 辛卯年	9
1	3	8 坐宮

2011년의 상황을 살펴보면 坐宮이 旺氣(8)의 방위이고 向宮에 6이 있지만 <1+6+8>은 삼길수(三吉數)로 보게 되는데, 8운에는 6이 길한 작용을 하므로 역시 좋은 해가 된다.

이렇게 연반(年盤)을 살펴서 산소의 작업을 할 수가 있는 해를 확인하게 되는데, 이것을 알기 위해서는 매년의 紫白을 미리 알고 있으면 사전에 계획을 세울 적에 참고가 될 수 있으므로 유익하게 활용을 할 수가 있다.

다만, 당년의 경우라고 한다면 구태여 이러한 자료를 참고하지 않아도 그 해의 紫白으로 확인을 할 수 있다. 하지만 나쁜 결과가 나왔을 경우에는 마음이 급하더라도 다른 해를 봐야 하는 것이다.

앞의 표를 보게 되면 매년마다 숫자가 하나씩 줄어들면서 진행이 되는데, 이것은 연반(年盤)의 특성이라고 생각해도 된다. 언제라도 다음 해에는 당년보다 숫자가 하나 줄어들면서 그 숫자가 中宮에 들어간다는 것으로 외울 수도 있다.

(2) 월반(月盤)의 길흉

年이 결정되었으면 이제는 월반(月盤)을 살펴서 月을 결정한다.

예를 들어 2011年 辛卯年 음력 9月부터 12月 사이에 이장을 하기로 결정이 되었으면 매달의 월반(月盤)으로 向宮과 坐宮의 기운을 살펴본다.

8	4	6
7	9 戌月	2
3	5	1

向宮이 왕기(旺氣) 8의 방위이고 坐宮도 진기(進氣) 1의 방위에 해당하므로 좋지만 向星이 월파(月破-月의 戌과 沖이 되는 辰이 向星의 방위에 있음)에 해당하는 결함이 있다.

이러한 경우에는 연반(年盤)이 좋다고 하더라도 월반(月盤)의 조건이 만족스럽지 않으므로 그대로 진행을 하기 보다는 다른 달을 살펴서 가장 좋은 시기가 언제인지를 보게 되는데 亥月은 또 어떻게 구성이 되어 있는지를 살펴보게 된다. 그러기 위해서 亥月의 구성반을 만들어서 해석을 하여야 한다.

7	3	5
6	8 亥月	1
2	4	9

坐宮은 생기(生氣) 9의 방위이지만 向宮이 퇴기(退氣) 7의 방위에 해당하므로 좋지 못하다. 이 달도 권하기 어려운 암시가 나타나게 되었으므로 다시 다음 달의 월반(月盤)을 찾아보게 된다.

6	2	4
5	7 子月	9
1	3	8

이번에는 向宮에 삼길수인 6이 있으며 坐宮이 왕기(旺氣) 8의 방위에 해당하므로 매우 좋다. 그래서 합격이 되었으므로 그대로 시행을 해도 무방하다.

다만 다음 달에는 또 더 좋을 수는 있을까 싶어서 살펴볼 수도 있는 것이다.

그래서 가장 좋은 달이 부근에 있다면 그러한 것을 선택하는 것이 중요하므로 서둘지 말고 차근차근 살펴서 확인을 한 다음에 명확하게 판단이 되었을 때에야 비로소 결정을 하는 것이 중요하다.

기왕 좋은 달을 가리기 위해서 살펴보

려고 했으므로 다시 이어지는 달의 해석은 어떻게 되는지를 살펴보도록 한다. 이렇게 실제로 필요에 의해서 현장에서 쌓아가는 경험이야말로 진정한 의미에서 살아있는 지식이라고 할 것이다.

5	1	3
4	6 丑月	8
9	2	7

丑月의 경우를 살펴보면 向宮에 흉한 작용을 하는 5가 있고 坐宮이 퇴기(退氣) 7의 방위에 해당하므로 매우 흉하다. 이렇게 되면 선택을 할 수가 있는 달은 子月이 된다.

이제 월반(月盤)을 언제라도 만들 수가 있도록 조건표를 보여드리도록 한다. 이 조건표를 기준으로 해서 착오 없이 잘 찾아서 대입을 할 수가 있도록 약간의 연습이 필요하다는 것을 생각하고 사전에 준비를 한다는 마음으로 몇 가지의 경우를 만들어서 대입해 가면서 익혀놓기 바란다. 무엇이거나 그렇지만 갑자기 대입을 하다가 보면 아무래도 실수를 할

月盤早見表 [九星의 月命星과 같음]					
月	寅申巳亥年	子午卯酉年	辰戌丑未年	起點日	陽曆
寅月	2	8	5	입춘(立春)	2월초
卯月	1	7	4	경칩(驚蟄)	3월초
辰月	9	6	3	청명(淸明)	4월초
巳月	8	5	2	입하(立夏)	5월초
午月	7	4	1	망종(亡種)	6월초
未月	6	3	9	소서(小暑)	7월초
申月	5	2	8	입추(立秋)	8월초
酉月	4	1	7	백로(白露)	9월초
戌月	3	9	6	한로(寒露)	10월초
亥月	2	8	5	입동(立冬)	11월초
子月	1	7	4	대설(大雪)	12월초
丑月	9	6	3	소한(小寒)	1월초

(3) 일반(日盤)의 紫白

이장을 2011年 子月에 하는 것으로 결정되었으면 무슨 날이 좋은지 일반(日盤)을 살펴서 길일을 결정한다. 그런데 일반(日盤)의 九星을 알기 위해서는 매일마다의 中宮에 들어가는 숫자를 기록한 조견표가 필요하게 되는데, 그러기 위해서는 별도의 표를 첨부해야 한다.

그리고 이것은 몇 장의 표로 첨부를 해서 될 것이 아니고 아예 한 권의 책이 되어야 하겠기에 현공만세력(玄空萬歲曆)이나 구성만세력(九星萬歲曆)이 필요하게 된다.

가장 정확한 것은 명문당에서 매년 출간되는 《○○年大韓民曆》이며 일명 책력(冊曆)이라고 칭하는 것이다. 다만, 사용하는 기간은 1년간이므로 매년 구입을 해야 하는데 그만한 가치가 충분한 책이다.

기존의 九星이 표기된 만세력을 보게 되면 오류에 대한 교정이 제대로 되지 않아서 자칫하면 큰 실수를 범할 수가 있기 때문에 정확한 만세력을 참조해야 한다.

삼명에서 출간된 택일력인 《현공수책(玄空手冊)》은, 약 30년 동안의 일반(日盤)을 볼 수 있는 교정이 된 만세력이므로 앞으로 현공풍수를 연구하는 학자에게는 필요한 휴대용이 될 것으로 기대한다.

2011年 陽曆 12月 [七赤]				
陽曆	陰曆	日辰	九星	비고
1	11/7	庚寅	7	
2	8	辛卯	6	
3	9	壬辰	5	
4	10	癸巳	4	
5	11	甲午	3	
6	12	乙未	2	20:41
7	13	丙申	1	大雪
8	14	丁酉	9	吉日
9	15	戊戌	8	
10	16	己亥	7	吉日
11	17	庚子	6	
12	18	辛丑	5	
13	19	壬寅	4	
14	20	癸卯	3	
15	21	甲辰	2	
16	22	乙巳	1	
17	23	丙午	9	吉日
18	24	丁未	8	
19	25	戊申	7	吉日
20	26	己酉	6	
21	27	庚戌	5	
22	28	辛亥	4	冬至
23	29	壬子	3	
24	30	癸丑	2	
25	12/1	甲寅	1	
26	2	乙卯	9	吉日
27	3	丙辰	8	
28	4	丁巳	7	吉日
29	5	戊午	6	
30	6	己未	5	
31	7	庚申	4	
2012年 陽曆 1月 [六白]				
1	8	辛酉	3	
2	9	壬戌	2	
3	10	癸亥	1	▲陰遁
4	11	甲子	1	▼陽遁
5	12	乙丑	2	小寒
6	13	丙寅	3	07:52

子月은 12月 7日부터 시작해서 2010年 1月 5日까지이므로 그 안에서 좋은 날을 찾아보게 된다.

(4) 대입하는 방법

음력 11月 中宮의 수 7에 이장을 하기로 결정을 하였으면 그 달 중에서 가장 좋은 날을 선택해야 한다.

다음과 같이 中宮의 숫자를 보면 亥坐巳向에 해당하는 坐宮[乾宮]과 向宮[巽宮]의 기운을 알 수가 있다.

中宮에 7이 들어가는 날[向宮6과 坐宮8]과 9가 들어가는 날[向宮8과 坐宮1]이 亥坐巳向으로 산소를 조성하는데 가장 좋은 날이라는 것을 알 수 있다.

2011年 子月[음력 11月 13日~12月 12日 까지]중에서 中宮에 7과 9가 들어가는 날을 만세력으로 찾아보면 음력 11月 14, 16, 23, 25日과 12月 2, 4日로 모두 6日이 있으며 이중에서 적당한 날을 선택하면 된다.

참고로 매월은 항상 절기를 기준으로 시작한다는 점을 주의해야 한다. 그리고 음력으로 설명을 하는 것은 대부분 이장과 같은 일을 할 경우에는 음력으로 거론하기 때문일 뿐이고, 실제로 음력이든 양력이든 상관이 없으므로 양력으로 찾았을 경우에는 음력으로 환산하여 해당

9	5	7
8	**1**	3
4	6	2

1	6	8
9	**2**	4
5	7	3

2	7	9
1	**3**	5
6	8	4

3	8	1
2	**4**	6
7	9	5

4	9	2
3	**5**	7
8	1	6

5	1	3
4	**6**	8
9	2	7

6	2	4
5	**7**	9
1	3	8

7	3	5
6	**8**	1
2	4	9

8	4	6
7	**9**	2
3	5	1

여러 날짜의 일반(日盤) 중에서 붉은색으로 표시를 한 경우가 가장 길일이다.

날짜를 알려주면 되는 것이라는 점도 참고로 알아두기 바란다. 젊은 사람들의 경우에는 양력으로 알려주고 요일까지도 찾아서 적어주면 더 좋다.

(5) 시반(時盤)의 길흉

日이 결정되었으면 어떤 시간이 좋은지 시반(時盤)을 살펴서 하관(下官)할 시간을 결정한다.

하관을 하는 시간을 정하기 위해서는 다음의 시반 작성표를 참고해서 坐宮과 向宮의 기(氣)를 살펴서 선택하면 된다.

① 양둔(陽遁)과 음둔(陰遁)

여기에서 이제 순역(順逆)이 바뀌는 원칙을 설명하도록 한다. 이러한 방법은 구성학(九星學)과 기문둔갑(奇門遁甲)에서도 같은 원리로 적용하게 되므로 기본적으로 알고 있으면 도움이 될 것이다.

② 동지(冬至)~하지(夏至) = 양둔(陽遁)

동지(冬至)에는 음극즉양생(陰極卽陽生)의 이치를 따라서 양둔(陽遁)이라고 명칭을 부여하게 된다. 그리고 1년을 陰陽으로 나눠서 대입을 하게 되면 이 시기는 陽에 해당하게 된다.

그래서 숫자도 순행(順行)으로 진행하게 되어서 정상적인 흐름을 타고 1-2-3-4-5-6-7-8-9의 순서로 진행하게 되는 것이다. 그리고 이러한 기준이 동짓날부터 시작을 해야 하겠지만 실은 甲子日부터 시작하게 되어있다.

이것에 대해서는 각 유파(流派)에서 서로 관점이 다르기 때문에 하나로 통일을 시킬 수는 없다는 것을 참고하고 일단 九星에서는 甲子日을 기준으로 삼아서 진행하게 되므로 동지를 전후로 하여 갑자에 해당하는 날짜가 그 시점이라는 것을 알아두는 것으로 충분하다.

그리고 더욱 자세한 것을 알고 싶은 벗님은 기문둔갑(奇門遁甲)이나 九星學의 관련 서적을 참조해 주기 바란다.

③ 하지(夏至)~동지(冬至) = 음둔(陰遁)

앞의 양둔에 대한 이치를 잘 이해하게 되면 이것은 그 반대로 대입만 하면 되므로 간단하다. 즉, 하지(夏至)가 시작되는 부근의 甲子日부터 음둔이 시작되므로 이때부터는 숫자의 순서도 역행을 하게 되어서 9-8-7-6-5-4-3-2-1의 흐름으로 진행이 된다는 점을 알아두면 된다.

삼명에서 나온 《현공수책(玄空手冊)》을 참고하고, 또 매년 나오는 책력을 이용하여 보다 정확한 일진(日辰)의 紫白을 살펴보는 것이 더욱 중요하다.

다만, 紫白이 표기된 만세력의 경우에도 오류를 바로잡지 않은 것이 보이므로 이러한 점에 대해서 주의가 필요한데 참고로 명문당의 대한민력이 정확한 것으로 보인다. 택일은 어차피 당년에 추진되는 경우가 많으므로 가능하면 책력을 참고하여 택일을 하도록 하면 오류를 줄일 수 있다.

時盤 作成表 [陽遁]

時支 日支	子	丑	寅	卯	辰	巳	午	未	申	酉	戌	亥
寅申巳亥	7	8	9	1	2	3	4	5	6	7	8	9
子午卯酉	1	2	3	4	5	6	7	8	9	1	2	3
辰戌丑未	4	5	6	7	8	9	1	2	3	4	5	6

時盤 作成表 [陰遁]

時支 日支	子	丑	寅	卯	辰	巳	午	未	申	酉	戌	亥
寅申巳亥	3	2	1	9	8	7	6	5	4	3	2	1
子午卯酉	9	8	7	6	5	4	3	2	1	9	8	7
辰戌丑未	6	5	4	3	2	1	9	8	7	6	5	4

(7) 적용하는 방법

만약 이장을 할 날을 2011년 음력 11월 16일로 결정을 하였으면 하관을 하는데 가장 좋은 시간을 정해야 한다.

음력 11월 16일의 日辰은 만세력을 보면 己亥日이 되고 음둔으로 진행이 되고 있음을 알 수 있으며, 위의 시반 작성표를 참고하면 된다.

6	2	4
5	7 巳時	9
1	3	8

8	4	6
7	9 卯時	2
3	5	1

己亥日의 卯時에는 中宮에 9가 들어가고 巳時에는 中宮에 7이 들어가므로 亥坐巳向으로 이장을 할 때에 向宮과 坐宮에 좋은 기(氣)가 있음을 알 수 있다.

卯時는 좋은 시간이기는 하지만, 새벽 5時 30分~7時 30分이 되는데, 이렇게 이른 시간에는 이장 작업을 하기 어렵기 때문에 巳時를 선택하는 것이 좋다.

결론적으로 亥坐巳向 下卦로 2011년에 이장을 하려고 할 때는 음력 11월 16일 巳時에 하는 것이 좋다는 것을 알 수 있다.

2) 새로 산소를 쓸 경우

누군가 세상을 하직하게 되어서 산소를 신축(新築)을 하는 경우에는 사망 후 3日 내지 5日 만에 장사를 지내는 경우가 많으므로 年과 月은 선택을 할 수 없는 경우가 많고 다만 日과 時는 택일을 할 수 있다. 택일을 하는 요령은 같으므로 앞에서 설명한 좋은 日과 時를 정하는 법을 참고하여 좋은 날과 좋은 시간을 찾아서 택일을 하면 된다.

4. 택일법의 다른 경우

사주(四柱)를 볼 경우에도 여러 가지의 방법이 있듯이 택일을 하는 것에도 다양한 방법이 전해지고 있다. 이러한 것을 모두 참작하여 가장 좋은 날을 가리게 된다면 아마도 일을 진행시킬 수가 없을 지도 모를 정도라고 하면 될 것이다.

물론 정성을 기울여서 최대한의 좋은 작용을 하는 날과 시간을 선택해서 시행하는 것이 중요한 것은 사실이지만 막상 후학이 그러한 것을 바탕으로 적용시키고자 한다면 여간 곤란한 문제가 아니다. 그래서 또 고민이 추가된다.

그래서 그 중에서도 참고를 할 수가 있는 것이 앞에 설명한 것인데 이것은 玄空風水에서는 비성파(飛星派)가 활용하는 방법이라고 보면 된다. 그리고 또 다른 유파(流派)인 대괘파(大卦派)가 있는데, 이 파에서 적용하는 택일법은 또 다르다는 점은 말씀을 해 드린다.

여기에서 자세한 언급은 생략하도록 한다. 한 가지만 알아둬도 되기 때문에 이렇게 유파별로 전승이 된 것이라고 생각하기 때문이다. 물론, 모두를 다 적용시켜서 가장 좋은 날을 가리고자 하는 경우도 이해는 하지만, 그렇게 하지 않아도 핵심적인 부분인 合局여부에 의해서 대부분의 상황은 모두 해결이 되기 때문에 어찌 보면 부수적인 경우라고 할 수가 있는 택일법에 대해서 너무 깊은 고민을 하지 않는 것이 좋을 것으로 생각이 되는 점도 적지 않다.

택일법과 관련되어서 나온 책도 여러 종류가 있는데, 예를 들면 대표적으로 《선택정종(選擇正宗)》이라는 책이 있고, 기타 택일과 관련하여 다양한 서적들이 있음을 역학관련 쇼핑몰에서 검색을 해 보면 알 수 있다. 물론, 이러한 것을 보라고 권하지는 않겠지만 그래도 마음이 불안한 경우라면 안내만 할 것이니까 판단은 독자가 하기 바란다.

[낭월한담] 아무리 봐도 陰宅地 같은 집터

　감로사에서 대전으로 나가기 위해서 거치게 되는 길 가의 풍경이다. 항상 길 건너를 바라보면서 뭔가 이상하다는 생각을 하게 되는 장면인데 문득 한 말씀 드리는 것도 참고가 되실 듯하여 다시 살펴보게 되었다.

　우선 이해를 돕기 위해서 숫자를 넣어서 표기했는데, 여기에서 주의를 하여 볼 것은 1번이다. 1번에서 아래로 주욱~ 내려오는 능선을 타고 여러 채의 집들이 한 줄로 건립되어 있는 장면이 느껴질 것이다.

　여기에 대해서 뒤쪽의 산을 살펴보면 어디선가 많이 본 듯한 장면이라는 것을 생각할 수 있을 것이다.

　그것은 바로 용맥(龍脈)이 흘러내려오는 장면으로 산소를 보러 가면 흔히 만나게 되는 장면이기도 한 까닭이다. 그런데 그 끝에 산소가 있었다면 지극히 자연스러운 장면이 되겠는데, 의외로 양택지가 조성되어서 집들이 그것도 한 줄로 지어져 있는 것은 예사롭지 않아서 늘 궁금했던 곳이기도 하다.

　참고로 2번이나 3번의 자리라고 한다면 자연스러울 것이다. 그런데 이렇게 용맥처럼 보이는 1번의 자리에 한 줄로 서 있는 집들은 흔히 볼 수 있는 풍경은 아니다. 그래서 혹 陰宅의 자리에 해당하는 곳에 주거지를 지은 것은 아닌가 싶은 생각이 들었다.

제9장 대문(大門)내는 법

집이 천 냥이면 대문(大門)은 900냥.

1. 대문이 갖는 의미

대문(大門)은 주거지를 출입하는 통로의 관문(關門)이다. 크게는 성문(城門)이 있어서 대도시를 출입하는 관문 역할을 할 수도 있겠지만 대문은 개인의 주거지를 출입하는 관문이 되는 셈이다. 그러므로 규모적인 면에서는 비록 작다고 하더라도 그 역할에 대해서는 전혀 작지 않은 중요한 기능이라고 하게 된다. 그리고 이것은 풍수지리에서도 비중을 두고 살피게 되는 부분이다.

대문을 말하게 되면 궁궐의 대문과 사대부의 대문이 서로 다르듯이 일반인의 대문도 같지 않을 수 있다. 궁궐에는 그야말로 궐문(闕門)이 있듯이, 사대부(士大夫)의 집안으로 출입을 하려고 해도, 대문도 있고, 중문도 있고, 내문도 있는 것이 구색을 갖춘 양반댁의 구조이다. 그렇게 문이 많은 것은 그만큼 중요한 곳이기 때문이라고 하겠는데, 요즘에 와서는 이러한 것을 다 제쳐두고 그냥 내 집으로 드나드는 출입문(出入門) 정도로 인식을 하는 것이 보통이다.

대문은 내기(內氣)와 외기(外氣)를 가르는 기준점이 된다. 그래서 그 문으로 들어가려면 그만한 자격을 얻어야 되는 것이므로 아무나 주인의 허락이 없이 들어가게 되면 주거지를 무단으로 침입했다고 하여 경찰서에 끌려 갈 수도 있는 것이다.

2. 현공풍수와 대문

대문은 기(氣)가 출입하는 곳으로, 특히 외부의 기운이 들어오는 입구로 기구

(氣口)라고도 하며 陽宅에서는 매우 중요하게 취급을 하고 있다.

장대홍 선생은 천원오가(天元五歌)에서 이르기를 '향수일성(向首一星)은 재복(灾福-재앙과 복)의 관건이고, 기구처(氣口處)는 생사(生死)의 관문이다.'라고 할 만큼 대문의 중요성을 강조하고 있다.

왕기(旺氣)나 생기(生氣)가 들어오는 방위에 대문이 있으면 좋은 기운이 집안으로 들어오게 되지만, 살기(殺氣)나 사기(死氣)의 방위에 대문이 있으면 흉한 기운이 집안으로 들어와서 집안에 사는 사람들에게 직접적으로 나쁜 작용을 하게 된다.

3. 대문을 내는 방법

해당되는 운의 向星이 위치하는 방위가 왕기(旺氣)가 들어오는 곳으로 제일 좋지만, 주변의 여건상으로 向星8의 방위에 대문을 내기가 불가능한 경우에는 차선책으로 생기(生氣)가 위치하는 방위를 사용할 수 있다.

예를 들면, 8운에는 向星8이 있는 방위가 왕기(旺氣)가 들어오는 곳으로 제일 좋고, 向星9가 있는 방위가 생기(生氣)의 방위이다.

1) 陽宅을 신축하는 경우

8운에 건물을 신축할 때는 向星8의 방위가 제일 좋지만 도로사정상 대문을 내기가 곤란하거나 대문 방위에 형기 상으로 흉한 작용을 하는 전신주나 철탑, 큰 나무 등이 있을 때는, 차선책으로 向星9의 방위를 선택할 수 있다.

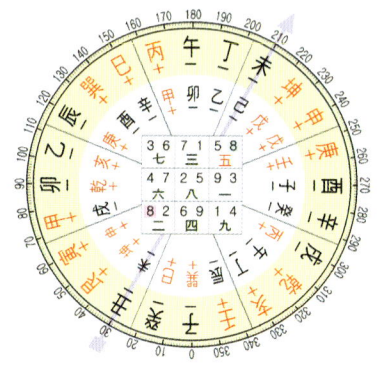

8運 丑坐未向 下卦 [대문 방향]

왕기(旺氣) 방위인 向星8이 위치한 坤宮에 대문을 내는 것이 제일 좋은데 丑坐未向의 丑과 未는 陰에 해당하므로 坤宮의 3방위 중에서 같은 陰에 해당하는 未의 방위에 대문을 내는 것이 좋다.

陰陽이 다른 坤이나 申의 방위에 대문을 내면 길한 작용이 약하다. [陰陽이 서로 다른 경우를 차착(差錯 -섞이어 어지러움)이라고 한다]

여건상 坤宮에 대문을 내기가 어려운 경우에는 생기(生氣)의 방위인 向星9가 있는 坎宮을 사용한다.

참고: 8운에는 坤宮에 운반五가 위치하고 있으므로 中宮에 있는 八의 陰陽을 그대로 사용한다. 未방위[己-陰], 坤방위[戊-陽], 申방위[戊-陽]가 된다.

2) 전운(前運)의 건물

7운에 조성된 건물이 向星7의 방위에 대문을 있으면 당운에는 좋은 작용을 하지만 8운이 되면 向星7의 방위는 기운이 쇠약해지는 퇴기(退氣)의 방위가 되므로, 向星8의 방위나 9의 방위에 새로이 대문을 내는 것이 좋고, 기존의 向星7의 방위에 있는 대문은 사용을 하지 않는 것이 좋다.

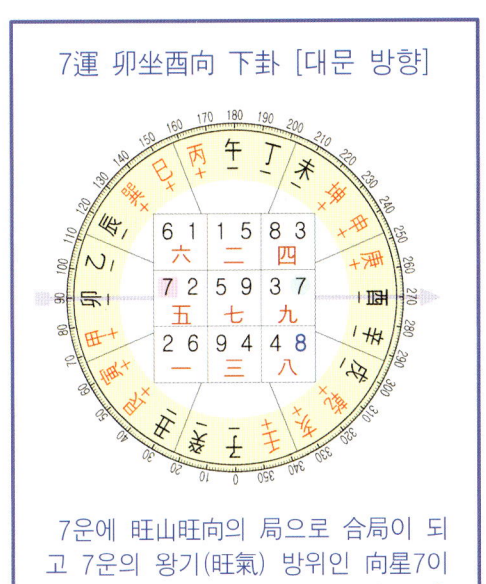

7運 卯坐酉向 下卦 [대문 방향]

7운에 旺山旺向의 局으로 合局이 되고 7운의 왕기(旺氣) 방위인 向星7이 있는 兌宮에 대문을 내었다면 좋은 작용을 하게 된다.

이 경우에 8운이 되면 7은 퇴기(退氣)가 되어 나쁘므로 8운의 왕기(旺氣) 방위인 向星8이 위치하고 있는 乾宮의 방위에 대문을 내는 것이 제일 좋은데 卯坐酉向의 卯와 酉는 陰에 해당하므로 乾宮의 3방위 중에서 같은 陰에 해당하는 戌의 방위에 대문을 내는 것이 좋고 양에 해당하는 乾이나 亥의 방위에 대문을 내면 길한 작용이 약하다.

참고: 陰陽의 구분은 7운의 비성반을 보면 乾宮에 운반 八[艮]이 위치하고 있으므로 戌방위[丑-陰] 乾방위[艮-陽] 亥방위[寅-陽]가 된다.

3) 대문의 크기와 높이

대문의 크기와 높이는 집의 크기나 규모와 조화를 이루는 것이 제일 좋다.

《황제택경(黃帝宅經)》에 '대문은 집의 규모에 비해서 다소 작은듯하면 실(實)한 집이고, 집은 작은데 대문이 지나치게 크고 높이 솟으면 허(虛)한 집이다.' 라고 이르고 있다.

집에 비례하여 대문이 지나치게 크면 허세를 부리는 것이 되고, 집에 비하여 대문이 지나치게 작으면 옹졸해 지게 된다.

대문의 높이도 집의 크기와 거리를 참고하여 조화를 맞추는 것이 좋다.

집과 대문의 거리가 좁은데 대문을 높게 만들면 답답하고 갇혀서 사는 것과 같아서 좋지 못하다.

4) 대문의 강약작용

대문의 앞에 물이나 자동차 등 움직임이 많거나 거주자가 사용을 많이 할수록 작용이 강해진다.

주변의 형세와 合局이 되고 왕기(旺氣)나 생기(生氣)의 방위에 대문이 있을 때는 많은 움직임이 있는 것이 좋겠지만, 不合局이 되거나 살기나 사기의 방위에 대문이 있을 때는 움직임이 많을수록 흉한 작용도 강해진다고 봐야한다.

결과적으로 좋은 대문은 많이 이용을

하고 나쁜 대문은 이용을 하지 않는 것이 최선이다.

그리고 기(氣)의 종류에 관계없이 대문의 전면에 전신주, 철탑, 큰 나무, 공장굴뚝, 교회십자가 등이 있으면 현침살(懸針殺)이라고 하여 사람이 죽거나 다치는 매우 흉한 작용을 하므로 가능한 피하는 것이 좋다.

5) 길흉작용의 기준

어떤 구조물은 길한 작용을 하고, 또 어떤 구조물은 흉한 작용을 한다고 기준을 세워보려고 했는데, 그 과정에서 뚜렷한 구분이 가능할 것으로 판단이 된다.

이미 짐작을 했겠지만 길흉의 작용에 대한 공식적인 기준은 사람이 느끼는 감정에서 기인(起因)한다는 것이다.

뾰족한 것은 찔리게 될까봐 두렵고, 문 앞에 자동차 길이 나 있으면 차가 달려 들까봐 겁나는 것도 인지상정(人之常情)이다. 그래서 풍수학의 원리도 결국은 사람의 감정을 바탕으로 삼아서 느낌과 상식으로 풀이를 한다면 여기에서 언급이 되지 않은 것에 대해서도 어렵지 않게 판단을 할 수가 있을 것으로 생각이 된다.

그리고 고인의 지혜(智慧)를 봐도 이러한 흔적들이 적지 않게 많다는 것을 알 수가 있는데, 결국 풍수도 자연의 이치에서 벗어나는 것이 아니므로 그대로 판단을 하면 될 것으로 본다.

그리고 이러한 것은 비단 대문과 연관해서만 생각을 할 것도 아니라고 하겠다. 대부분의 사람들이 봐서 나쁘게 느낌이 든다면 실제로도 나쁘게 될 가능성이 많다는 것을 생각하면 되겠다.

그래서 세상을 한 60년 쯤 살다가 보면 특별히 공부를 하지 않아도 자연스럽게 반풍수가 된다는 말도 가능하지 않을까 싶다. 그래서 그냥 단순하게 학문으로만 생각을 할 것이 아니고, 일상적인 관찰에 의해서 판단을 해도 될 것이라는 점을 함께 생각해 볼 수 있을 것이다.

아는 만큼 보이는 세계

-낭월의 마무리말씀

안녕하세요. 낭월입니다. 《신나는 현공풍수 입문편》에 대해서 열정을 보여주신 벗님을 이렇게 오랜만에 뵙게 되어서 죄송하고도 반갑습니다.

어찌 보면 생소한 영역이라고 할 수 있는 현공에 대해서 이렇게 많은 성원을 보내 주시는 것을 보면 참으로 의미있는 인연이 아닌가 싶습니다.

그 동안 풍수와 연관해서 인연이 되는 대로 살펴보면서 이해를 쌓았습니다만, 그럼에도 불구하고 아직도 현공풍수에 대해서 모두 이해를 했다고 하기는 도저히 불가능하다고 해야 하겠습니다.

이렇게 방대한 분량의 자료와 연구하는 학자들이 많이 있다는 것은 타고 난 운명을 극복하고, 어제보다 행복한 내일을 꿈꾸기 위한 노력들의 결실이 아닌가 싶습니다. 꿈은 꾸는 자만이 이룰 수가 있다고 하는 말의 의미가 새삼스럽게 느껴집니다.

그래서 마무리삼아 낭월의 나름대로 느낀 점과 자명스님을 통해서 얻어들은 내용들을 함께 생각을 해 보셔도 좋을 것 같아서 몇 말씀 추가 의견을 드리고 마무리하고자 합니다. 현공을 공부하면서 느낀 소감이라고 해도 좋겠습니다.

① 꽃피는 현공법

이미 다양한 풍수지리의 이론들이 각기 역량을 발휘하면서 독특한 분야를 형성하고 있는 상황에서 새로운 현공풍수를 소개할 적에는 어떤 반응을 보여주실까 싶은 생각도 해 봤습니다만 이제는 어느 사이엔가 하나의 확실한 풍수의 영역에서 큰 역할을 하고 있다는 것을 생각해 보면서 좋은 인연이 될 것이라는 점을 의심하지 않아도 되겠다는 확신을 하게 됩니다.

얼마 전에 홍콩을 방문해 봤습니다. 그 곳에서의 풍수는 어떤 형태로 활용이 되는가에 대해서 참고를 하면 활용편을 정리하는데 도움이 되지 않을까 싶어서입니다. 살펴본바, 이미 홍콩은 현공풍수가 완전히 뿌리를 내리고 꽃까지 피운 것이 아닌가 싶을 정도로 활발한 활용을 하고 있다는 것을 느꼈습니다.

물론, 앞으로도 계속해서 더욱 새로운 응용법이 나타날 것이고, 그러한 것을 배워서 실제로 살아가는 환경에서 보다 나은 행복의 삶을 추구하는 노력은 계속

이어질 것이라고 생각합니다.

② 命理는 진단(診斷)과 예방(豫防)

자평명리학을 연구하는 학자의 입장에서 현공풍수를 바라보게 되면서 얻은 것이 있습니다. 명리학으로 삶의 구조를 진단하고 나서는 그 결함을 보완해서 치료를 할 수가 있는 방법은 현공이 담당을 할 수 있겠다는 생각을 해 봤습니다.

전생의 인연이거나 금생의 인연이든 간에 자신이 타고 난 것은 분명히 있다고 봅니다. 그리고 그것을 막무가내로 억지를 쓴다고 해서 바뀌지는 것이 아니라는 것 정도는 이제 어느 정도 확실하게 판단이 서는 것 같습니다.

가령 앞으로 10년의 시기가 활동하기 어려운 침체기에 해당한다고 자평법(子平法)에서 판단을 하게 되었다고 한다면 여간의 노력으로도 그 어려움을 타개하기는 쉽지 않을 것입니다. 이러한 것은 최대한 자중하고 안정을 취하면서 내공을 쌓도록 노력하는 것이 최선이라고 할 수가 있지 않을까 싶습니다.

이러한 의미에서 본다면 예방(豫防)의 가능성을 포함하고 있는 명리학이라고 하겠습니다. 진단(診斷)과 예방은 자신의 노력만으로도 해결을 할 수가 있을 것으로 봐도 되겠습니다. 선천적으로 호흡기가 약하게 타고났다고 진단을 받았다면 탁한 공기가 있는 환경을 피하고 맑은 환경을 택한다면 훨씬 더 좋은 건강을 유지할 수가 있을 것으로 봐야 할 것이기 때문입니다.

그래서 명리학을 공부하게 되면 예방에 대해서 먼저 생각을 하게 되는 것으로 이해를 하는 것은 자연스러운 흐름이라고 하겠습니다. 늘 하는 말이지요.

'내년에는 사업을 확장하지 말고, 현상유지에 힘쓰시는 것을 권합니다.'

이러한 이야기를 하게 되는 것을 보면서 명리학자는 일기예보를 하는 사람과 닮았다는 생각을 늘 하게 됩니다. 우리는 매일 저녁 9시 뉴스를 보면서 내일의 기상도를 봅니다. 그러면서 자신의 일정에 영향을 줄 수 있는 것인지에 대해서 생각을 하지요. 이와 흡사한 것이 명리학이라고 생각을 해 봤습니다.

그렇다면 일기예보를 봤지만 자신의 일을 중지할 수가 없을 경우에는 또 어떻게 해야 할 것인지는 그 다음에 고민을 해야 할 일이라고 하겠습니다.

③ 현공은 치료(治療)와 수술(手術)

진단과 예방의 차원을 넘어서게 되는 과정이 있기 마련입니다. 조기진단(早期診斷)이라고도 합니다만 그것도 환경이 좋은 사람들이 누리는 복이 아닐까 싶습니다. 삶의 과정에서 그렇게 모든 것을 교과서대로 진행하기는 참으로 어려운 일이니까 말이지요.

가족이 병이 나면 의원을 찾습니다. 그리고 간단하면 약을 먹고 요양을 해서 다시 예전의 기운을 되찾을 수가 있을 것입니다. 이렇게 하는 것은 치료의 과정이라고 보겠네요. 현공으로 본다면, 방을 바꾸거나 수맥을 차단하는 등의 방법이 이에 해당할 수 있을 것으로 봅니다. 또한 반사거울을 사용할 수도 있겠습니다. 그런데 만약 그 자리가 空亡에 해당한다면 이것은 간단하게 해결될 증세가 아니라 수술을 해야 한다고 판단하게 됩니다.

물론, 현공에서의 수술은 장소를 이전하는 것이 되고, 의사에게 의뢰를 하면 병에 대한 수술을 하겠지만 그냥 약이나 먹고 견디겠다고 하면 그대로 견디다가 임종을 맞이하게 될 지도 모르겠습니다.

이것은 陽宅 뿐만이 아니라 陰宅에서도 마찬가지라고 하겠습니다. 여하튼 수술을 할 지경까지 가게 된다면 이미 그대로 버티기에는 늦었다고 해야 할 것으로 보겠습니다. 그런데 어떤가요? 병원에 가면 '말기(末期)'라는 말을 들을 수도 있습니다. 그리고 대부분의 바쁜 환경에서 분주하게 살아가노라면 최악의 상황이 되어서야 비로소 병원을 찾는 경우도 흔한 일이라고 할 것입니다.

물론 말기의 질병이야 치료가 불가능하다는 의미가 포함되어 있겠지만 현공에서의 말기는 장소만 바꾸면 바로 해결이 된다는 의미에서 결과는 상당히 다르다고 봐야 할 것입니다.

④ **만나는 것은 중환자(重患者)**

그 이유를 이제야 알 것 같습니다. 현공의 자료를 찾아다니는 과정에서 하나같이 의뢰를 받은 경우는 모두 말기 암환자와 같은 상황이 되어있다는 것을 말이지요. 그 관계를 곰곰 생각해 보다가 이와 같은 결론을 내리게 되었습니다.

현장답사를 해 보면 항상 空亡이 아니면 수맥(水脈)이고, 집안의 가족들은 사망이 아니면 중상이니 이렇게 된 지경에 가서야 도저히 더 견디지 못하고 의원을 찾는다고 할 수 있을 것 같습니다.

이렇게 된 것을 보면서 암 전문 의사는 중증환자만 보게 된다는 말도 일리가 있겠다는 생각을 해 보곤 합니다. 이러한 정황을 보면, 이렇게 되기 전까지 손을 쓸 수가 있었다면 그 고통이나 손실은 훨씬 줄어들 수도 있겠다는 생각이 드는 것은 당연하지요.

그러므로 수술비는 비싸다고 해야 할 모양입니다. 예방을 하는 상담은 비교적 적은 편이지만[예방도 MRI찍고 하려면 많이 들겠지만], 수술비에 비할 바는 아니라고 하겠습니다. 여하튼 현공을 생각하는 과정에서 이와 같은 관계를 생각해 봤던 것입니다.

⑤ **숫자는 숫자가 아닌 듯.**

현공의 비성반을 보게 되면 항상 세 벌의 숫자가 세트로 움직인다는 것을 알 수가 있습니다. 그런데 이것을 그냥 숫자로 본다면 그것도 평면적으로만 이해를 한 것이라고 해야 할 모양이네요.

이것을 입체적으로 바라보게 되면, 3중의 입체(立體)적인 역학(易學)이라는 것을 관찰할 수 있다는 것입니다. 그리고 최고도의 역리(易理)라는 것도 알 수가 있다는 것이지요. 주역으로 점을 하는 것은 64괘를 운용하므로 두 겹이 되겠습니다만 현공은 또 하나를 더하여 그것을 계속 돌리고 있으니 대단히 고차원적인 것으로 봐야 하지 않을까 싶은 생각을 해 봅니다.

이름이 현공이어서 참 특이하다고 생각을 했습니다만, 9차원의 고등역학이 그 속에 내재되어 있다는 것을 생각하고 나서는 다시 이름의 의미가 새삼 다가오게 되는 것 같습니다. 9운을 돌려가면서 보니까 9차원이라고 할 수 있겠지요?

특히, 산소에 감정하러 나가보면 흉한 작용은 여지없이 空亡이 아니면 上山下水를 범하였다는 것이 그대로 드러나게 되는 것을 매우 쉽게 발견합니다. 현공의 기본적인 四局만 알고 있었더라도 피할 수가 있는 것에 의해서 모른다는 이유로 온 가족이 엄청난 고통을 받고 있었다는 것이지요.

그리고 그 이야기는 《신나는 현공풍수 입문편》에서 이미 충분히 이해를 할 수가 있도록 설명을 했습니다. 그리고 현장에서 그러한 것을 목격하면 더욱 실감이 나는 것을 어쩌겠습니까? 이것이 현실입니다.

어찌 보면 참혹하다고 해야 할지, 현공법이 있느냐 없느냐를 논하다가도 현장에서 이러한 장면을 보게 되면 아무 생각도 들지 않고 모든 국민이 현공의 사국 정도라도 살필 수준이 되었으면 삶의 질은 훨씬 더 행복한 방향으로 진행이 되지 않을까 싶은 생각을 하게 되는 것은 자연스러운 흐름이지요.

⑥ 현공 내에서도 다른 점들

대만을 다니면서 여러 역학의 종류들에 대해서 관심을 갖게 되면서 현공인연은 당연히 살펴봐야 할 내용들이 더욱 많아졌습니다. 그래서 몇몇 현공학자를 만나서 직접 문답의 시간을 가져보기도 했습니다. 그 과정에서도 여전히 서로 같지 않은 견해가 함께 있다는 것을 느끼게 되었습니다.

후학의 입장에서야 한 가지로 통일이 된 이론을 배우고 또 현장에 적용하는데 전혀 문제가 없다고 한다면 그보다 더 좋을 일이 없겠습니다만 이것이 또 깊은 학문의 또 다른 변수가 아닌가 싶습니다.

이렇게 풍수에 대한 소견을 정리해 보았습니다만, 작은 인연으로 모쪼록 벗님의 삶에 행복으로 이어지는 디딤돌 하나를 마련하실 수 있다면 더없는 보람으로 여기겠습니다.

2009년 10월에
계룡감로에서 낭월 두손 모음

[부록] 찾아보기

숫자

1백 수성(一白水星) [坎宮]/71
2흑 토성(二黑土星) [坤宮]/74
3벽 목성(三碧木星) [震宮]/77
4록 목성(四綠木星) [巽宮]/80
5황 토성(五黃土星) [中宮]/83
6백 금성(六白金星) [乾宮]/86
7적 금성(七赤金星) [兌宮]/88
8백 토성(八白土星) [艮宮]/90
9자 화성(九紫火星) [離宮]/93

가

가혈(假穴) /55, 62
간(艮)/68
간괘(艮卦)/67
간궁8백토성(艮宮八白土星)/70
간상련(艮上連)/67
감(坎)/68
감괘(坎卦)/67
감궁1백수성(坎宮一白水星)/69
감궁상합(坎宮相合)/277
감중련(坎中連)/67
강변의 식당/328
거룡(去龍)/51
거주하는 사람을 기준/286
건(乾)/68
건괘(乾卦)/66
건궁6백금성(乾宮六白金星)/70
건궁(乾宮)의 비석 풀이/350
건물과 묘를 조성한 시기/286
건삼련(乾三連)/66
건좌손향(乾坐巽向)의 체괘(替卦)/329
경과된 피해사례/348

경신대공망(庚申大空亡)/305
고뇌하는 노인장/357
고서(古書) 내용의 정리법/100
고일촌산(高一寸山)/59
곤(坤)/68
곤괘(坤卦)/ 67
곤궁2흑토성(坤宮二黑土星)/69
곤궁(坤宮)의 비석의 풀이/350
곤삼절(坤三絶)/67
공망(空亡)의 비성반(飛星盤)/280
공망(空亡)이 많은 이유/366
구궁팔괘도(九宮八卦圖)의 이해/69
구성(九星)의 紫白과 八卦의 구성/101
궁(宮)에 따른 차이점/105
궁의 일반적인 특성과 작용/69
그것도 인연/293
그래서 석물은?/356
기감(氣感)은 있다./290
기구(氣口)/383
길흉작용의 기준/386

나

나경(羅經)/96
낙서(洛書)의 이해/68
남겨진 숙제/330
내 지맥은 남 수맥?/288
내기(內氣)/383
논리성의 한계/288

다

단궁반음/274
답사 후 한 말씀/368
답산의 연기(緣起)/362

대공망(大空亡)/280
대문 내는 법/10
대문을 내는 방법/384
대문의 강약작용/385
대문의 크기와 높이/385
대문이 갖는 의미/383
대웅전(大雄殿)/305
대입하는 방법/378
도천보조경(都天寶照經)/26, 294
독자(讀者)의 전화/341
동지(冬至)~하지(夏至)=양둔(陽遁)/379
득수(得水)/59
들어가기 전에/11

마

마음의 짐/357
마태청(馬泰靑)/9, 11
명상(瞑想)의 공간/315
명혈(名穴)/56
문제의 석물 분석/349
문헌의 자료/64

바

반복음(反伏吟)/274
반음(反吟)/274
발생한 흉작용/352
발응시기(發應時期)/297
방분법(房分法)/295
방풍림(防風林)/58
보호사(保護砂)/56
복음(伏吟)/273
부군수로 발복한 명당?/362
부모삼반괘(父母三盤卦)/276
부모삼반괘의 응용/277
부성문(副城門)/299
비감(鼻感)/322
비성반(飛星盤)/98
비성부(飛星賦)/64
비성파(飛星派)/10
비성파가 활용하는 방법/381

사

사(砂): 호사(護砂)/56
사감반(四感盤)이란/322
사(砂)의 높이/58
사찰(寺刹)과 현공/304
산룡(山龍)/51
산맥/51
산성합십국(山星合十局)/275
산성(山星)의 숫자/104
산소를 이장할 경우/372
산소의 석물(石物)/346
산소의 좌향(坐向)과 구성/353
산수학(山水學)/51
살아있는 용/52
삼길수(三吉數)/374
삼원지리변혹(三元地理辨惑)/9, 11
삼원지리변혹 상권(上卷)/14
삼원지리변혹 서문(序文)/12
상황의 판단/358
새로 산소를 쓸 경우/380
새로 추가된 건물/334
새롭게 마련된 인연/310
서적의 내용에 대한 참고/99
석물 후 급성백혈병/351
석물의 위치/354

[부록] 찾아보기

[부록] 찾아보기

석물피해가 맞을까?/349
선천팔괘(先天八卦)/66
선택정종(選擇正宗)/381
섬진강가의 펜션/333
성문결(城門訣)/298
성문(城門)의 방위/298
성문의 위치/299
성문의 형태/298
성요(星耀) 보는 법/104
성요를 보는 방법/98
성요(星耀)의 대입/364
성요의 위치와 비중/103
소공망(小空亡)/280
손(巽)/67
손괘(巽卦)/67
손궁4록목성(巽宮四綠木星)/69
손좌건향(巽坐乾向)의 체괘(替卦)/328
손하절(巽下絶)/67
수(水) : 득수(得水)/59
수룡(水龍)/51
수맥(水脈)과 지맥(地脈)/96
수맥을 증명할 근거/289
숫자가 겹치는 경우/105
시반(時盤)/374
시반의 길흉/379
시반작성표/380
신감(身感)/324
심씨현공학(沈氏玄空學)/11, 342
쌍성회향(雙星會向)/311
쌍성회향의 지운 계산법 /279

아

아차차! 그게 아닌데…/336

안감(眼感)/324
안산(案山)/58
애성법(挨星法)/63
애성법의 이해/63
애성법을 해석하는 방법의 기본/97
애성(挨星)을 대입하는 요령/99
양둔(陽遁)과 음둔(陰遁)/379
양택(陽宅)의 좌향(坐向)/284
양택의 택일법/372
양택삼십칙(陽宅三十則)/11, 43
양택을 신축하는 경우/384
양택의 용혈사수(龍穴砂水)/61
양택의 임상순서/302
양택의 중심점 찾기/282
여러 개의 출입구/284
여하튼 석물피해/347
연반(年盤)/374
연반의 길흉/374
연주삼반괘(聯珠三盤卦)/275
영신법(零神法)/294
옥향의 형태/284
왕산왕향(旺山旺向)/101, 313
외기(外氣)/383
외백호(外白虎)/58
외청룡(外靑龍)/58
요사채(寮舍寨)/307
용(龍) : 용맥(龍脈)/51
용계(蓉溪)/13
용맥(龍脈)/54
용진혈적(龍眞穴的)/55
용혈(龍穴)/53
용혈사수(龍穴砂水)/61

용혈사수향(龍穴砂水向)/57
우백호(右白虎)/56,58
운(運)의 적용법/285
운명학(運命學)/49
운영이 어려워 의뢰/333
원단반(元旦盤)/273
월반(月盤)/374
월반의 길흉/375
유원지 주변의 모텔/337
유일한 해결책/308

을진대공망(乙辰大空亡)/338
음양택(陰陽宅)이 모두 공망(空亡)/361
음택(陰宅)의 좌향(坐向)/284
음택의 택일법(擇日法)/372
음택의 임상순서/302
이(離)/68
이감(耳感)/322
이괘(離卦)/66
이궁9자화성(離宮九紫火星)/70
이궁상합(離宮相合)/277
이기법(理氣法)/9
이법(理法)/49, 61
이장을 할 장소/343
이장의 후기(後記)/345
이택실험(二宅實驗)/297
이해가 부족한 부분/100
이허중(離虛中)/67
인원룡(人元龍)/299
일반(日盤)/374
일반의 자백(紫白)/377
임대문의가 붙은 모텔/337
임상(臨床)의 순서/302

입주(入住)의 시기/286

자

자계소공망(子癸小空亡)/317
자계소공망(子癸小空亡)의 건물/316
자궁(子宮)/58
자료의 출처(出處)/97
자미두수(紫微斗數)/49
자백(紫白)의 구성(九星)/63
자백결(紫白訣)/64
자좌오향(子坐午向)/57
장군대좌형(將軍大坐形)/316
장자(莊子)의 지락(至樂)편/173
저일촌수(底一寸水)/59
적용하는 방법/380
전운(前運)의 건물/384
전원주택(田園住宅)/321
정성문(正城門)/299
조산(朝山)/58
조언(助言) 불가(不可)/355
좋은 작용과 나쁜 작용/99
좌궁(坐宮)의 불합국(不合局)/349
좌청룡(左靑龍)/56, 58
좌향(坐向) 측정법/284
주거지의 풍경/365
주변의 풍경/338
주변의 형세(形勢)/342
죽어있는 용/52
중궁5황토성(中宮五黃土星)/70
중궁(中宮)[중심점]의 기본형/282
중궁[중심점]의 변화형/282
중궁의 숫자/104
중요한 용어의 이해/273

[부록] 찾아보기

[부록] 찾아보기

지기(地氣)의 폭 15m/326
지맥(地脈)과 수맥(水脈)/287
지맥을 반대로 측정/292
지운(地運-땅의 운)/278
지운의 계산법/278
지원룡(地元龍)/299
진(震)/67
진괘(震卦)/67
진궁3벽목성(震宮三碧木星)/69
진하련(震下連)/67
진혈(眞穴)/62

차

착각(錯覺)의 결과/335
참고자료-양택(陽宅)/372
책력(冊曆)/377
천상(天象)/72
천원룡(天元龍)/299
청낭오어(靑囊奧語)/298
체괘(替卦)/328
출입문의 형태/284
칠성타겁법(七星打劫法)/277

타

태(兌)/68
태괘(兌卦)/66
태궁(兌宮) 7적 금성(金星)/70
태상절(兌上絶)/66
택명반(宅命盤-飛星盤)/372
택일(擇日)이란/371
택일법(擇日法)/10
택일법의 다른 경우/381
특이한 조건/328

파

팔괘/64
팔괘(八卦)의 이해/64
풍수가의 책임?/293

하

하지(夏至)~동지(冬至)=음둔(陰遁)/379
합십국(合十局)/274
해결의 방법/365
해결의 방안(方案)/318
해결책은 환천심(換天心)/359
행룡(行龍)/53
향(向) : 좌향(坐向)/61
향궁(向宮)의 불합국(不合局)/350
향성(向星)/98
향성합십국(向星合十局)/275
향성(向星)과 산성(山星)의 겹치는 숫자/106
향성의 숫자/103
向星①과 山星❶의 조합/108
向星①과 山星❷의 조합/110
向星①과 山星❸의 조합/112
向星①과 山星❹의 조합/114
向星①과 山星❺의 조합/116
向星①과 山星❻의 조합/118
向星①과 山星❼의 조합/120
向星①과 山星❽의 조합/122
向星①과 山星❾의 조합/124
向星②와 山星❶의 조합/126
向星②와 山星❷의 조합/128
向星②와 山星❸의 조합/130
向星②와 山星❹의 조합/132
向星②와 山星❺의 조합/134

向星②와 山星**6**의 조합/136	向星⑥과 山星**3**의 조합/202
向星②와 山星**7**의 조합/138	向星⑥과 山星**4**의 조합/204
向星②와 山星**8**의 조합/140	向星⑥과 山星**5**의 조합/206
向星②와 山星**9**의 조합/142	向星⑥과 山星**6**의 조합/208
向星③과 山星**1**의 조합/144	向星⑥과 山星**7**의 조합/210
向星③과 山星**2**의 조합/146	向星⑥과 山星**8**의 조합/212
向星③과 山星**3**의 조합/148	向星⑥과 山星**9**의 조합/214
向星③과 山星**4**의 조합/150	向星⑦과 山星**1**의 조합/216
向星③과 山星**5**의 조합/152	向星⑦과 山星**2**의 조합/218
向星③과 山星**6**의 조합/154	向星⑦과 山星**3**의 조합/220
向星③과 山星**7**의 조합/156	向星⑦과 山星**4**의 조합/222
向星③과 山星**8**의 조합/158	向星⑦과 山星**5**의 조합/224
向星③와 山星**9**의 조합/160	向星⑦과 山星**6**의 조합/226
向星④와 山星**1**의 조합/162	向星⑦과 山星**7**의 조합/228
向星④와 山星**2**의 조합/164	向星⑦과 山星**8**의 조합/230
向星④와 山星**3**의 조합/166	向星⑦과 山星**9**의 조합/232
向星④와 山星**4**의 조합/168	向星⑧과 山星**1**의 조합/234
向星④와 山星**5**의 조합/170	向星⑧과 山星**2**의 조합/236
向星④와 山星**6**의 조합/172	向星⑧과 山星**3**의 조합/238
向星④와 山星**7**의 조합/174	向星⑧과 山星**4**의 조합/240
向星④와 山星**8**의 조합/176	向星⑧과 山星**5**의 조합/242
向星④와 山星**9**의 조합/178	向星⑧과 山星**6**의 조합/244
向星⑤와 山星**1**의 조합/180	向星⑧과 山星**7**의 조합/246
向星⑤와 山星**2**의 조합/182	向星⑧과 山星**8**의 조합/248
向星⑤와 山星**3**의 조합/184	向星⑧과 山星**9**의 조합/250
向星⑤와 山星**4**의 조합/186	向星⑨와 山星**1**의 조합/252
向星⑤와 山星**5**의 조합/188	向星⑨와 山星**2**의 조합/254
向星⑤와 山星**6**의 조합/190	向星⑨와 山星**3**의 조합/256
向星⑤와 山星**7**의 조합/192	向星⑨와 山星**4**의 조합/258
向星⑤와 山星**8**의 조합/194	向星⑨와 山星**5**의 조합/260
向星⑤와 山星**9**의 조합/196	向星⑨와 山星**6**의 조합/262
向星⑥과 山星**1**의 조합/198	向星⑨와 山星**7**의 조합/264
向星⑥과 山星**2**의 조합/200	向星⑨와 山星**8**의 조합/266

[부록] 찾아보기

[부록] 찾아보기

向星⑨와 山星⑨의 조합/268
현공비지(玄空秘旨)/64
현공사국(玄空四局)의 비중/101
현공애성법(玄空挨星法)/9
현공으로 분석/342,353
현공(玄空)의 이법/61
현공의 자료 분석/348
현공지묘(玄空指妙)/11
현공집요(玄空輯要)/11
현공풍수와 대문/383
현공풍수의 방분법/296
현기부(玄機賦)/64
현상학(現象學)/288
현장 방문/342
현침살(懸針殺)/386

혈(穴)/56
혈(穴): 혈장(穴場)/53
혈(穴)이 사용될 시기/62
혈장(穴場)/54
혈장의 높이/58
혈처(穴處)/53
형기법(形氣法)/9
형기법과 현공의 관계/49
형기법의 요지(要旨)/50
형기풍수(形氣風水)의 방분법/295
형법(形法)/49
형세(形勢)/50
환천심(換天心)/286,360
후천팔괘(後天八卦)/67

참고문헌

책이름 / 지은이 · 엮은이 / 출판사

시간과 공간의 철학 현공풍수/ 최명우/ 답게
조선상고사/ 신채호/ 비봉출판사
손감묘결/ 고재희/ 자연과삶
부자되는 현공풍수 이야기/ 김교현/ 한솜미디어
현공자백과 대괘풍수/ 편은범/ 자미출판사
장서역주/ 허찬구/ 비봉출판사
동양천문사상(하늘의 역사)/ 김일권/ 예문서원
실증한단고기/ 이일봉/ 정신세계사
환단고기/ 고동영/ 한뿌리
하늘에 새긴 우리역사/ 박창범/ 김영사
우리역사의 하늘과 별자리/ 김일권/ 고즈윈
풍수학설심부/ 신평/ 관음출판사
한국고대지성사산책/ 박현/ 백산서당
대산주역강의/ 김석진/ 한길사
주역강의/ 남회근저·신원봉옮김/ 문예출판사
신나는 현공풍수 입문편/ 자명·낭월/ 삼명
沈氏玄空學/ 沈竹礽/ 武陵出版社(대만)
三元地理辨惑/ 馬泰靑/ 玄空指妙[武陵出版社] 外
玄空紫白訣精解/ 白鶴鳴/ 聚賢館(홍콩)
玄空風水學講義/ 梁超/ 中國哲學文化協進會(홍콩)
宅運新案/ 策群/ 集文書局(대만)
二宅實驗/ 尤惜陰/ 集文書局(대만)
風水選旺秘訣/ 羅量/ 聚賢館(홍콩)
玄機賦飛星賦精解/ 白鶴鳴/ 聚賢館(홍콩)
風水秘傳100訣/ 白鶴鳴/ 聚賢館(홍콩)
玄空紫白訣精解/ 白鶴鳴/ 聚賢館(홍콩)
買樓風水20訣/ 白鶴鳴/ 聚賢館(홍콩)
家居風水20訣/ 白鶴鳴/ 聚賢館(홍콩)
기타 인터넷에서 찾은 여러 자료들

[나경판보기]

下卦 9°
替卦 1.5°
小空亡 3°
大空亡 6°

[참고사항]

- 替卦의 범위에 대해서는 몇 가지 설이 있다.
- 陽은 성질이 강하고 밀어내는 힘이 강하기 때문에 陽과 陽 사이에 위치하는 替卦인 〈巽과 巳〉〈乾과 亥〉〈艮과 寅〉〈坤과 申〉의 사이에 해당하는 8곳은 替卦의 범위를 확대해서 2.5°로 본다는 설도 있으므로 참고하여 관찰하기 바란다.
- 본 책자에서 제시하는 도표에는 일괄적으로 1.5°를 기준하여 표시한다.

羅經의 八宮 原版圖

[下卦・替卦・大空亡・小空亡 區分法]

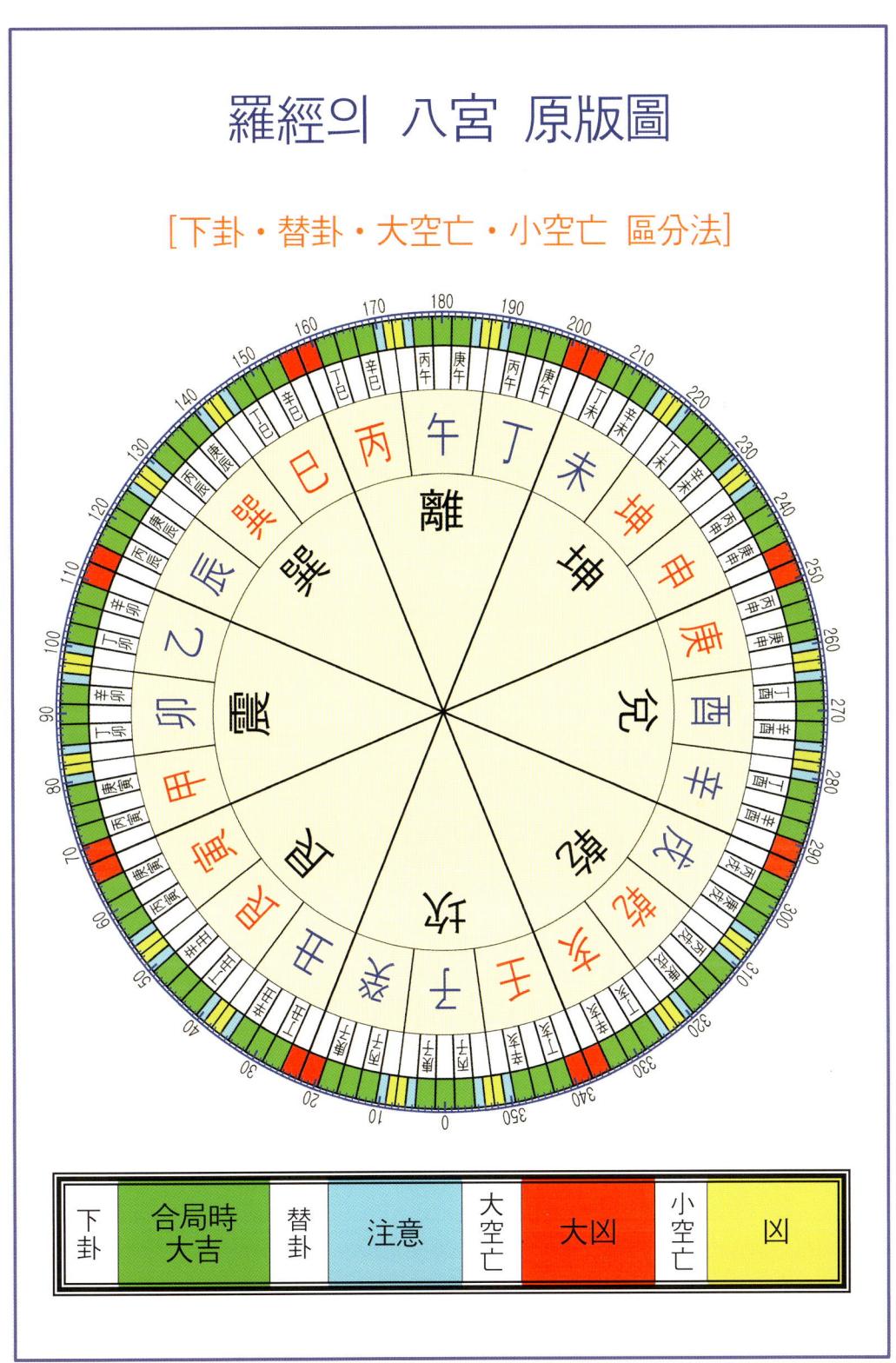

부록 401

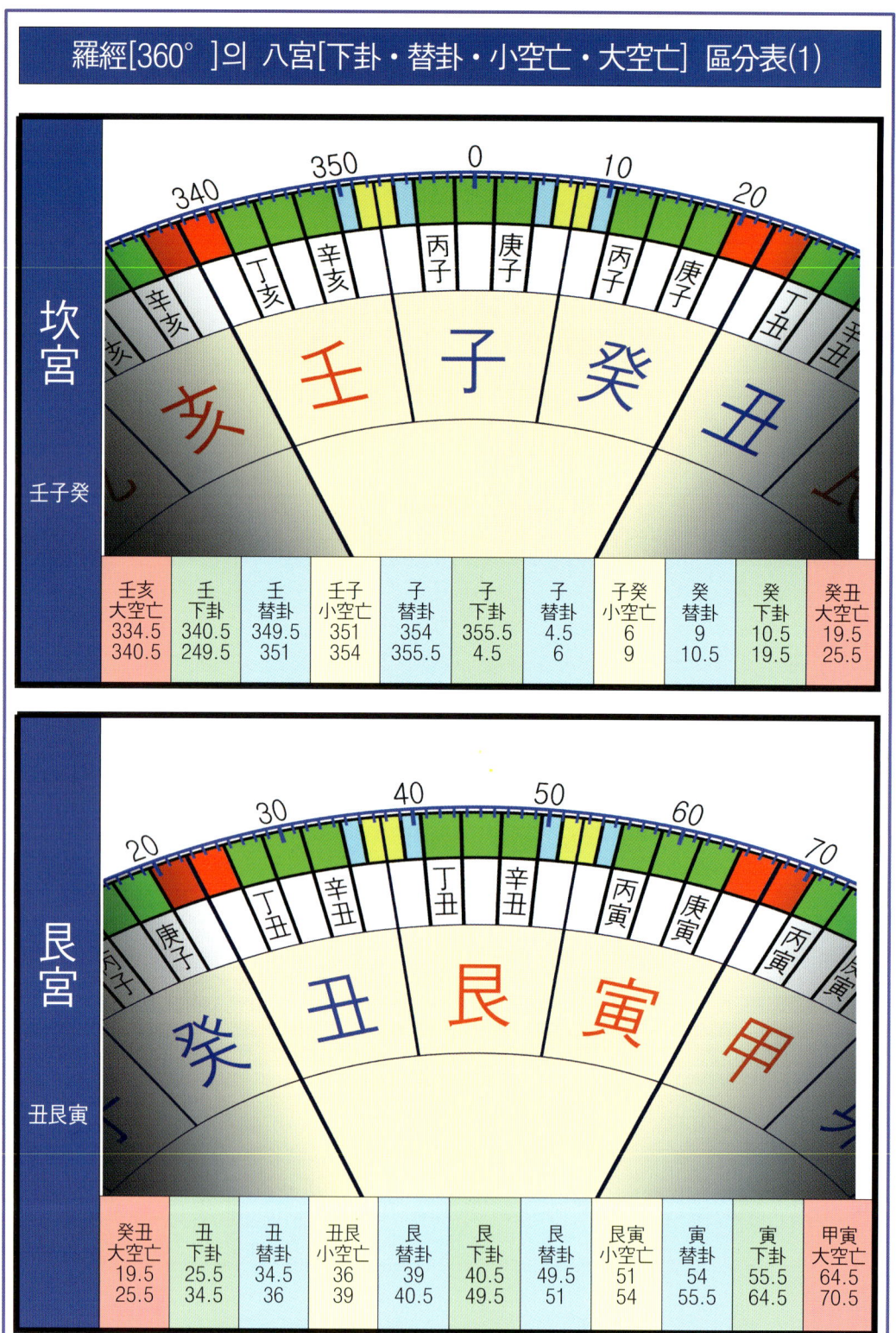

羅經[360°]의 八宮[下卦・替卦・小空亡・大空亡] 區分表(2)

震宮 甲卯乙

甲寅 大空亡	甲 下卦	甲 替卦	甲卯 小空亡	卯 替卦	卯 下卦	卯 替卦	乙卯 小空亡	乙 替卦	乙 下卦	乙辰 大空亡
64.5 70.5	70.5 79.5	79.5 81	81 84	84 85.5	85.5 94.5	94.5 96	96 99	99 100.5	100.5 109.5	109.5 115.5

巽宮 辰巽巳

乙辰 大空亡	辰 下卦	辰 替卦	辰巽 小空亡	巽 替卦	巽 下卦	巽 替卦	巽巳 小空亡	巳 替卦	巳 下卦	丙巳 大空亡
109.5 115.5	115.5 124.5	124.5 126	126 129	129 130.5	130.5 139.5	139.5 141	141 144	144 145.5	145.5 154.5	154.5 160.5

부록 403

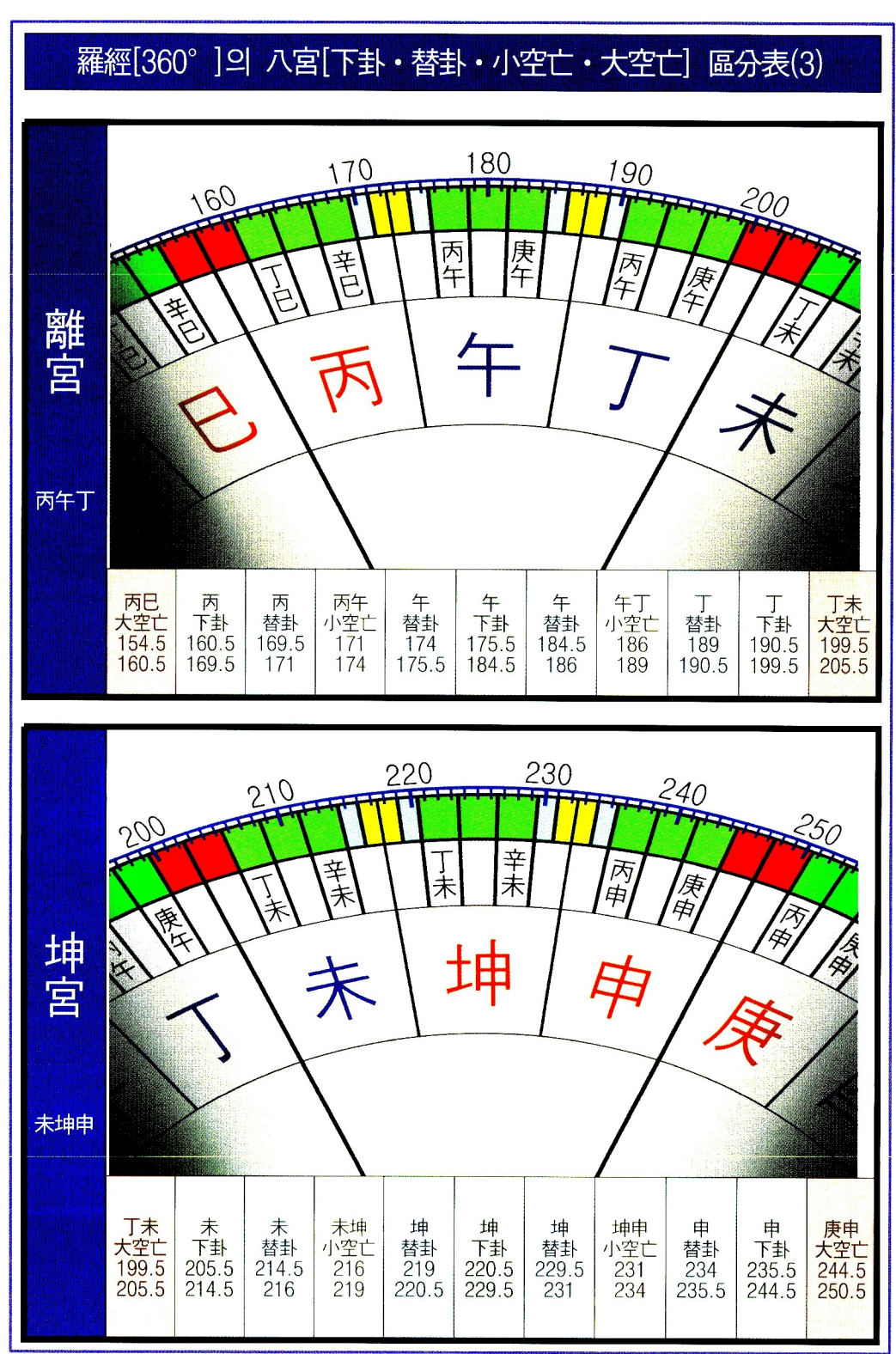

羅經[360°]의 八宮[下卦・替卦・小空亡・大空亡] 區分表(4)

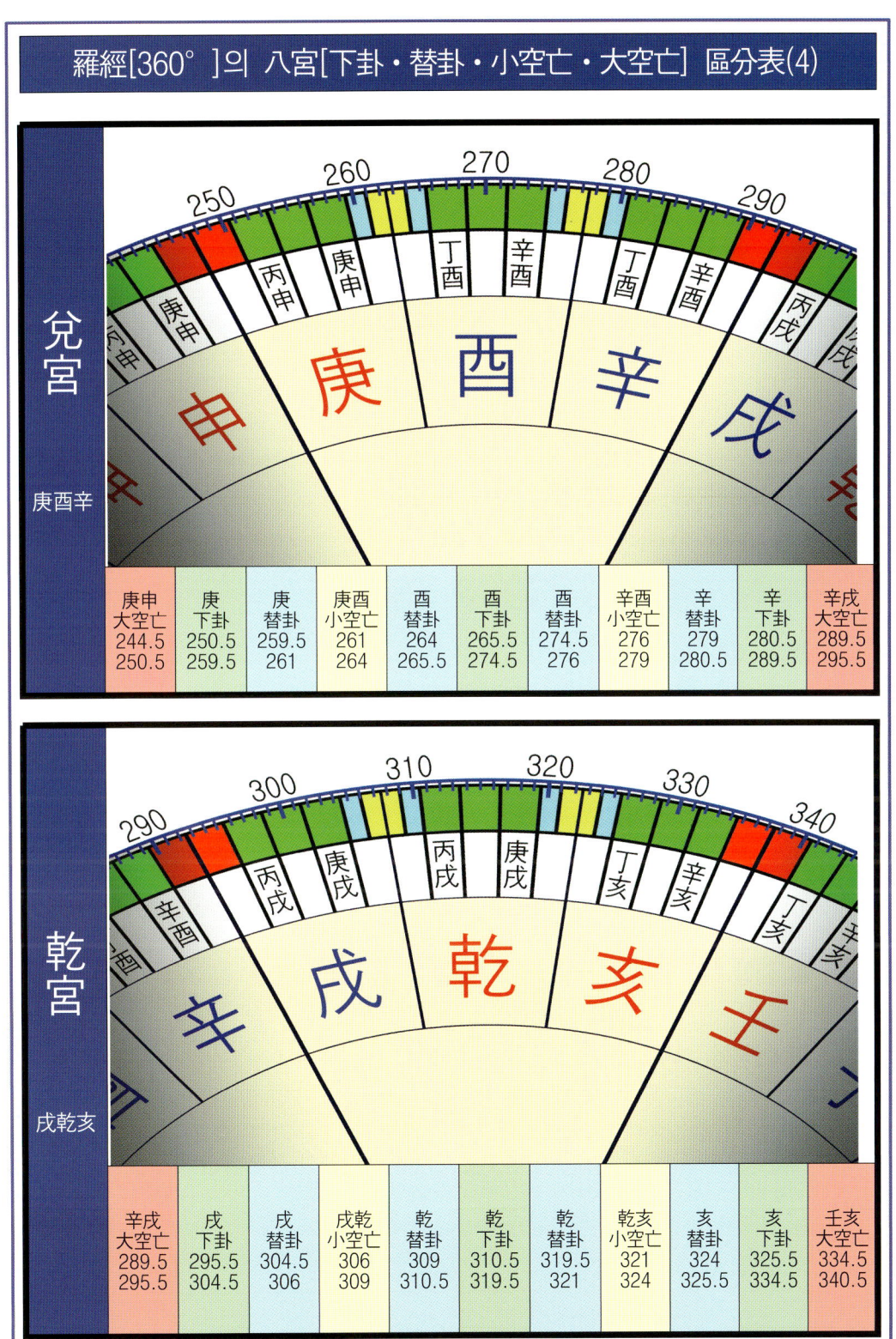

부록 405

삼명 출판사 도서 안내

■ **시시콜콜 명리학 시리즈**
　① 陰陽(음양) 270쪽 │ 2010. 08. 15. 초판 │ 값 13,000원
　② 五行(오행) 299쪽 │ 2011. 03. 18. 초판 │ 값 13,000원
　③ 天干(천간) 364쪽 │ 2011. 09. 09. 초판 │ 값 14,000원
　④ 地支(지지) 366쪽 │ 2011. 11. 11. 초판 │ 값 14,000원
　⑤ 干支(간지) 327쪽 │ 2012. 03. 23. 초판 │ 값 14,000원
　⑥ 六甲(육갑) 371쪽 │ 2012. 06. 06. 초판 │ 값 14,000원

■ **사주심리학 시리즈**
　사주심리학 ① 390쪽 │ 2007. 02. 25. 초판 │ 값 32,000원
　사주심리학 ② 394쪽 │ 2007. 09. 03. 초판 │ 값 32,000원

■ **명리학의심화시리즈**
　① 用神 813쪽 │ 2013. 5. 25. 초판 │ 값 42,000원
　② 運勢 804쪽 │ 2015. 4. 8. 초판 │ 값 42,000원

■ **자평명리학(제3판)** 374쪽 │ 2005. 01. 15. 초판 │ 값 30,000원

■ **五柱卦觀法(오주괘관법)** 335쪽 │ 2011. 07. 17. 초판 │ 값 24,000원

■ **百首占斷(백수점단)** 231쪽 │ 2010. 09. 20. 초판 │ 값 22,000원

■ **현공풍수 시리즈**
　신나는 현공풍수 306쪽 │ 2005. 10. 10. 초판 │ 값 35,000원
　놀라운 현공풍수 398쪽 │ 2009. 11. 20. 초판 │ 값 43,000원
　현공수책　　　　270쪽 │ 2009. 11. 21. 초판 │ 값 32,000원

낭월스님 저서 안내 (출판사: 동학사)

■ 왕초보 사주학 시리즈
　　왕초보 사주학(입문편) 362쪽 ｜ 1995. 09. 10. 초판 ｜ 값 17,000원
　　왕초보 사주학(연구편) 435쪽 ｜ 1995. 09. 10. 초판 ｜ 값 17,000원
　　왕초보 사주학(심리편) 450쪽 ｜ 1996. 12. 05. 초판 ｜ 값 17,000원

■ 알기쉬운 시리즈
　　알기쉬운 음양오행 415쪽 ｜ 1997. 05. 15. 초판 ｜ 값 17,000원
　　알기쉬운 천간지지 441쪽 ｜ 1998. 05. 05. 초판 ｜ 값 17,000원
　　알기쉬운 합충변화 397쪽 ｜ 1999. 03. 15. 초판 ｜ 값 17,000원
　　알기쉬운 용신분석 461쪽 ｜ 1999. 08. 10. 초판 ｜ 값 20,000원

■ 낭월사주용어사전 312쪽 ｜ 2002. 02. 14. 초판 ｜ 값 23,000원

■ 사주문답 시리즈
　　사주문답 ① 421쪽 ｜ 2000. 01. 05. 초판 ｜ 값 18,000원
　　사주문답 ② 390쪽 ｜ 2003. 01. 14. 초판 ｜ 값 18,000원
　　사주문답 ③ 413쪽 ｜ 2005. 11. 12. 초판 ｜ 값 18,000원

■ 적천수강의 시리즈
　　적천수강의 ① 558쪽 ｜ 2000. 03. 15. 초판 ｜ 값 30,000원
　　적천수강의 ② 570쪽 ｜ 2000. 07. 10. 초판 ｜ 값 30,000원
　　적천수강의 ③ 626쪽 ｜ 2000. 10. 17. 초판 ｜ 값 30,000원

놀라운 현공풍수

지은이 | 자명 편저 / 낭월 정리
초판일 | 2009년 11월 20일
1판2쇄 | 2015년 5월 25일

....

펴낸이 | 홍순란
디자인 | 박금휘
펴낸곳 | 삼명

320-931
충남 논산시 상월면 상월로 664번길 95
등 록 | 제 2011-000001호
전 화 | 041-734-2583
팩 스 | 041-736-1583
http://www.sammyeong.com

....

잘못된 책은 바꿔드립니다.
이 책의 전부 또는 일부 내용을 재사용하려면 반드시 사전에
저작권자와 삼명의 서면동의를 받아야 합니다.

ISBN 978-89-956160-9-3 03980
정가 43,000원